사르트르의 미학

이 연구는 2012~2014년 정부(교육과학기술부)의 재원으로 한국연구재단의 지원을 받아 수행되었음.

L'Esthétique de Jean-Paul Sartre

사르트르의 미학

강충권·박정자·변광배·오은하·윤정임
이 솔·장근상·조영훈·지영래

에크리 Ecrit

한국사르트르연구회는 한국연구재단(KRF)의 후원을 받아 2012년부터 2014년까지 2년에 걸쳐 '장폴 사르트르의 미학'에 대해 연구를 수행한 바 있다. 1차년도 연구에서는 '비실재 미학(esthétique de l'irréel)'의 정립을 위한 이론적 토대를 검토하였고, 2차년도에는 이를 바탕으로 그의 소설과 연극, 평론, 조형예술(회화, 조각) 비평, 비조형예술(음악) 비평 등의 분야에서 이 미학이 실제로 구현되는 여러 양상을 살펴보았으며, 그에 대한 기존의 국내 연구를 보완하려 하였다.

미셸 시카르는 사르트르의 전체 사유에서 미학이란 "빛나는 한 극(un pôle rayonnant)"이라고 표현하기도 한다.[1] 이처럼 사르트르에게 미학은 분명히 중요한 분야이지만 국내에서 거의 연구가 되지 않았다. 연구자들은 한편 사르트르에게 엄격한 의미의 '미학'이 없다고 주장하기도 한다. 칸트, 헤겔, 루카치 등의 미학과 같은 체계적인 이론과 비교한 평가이다. 실제로 사르트르에게 본격적인 미학 저술이 없기도 하다. 그래서 일군의 연구자들은 여러 분야에 걸친 그의 저작에서 그의 미학을 사후적으로 구성하기도 한다. 그리고 그의 미학이 '상상력', '이미지', '아날로공(analogon)' 등과 같은 개념들을 거쳐 정초된다고 본다. 이것이 바로 우리가 정리하려는 사르트르의 '비실재 미학'이다. 이 미학에 의하면, 현존재에게 미추(美醜)의 구분은 있을 수 없지만, '상상하는 의식

---

1 Michel Sicard, *Essais sur Sartre. Entretiens avec Sartre (1975-1979)*(Galilée, 1989), p. 204.

(conscience imageante)' 속에서 '무화된(néantisé)' 실재, 곧 '비실재'는 아름다울 수 있으며, 이를 '아날로공'으로 가시화하면 예술작품이 성립한다고 본다. 이처럼 사르트르에게 미학은 엄격한 의미체계로 구체화된다. 본격적인 철학서인 『존재와 무(L'Être et le néant』(1943)뿐 아니라, 그 이전 『상상력(L'Imagination)』(1936), 『감동론 소묘(Esquisse d'une théorie des émotions)』(1939), 『상상계(L'Imaginaire)』(1940)에서도 우리는 미학이론 정립을 위한 그의 체계적인 준비 작업을 확인할 수 있었다.

하지만 제2차 세계대전을 계기로 사르트르는 시대적 요청에 눈을 돌린다. 비현실보다 현실에 더 집중하게 되고, 미학적 사유보다는 『문학이란 무엇인가(Qu'est-ce que la littérature?)』(1947)에서 볼 수 있듯 '참여미학'의 실천적 요청에 따르게 된다. 이로써 그의 '비실재 미학'은 이후 유예되긴 하지만 사회 참여가 정점을 치달은 시기에도 사르트르는 '비실재 미학', 혹은 '비참여 문학'에 대한 깊은 그리움과 아쉬움을 가진다. 다시 말해 사회 참여가 더 깊어질수록 그의 '비실재 미학'에 대한 관심 또한 저변을 더욱 다지게 된다고 볼 수 있다. 1950~1960년 사이에 이루어진 주네(Genet)에 대한 연구, 마송(Masson), 볼스(Wols), 라푸자드(Lapoujade), 르베이롤(Rebeyrolle), 틴토레토(Tintoreto) 등의 회화나 콜더(Calder)와 자코메티(Giacometti)의 조각에 대한 평문 등이 그 좋은 예이다. 실제로 사르트르의 '비실재 미학'에 대한 관심은 1950년과 1959년 사이 작성된 이탈리아 기행문, 『알브마를 여왕, 혹은 마지막 여행자(La Reine Albemarle ou le dernier touriste)』(1991)에서는 일종의 조바심으로 드러나며, 1960년 그의 후기 사상의 집대성이라 할 수 있는 『변증법적 이성비판(Critique de la raison dialectique)』을 출간한 후에 아예 불붙기 시작한다고 볼 수 있다. 그리고 1970년대에는 플로베르(Flaubert) 연구서인 『집안의 천치(L'Idiot de la famille)』의 집필에 몰두하게 되는데, 이 저서는 『상상계』의 속편이자 '비실재 미학'의 완성이라는 의미로 평가될 수 있다.

이처럼 사르트르에게 '비실재 미학'은 그의 사유 전반을 견지하는 중요한 부분이라고 볼 수 있다. 그럼에도 이는 국내뿐 아니라 심지어 프랑스에서도 소홀히 취급되었는데, 우리가 선보이는 이 연구 결과물들은 지금까지의 사르트르 연구 지형도를 뒤늦게나마 미학 중심으로 재해석하며, 사르트르 평가에 있어 균형적이고 전반적인 시각을 제시한다는 의미를 가진다.

이 책은 모두 아홉 명이 집필한 14편의 논문을 제1부 이론 편, 제2부 실제 편으로 나누어 소개한다. 우선 제1부 이론 편에서,

1) 박정자는 「사르트르의 비실재 미학」에서 사르트르에게 비실재 미학이란 플로베르와 견주며 설명된다고 본다. 그래서 미학은 "세계의 탈실재화를 위한 자신의 비실재화, 또는 자신의 비실재화를 위한 세계의 탈실재화(s'irréaliser pour déréaliser le monde et déréaliser le monde pour s'ir-

réaliser)"라고 요약되며, 문학이란 상상적 세계를 구축하기 위해 작가 자신이 먼저 비실재화해야 하고, 어떤 상상적인 태도를 갖기 위해서는 이 세계를 탈실재화해야 함이 관건임을 보여 주고자 하였다.

2) 강충권은 「사르트르의 무(無)의 미학」에서 그의 미학이 그의 존재론과 밀접하게 연결되어 있다고 파악한다. 사르트르가 『상상력』에서 이미지와 의식을 동일시하였다면, 그 후 『상상계』에서는 존재론의 '무(néant)'를 이미지론에 적용하였다고 볼 수 있다. 즉 '무'를 그의 존재론과 그의 미학을 연결시키는 개념으로 설정하며 '무'의 부재, 부정, 변증법의 세 가지 측면이 예술작품의 존재 이유와 형식이 됨을 회화, 모빌, 소설 등에 걸쳐 설명하고 있다. 또한 사르트르의 미학이 작가뿐만 아니라 예술작품 수용자의 무화작용도 요구하면서 수용미학의 한 갈래를 이루고 있다고 본다.

3) 이솔은 「사르트르의 이미지론에서 아날로공(analogon) 개념의 의미」에서 그의 '아날로공' 개념이 그의 이미지 이론의 독자성을 보여 주는 핵심 개념이라고 보고 이를 분석한다. 그에게 상상이란 대상을 현존의 차원에서 비실재하는 것으로 정립하지만, 또한 이 비실재적인 대상을 아날로공을 통하여 지금·여기에 현존케 하는 의식의 활동이다. 즉, 대상이 지금·여기에 부재함에도 불구하고 대상을 현존의 차원에서 다시 거머쥐려

사르트르의 미학

는 창조의 노력이 바로 상상의식의 고유성을 이룬다. 그러나 어떻게 부재하는 대상을 현존케 할 수 있는가? 사르트르가 이러한 상상의식의 마술적인 본성의 문제를 풀어 내기 위해 바로 상상의식의 고유한 소재로 규정되는 아날로공 개념을 통해야 가능하다고 본다.

4) 변광배는 「사르트르 미학의 이론적 토대」에서 사르트르가 비실재 미학을 정립하는 과정에서 헤겔 미학의 주요 테제를 비판적으로 수용하고 있다고 본다. 사르트르는 헤겔과 마찬가지로 예술작품이 창작 주체의 주관성이 투사된 정신적 산물이라고 생각하는데, 하지만 그는 헤겔의 '예술의 종언' 테제를 받아들이지 않으며, 특히 예술작품 수용자의 입장을 헤겔보다 훨씬 더 강조하고 있다는 점을 이 글은 강조한다.

5) 윤정임은 「사르트르의 이미지론」에서 사르트르가 후설의 현상학으로부터 자신의 이미지론을 정초하지만, 지각에 우위를 둔 후설과 달리 그는 상상의식만이 가진 특별하고 중요한 기능을 되살리는 일에 집중한다고 설명한다. 상상의식을 '충족' 개념으로 설명하는 후설에 정면으로 반박하고, 상상이란 '대상을 비실재적인 것으로 정립하는 일'이고 그 비실재적인 대상을 아날로공을 통해 감지하게 한다고 보는 이러한 이미지론은 그의 비실재 미학에서 단단한 토대가 된다.

6) 오은하의 「사르트르 비실재 미학과 참여미학의 교차」에 따르면 작품의 물질성을 분리한 '아날로공' 이론과 작품을 작품이게 하는 '수용'의 문제라는 두 쟁점은 각각 비실재 미학 시기와 참여미학 시기에 사르트르가 이룬 가장 중요한 기여로 알려져 있다. 하지만 이 글은 사르트르의 '비실재 미학'과 '참여미학'이 별개의 미학이라는 통념에 의문을 가지고, 오히려 그 연관관계를 밝히고자 한다. 그래서 '아날로공' 이론에서는 상상력과 자유의 강한 연관성을 발견하고, 예술작품의 수용과 관련해서는 의식의 자유가 본질이자 규범으로 작동됨을 확인한다. 그래서 매개를 거쳐 세계-내-존재를 상정하는 태도와 세계를 무화시키는 두 태도 모두와 관련을 맺는 특권적 사물인 예술작품의 문제를 종합적으로 고려해야 한다는 결론에 이르게 된다.

7) 변광배는 「'앙가주망'에서 '소수문학'으로」에서 사르트르의 현실미학의 한 축을 구성하고 있는 '앙가주망(참여) 문학론'이 들뢰즈와 과타리가 주창한 '소수문학론'에서 비판적으로 계승되고 있음을 밝히고 있다. 아울러 사르트르가 문학을 통한 '총체적', '거시적 혁명', 곧 '몰(mole)적 혁명'을 추구하였다면, 들뢰즈와 가타리는 문학을 통한 '부분적', '미시적 혁명', 곧 '분자적 혁명'의 가능성을 제시하면서 문학의 기능을 한층 축소시키고 있는 차이점을 지적한다.

다음 제2부 실제 편에서,

8) 지영래는 「사르트르의 상상력 이론을 통해 본 소설 읽기와 의식의 구조」에서, 사르트르가 『문학이란 무엇인가』에서 시와 산문을 다소 거칠게 구분하였고 그래서 누보로망 이론가들은 심지어 그가 '문학성'이 무엇인지조차 모른다고까지 비난하였다고 전제한다. 그래서 이 글은 우선 시와 산문을 구분하는 사르트르의 이론적 기초를 살피고, 그다음 후설 현상학의 영향 속에 발전시킨 그의 의식이론 중 상상작용의 구조를 소설을 읽는 의식의 구조와 연결하여 고찰함으로써 사르트르에게 가해진 비난이 부당함을 밝혀 보인다. 요컨대 사르트르에게 시와 산문의 구분이란 언어예술인 문학을 바라보는 미학적 태도의 양 극점을 강조한 것으로서, 문학에서 문체의 문제를 바라보는 그의 관점을 잘 드러내고 있다.

9) 장근상은 「사르트르의 연극미학」에서 사르트르가 자신의 미학을 정립하기 위해 코르네유(Corneille), 디드로(Diderot)를 참조할 뿐 아니라, 브레히트(Brecht)마저 프랑스의 연극 전통에 접목시키며, 그들에 견주어 자신의 연극을 새로이 모색하는 동기를 우선 요약한다. 그다음 그의 연극은 전반적으로 아리스토텔레스적 전통, 즉 드라마극의 형태를 따랐다고 평가하는데, 하지만 다른 한편 1950년대 후반, 사르트르는 코르네유의 '진실 같음(vraisemblable)' 논쟁, 디드로의 '활경(tableau vivant)'과 브레히트의

'게스투스'와 '생소화' 기법과 같은 서사적이고 반(反) 아리스토텔레스적인 요소들을 추상하여 그만의 독창적인, 이른바 '서사-드라마'적 연극을 뒤늦게 시도하는데, 이는 사르트르 사후 1980년대에야 비로소 사라자크(Sarrazac)의 작업으로 '현상'되고 구체화된다고 이 글은 평가한다.

10) 윤정임은 「사르트르와 회화」에서 사르트르가 회화와 조각과 같은 조형예술에 줄곧 관심을 가지기는 했지만 특히 16세기 베네치아의 화가 틴토레토에 대해 각별하고 지속적인 관심을 내보인 점을 집중 조명하고 있다. 이는 그가 틴토레토의 작업에서 실존적 정신분석에 적합한 화가의 '자유'와 '기획'을 읽어 내고, 중력과 시간성을 그려 낸 회화의 물질성으로부터 '의미하지 않는 예술'의 의의를 접했기 때문이라고 볼 수 있다.

11) 오은하는 「『구토』의 재즈음악」에서 사르트르에게 '음악미학'은 이론적으로 발전되지는 않았다고 본다. 『구토』에서 결정적인 의미를 갖는 재즈음악 장면을 통해 음악에 대한 생각이 사르트르의 미학이론 전체에서 어떤 위치를 차지하는지 탐구하고자 한다. 『구토』에서 아날로공으로서의 음악은 불가역적인 '필연성의 시간', 비실재와 추상의 세계에 속하는 느낌을 가장 잘 전달하는 중요한 예시로 사용되며, 이를 위해 금속성의 투명한 이미지로 묘사된다. 음악의 완결성과 필연성은 창조의 산물이라는 데서 온다. 음악이 제시하는 해결책은 현재와 자연과 사회에서 도

피하는 것이었으나, 비실재의 산물인 예술의 본질이자 모든 '치유'의 일차적 단계이기도 한 이 도피는 또 다른 현실과 관계 맺기 위한 계기가 될 수 있음을 주장하는 글이다.

12) 지영래는 「시간의 관점에서 본 사르트르 『구토』의 미학」에서 『구토』를 통해 사르트르가 구현한 철학과 문학의 융합 양상을 '시간'이라는 관점에서 다양한 층위로 분석한다. 먼저 스토리 상 전개된 시간적 요소들의 분석을 통해 작품 속에 구현된 허구의 시간과 현실의 시간, 서술 시간과 사건 시간 사이의 중첩된 양상을 살피고, 이어서 작품의 주제인 '우연성'의 개념이 '모험', '음악', '완벽한 순간' 등의 테마를 통해 어떻게 구현되고 있는지를 밝힌다. 그리고 사르트르의 철학적 사색 속에서 시간성의 개념이 어떤 의미가 있는지를 '존재'와 '현존' 사이의 대조를 통해 드러내면서, 그 개념의 현상학적 관점과 사르트르의 비실재 미학 사이의 연결 지점을 짚어 본다. 필자는 『구토』 속에 그려진 사르트르의 미학 세계가 인간의 시간이 흐르지 않는 절대의 세계라는 역설적 결론에 다다른다.

13) 장근상은 「사르트르의 서사-드라마극」에서 공산주의자 브레히트의 객관성의 시각을 사르트르가 자신의 주체성의 시각으로 조율하려는 시도를 전제로 한다. 하지만 마치 드라마극이라는 '본체'에 서사극의 일부 '부속품'을 끼워넣듯이, 작품 구조 상의 새로운 모색 없이 드라마극의

'갈등' 행위를 단순히 서사극의 '모순' 행위로 대체하려던 사르트르의 시도는 1956년 브레히트의 죽음으로 아쉽게도 일회성의 모색에 그치고 만다. 하지만 1980년대 이를 이어받은 사라자크는 21세기에도 이 서사-드라마극을 자신의 언필칭 '랩소디극'으로 이어 가고 있다.

14) 조영훈은 「사르트르의 전쟁의 글쓰기와 주변부 인물」에서, 사르트르의 제2차 세계대전에 대한 글쓰기에 있어 『유예』와 『알토나의 유폐자』가 상호 대조적이면서 보충적인 두 중심을 형성한다고 본다. 『유예』에서는 진행으로서의 전쟁이, 『알토나의 유폐자』에서는 회상으로서의 전쟁이 관건이다. 즉각적 허구로서의 전쟁의 글쓰기가 미학적 원리로 작용한 『유예』에서 글쓰기 자체가 전쟁관과 세계관의 과정 자체를 드러내고 있다면, 기존 참조 체계의 시효소멸의 위기 속에서 『알토나의 유폐자』는 이미 형성된 담론들이 자아내는 극적 갈등을 펼치고 있다. 그리고 이러한 여러 특징적인 대립과 '카니발적 형식(la forme carnavalesque)'이 두 작품의 미학적 특징이라고 본다.

이상과 같은 연구 결과물로 사르트르의 미학 전반을 소개하려 하지만 아쉬운 부분은 여전히 많이 남아 있다고 생각된다. 그중에서도 특히 연구물 전체를 아우르는 유기적이고 통일적인 메시지를 보다 더 뚜렷이 제시하지 못한 점이 그렇다. 하지만 그건 전체적인 카테고리의 아쉬움일 뿐,

오히려 여기 많은 글들의 다양한 조명 속에서 그동안 발굴되지 못했던 사르트르의 다양한 생각들이 현란한 생명력으로 새로이 부활을 준비하고 있는 모습에 위안을 가질 수도 있으리라. 이 결과물 이후에도 계속되는 사르트르 미학의 탐구와 토론 과정에서 현재의 연구 결과가 더욱 풍성해지기를 기대하면서, 그래도 역시 다소의 부끄러움을 숨기지 못하며 지금까지의 결과물을 이같이 세상에 내놓기로 한다.

그리고 이 모두는 한국연구재단의 지원이 없었더라면 실현될 수 없었음을 상기하며 이 자리를 빌려 재단에 다시 감사드린다. 아울러 지난번 『카페 사르트르』(2014) 출간 때와 마찬가지로 국내외로 우리를 옥죄는 어렵고 어지러운 여건에서도 이번 글들의 출판을 허락한 도서출판 기파랑, 그리고 어김없이 정교한 교열로 많은 오류를 밝혀내고 전체 글에 '고랑'을 내 주신 김세중 교수에게 깊은 감사를 드리며, 마지막으로 기획과 준비 과정에서 세세한 일들을 일일이 다 맡아 주신 변광배 교수에게 이 작업의 모든 공을 돌린다.

2017년 3월
필진을 대표하여
장 근 상

사르트르의 이미지론에서 아날로공analogon 개념의 의미 _ 이 솔

사르트르 미학의 이론적 토대: 헤겔 미학의 수용과 비판 _ 변광배

제2부 실 제

사르트르의 상상력 이론을 통해 본 소설 읽기와 의식의 구조 _ 지영래

사르트르의 연극미학: 디드로, 브레히트와 나눈 가상의 대화 _ 장근상

제1부
이론

사르트르의
비실재 미학[*]

박정자

1. 사르트르와 플로베르

사르트르와 문학과의 관계는 그와 플로베르와의 관계라고 해도 지나치지 않을 것이다. 플로베르와 가까웠을 때 그는 순수문학을 동경했고, 플로베르와 멀어졌을 때 그는 참여문학을 주창하였다.

초기 소설 『구토』에서 우리는 인간 혐오, 부르주아 계급에 대한 경멸, 예술에 의한 구원, 강철처럼 견고하고 단단한 것에 대한 예찬 등의 주제를 볼 수 있는데, 이것들은 모두 플로베르를 연상시킨다. 초기의 철학서 『상상계』도 실재에 대한 상상의 우위를 강조하면서 비실재[1]의 미학을 전

---

[*] 이 글은 2012년 11월 17일 사르트르학회에서 같은 제목으로 발표한 것이다.

[1] 필자의 박사학위논문 "비현실의 미학으로의 회귀: *L'Idiot de la famille*를 중심으로"(1988)에서는 '비현실'로 했으나, '(비)현실'은 좀 더 대중적이고 '(비)실재'는 좀 더 철학적이어서 '(비)실재'로 바꿨다. 그러나 플라톤에서는 '실재'가 가지적(可知的) 관념의 세계이고 그 반대는 '현상'이며, 라캉에서는 '실재'가 칸트의 물자체(物自體)와 비슷한 비실체적 개념이어서, 두 사람의 이론과 비교할 때 심한 혼란이 일어날 수 있다. 그런 점에서 '실재'라는 단어의 선택은 여전히 불편하다. 좀 더 숙고해 보아야 할 일이다.

개하고 있는데, 이 역시 플로베르의 예술 개념이었다. 플로베르는 무감동(impassibilité), 초인적 인간 경멸(misanthropie), 고공 의식(survol), 그리고 상상에 대한 절대적 가치 부여를 자신의 예술 신조로 삼았기 때문이다. 『구토』나 『상상계』를 쓰던 시절에 사르트르가 보였던 극도의 사회적 무관심도 플로베르의 생활태도와 매우 흡사하다.

그러나 2차대전 이후 참여문학론을 시작으로 사르트르는 우리가 잘 알듯이 좌파 투사가 되었다. 당연히 초기의 미학적 태도도 완전히 부정했다. 1960년대에 이르러 현상학의 퇴조와 구조주의의 부상이라는 시대상황 속에서 그의 학문적 영향력은 약화되었으나 혁명운동의 아이콘으로서의 상징성은 여전히 강하게 남아 있었다. 그리고 1970년대 초, 그는 돌연 3천여 페이지에 달하는 플로베르 연구서를 내놓았다. 『구토』나 『상상계』 같은 초기 저작들과 너무 유사한 논지, 너무 유사한 디테일이 반복되고 있는 이 방대한 저서 앞에서 모든 사르트르 연구자들은 아연 놀라고 당황하지 않을 수 없었다.

청년기의 순수예술 개념을 부정하고 과격한 참여문학을 주창하였던 그가, 격렬한 좌파 운동가의 장년기를 지나 다시 한 번 인식론적 전회(轉回)를 이룬 것인가? 그리하여 순수문학에 대한 열정으로 불타던 청년기의 미의식으로 되돌아갔다는 말인가? 아니면 장년기의 투사 시절에도 그의 마음 심층에는 언제나 문학청년의 아스라한 동경이 그대로 고여 있었던 것일까? 이런 궁금증이 『집안의 천치』를 한층 흥미로운 저작으로 만들어준다.

2. 상상 입문과 비실재 미학

사르트르의 미학은 "세계의 탈실재화를 위한 자신의 비실재화, 또는 자신의 비실재화를 위한 세계의 탈실재화(s'irréaliser pour déréaliser le monde et déréaliser le monde pour s'irréaliser)"라는 한마디로 요약될 수 있다. 이것은 『집안의 천치』에서 그가 플로베르의 미의식을 기술하기 위해 사용한 공식인데, 이는 그대로 그 자신의 미학을 반영하는 키워드이기도 하다.

플로베르에게 있어서 문학을 선택한다는 것은 곧 상상을 선택하는 것이었다. 상상은 실재의 반대 개념이므로 상상 속에 들어간다는 것은 현실에서 도피한다는 의미이다. 상상의 세계 속으로 들어가기 위해, 즉 상상적인 세계를 구축하기 위해서는(이것이 '세계의 탈실재화') 자신이 먼저 비실재화해야 한다. 또 한편으로 자신이 어떤 상상적인 태도를 갖기 위해서는 (즉, '자신의 비실재화') 이 세계를 탈실재화해야 한다.

플로베르가 20대 초반에 쓴 『감정교육』(나중의 『감정교육』과는 제목만 같을 뿐 전혀 다른 내용이다)의 한 구절에서 우리는 상상적인 태도가 구체적으로 무엇을 뜻하는 것인지 짐작할 수 있다. 주인공 쥘은 "감정이 무뎌지고, 마음이 딱딱하게 굳었다. 거의 초인적인 금욕주의에 이르렀고, 마침내 일체의 열정을 아예 잊어버릴 정도가 되었다." 1844~45년 당시의 서간문과 비교해 보면 이런 마음의 상태가 그대로 플로베르 자신의 상태였다는 것을 알 수 있다. 그는 온 정신을 텅 비움으로써 평온을 찾았고, 이 평온함 속에서 원한, 증오, 수치, 분노, 격렬한 욕망 같은 강렬한 충동들이 모두 사라졌다고 말했다.

우선 정신을 텅 비워 내면 자신의 머릿속이 하얘지면서 비현실감이 느껴지고, 동시에 눈앞에 보이는 세계도 어쩐지 현실 같지 않아, 마치 상상의 세계 속에 들어와 있는 듯한 기분이 된다. 이때까지 자신의 마음을 갉아먹던 격정과 분노, 소외감 등 모든 감정들이 일시에 아무것도 아닌 하찮은 것으로 느껴지고, 사람들의 세상이 저 먼 곳에 있는 듯, 현실감이 없어진다. 이처럼 의도적으로 상상의 세계를 구축하는 것이 '자신의 비실재화'이다. 데카르트가 자신의 존재를 확인하기 위해 일단 모든 것을 의심해 보는 행위를 방법적 회의(doute méthodique)라고 했듯이 사르트르가 제시하는 이 의도적 상상 입문도 '방법적 상상'이라고 불러야 할까.

그러나 상상 속에 들어갔다고 해도 감각의 지각능력이나 정신의 인지능력이 사라진 것은 아니다. 머릿속만 상상의 세계 속으로 들어갔을 뿐, 몸과 감각기관은 여전히 현실 속의 엄연한 실체로 남아 있다. 다시 말해 우리는 여전히, 너무나 엄연하게 실재적인 인간인 것이다. 실체적 존재인 우리는 실제의 시각으로 대상을 바라보고, 실제의 청각으로 소리를 들으며, 실제의 촉각으로 사물을 만진다. 따라서 우리의 지각에 의해 포착되는 세계는 바로 현실의 세계이다. 그러나 대상들은 실재이면서도 실재 같지 않고, 어쩐지 상상 속의 대상인 듯 느껴진다. 왜냐하면 그 현실은, 상상의 침입을 받은 몽롱한 정신에 의해 바라보이는 세계이기 때문이다. 그것은 현실 그대로의 세계가 아니라 탈실재화된 세계이다.

『집안의 천치』는 '자신의 비실재화'와 '세계의 탈실재화'를 다음과 같이 설명한다.

> 실제의 인간이 상상에 완전히 삼켜질 때까지, 그러나 그렇다고 해서 자신의 실재성은 결코 잃지 않은 채, 스스로를 상상에 내맡길 때, 소위 그의 정신은 상상과 일치하게 된다. 그 결과, 그가 관계를 가질 수 있는 유일한 현실세계는 스스로를 탈-실재화한 세계이다."[2]

사르트르는 이와 같은 방법적 상상의 행위를 '미학적 태도(attitude

---

2 *L'Idiot de la famille*, II, pp. 1931-32. 이하, 이 책 인용은 'IF II (또는 I), 쪽수'로 줄임.

제1부 이론

esthétique)'로 규정한다. 예술가가 되기 위해서는 자신을 비실재화하고 세계를 탈실재화하는 과정이 반드시 필요하다는 것이다. 그러므로 예술 입문은 곧 상상 입문이다.

상상을 선택한다는 것은 현실 속에서 '아무것도 원치 않고, 아무것도 느끼지 않는 것'인데, 이것은 결국 '아무 것도 아닌 사람'이 되는 것이다. 플로베르의 표현을 빌리자면 예술가란 일체의 '한정(限定)적 관계들(liens du fini)'에 얽매여 있지 않아야 한다. 한정적 관계들이란, 예컨대 직업이나 결혼처럼, 한 사람의 존재를 결정해 주는 여러 끈들이다. 특정의 직업을 선택하여 의사, 변호사가 되거나, 또는 결혼하여 아버지와 남편이 되는 것은 그만큼 자신의 인생을 좁게 한정시키는 것이다. 아무런 직업도, 아무런 신분도, 아무런 조건도 택하지 않을 때, 우리는 이러한 결정에서 벗어나 자유로운 상태가 된다. 플로베르는 자주 "누군가가 된다는 것, 그것은 결정(détermination)의 노예가 되는 것"이라고 말했다. 의도적인 '인생의 낙오자' 또는 아웃사이더가 되라는 이야기인데, 물론 평생 먹고살 재력의 뒷받침이 없으면 불가능한 이야기이다. 여하튼 그것은 전략적인 '인생에서의 실패'를 의미한다.

한 인간의 사회적 정체성을 결정하는 일체의 끈을 끊고 '아무도 되지 않는 것(n'être personne)'은 '절대적인 비결정을 선택하는 것(choisir l'indétermination absolue)'이다. 무감각·무감동과 함께 바로 이것이 예술의 전제조건이라고 플로베르는 말한다. 이와 같은 예술적 태도는 플로베르만이 아니라, 19세기를 풍미했던 모든 '예술을 위한 예술'의 미학이었다. 또한 '자신의 비실재화와 세계의 탈실재화'라는 사르트르의 미학적 태도의 전제조건이기도 하다.

상상을 예술의 절대적 조건으로 규정하고 나면 예술작품의 물질성의 문제가 대두된다. 상상은 비물질, 비가시적인 것인데, 예술을 감상자에게 전달하기 위해서는 물질성이 반드시 필요하기 때문이다. 여기서 사르트르가 '비실재화의 중심'이라고 이름 붙였던 미학적 대상(objet esthétique)의 개념이 떠오른다.

3. 비실재화의 실재적 중심

비실재를 실재의 형태로 옮겨 놓은 것이 예술작품이다. 앞에서 우리는 예술가가 자신을 비실재화함으로써 세계를 탈실재화하고, 또 세계를 탈실재화하면서 자신을 비현실화한다는 것을 보았다. 그러나 예술가만이 이렇게 하는 것이 아니라 예술작품 또한 자신을 비실재화함으로써 세계를 탈실재화하고, 세계를 탈실재화하면서 자신을 비현실화한다. 사르트르는 이와 같은 미학적 대상, 즉 예술작품을 "비실재화의 실재적 중심(centre réel et permanent d'irréalisation)"이라고 부른다.

대리석으로 조각된 비너스 상을 생각해 보자. 비너스라는 여인은 현실 속에 존재하지 않는다. 그러나 현실 속에 한 조각가가 있어, 고심 끝에 작품 구상을 하고, 실제의 노력을 기울여, 실제의 끌로 대리석을 정교하게 다듬어 하나의 여인상을 만들어 냈다. 실제로 존재하는 돌로, 현실적인 수고를 들여, 현실 속의 조각가가 만들어 냈지만 그 결과 나온 것은 미의 영원한 이상이라는 비실재의 어떤 대상(objet)이다. 한갓 야산의 돌덩이에 불과한 이 질료는 어떻게 이처럼 아름다운 예술품이 되었을까? 엄연한 현실 속의 구체적 물질이 어떻게 갑자기 상상의 세계, 즉 비실재의 세계로 들어갈 수 있었는가?

스스로 비실재화한 이 돌은 자신을 비실재화했을 뿐만 아니라 자신을 바라보는 사람들도 역시 실재에서 빠져나오게 만든다. 이처럼 자신과 타인을 동시에 비실재화하여 사람들에게 미학적 즐거움을 주는 물체가 다름 아닌 "비실재화의 영원하고도 실재적인 중심(centre réel et permanent d'ir-réalisation)"이다. '비실재화'와 '실재적'이라는 모순적인 단어의 조합은 비실재화의 기능을 가진 이 물체가 그 기능과는 정반대로 너무나 구체적인 실재성을 갖고 있기 때문이다.

이번에는 연극을 생각해 보자. 물론 배우는, 인간의 수고를 흡수하여 예술적 오브제가 된 대리석 같은 무기물은 아니다. 그는 생각할 줄 아는 살아 있는 인간이다. 그러나 그는 매일 밤 무대 위에서 상상의 인물을 반복해서 꾸며 낸다. 자신의 실제 성격, 신분을 모두 벗어 던지고, 셰익스피어의 주인공이 됨으로써 스스로를 비실재화한다. 그는 햄릿을 연기하기 위해 자신의 모든 감정과 제스처를 사용하는데, 이때 그는 자기 자신의 모든 실제적 감정과 제스처를 비실재화한다. 무대 위에서 그는 완전히 비실재적 양식의 삶을 산다. 그가 실제로 눈물을 흘리고 울어 보았자 소용없다. 그 자신도, 또 관객들도, 그것은 햄릿의 눈물이라고 생각한다. 다시 말해 그의 눈물은 비실재의 눈물인 것이다.

19세기 영국의 유명한 연극배우 에드먼드 킨(Edmund Kean, 1787~1833)을 예로 들며 사르트르는 이렇게 말한다.

그는 우리가 꿈속에서 보여 주는 것과 비슷한 변신을 한다. 그는 비실재의 기습을 받고, 비실재에 덥석 사로잡혀 있다. 허구의 극중 인물이 배우 안에서 실재화하는 게 아니라 오히려 배우가 극중 인물 속으로 자신을 비실재화한다.[3]

---

3 *L'Imaginaire*, p. 368. 이하, '*IMr*, 368'처럼 줄임.

상상을 실재화하는 것이 예술이라는 상식적인 예술관과는 달리, 사르트르는 실재를 상상화 혹은 비실재화하는 것이 예술이라고 말한다. 그런 의미에서 배우는 관객의 비실재화를 위해 자신을 비실재화하는 사람이다. 킨은 "매일 저녁 500명을 집단적 비실재화 속에 끌어넣기 위해 스스로 탈실재화한다"(*IF I*, 787).

이처럼 비실재화의 '영원하고도 실재적인 중심'이라는 점에서 생명체인 배우와 무생물의 대리석 조각은 서로 닮았다. 여기서 '영원'이라는 단어는 '타성적인 물질성'의 의미가 아니라 '영원한 반복성'의 의미로 선택된 것이다.

그러나 한번 비실재화를 이루면 영원히 비실재화의 물체로 남아 있는 조각품과는 달리, 배우의 비실재화는 언제나 중도에서 그칠 수밖에 없다. 킨은 자기 자신이 아닌 것, 자기가 결코 될 수 없다는 것을 잘 아는 그런 인물이 되기 위해 매일 저녁 변신한다. 그리고 그 변신은 언제나 한중간의, 언제나 같은 지점에서 중단된다.

완전히 비실재화를 이룬 물체인 조각품과, 언제나 비실재화를 중도에서 그친 후 실재로 되돌아오는 배우를 '비실재화의 영원하고도 실재적인 중심'이라는 이름으로 한데 묶는 것은 상당히 무리가 있다는 것이 우리의 생각이다. 그런데 사르트르는 조각품과 배우만이 아니라 미술, 소설, 시까지도 모두 같은 카테고리 안에 포함시킨다.

예컨대 『상상계』에는 다음과 같은 부분이 쉽게 눈에 띈다.

> 우리가 방금 미술에 대해서 제시한 것은 소설, 시, 연극에도 쉽게 적용될 것이다. 소설가, 시인, 극작가가 언어의 유사물을 통해서 비실재의 물체를 만들어 낸다는 것은 두말 할 필요가 없다. 그런데 햄릿을 연기하는 배우도 자신의 육체 전체를 이 허구적 인물의 유사물로서 사용하고 있다. (*IMr*, 367)

'자신의 비실재화와 세계의 탈실재화'라는 기능을 예술가와 예술작품에게 똑같이 부여하는 것도 이론적으로 정교하지 못하다는 인상을 준다. 『집안의 천치』 제1권에서 대리석 조각이 사람들을 탈실재화하면서 자신도 스스로 탈실재화한다고 말하는가 하면, 제2권에서는 의도적 상상행위가 예술가의 필수적인 태도라고 말함으로써 두 상상행위를 예술가와 예술작품에 두루 적용하고 있다. 이때 유일한 차이점은 예술가의 경우 자신을 '비실재화(s'irréaliser)'했고, 예술작품의 경우는 자신을 '탈실재화(se déréaliser)'했다는 것뿐이다. 그러나 물체인 조각품과 인간인 배우를 동급으로 설정해 놓은 것을 보면 's'irréaliser'와 'se déréaliser'의 차이는 별 대단한 것이 못 된다는 느낌이다.

'자신의 비실재화와 세계의 탈실재화'라는 상상작용을 예술작품과 예술가만이 아니라 예술 감상자에도 똑같이 적용함으로써 예술가–예술작품–감상자를 완전히 동렬에 놓고 있는 것도 문제다. 예술가가 세계를 탈실재화하여 예술작품을 만들고, 예술작품은 감상자들을 '탈실재화'시키며, 마침내 예술 감상자들도 '자신의 비실재화와 세계의 탈실재화'를 일으킨다는 것이다. 결국 예술가, 예술품, 감상자가 모두 똑같은 상상작용으로 미(美)와 관계를 맺는다는 것인데, 너무 성급하고 안이한 결론으로 보인다.

이와 같은 사르트르의 해석학적 순환에서 예술가–예술작품–감상자라는 세 개의 항을 연결해 주는 것은 '예술은 본질적으로 상상적이다'라는 예술 개념이다. 광의로 생각해 모든 예술작품을 상상과 연결시키는 일이 가능하다 하더라도, 과연 예술의 창작과 감상이 이렇게 완전히 똑같은 과정으로 이루어지는가에 대해서는 많은 논란이 있을 수 있다. 사르트르는 이런 의문에 대한 아무런 설명이 없이 막연히 세 경우의 상상을 혼동해서 쓴다. 그의 미학의 주요 개념인 아날로공(analogon)도 예술가와 감상자가 공유하고 있는 것으로 상정된다.

4. 아날로공

　말년의 저서인 『집안의 천치』에서는 "비실재화의 실재적 중심"이라는 표현을 더 선호했지만, 청년기의 미학서인 『상상계』에서 사르트르는 예술작품의 물질적 측면을 '아날로공(analogon)'(복수형 analoga)으로 불렀다. 연극에서는 배우, 회화에서는 캔버스나 물감, 조각에서는 대리석이나 청동 등등으로 구체화된 예술작품이다. 사르트르는 연극배우를 가리켜 "비실재적 오브제의 언어적 유사물(類似物)(analoga verbaux d'un objet irréel)", 또는 "상상적 인물의 유사물(analogon de ce personnage imaginaire)"이라는 말을 즐겨 썼는데, 이때 '유사물' 즉 아날로공이 바로 미학적 오브제의 물질적 측면이다. 그가 초기 저작에서 사용했던 아날로공이라는 단어를 버리고 '~ 중심'이라는 단어를 선택한 이유가 무엇인지 사르트르 연구자라면 관심을 가져 볼 만하다.

　단순화시켜 말해 본다면 아날로공은 상상과 현실이 만나는 지점, 다시 말해 존재와 무(無)가 합치되는 지점이다. 다름 아닌 예술작품의 물질성이다. 찰스 테니(Charles D. Tenney)의 다음과 같은 말이 그것을 명료하게 보여 준다. "실재의 것과 상상의 것은 서로 별개의 두 사물이다. 그것들은 유사물 또는 상징 속에서만 서로 접근할 수 있다. 이 유사물 또는 상징이야말로 존재와 무가 일치하는 근원이다."

　아날로공이 예술작품의 물질적 측면인데, 이 안에서 상상과 실재가 서로 접근한다는 것은 예술작품이 상상의 산물이며, 또 상상은 실재와 뗄 수 없는 관계에 있다는 것을 뜻한다. 『상상계』에서 사르트르는 "예술작품은 하나의 비실재이다(l'oeuvre d'art est un irréel)"라는 원칙 아래 아날로공의 개념을 정립한다. 여기서 그가 예로 든 예술작품은 샤를 8세의 초상화와 마티스의 빨간 양탄자 그림, 그리고 베토벤의 제7 교향곡이다.

샤를 8세의 초상화나 마티스의 그림은 우리의 눈에 보이는 가시적인 물체이다. 물체라는 점에서 예술작품은 다른 일상적 물품들과 다를 바가 없다. 거실 벽에 걸린 회화작품은 그 밑에 있는 소파, 탁자 등과 조금도 다름없는 하나의 물질적 사물이다. 그러나 우리는 탁자나 소파 들을 무심하게 지나쳐 보는 것과는 달리 그림 앞에서는 시선을 고정시켜 응시한다. 이때 그림을 대하는 우리의 자세는 단순히 나무 액자와 캔버스라는 물질성에 대한 태도와는 전혀 다르다.

왜 겉보기에 다른 일상적 사물과 다를 바 없는 물질성의 예술작품이 우리에게 이런 미학적 감흥을 일으키는가? 실재의 대상은 그냥 철두철미하게, 겉이나 속이나 똑같이 하나의 대상일 뿐이다. 그런데 예술작품은 두 개의 대상이 한데 합쳐져 있는 구조이다. 물질적 대상(objet matériel)과 상상의 대상(objet imagé)이라는 두 겹의 오브제가 한데 딱 달라붙어 있는 것이다. 이 상상의 대상을 사르트르는 비실재적 대상(objet irréel), 상상적 대상(objet imaginaire), 미학적 대상(objet esthétique), 또는 미학적 감상의 대상(objet d'appréciation esthétique) 등으로 표현한다. 말하자면 사르트르 식의 '대상의 이원론'인 셈이다.

이 두 겹의 대상 중에서 아날로공은 다름 아닌 물질적 대상(objet matériel)이다. 이 물질적 대상은 상상의 대상을 드러내기 위한 구체적 물질이다. 사실 회화란 캔버스와 물감 그리고 액자로 구성된 물체다. 마티스의 빨간색 양탄자 그림은 참으로 따뜻하고 아름답다. 우리에게 미학적인 즐거움을 준다. 무엇이 이 그림을 그토록 아름답게 만들어 주는가? 빨간색일까? 그렇다면 똑같은 색의 페인트에서 우리는 마티스의 그림에서와 같은 감동을 느끼게 되는가? 전혀 아니다. 그렇다면 마티스가 보고 그렸을 그의 집의 빨간 양탄자가 아름다웠기 때문일까? 만일 그것이 화가의 유품으로 그의 기념박물관에 남아 있다 하더라도, 그것을 보고 우리는 개인 기록의 측면에서 호기심을 느낄지언정 마티스의 그림에서와 같은 미학적 감동을 느끼지는 않을 것이다. 그렇다면 마티스의 빨간 양탄자는 비록 그가 자기 집 양탄자를 모델로 했다 하더라도 이 세상 어디에도 없는 양탄자이다. 그것은 실재의 양탄자를 보고 그렸지만 이 세상 어디에도 없는 비실재의 물체가 된 것이다. 우리에게 미학적 감동을 주는 것은 바로 이 비실재성이다.

그러나 비실재성은 그야말로 실재하지 않으므로 우리에게 전달되지 못한다. 화가는 자신이 생각하는 어떤 상상적인 물체, 어떤 미학적인 물체를 우리의 감각에 전달하기 위해 경험적인 물체의 매개를 빌렸다. 이것이 바로 아날로공이다. 아날로공은 상상의 물체와 똑같은 형태로 우리 눈앞에 나타나 우리를 그 너머 상상의 세계로 인도한다. 똑같다고 해서 유사물(아날로공)인 것이다. 상상의 물체와 아날로공이 똑같기 때문에 흔히 사람들은 물질적 대상과 미학적 대상을 혼동한다. 그러나 샤를 8세의 초상화가 불에 탔을 경우를 생각해 보라. 물질성으로서의 캔버스와 액자는 불타고 없어져도 우리 마음속에 샤를 8세의 초상은 영원히 남아 있다. 또 베토벤의 제7 교향곡의 악보가 불에 타 없어진다 해도 그 음악이 사라지는 것은 아니다. 예술작품을 물질적 대상과 미학적 대상으로 나누는 이 이원론적 관념은 당연히 플라톤을 떠올리게 한다.

5. 플라톤에 대한 오마주

플라톤의 『파이돈』에 나오는 화음과 리라(lyre)의 관계는 사르트르가 예로 든 마티스와 베토벤의 에피소드와 그대로 오버랩된다. 영혼불멸설을 설파하는 소크라테스에게 제자 심미아스는 과연 육체가 죽어 없어져도 영혼은 영원불멸일까, 라는 의구심을 제기한다.

스승과 제자의 불꽃 튀는 논쟁은 소크라테스의 이원적 존재론에서부터 시작된다. 존재하는 것에는 가시적인 것과 비가시적인 것, 두 종류가 있다. 눈에 보이는 것은 변하는 것이요, 눈에 보이지 않는 것은 변하지 않는 것이다. 이 두 가지 존재양식을 우리 자신에게 적용해 보면 육체와 영혼이다. 육체는 눈에 보이는 것이고, 영혼은 눈에 보이지 않는 것이다. 영혼은 무형이고 육체는 유형이다. 그러므로 육체는 사멸(死滅)적이고, 비(非) 예지적(叡智的)이고, 땅의 성질을 가지고 있으며, 다형(多形) 다양(多樣)하고, 분해될 수 있으며, 가변적이다. 반면에 영혼은 불멸하며, 예지적이요, 한결같은 모습이고, 분해되지 않으며, 불변이다. 그렇다면 사람이 죽은 후 가시적 부분인 신체는 그 본성상 분해되고 소멸하지만 영혼은 영원히 남아 있을 것이다.

이와 같은 소크라테스의 주장에 대해 심미아스는 화음과 리라의 유비(analogy)로 반격한다.

리라에서 우러나오는 화음은 비가시적이고, 비물체적이고, 더할 나위 없이 아름다우며 신적(神的)인 것인 데 반해, 리라와 그 줄은 물질이요, 물체적이며, 합성되어 있고, 땅의 성질을 가지고 있으며, 사멸하여 없어질 수밖에 없습니다. 그런데 누군가가 그 리라를 부수고 줄을 끊거나 찢는다면, 그것을 본 사람은 선생님과 같은 유비로 추론을 하면서 화음은 없어진 것이 아니고 어디엔가 그대로 계속해서 존재하는 것이다, 라고 말하겠지요. 소멸하는 성질을 가진 리라는 망가져 사라질 수 있지만, 신적이고 불멸의 성질을 띤 화음이 사라져 없어진다고는 도저히 상상할 수 없을 테니까요. 화음은 여전히 어디엔가 있어야 하고, 화음에 무슨 일이 생기기 훨씬 전에 리라의 나무와 줄이 먼저 썩어 없어져야 되겠지요. 이것이 영혼의 개념이라고 선생님은 생각하시는 것이죠?

마티스의 빨간 양탄자 그림이나 베토벤의 제7 교향곡의 악보가 불에 타 없어져도, 우리에게 감동을 주었던 그 미학적 오브제는 우리의 마음속에 영원히 남아 있을 것이라는 것이 사르트르의 상상미학이다. 그러나 그것은 한 번이라도 마티스의 그림을 본 사람, 또는 한 번이라도 베토벤의 제7 교향곡을 들어 본 사람에게만 해당되는 것이어서 보편성을 담보할수 없다. 게다가 머릿속에 마티스의 그림 혹은 베토벤의 곡을 기억하고 있는 사람이라 하더라도 그 기억은 완전하지 않고, 더구나 기억은 시간이흐르면 점점 더 쇠퇴하여 사라지게 마련이다. 불타는 캔버스와 악보의 은유는 플라톤에 대한 사르트르의 조금 단순한 오마주가 아닐까.

6. 무無의 미학

누구나 가끔, 그림으로 그려진 물체가 현실의 그 모습이었을 때는 별감흥이 없는데, 일단 화폭에 옮겨지면 왜 강한 미적 감흥을 주는지, 그 이유를 궁금하게 생각한 적이 있을 것이다. 하찮은 주전자, 전등갓, 탁자 같은 것도 화가가 캔버스에 그려 놓으면 실제의 그 물건들에서 느낄 수 없었던 아름다움이 느껴지니 말이다.

아리스토텔레스는 이것을 미메시스 이론으로 설명한다. 미메시스, 즉 모방은 인간의 본성이다. 모방을 통해 지식의 첫걸음을 내딛는다는 점에서 인간은 다른 동물들과 다르다. 스스로 모방을 할 뿐만 아니라 모방적 사물에서 즐거움을 얻기도 한다. 보기만 해도 고통스러운 사물, 예컨대 흉칙한 짐승이나 시체 같은 것을 아주 자세하게 그린 그림을 바라보며 즐거움을 느끼는 것은 모방의 이유 말고는 달리 설명할 길이 없다.

모방적 사물을 우리가 좋아하는 것은 그것이 '깨달음(recognition, identification)'의 즐거움을 주기 때문이기도 하다. 깨달음의 즐거움은 공부하는 학자에게만 해당되는 것이 아니다. 뭔가 알고자 하는 것, 그리고 알아맞춘 다음의 쾌감은 철학자뿐 아니라 모든 사람에게 공통적인 현상이다. 사람들이 그림(이미지)을 좋아하는 이유가 그것이다. 예를 들어 인물 그림은, 그것을 보고 이것은 누구누구의 얼굴이다, 라는 추론을 할 수 있기 때문에 우리에게 즐거움을 준다는 것이다.

르네상스시대에 『회화론』에서 원근법을 체계적으로 정리한 알베르티(Alberti)도 아리스토텔레스의 모방 이론을 계승하여 역사화의 중요성을 역설했다. 역사화에서 많은 인물들 중 유명한 사람의 얼굴이 우선적으로 관람자의 시선을 끌고 사람들을 즐겁게 하는데, 이것은 전적으로 모사(模寫)의 힘이라는 것이다. 그리고 보면 라파엘로의 〈아테네 학당〉은 플라톤과 아리스토텔레스에서부터 당대의 화가 자신에 이르기까지 '알아맞추기'의 즐거움을 안겨 줄 인물 묘사로 가득 차 있다.

그러나 사르트르에게 있어서 우리가 예술작품을 보고 아름다움을 느끼는 이유는 미메시스도 아니고, 아름다운 색채나 형태도 아니다. "미학적 즐김에 관해 말해 본다면 물론 그것은 실제적이다. 그러나 그것이 실제의 색깔에 의해 생겨나는 것으로 생각한다면 그것은 결코 정확한 이해가 아니다. 미학적 즐김은 비실재적 대상을 붙잡기 위한 하나의 방법에 불과하다"(*IMr*, 366). 그러니까 미학적 즐거움은 물질성 뒤에 보이지 않게 숨어 있는 비실재적 대상에 의해 야기된다는 것이다.

그래서 단도직입적으로 "예술작품은 하나의 비실재이다"라고 말하기도 하고, "내가 아름다움이라고 규정하는 것은 바로 이 비실재적 대상들의 총체이다(Et c'est l'ensemble de ces objets irréels que je qualifierai de beau)"라고 포괄적인 결론을 내리기도 한다. 여기서 중요한 것은 현실에 대한 상상의 우위, 실재에 대한 허구의 우위이다.

그리고 마침내 '세계의 무화(無化)'가 등장한다. "우리는 실재가 결코 아름답지 않다는 결론을 내릴 수 있다. 아름다움은 상상적인 것에만 적용될 수 있는 가치이고, 이 가치의 기본적인 구조는 세계의 무화이다"(*IMr*, 372).

마티스의 빨간 양탄자, 베토벤의 제7 교향곡은 그 물질성을 빼고 나면 "영원히 먼 곳"에 있고, 따라서 "영원한 부재"이다(un perpetuel ailleurs, une perpetuelle absence). 그러니까 현존하지 않는다. 그런데 '여기 있지 않다'는 것은 무(無)이다. '비실재화' 혹은 '탈실재화'라는 방식의 상상 입문은 결국 실재를 무로 돌리는 무화의 운동이었다. 그러므로 예술가의 미학적 정언명령은 무에 대한 믿음이 된다(*IF II*, 1489).

결국 사르트르의 생각은, 실재는 아름답지 않고, 모든 실재는 무로 환원될 때에만 아름답다는 것으로 요약될 수 있다. 결국 사르트르는 예술적 감흥의 이유를 무에서 찾는다. 예술작품은 무를 표상하기 때문에 아름답다는 것이다. 그러나 이 무는 불가능에 다름 아니다. 플로베르가 그 극명한 예를 보여 준다.

언어의 예술가인 플로베르에게 있어서 미(美)란 언어에 의해 이 세계를 상상적으로 총체화하는 것인데, 언어는 그 본성상 이런 기능을 수행할 능력이 없다. 어쩌다 떠오른 한 줄의 문장에서 미가 반짝거리기도 하지만 그 반짝임에 이끌려 가까이 가보면 벌써 미는 사라지고 없다. 플로베르는 서간문에 "미란 불가능이 아니고 무엇이겠는가?(Qu'est-ce que le Beau, sinon l'impossible?)"라는 유명한 말을 남긴다.

플로베르의 미학을 한마디로 간결하게 보여 주고 있는 이 구절은 예술의 불가능성의 확인인 동시에, 이 불가능성에 대한 추구가 곧 예술이라는 이중적인 의미를 지닌다. 미는 사람이 만들 수도, 소유할 수도 없지만, 예술가들은 절망적으로 이 불가능의 추구에 집착한다. 아름다운 것은 단순히 존재하지 않을 뿐만 아니라 결코 존재할 수가 없는 것이다. 그런데도 예술가들은 한평생 이 허망한 목표를 향해 매진한다. 그것이 불가능인 줄 뻔히 알면서도 그 불가능성을 간절히 원하고, 근원적으로 비-존재(non-être)인 이것에 존재를 부여하려 한다.

결국 미의 존재론적 구조는 불가능성이다. 예술가는 가능한 세계인 현실과 불가능한 세계인 미를 이어 주는 매개자가 된다. 3천여 페이지의 방대한 책을 통해 플로베르의 미학을 꼼꼼하게 추적하고 있는 사르트르에게서 우리는 연구자 자신과 연구 대상과의 동일시를 발견하게 된다. 플로베르의 미학은 결국 사르트르의 미학이었다.

7. 불가능한 미

플로베르의 예술을 논할 때 비평가들은 흔히 절대예술, 또는 '예술을 위한 예술'이라는 말을 한다. 그러나 사르트르는 플로베르의 예술을 "신경증 예술(l'Art-névrose)"이라고 규정한다. 이것은 단순히 플로베르가 간질 발작의 병력이 있는 신경증 환자이기 때문에 붙여진 명칭이 아니다. 19세기 낭만주의 후기 작가들의 공통적인 예술관을 일종의 집단 병리적 현상으로 보는 관점이다.

플로베르는 예술을 불가능의 추구로 정의했다. 예술은 아름다움의 추구인데, 아름다운 것은 단순히 존재하지 않는 것일 뿐만 아니라 아예 존재할 수가 없다는 것이다. 그런데 예술가는 불가능하다는 것을 잘 알면서도 그 불가능을 원한다. 다시 말하면 비-존재(non-être)에 존재(être)를 부여하는 것이다. 있지도 않은 것을 있게 하고, 불가능한 것을 가능하게 만든다는 것은 미리 패배를 수락하는 것이다. 차라리 패배를 원하고 거기에 집착한다고까지 말할 수 있다. 절망이지만 그러나 오만한 절망이다. 실패를 위한 실패라고도 할 수 있다. 실패할 것을 알면서 거기에 몸을 바친다는 것은 인간을 인간 이상으로 고양시키는 숭고한 행동이다. 그것은 완전히 순교자의 자세이다.

이와 같은 실패의 행동(conduite d'echec)은 사르트르가 평생 추구했던 패자승(敗者勝, "Qui perd gagne")의 모티브이기도 하다. 지는 자가 이기고, 잃는 자가 얻는다. 순교자는 자기 목숨을 잃고 하느님의 영성을 얻는다. 그렇다면 예술가는 무엇을 잃고 무엇을 얻는가?

우선 언어를 다루는 문학가에게 있어서 미의 불가능성이란 언어의 불가능성이다. 문학은 언어로 미를 표현해야 하는데 언어는 그럴 능력이 없다. 그래도 작가는 언어에 매달려야 한다. 구체적으로 그는 언어를 창조하는 것이 아니라 타성태적 물체 즉 타인의 언어에서 자기 의도에 가장 적합한 말들을 선택해야 한다. 이미 닳아 빠진 남의 말들을 여하히 조립하고 그 말들 안에 있는 침묵의 부분을 어떻게 사용하느냐에 그의 예술의 성패가 달려 있다. 다시 말하면 언어라는 사회적 형태 속에 어떻게 자신의 생각을 온전하게 집어넣느냐의 문제이다. 잘못하면 진부한 상식의 말이 되거나, 아니면 작가 자신의 의도를 왜곡하기 쉽다.

"우리의 주체는 텅 비어 있다"거나 "우리는 우리가 생각하는 곳에 존재하지 않고, 우리는 우리가 존재하지 않는 곳에서 생각한다"라는 라캉의 한 구절이 상식처럼 통용되는 오늘날, 말이 생각을 드러내 준다고 믿는 인문학도는 더 이상 없다. 그러나 19세기에 플로베르가 그렇게 생각했다는 것은 코페르니쿠스의 지동설만큼이나 경이적이다. 그는 "인간들에게서 언어를 훔치고, 그 언어로 하여금 자신의 실용적 목적에 등 돌리게 하고, 그 언어의 물질성을 이용하여, 말로 표현할 수 없는 상상을 표현"하는 것이 바로 문학이라고 말한다.

여기서 중요한 것이 형식이고 문체라는 것을 알 수 있다. 작가는 사람들에게서 훔쳐 온 연장인 언어를 자기 고유의 법칙에 따라 사용하는데, 이 자기 고유의 법칙이야말로 작가 특유의 문체(style)일 것이다. 문체는 마치 주물을 만들어 내기 위한 거푸집과도 같다. 뜨겁게 액체상태로 녹은 쇳물을 거푸집 속에 붓듯이 작가는 자기 생각을 문체 속에 붓는다. 작가가 자신의 상상을 남에게 전달하는 것은 오로지 문체에 의해서만이다.

문체란 형식이고 방법이다. 글을 도구로 삼는 문학에서 형식적 아름다움이란 정확한 언어와 짜임새 있는 구성, 그리고 읽을 때 우리의 귀를 즐겁게 해 주는 낭랑한 소리의 조화와 리듬일 것이다. 플로베르는 시와 문체를 문학의 두 요소로 생각하고, 산문도 시처럼 완벽하게 리듬과 음향을 갖추어야 한다고 주장한다.

리듬과 음향의 조화를 말할 때 그는 "어느 부분도 바꿀 수 없이 (inchangeable)"라는 표현을 쓴다. 단어들이 너무나 정확하게 적재적소에 놓여 있고 짜임새 있는 조화를 이루고 있어서, 그중의 하나라도 바꾸면 전체의 조화가 깨지는, 그런 상태가 이상적인 문체라는 것이다. 르네상스 시대에 알베르티도 "혹시 보다 나쁘게 하고 싶다면 모를까, 아무것도 더 하거나 빼거나 또는 변경할 필요가 없을 때, 이것을 '조화'라고 한다"고 말했다. 산문에도 운문의 견고성(consistance de vers)이 필요하다고 한 플로베르의 말이 바로 그런 의미이다. 구체적으로 말하면, 정확한 장소에 마치 보석 상감(象嵌)처럼 단단하게 박혀 있는 단어들을 뜻할 것이다. 사르트르가 신경증-예술이라고 이름 붙였던 19세기 후반기의 작가들에게서 공통적으로 딱딱하고 견고한 광물성에 대한 예찬이 나오는 것은, 이와 같은 완벽하고 견고한 형식미에 대한 은유라 할 수 있다.

결국 순수예술은 내용보다는 형식미를 추구하는 예술이다. 내용은 별로 중요하지 않다. 따라서 좋은 주제, 나쁜 주제가 따로 있을 수 없다. 왜냐하면 문체만이 중요하기 때문이다. 플로베르는 아무것도 아닌 주제로 소설을 하나 쓰고 싶다고 했고, 그것이 『보바리 부인』이었다.

플로베르의 인생과 문학에 깊이 몰입하여 감정이입을 하고 있는 사르트르의 모습에서 우리는 두 사람이 똑같이 언어의 물질성에 매료되었다는 것을 알 수 있다. 언어를 더 이상 의미 전달의 도구로 사용할 생각이 없어진 순간, 그것들은 그 자체로 감상할 수 있는 아름다운 대상이 된다. 플로베르의 글 다듬기는 완전히 물질에 대한 태도와 똑같았다. 문체를 조여서 비단처럼 부드럽게 혹은 쇠사슬 갑옷처럼 팽팽하게 만든다거나, 석수장이가 대리석을 깎듯이, 또는 금은세공사가 금은을 섬세하게 세공하듯이 말들을 깎고 다듬고 박아 넣는다는 말이 그것이다.

루이즈 콜레에게 보낸 편지들에는 글쓰기가 형벌 혹은 고문과도 같다는 이야기가 무수히 나온다. 닷새 혹은 일주일 동안 원고지 3장을 쓰는가 하면, 5장 고치는 데 8시간이 걸리기도 하고, 4시간 동안 펜을 들고 앉아 단 한 줄 쓰지 못할 때도 있었다고 한다. 말 그대로 구도에 정진하는 수도승의 고행과도 같다. 이런 고통스러운 작업 속에서 인생 자체를 희생하여 얻는 것은 예술이다. 모파상에게 보낸 편지에서 플로베르는 예술의 절대성에 대해 이렇게 말한다. "예술가에게는 단 하나의 목표만이 있다. 그것은 예술이다. 예술을 위해 그는 모든 것을 희생한다. 예술가의 인생은 하나의 수단일 뿐, 그 이상의 아무것도 아니다."[4] 이 지독한 예술관, 이것이 바로 구도(求道)로서의 예술, 절대를 지향하는 예술의 관념이다.

예술을 위해 모든 것을 희생했다는 것은 예술을 제외한 모든 인생사를 포기했고, 또 실패했다는 이야기이다. 간질 발작으로 법학 공부를 포기하고, 이 공부가 약속해 주는 미래도 포기한 채 집으로 돌아와 어머니의 보살핌 속에서 영원한 미성년자가 되어 칩거상태 속에서 글만 썼던 그의 생애는 상식적인 관점에서는 완전히 실패한 인생이다. 그러나 이 실패를 대가로 그는 예술을 얻었다. 그의 인생은 예술을 위한 수단일 뿐이었다. 이 실패한 인생, 그것은 우연이 아니라 세심하게 계획된 'Qui perd gagne'의 전략이라는 것이 사르트르의 추론이다.

8. 상상에 대하여

후설의 현상학을 계승한 사르트르에게 있어서 의식은 그 자체로 실체가 아니라 그 앞에 대상이 나타났을 때에만 작동하는 정신작용이다. 즉 의식이란 항상 '~에 대한 의식'이다(Toute conscience est conscience de quelque chose). 그 대상은 우리의 감각으로 지각할 수 있는 경험적 대상이기도 하지만 또 어느 때는 단순한 허상일 수도 있다.

그 허상이 이미지(image)이고, 이 허상을 의식 앞에 놓는 행위를 상상(imagination)이라고 한다. "나무의 이미지를 의식하는 초월적 의식은 역시 자기 앞에 나무를 놓는다. 그러나 그때 나무는 진짜 나무가 아니라 이미지로서의 나무인 것이다. 다시 말하면 지각의 방식이 아닌 방식으로 자기

---

4 *Préface à la vie d'écrivain*, p. 282.

앞에 대상을 놓는 것이다"(*IMr*, 30).

그러니까 지각(perception)과 상상은 서로 반대말이다. 지각은 실제의 대상을 의식하는 것이고, 상상은 그 실제 대상의 그림(像, image)을 의식하는 것이다. 요컨대 상상작용은 그 대상을 이미지의 형태, 즉 비-존재의 상태로 정립한다. 이미지의 형태로 존재한다는 것은 엄밀히 말해서 존재하지 않는다는 뜻이다. 다시 말하면 통상적인 지각 대상이 소유하는 실재적 존재 형태가 결여되어 있다는 의미이다. 따라서 이미지들은 명백한 무(néant)의 성격을 갖고 있다.

그런데 무에는 4개의 형태가 있다. 즉, (1) 대상을 삭제하여 아예 '존재하지 않는 것으로 만든 것', (2) '부재의 것', (3) '다른 곳에 존재하는 것', 그리고 (4) '의식 자신을 스스로 중립화하는 것' 등이다. 이 중에서 (1)의 경우, 즉 의식의 대상을 존재하지 않는 것으로 정립할 때, 그 대상은 세 가지의 경우가 가능하다. 첫 번째, 원래는 지각이 가능했으나 이제는 존재하기를 그친 대상, 예를 들면 죽은 친구 같은 경우이다. 두 번째는 한 번도 존재한 적이 없으므로 절대로 지각 불가능한 대상, 예컨대 반인반수의 괴물인 켄타우로스 같은 것이다. 세 번째는 지각 가능하기는 하지만 아직은 존재하지 않는 것으로, 내가 장차 구입하게 될 겨울옷 같은 것이다.

(2)와 (3)의 경우, 즉 부재의 것, 혹은 다른 곳에 존재하는 것은 그것 자체로는 존재하고 또 지각이 가능한 대상이지만, 현재 나의 지각장의 범위 안에는 들어 있지 않다. 나는 그것에 대한 이미지[像]를 갖고 있지만, 그러나 그것은 내 의식에 지각될 만큼의 현전이 아니다.

아예 존재하지 않는 것을 상상하든, 존재는 하지만 지금 여기에 없는 것을 상상하든, 상상이란 그 자체로 실재에 대한 부정이다. 상상행위(acte imageant)와 현실인식행위(acte réalisant)가 구별되는 것은 바로 이런 점에서이다.

여기 내 눈앞에 있는 카펫의 아라베스크 무늬는 나의 직관에 부분적으로만 제시되어 있다. 왜냐하면 창가에 놓인 소파가 그 일부를 가리고 있기 때문이다. 그러나 나는 숨겨진 아라베스크 무늬가 비록 가려지기는 했지만 여전히 현재적으로 존재한다(existant présentement)고 생각할 뿐, 그것이 부재하다고는 생각하지 않는다. 드러난 부분의 무늬로 미루어 그 무늬의 처음과 끝을 연속선으로 파악하기까지 한다. 이것이 사르트르가 말하는 현실인식행위이다.

사르트르가 현실인식행위라고 말하는 것을 슬라보예 지젝은 '상식의 리얼리즘(common-sense realism)'이라고 한다. 우리는 우리의 시각장과 그 너머의 비가시적인 부분이 연속성을 가지고 있다고 자동적으로 가정한다. 예컨대 내가 어떤 집의 정면을 볼 때 비록 지금 이 순간 나에게 지각되지는 않지만 그 집이 뒷면을 가지고 있다는 것을, 그 뒤에 다른 집이나 풍경 같은 것들이 연달아 있다는 것을 자동적으로 가정한다. 이것이 바로 우리 앞에 가시적으로 주어지지 않은 사실을 현실로 정립하는 방법이다. 이때 주어지지 않은 사실은 주어진 사실과 똑같은 의미와 성격을 갖고, 똑같은 정도로 현실적이다. 나의 인식은 주어진 것과 주어지지 않은 것을 하나의 전체로서 파악한다. 이것은 우리의 경험이 일관성을 유지하기 위해서는 필연적이고도 불가피한 행위이다. 만일 내가 지금 지각하는 대상들을 어떤 전체적 현실의 부분적 측면으로서 파악하지 않는다면? 예컨대 만일 내가 지금 보는 집이 정면에 상응하는 뒷면을 가지고 있다고 가정하지 않는다면? 나의 지각장은 비일관적이고 무의미한 뒤죽박죽으로 붕괴되고 말 것이다. 이렇게 되면 현실은 갑자기 상상의 세계가 될 것이다.

상상의 메커니즘을 작동시키려면, 감춰진 아라베스크 무늬를 전체 카펫에서 따로 떼어내, 그것 자체에만 관심을 집중시킨다. 당연히 그것은 소파에 가려져 나의 눈에 보이지 않으므로 부재한 것이고, 더 나아가 무이다. 이 순간 상식적 리얼리즘의 현실세계는 붕괴되고, 현실인식행위는 사라진다. 틀림없이 그것이 소파 밑에 있기는 하지만 나는 그것을 무로서 파악한다. 사르트르가 "상상행위는 이미지를 형성하는 행위이면서 동시에 그것을 독립적으로 고립시키고, 무화하는 행위"(*IMr*, 348)라고 말하는 이유이다.

여기서 우리는 상상행위 속에서의 실재와 비실재(또는 상상)의 관계를 확연하게 알 수 있다. 상상은 실재의 부정(또는 무화)이지만, 또 한편으로 상상(또는 비실재)의 토대는 바로 실재이다. 마치 0과 1로만 구성된 컴퓨터의 세계처럼 상상과 실재는 이진법의 관계이다. 상상하는 의식 앞에 세워진 대상은 현실적 세계에 비해 볼 때 무이고, 반대로 이 상상적 대상에 비해 볼 때 현실적 세계는 무가 된다. 다시 말해 상상 속에서 바라보면 실재의 세계는 무이고, 실재의 세계에서 바라보면 상상은 무인 것이다. 상상은 실재적 세계의 붕괴와 병행하지만 또 한편으로 상상의 토대가 된다. 플로베르는 실재의 세계를 "상상의 세계로 들어가기 위한 도약대"라고 말한다. 스키 점프의 도약대처럼 실재의 세계는 나를 상상 속으로 튕겨 올려 주는 받침대라는 것이다.

여하튼 상상의 대상은 무(無)이다. 결국 이미지는 그 안에 무를 품고 있다는 이야기이다. 무란 '아무것도 없음'이라는 우리의 상식과 달리, 사르트르에게서 무는 존재와 대립되는 또 하나의 존재이다. 이것이 『존재와 무』에서 그가 누누이 강조한 무의 개념이다. 마찬가지로 그는 상상이라는 무에도 어떤 존재적 존재(ontic being)를 부여한다. 상상적인 것은 언제나, 그것을 향해 현존재가 지양해 가는 구체적인 '어떤 것'(*IMr*, 359)이라는 말이 그것을 확인해 준다.

9. 사르트르의 현대성

물질성과 비물질성, 가시성과 비가시성을 함께 표현하는 것이 현대예술의 주요 흐름이다. 현대의 가장 철학적이고 대중적인 유명한 조각가 아니시 카푸어(Anish Kapoor)는 "무형의 실재를 탐구하는 것이 자신의 예술"이라고 말한다. '무형'의 '실재'라니? 이 모순적인 말은 그의 스테인리스 스틸 소재 조각을 보면 이해할 수 있다. 예컨대 철제 조형물은 물질적인 형태이지만 거기에 반사되는 대상의 이미지는 비물질적이다. 조각품은 시시각각의 자연적 빛이나 관람객의 변동에 따라 완전히 다른 작품이 된다. 그러므로 그의 예술은 물질성과 비물질성의 공존인 것이다. 제임스 터렐(James Turrell) 등 아예 빛을 예술의 소재로 삼는 예술가들도 많다. 빛이란 가시적이기는 하지만 물질성은 아니지 않은가?

이런 트렌드 속에서 예술의 보이는 부분과 보이지 않는 부분, 또는 물질성과 비물질성을 확연하게 구별한 사르트르의 미학이 과연 오늘날에도 타당성이 있는지가 우리의 의문이었다. 그러나 무한한 상상의 세계로 우리를 초대하는 사르트르의 미학은 현대의 디지털 테크놀로지 환경 속에서 오히려 새로운 미적 감수성의 원천이 되고 있음을 우리는 확인할 수 있었다. 지극히 물질적이고 기계적인 디지털 테크놀로지가 역설적으로 비물질적인 가상현실을 촉발하고 상상을 극대화시키고 있기 때문이다.

1990년대 이후 한국의 젊은 독자들이 사르트르를 접한 것은 미국의 마르크스주의 정치학자이며 문화이론가인 프레드릭 제임슨(Fredric Jameson, 1934~)을 통해서였다. 그가 사르트르의 미학에서 특히 주목한 부분은 '주체의 비실재화와 대상의 탈실재화'라는 상상 이론과 실천적 타성태(惰性態, pratico-inerte) 이론이었다.

그는 에드워드 호퍼(Edward Hopper)의 어둡고 무심한 실내 풍경이나 찰스 실러(Charles Sheeler)의 포토리얼리즘적 황량한 도시 풍경, 또는 더그 본드(Doug Bond)의 텅 빈 욕실에서처럼 근본적으로 반-인간적(anti-anthropomorphic)인 회화들에서 일종의 환각적인 감수성을 발견한다.

그중에서 특히 사르트르의 비실재화 이론과 관련하여 그가 관심을 가진 것은 인간의 신체를 페티시화하는 듀에인 핸슨(Duane Hanson, 1925~1996)의 조각작품들이다. 듀에인 핸슨은 미국의 몰(mall)이나 공항 같은 곳에서 흔히 볼 수 있는 평균적인 보통 사람들, 뚱뚱한 흑인 혹은 백인 여행객들, 청소부 아줌마, 물건이 잔뜩 담긴 카트를 끌고 있는 쇼핑객들을 수지(樹脂) 혹은 폴리에스터로 꼼꼼하게 재현해 낸 조각가이다. 실제의 옷을 입고 실제의 소도구나 소지품들을 지참하고 있는 실물대의 인물 조각 앞에서 우리는 완전히 인지의 혼란을 느낀다. 가까이 가서 손으로 만지기 전에는 실제 인물인지 아닌지를 도저히 구별할 수 없기 때문이다.

그야말로 하이퍼리얼인 이 실물대의 인물 조각을 프레드릭 제임슨은 시뮬라크럼(simulacrum)이라고 부른다. 이 시뮬라크럼들은 사르트르의 탈현실화(derealization)를 그대로 구현한다. 폴리에스터 인물상들이 너무나 리얼하여, 혹시 몸에 온기가 있고 호흡을 하고 있는 것이나 아닌지 우리가 의심하고 주저하는 순간, 돌연 미술관 안에서 우리 주변을 걷고 있는 실제 인간들에 대해서도 똑같은 의심과 주저가 생긴다. 이때까지 아무 의심 없이 우리가 그 안에서 생활하던 일상적 현실과 주변 세계가 갑자기 비현실의 세계로 느껴지기 시작하고, 순식간에 실제의 인간들은 그저 단지 살색을 가진 죽은 시뮬라크르로 변형되고 만다. 인물만이 아니라 인물들이 들어 있는 세계 자체가 본래의 깊이를 잃고 두께 없는 얇은 막의 이미지로 변한다. 그야말로 '자신의 비실재화이고 세계의 탈실재화'이다. 혹자는 거기서 신나는 팝아트의 체험을 할 것이고, 또 혹자는 그것을 불길하고 무서운 분신(分身)으로 체험할 것이다. 푸코나 들뢰즈가 전자에 속

듀에인 핸슨, 〈여행자들 II(Tourists II)〉 전시 모습. 왼쪽 남녀 등신대 형상은 조각상이며, 오른쪽 여성은 관람객이다. 2010/11년 독일 바덴바덴의 프리더 부르다 미술관에서 열린 핸슨과 크루드슨(Gregory Crewdson)의 '섬뜩한 실재들(Uncanny Realities)' 전(展) 출품.

하고 보드리야르가 후자에 속한다.

　프레드릭 제임슨이 사르트르와 관련 지은 또 하나의 주제는 현대의 기계문명이다. 그는 기계 속에 인간적이며 반-자연적인 거대한 힘(that enormous properly human and anti-natural power)이 장착되어 있다고 믿는다. 인간의 노동력을 대신하여 기능한다는 점에서 기계 안에는 죽은 인간의 노동력이 저장되어 있다는 것이 그의 기계론적 상상력이다. 그런데 테크놀로지 안의 이 노동력이 어떤 막연한 적대적인 형태를 띠며 몸을 되돌려 우리를 공격한다. 그리하여 우리의 집단적 실천 혹은 개인적 실천의 지평을 디스토피아로 만들어 버린다. 사르트르가 『변증법적 이성비판』에서 실천적 타성태의 반(反)-목적성이라고 부른 바로 그 소외된 힘인 것이다.

　사르트르의 사상에서 오늘날에도 유효한 이론은 상상 이론이나 타성태 이론만이 아니다. 라캉과 관련하여 시선의 문제에서도 사르트르는 많이 회자되고 있다. 그러나 우리는 여기서 일단 상상의 문제에만 논의를 한정시켰다. 시선의 문제와 테크놀로지의 타성태 문제는 현대의 기술과 문화를 모두 아우르는 방대한 작업을 요구할 것이다.

사르트르의 무無의 미학[*]

강충권

1. 머리말

1943년에 간행된 사르트르의 『존재와 무(L'être et le néant)』에 드러나는 존재론에 관해서는 주로 즉자(en-soi), 대자(pour-soi), 대타존재(être-pour-auturui) 등 '존재'의 양태와 상호관계에 대한 연구들이 이루어져 왔으며, 그에 비해 '무(無)'에 관한 연구는 상대적으로 많지 않았던 것이 사실이다. 그런데 이 '무'의 개념은 앞서 1940년에 간행된 그의 『상상계(L'Imaginaire)』의 이미지론에 이미 적용된 것을 볼 때 상상력 이론을 토대로 한 사르트르의 미학과 그의 존재론적 철학을 관통하는 것으로서 우리는 '무'가 그 중심 개념을 이루고 있지 않은가 하는 의문을 제기해 볼 수 있다. 이것은 두 저서에 앞서 1936년에 간행된 『상상력(L'Imagination)』에서 사르트르가 이미지와 의식을 동일시하는 논의를 전개함으로써[1] 그의

---

* 이 글은 『불어불문학연구』 제96호(2013)에 같은 제목으로 실린 것이다.

1 "이미지는 행위이지 사물이 아니다. 이미지는 어떤 것에 대한 의식이다(L'image est un acte et non une chose. L'image est conscience *de* quelque chose)"(*L'Imagination*, PUF, 1936, p. 162). 이하,

상상력 이론이 존재론적 특징을 지니고 있음을 보여 주고 있다는 점에서 더욱 그러하다.

기실 의식의 존재론이라 할 수 있는 『존재와 무』에서 '무'는 애초에 존재에 대하여 사후성을 지닌 수동적인 것이었다.

> 존재는 무에 앞서며 그것의 근거가 된다.[2]

> 무는 있지 않다. 무는 '있어진다'. (*EN*, 58)

> 무는 스스로 무화하지 않는다. 무는 '무화된다'. (*Ibid.*)

그러나 논의가 진행될수록 '무'는 수동적 의미에서 벗어나 능동적 의미와 기능을 갖게 됨을 우리는 볼 수 있다.[3] 의식의 잠재태, 판단중지, 거리 두기 등 상대적인 소극성에 머무는 것이 아니라 대자의식, 자유 등 자기 자신과 대상에 대한 의식작용인 '무화'로서의 적극성에 이르기까지 다양한 양태를 보임으로써, '무'는 더 이상 '존재'로부터 태어나 '존재'에 부수되는 종속적 존재가 아니라 '존재'를 가능하게 하는, 더 나아가 '존재'를 에워싸고 압도함으로써 존재의 여건을 이루는 또 하나의 존재라는 것을 우리는 보게 된다. '무'의 도래에서부터 '무화(néantisation)'의 다양한 양상에 이르기까지 그 과정을 살펴볼 때 우리는 그 주체가 다름 아닌 인간의 '의식'이라는 것을 알 수 있다. 그러므로 사르트르의 상상력 이론이

'*IMn*, 162'처럼 줄임.

2 *L'être et le néant* (Gallimard, 1943), p. 52. 이하, '*EN*, 52'처럼 줄임.

3 '무'의 다양한 존재론적 양태에 대해서는 졸고, "사르트르의 『存在와 無』에서의 無에 관한 연구"(『인문논총』 8집, 아주대학교 인문과학연구소, 1997)에서 다룬 바 있음.

'상상하는 의식'과 '무화'를 이야기할 때 드러나는 그의 미학과, 존재와 무의 상호관계를 규명하고자 한 그의 존재론은 밀접히 연결되어 있다고 할 수 있다.

실제로 사르트르의 생애, 작품, 비평 등을 우리는 '무화'라는 주제 하에 분석할 수 있을 텐데, 이 글에서는 '무화'로서 기능하는 '무'의 존재론적 의미가 어떻게 미학적 적용으로 이어지는지, 그의 비평들과 작품들 중에서 일부를 선택하여 분석해 보고자 한다. 우리는 사르트르의 '무'의 미학이 보이는 특징으로서 다음과 같이 부재의 미학, 부정의 미학, 변증법의 미학의 세 가지 면을 살펴보겠다.

2. 부재의 미학

사르트르의 존재론의 첫 번째 특징은 인간이 현 상태로 있지 않는 한에서 그 존재 의미가 있다고 규정한다는 점이다. 『존재와 무』의 서두 및 여러 곳에서 사르트르는 현존보다는 부재로서 존재의 의미를 규정하려는 입장을 보여 준다. 두 가지 언급만 인용하면 다음과 같다.

(…) 예컨대 존재를 현전으로 규정하는 것은 불가능할 것이다—왜냐하면 부재도 존재를 드러내며, 여기에 있지 않은 것도 여전히 있는 것이기 때문이다. (*EN*, 15)

그러므로 세계는 실재화할 부재들이 따라다니는 것으로 드러나며 각각의 이것은 이것을 지시하고 한정하는 일련의 부재들과 함께 나타난다. (*EN*, 249)

이러한 부재의 존재론은 그의 상상계의 이론에서도 발견된다.

상상의 대상은 존재하지 않는 것이거나 부재하는 것이거나 다른 곳에 존재하는 것으로 상정될 수 있으며, 존재하는 것으로 상정되지 않을 수도 있다. (*IMn*, 351)

위에서 말하는 상상의 대상이 '다른 곳에 있음'은 '무'와 '대자'의 존재 양태이기도 하다.

무는 항상 다른 곳에 있다. 자신에 대하여 오직 다른 곳이라는 형태로만 존재하는 것이 대자의 의무이다. (*EN*, 121)

이와 같이 '부재'에 기초한 상상력 이론과 존재론은 결합하여 필경 아름다움도 부재의 상태에서 찾게 된다.[4]

실재는 결코 아름답지 않다. 아름다움은 오직 상상계에만 적용될 수 있는 가치이자 본질적 구조상 세계의 무화를 포함하는 가치이다. (*IMn*, 372)

달리 말하면 회화나 조각 작품을 '무'로서 삼으며 감상자가 자신만의 상상력으로 이 작품을 무화하는 과정을 통해서만 작품의 미를 느낄 수

---

4 하이데거가 진리를 밝히며 은닉하려는 존재의 충격으로서 예술작품을 파악하는 것과 근본적인 대조를 이루는 부분이라고 할 수 있다. "예술작품은 그 단적인 존재로서 '그것이 존재하고 오히려 존재하지 않는 것이 아니라는 충격'을 안겨준다"(M. Heidegger, *Der Ursprung des Kunswerkes*, Stuttgart, 1978, p. 74. 한국하이데거학회 편, 『하이데거의 철학세계』, 철학과현실사, 1997, p. 132에서 재인용).

있다는 것이다. 이것은 칸트가 예술작품의 선재성을 주장한 것과는 달리, 사르트르가 누차 강조하는 바 예술작품은 감상자가 바라볼 때부터 존재한다는 주장[5]에서 비롯하며 상상하는 의식에 기초한 그의 상상력 이론의 당연한 귀결이다. 이때의 '무화'는 작품을 '부재화'하면서 질료와 형식의 조합인 작품을 넘어서서 감상자 나름의 상관 대상을 상정하는 것이다. 바로 여기서 그의 독특한 '아날로공'론이 등장한다. 즉 작품은 대상을 파악하게 만드는 유사물에 지나지 않는다.

> 앎은 아날로공이 제공하는 것을 통해서 대상을 가늠한다. (*IMn*, 180)

따라서 이후의 사르트르의 예술비평은 아날로공의 개념을 바탕으로 이루어진다. 예컨대 사르트르가 '비어 있음(vide)'의 예술로 간주하는 자코메티의 회화도 그는 아날로공에 준하는 '모사물(simulacre)'로 간주하면서 작품에 의미를 부여한다.

> 그의 의도는 우리에게 어떤 모습을 보여 주는 것이 아니라 그 상태로 우리에게 주어지면서, 평상시에 실재하는 사람들을 만나는 것이 야기하는 감정과

---

5 이 점은 비트만도 다음과 같이 적절히 지적하고 있다. "사르트르는 칸트에 있어서 취미판단을 결정하는 무관심성의 만족이 관람자와 예술품 사이의 관계를 설명해 줄 수 없다는 이유로 그러한 만족을 다시 문제 삼는다. 칸트는 작품의 존재가 작품의 생성에 선행한다고 생각한다. 사르트르로 말하자면 그의 견해로는 작품이란 오로지 누군가가 그것을 바라보는 순간부터 존재한다. 그에게 있어 작품은 존재를 요청하고 요구하는 것이다"(H. Wittmann, tr. N. Wetemeier, *L'Esthétique de Sartre*, L'Harmattan, 2001, p. 37). 이외에 "自然의 아름다운 것에 있어서의 合目的性의 觀念性"(칸트, 이석윤 옮김, 『판단력 비판』, 박영사, 1974, p. 239)이라든지 "아름다운 것은 道德的으로 善한 것의 象徵"(같은 책, p. 243)이라는 정의에서 출발하는 칸트의 미학관은 합목적성을 염두에 둔 범주적 판단을 근간으로 하고 있다.

태도를 우리에게 불러일으키는 모사물들을 만들어 내는 것이다.[6]

이러한 부재의 미학은 사르트르의 예술비평뿐만 아니라 그의 기행문에서도 잘 드러나고 있다. 특히 그가 즐겨 찾던 이탈리아 도시들에 대한 서술은 통상 여행객들이 그 역사의 깊이와 유적의 장엄함과 풍광의 아름다움 그리고 이탈리아인들의 밝은 특성을 찬탄하며 기술하는 수준이 아니라 서정성을 지니면서도 일차적인 외양의 포로가 되지 않는 현상학적 기술을 보여 준다. 다음의 베네치아에 대한 서술을 보자.

> 당신이 어디 있든 진정한 베네치아는 항상 다른 곳에서 발견하게 된다.[7]

> 베네치아는 내가 있지 않은 곳이다. (…) 요컨대 항상 환영 같은 것이다. 환영이 어떤 것일지 우리는 짐작한다. 환영은 금방 나타나서 환영의 역설을 더 잘 느끼게 해 줄 것이다. 순수한 무는 여전히 존속할 것이지만 존재가 이미 있게 될 것이다. 옆으로 기울어진 모양이 비스듬히 솟아오르는 것처럼 보이는 다리오 궁전을 내가 바라볼 때면 나는 항상 그 궁전이 있다, 분명히 있다는 느낌이 들면서도 동시에 아무것도 없다는 느낌이 든다. 때로는 도시 전체가 사라지는 일이 생기기 때문이다. (*RA*, 692)

곤돌라를 타기도 하고 운하 위로 놓인 다리들을 건너 산책하며 다른 여행객이나 산책자들을 보고 다니건만 사르트르에게 빛과 물의 도시 베

---

6 "Les peintures de Giacometti," in *Situations, IV* (Gallimard, 1964), p. 362. 이하, 'SIV, 362' 처럼 줄임.

7 *La Reine Albemarle ou le dernier touriste*, in *Les Mots et autres écrits autobiographiques* (Gallimard, 2010), p. 691. 이하 'RA, 691'처럼 줄임.

네치아는 있으면서 있지 않은 도시이다. 빛은 물질을 투명하게 하면서 존재를 부재로 약화시키는가 하면, 베네치아를 온통 에워싸고 있는 물은 신기루와 꿈과 같은 것으로서 도시 전체를 비실재화한다. 이와 같이 존재와 무, 실재와 비실재의 양면을 보이는 베네치아와 마찬가지로 아름다움과 추함, 인간적인 것과 비인간적인 것이 병존하는 나폴리는 비현실적으로 충만한 아름다움이 '심미적인 함정'과 '상상 세계'를 이루고 있다.

> 이것이 심미적 함정이자 미의 순수한 소멸인 나폴리이다. (…) 내가 보는 것은 상상의 세계이다. (*RA*, 726)

자연과 인공의 합작품인 도시들에 대한 일련의 기행문과 화가, 조각가들의 작품에 대한 비평문들을 통해서 "예술작품은 있으면서 있지 않다"고 말하는 듯한 사르트르의 미학관은 우리에게 많은 점을 시사해 준다. 그것은 고전적 기법의 작품들뿐만 아니라 추상적이고 해체적인 현대의 새로운 기법의 예술작품들에 이르기까지 작품에 대한 해석의 자유와 다양성이 있어야 함을 예시하기 때문이다. 통상 살아 있는 듯한 구성과 색채로써 회화적 색채주의를 확립했다고 평가되는 티치아노를 사르트르가 비판하는 것은 그의 그림이 실재화에 치중함으로써 다의적이고 상징적이 아니라 일의적이고 사실적이라는 판단에 의거한 것이다(*SIV*, 310-11).[8] 무릇 그가 말하는 '아날로공'은 플라톤이 예술작품에 대하여 말하는 이데아

---

8 "티치아노가 지배하는 베네치아에서 모든 사람의 견해로는 회화가 최상의 완성도에 도달하였고 더 이상 추구할 것이 없다는 것이다. 예술은 죽었고 세속 생활이 판친다. 아레티노의 어리석음과 함께 커다란 야만시대가 시작된다: '얼마나 생생한가! 얼마나 사실 같은가! 그려진 것이라고는 결코 믿을 수 없을 거야!' 요컨대, 재현 앞에서 회화는 사라진다. 영감 받은 상인들은 유용한 미를 원한다"("Séquestré de Venise").

의 모사품에 불과한 것이 아니며 그의 아날로공론은 헤겔에서 보듯 역사성과 사회성 그리고 절대자의 모습[9]이 강조된 예술론도 아니다. 그러므로 사르트르의 미학이 참여문학, 참여예술에 있는 것이 아니라 예술가에게는 상징미학을, 감상자에게는 자유로운 상상력의 수용미학을 권하는 순수미학 쪽에 오히려 그 본령이 있는 것이 아닌가 하는 의문을 갖게 만든다.

3. 부정의 미학

『존재와 무』에서 사르트르가 반복적으로 강조하여 규정하는 바 '무'의 중요한 특징의 하나는 본원적으로 '부정(négation)'이라는 점이다.

무는 (…) 부정의 근거이다. 왜냐하면 부정을 자신 안에 품고 있으며 존재로서 부정이기 때문이다. (EN, 65)

'무'를 도래하게 하는 존재는 자신의 '무'가 되어야 한다는 언급(EN, 59)[10]과 연결되는 위의 규정은 이후 사르트르의 존재론의 가장 큰 특징이 되면서 다른 한편으로 비평과 자신의 창작의 중요한 기준과 주제를 이루

---

9 헤겔은 고양된 단계의 예술로 간주하는 낭만주의 예술을 언급할 때, 절대자의 표현이 그 전제조건임을 명시하고 있다. "그러므로 신은 진리 속에서 단순히 상상에 의해 산출된 이상이 아니라 스스로 유한성의 한가운데로, 외면적이고 우연한 현존성 안으로 들어가면서도 그 속에서 신성한 주체인 자신을 안다. 그 주체는 영원히 자신 속에 머물며, 자신의 무한성을 대자적인 것으로 만든다. 이렇게 실제의 주체가 신으로 현상되므로 이제 예술은 비로소 인간적인 형상과 외면적인 방식을 대개 절대자를 표현하는 수단으로 이용할 더 높은 권리를 얻게 된다"(헤겔, 두행숙 옮김, 『헤겔의 미학강의(2)』, p. 411).

10 "(…) 무가 세계에 오도록 해 주는 존재는 자기 자신의 무이어야 한다(l'être par qui le Néant vient au monde doit être son propre Néant)."

고 있다. 즉자존재와는 반대로 "자신이 아닌 상태의 것이며 자신인 상태가 아닌 것"(EN, 33)으로서 대자존재를 규정한 존재론이 그의 부정의 미학에 단초를 제공했다고 할 수 있다. 탈자적 실존을 설파하는 이러한 규정은 끊임없는 부정에 기초한 존재의 변화와 생성을 가리킨다. 여기에서 '무'는 대자존재가 이루어지는 역동적인 공간이 된다.

> 따라서 무는 이러한 존재의 구멍이며, 존재를 향한 즉자의 추락으로서 대자가 구성되게 해 준다. (EN, 121)

이와 같이 인간존재는 단순히 반복하는 자기부정이나 니힐리즘에 빠지는 존재가 아니라 또 다른 자아를 창조하기 위하여 부단한 노력을 기울이는 존재임을 강조하고 있다. 우리는 이러한 존재론적 관점이 바로 그의 예술비평, 문학비평에도 적용되고 있음을 볼 수 있다.

예를 들어 사르트르가 칼더의 모빌들에 매혹된 것도 바로 모빌이 끊임없이 움직이면서 만들어 내는 변화상 때문이었다.

> 이 움직임들은 마음에 들기만을, 내 눈을 홀리는 것만을 목표로 한다. 하지만 심오한 의미를 지녀서 형이상학 같다. (…) 이러한 망설임, 되풀이, 암중모색, 어설픔, 갑작스런 결정 그리고 특히 이 백조와 같은 경탄할 만한 고상함으로 인해 칼더의 모빌들은 물질과 삶의 중간에 있는 기이한 존재들이 된다.[11]

정태적인 조각이나 회화 작품이 감상자가 그 작품 너머의 미적 대상을

---

11 "Les mobiles de Calder," in *Situations, III* (Gallimard, 1976[1949]), pp. 309-10. 이하, '*SIII*, 309-10'처럼 줄임.

파악하는 하나의 아날로공으로 작용한다면, 물질적 요소들로 이루어졌지만 자신의 위치와 형태를 부정하면서 마치 생명체처럼 끊임없이 다양한 움직임들을 만들어 내는 모빌들은 아날로공에 준하는 움직임을 통하여 즉자에서 대자 사이를 왕복하는 의식을 형상화한다고 사르트르는 생각했던 것으로 보인다. 이러한 부정의 미학은 사르트르의 작품이나 비평에서 가장 큰 부분을 차지하고 있다고 볼 수 있다. "무란 존재에 의한 존재의 문제화"(*EN*, 121)라고도 정의했듯이 사르트르에 있어 '부정'의 의미는 자신과 대상에 대한 비판적 관점이나 새로운 상태의 모색으로 나타나기도 하고 대자적 대상의 추구, 혹은 즉자와 대자 사이의 왕복의 모습을 띠기도 한다. 예컨대, 사르트르에 따르면, 말라르메는 자기 자신과 시 자체를 철저히 부정한—자살에 가까운—작품세계를 이루어 냈다.

> 이처럼 그는 스스로에게 반성적인 인성을 부여하는데 그것은 다름 아니라 자신의 경험적 인성을 추상적으로 부정하는 것일 뿐이다.[12]

> 말라르메가 자신의 시 전집 첫 장에 "아무것도 아닌 것"이라는 말을 쓴 것은 우연이 아니다. 왜냐하면 시는 인간과 시의 자살이어서 결국 존재가 이 죽음에 갇히게 마련이며 시적 충만의 순간은 없앰의 순간에 일치하게 마련이기 때문이다. 그러므로 이 시편들의 생성된 진리는 무이다.[13]

이 밖에 평생 '타자성'을 살아간 삶의 총체로 간주하여 장 주네의 작품을 분석한다든지, 사르트르 자신의 희곡 『더러운 손(Les mains sales)』, 소

---

12 *Mallarmé la lucidité et sa face d'ombre* (Gallimard, 1986), p. 116.

13 *Ibid.*, pp. 163-64.

설 『자유의 길(Les chemins de la liberté)』 등에서 갈등을 겪는 분신들이라고 할 수 있는 대척적인 두 인물을 설정하여 극적인 긴장미를 부여하는 구성과 기법을 사용한 것은 이와 같은 부정의 미학에 기초한 것이라 할 수 있다.

다른 한편 회화에 있어서 사르트르는 부정의 기법을 탁월하게 보여주는 화가로 볼스(Wols)를 꼽는가 하면(SIV, 432),[14] 틴토레토가 당대의 관제 예술에 봉사하는 것을 비판하면서도 지배층만을 위한 고전적 기법에 반하는 새로운 기법을 모색하고 관람자를 위한 회화를 창조하였다는 점을 높이 산다. 즉 사르트르는 당대의 예술계의 모순을 틴토레토가 온몸으로 살아갔다는 점에서 그를 긍정적으로 평가한다(RA, 847).[15]

사르트르의 부정의 미학의 특징은 우선 부정을 위한 부정이 아니라는 점, 그리고 새로운 상태를 창조하기 위한 긴장과 움직임을 유지한다는 점이다. 예를 들어 곤돌라가 베네치아 운하에 미끄러지는 아름다운 모습, 모터보트가 강 위로 비상하듯 쾌속으로 질주하는 모습[16]은 물과 배의 부정의 관계에서 비롯하는 것으로 본다. 인간존재가 의식의 존재로 의미를 지니는 것은 자체 충일한 무거운 즉자나 무한궤주하는 가벼운 대자 그 어느 한쪽도 아니면서 상호간의 유인과 부정 속에 끝없는 탈자적 움직임을 이룰 때 가능하다고 그의 존재론에서 규정한 것처럼, 스스로를 부정하며 혹은 상호간에 부정하며 움직이는 대상을 어떻게 형상화하느냐가 사

---

14 "손가락이 손가락이 아니라는 것을 보여 주어야 했다. 볼스는 놀랍게도 그것을 증명했다. 부정의 손가락(non-doigt)에 의해서였다."

15 "그의 비극은 우리의 비극이다. 위기의 시대의 비극. 모순들."

16 이러한 배의 비상하는 듯한 상태에 대한 사르트르의 매료는 그의 『말(Les Mots)』에서도 발견되는데 즉자로부터의 대자의 비상을 형상화한다. "그다음에 나는 아주 갑작스레 강한 인상을 준 그림을 주의 깊게 바라보았다. 보트는 호수에서 떠오르려는 것 같았다. 잠시 후면 보트는 물결치는 침체 지대 위에서 활공하리라"(Les Mots, Gallimard, 1964, p. 193).

르트르의 부정의 미학의 초점이 될 것이다.

4. 변증법의 미학

『존재와 무』에서 사르트르는 '무'로서의 대자에 대하여 언급은 하였지만 '무'의 변증법적 개념을 정립하지는 않았다.[17] 예기되던 즉자와 대자와의 변증법적 지양에 대한 서술은 결국 없는 셈이다. 도달 불가능한 즉자-대자의 완벽한 상태를 지향하는 '무용한 수난'으로서의 인간존재에 대한 언급으로 결론지을 뿐이다. 그러나 다른 한편으로 우리는 '무'에 대해서 "세계를 존재하게 하는 무"(*EN*, 722)로 규정짓는 걸 보게 된다. 불안으로부터 무가 출현하는 것으로 규정한 하이데거[18]와 달리 무를 존재에서 구멍처럼 움트는 존재로 규정하는 데에서 출발했지만, 사르트르는 필경 무에 총체적 기능을 부여하는 셈이다. 이 점에서 사르트르의 무화의 개념은 하이데거의 무화의 개념을 뛰어넘는 것으로 보인다.[19] 부정이란 측면에서

---

17 *EN*, 47-52의 '무의 변증법적 개념(La conception dialectique du néant)' 항목에서는 존재의 무에 대한 선재성이 주로 언급되어 있다.

18 "무는 불안 속에서 드러난다. 그러나 존재자로서 드러나는 것은 아니다. (…) 불안 속에서 전체로서의 존재자와 더불어 함께 무가 나타난다"(하이데거, "형이상학이란 무엇인가", 하이데거·야스퍼스, 최동희 옮김, 『철학이란 무엇인가 외』, 삼성출판사, 1990, p. 81); "불안이 그 앞으로 데려오는 그 무(無)가 현존재를 그의 근거에서 규정하고 있는 무성을 드러낸다"(하이데거, 이기상 옮김, 『존재와 시간』, 까치, 1997, p. 410).

19 하이데거의 『존재와 시간』 및 다른 저술에서는 무와 존재와의 부정적이면서 상보적인 관계, 변증법적인 관계의 가능성 그리고 무와 무화의 능동적인 측면이 충분히 언급되어 있지 않다. "미끄러져 달아나는 전체로서의 존재자를 이와 같이 전체적으로 거부하며 지시하는 것이ㅡ이러한 지시로써 무는 불안 속에서 현존재의 주위에 밀려든다ㅡ무의 본질, 즉 무화(無化, Nichtung) 과정이다. 이것은 존재자의 없앰도 아니요, 또 이것은 부정으로부터 유래하는 것도 아니다. 무화과정은 없앰이나 부정 속에 넣어서 생각할 수도 없다. 무 자신이 무화한다"

제1부 이론

본 무의 기능은, 쓰러지지 않고 도는 팽이처럼 인간으로 하여금 즉자와 대자의 평형을 이루는 존재태를 가능하게 하거나 무한히 계속되는 물수제비 뜨기처럼 즉자와 대자 사이를 왕복하는 존재태를 지속시키는 것이었다. 그러나 무가 세계 전체를 존재하게 한다는 또 다른 정의는 무가 다른 차원의 전체적이며 공간적인 기능도 지니고 있음을 의미한다.

여러 예술가들의 작품세계를 연구하고 비평하는 과정에서 사르트르가 무의 이러한 총체적인 무화의 방식을 발견하게 되는 것은 플로베르의 작품에 이르러서이다. 스스로 '진정한 소설(roman vrai)'이라고 일컫은 그의 플로베르 연구서 『집안의 천치(L'Idiot de la famille)』에서 그는 플로베르라는 인물과 플로베르의 창작행위를 가상으로 재구성하며 플로베르의 작품이 지니는 의미를 분석해 보고자 한다. 사르트르에 따르면 어린 플로베르가 자신을 존재하게 만드는 전략으로 택한 것은 바로 무이다.

존재에 대한 무의 우위가 바로 귀스타브가 세계를 소유하는 유일한 명목.[20]

사르트르의 관점에 따르면 플로베르의 성숙과 창작 과정은 부정의 2차원적 세계에 머물지 않는다. 그의 창작은 개인적 사회적 상황 속에서 자신으로 남아 있으려는 구심력과 타자이기를 바라는 원심력의 원운동, 그리고 상승과 하강의 수직운동이 합해진 3차원의 공간에서 이루어진다. 현실로 회귀하는 추락 때마다 반발하는 그의 의식의 움직임으로 플로베르의 창작 과정은 하나의 종교의식처럼 궁극적으로 상승하는 나선형의 모습으로 그려지고 있다.

(하이데거, "형이상학이란 무엇인가", pp. 81-82).

20 *L'Idiot de la famille*, t. I (Gallimard, 1971), p. 440.

이 모든 준비, 이 모든 완강한 부정은, 귀스타브를 파멸시켜서 그를 대신하는 죽은 기둥 꼭대기에 '뭔지 모를 천상의 불꽃'이 생겨나게 하는 것 외에는 다른 아무런 목적도 없다. (…) '제단'과 '천상의 불꽃'이란 말들은, 삶을 거부하는 '희생'의 성격을, 그리고 예술이란 신성한 텍스트 안에서 자신의 신화를 만들어 내는 것을 목표로 하는 종교적 의식이라는 것을 상기시키기 위해서 있다.[21]

우리는 이러한 나선형의 진전 과정을 플로베르가 창작행위를 통하여 자신과 시대의 신경증을 안고 지양해 가는 변증법적 운동으로 간주할 수 있다. 사르트르가 플로베르의 문학을 신경증 예술로 일컫는 것도 그 까닭일 것이다. 사르트르가 '비현실화(irréalisation)' 혹은 '상상화(imaginarisation)', 그리고 '패자승(敗者勝, qui perd gagne)'으로 설명하는 플로베르의 신경증 예술은 플로베르가 세계를 무화하는 방식이다. 이때의 무화는 비실재화라기보다는 변증법적 지양에 가깝다.

5. 맺음말

『존재와 무』에서 '무화'는 문맥에 따라 '비실재화', '부정', '잠정적 제거', '거리 두기', '본래적 의미 탐색', '무의 활성화' 등 그 의미가 차이를 보이기도 한다. 우리는 사르트르의 예술비평과 그의 작품에 걸쳐 무가 필수적인 미학 요소로 작용하는 것을 크게 부재, 부정, 변증법의 세 가지로 나누어 그 의미와 작용을 살펴보았다.

---

21 *L'Idiot de la famille*, t. II (Gallimard, 1971), pp. 2096-97.

부재의 미학에서 드러나는 점은 우선, 무는 무화되는 한에서 의미를 지닌다는 점이다. 창작자 측에서 보면 그의 작품은 창작자의 무화의 과정의 결과물이고, 감상자 측에서 보면 그 작품이 무이며 감상자 측의 무화 과정을 통해서 작품을 이해할 수 있다는 점이다. 이 과정에서 칸트, 헤겔, 하이데거와 비교해볼 때 사르트르의 미학이 지니는 가장 큰 차이점은 상상하는 의식을 주요소로 삼는다는 점이다. 작품은 작품이 지시하는 대상의 유사물인 아날로공이며, 감상자는 작품 너머로 자신의 상상의식을 통하여 그 대상에 도달할 수 있다는 것이다.

다음으로 부정의 미학의 측면에서 보면 세계의 부정, 세계와의 거리 두기, 탈자적 부정 등에 걸쳐서 그러한 표현이 단순한 부정이나 고립에 그친 것이 아니라 생성적인 부정으로 형상화된 혹은 칼더의 모빌처럼 형상화되는 작품이 의미를 지닌다는 점이다. 달리 말하면 부정의 미학은 무의 본원적인 특징인 부정이 단순반복이나 폐쇄회로를 이룰 것이 아니라 긴장감 있는 대립과 무한한 변화상을 창조할 것을 요구한다고 말할 수 있다.

나름대로 많은 걸작들의 바탕이 된다고 보는 부재의 미학이나 부정의 미학과는 또 다른 차원에서 사르트르는 플로베르의 작품세계에서—비록 사르트르 자신이 명명하지는 않지만—변증법적 미학을 발견한다. 플로베르의 창작행위와 그의 작품을 가리켜, 무에 사로잡힌 예술가 자신의 주관적 신경증과 시대의 객관적 신경증의 부딪힘과 상호작용을 온몸으로 살아가며, 부단한 자아의 추락과 비상 그리고 자아의 구심운동과 원심운동의 소용돌이 속에서 나선형의 상승을 이루어 나아간 궤적이라고 설명하는 사르트르의 해석은 무의 변증법적 미학의 형상화에 주목한 것이라 할 수 있다.

이상에서 본 사르트르의 무의 미학 전체에서 강조해야 할 특성은 바로 '움직임'이다. 칸트의 미학적 관점이 감상자의 범주적 취미판단을 중시한다면 사르트르의 미학은 움직이는 작품, 감상자의 미의식의 움직임, 창작자와 감상자의 상호적인 움직임의 만남을 요체로 하고 있다. 움직임의 미학을 보여 주는 사르트르의 탁월한 비평의 예를 하나 들어 보자.

> 바야흐로 마송이 그리려는 것은 바로 비상이나 꿩이나 꿩의 비상이 아니라 꿩이 되는 비상이다. 비상은 들판을 가로지른다. 화전(火箭)이 숲속에서 폭발한다. 폭발-꿩, 이것이 바로 그의 그림이다. ("Masson," *SIV*, 406)

아마도 마송의 유화작품 『자고새의 비상(Envol d'une perdrix)』을 보고 평했을 위의 글은 덤불에 앉아 있는 자고새가 자고새가 아니라 덤불을─부정하며 혹은 무화하며─박차고 비상하는 그 순간의 이미지가 바로 자고새임을 짧지만 예리하게 설명하고 있다. 사르트르가 예술언어에서 가장 중요시하는 것은 명명 어휘보다는 움직임의 명시라고 평한 라이야르의 지적[22]은 사르트르의 미학에서 '움직임'이 차지하는 중요성을 옳게 지적한 것이라고 할 수 있다.

사르트르의 존재론에서 '무'가 정태적인 존재태가 아니라 '무화'로서 끊임없이 움직이는 대자의 모습을 띠는 것처럼 사르트르의 상상 이론에서 '무'를 중심으로 이루어지는 그의 미학이론은 이와 같이 창작에서나 비평에서나 끊임없는 움직임─상상하는 의식의 작용─을 요구하고 있다.

---

22 "(…) 내가 보기에 사르트르는 언어에서 가장 중요한 것이 용어체계의 발견보다 움직임의 명시라는 것을 이해시키길 원하는 것 같다"(G. Raillard, "La nage poissonne", in *Obliques*, n° 24-25, p. 34).

사르트르의 이미지 이론에서 아날로공Analogon 개념의 의미*

이 솔

1. 서론

이 글의 목적은 사르트르(Jean-Paul Sartre)의 초기 저작인 『상상력(L'imagination)』과 『상상계(L'imaginaire)』에서 제시된 이미지 이론의 틀 안에서 아날로공(analogon) 개념이 가진 의미를 밝혀 보고자 하는 것이다. 이와 같은 목적 아래에서 본 논문은 크게 두 가지의 문제에 초점을 맞추고 있다. 첫째는 사르트르가 자신의 이미지 이론을 수립하는 과정에서 어떤 이유에서 아날로공이라는 개념을 출현시켰는가를 밝히려는 것이며, 둘째는 이처럼 제시된 아날로공의 개념이 사르트르의 이미지 이론의 체계 내에서 어떤 의미를 가지고 있는가를 분석해 보고자 하는 것이다.

사르트르의 『존재와 무(L'être et le néant)』와 같은 대표적인 철학적 저작에 관하여 이루어져 온 연구 성과들과 비교해 볼 때 사르트르의 초기 이론에 관한 국내의 연구는 비교적 미흡한 실정이다. 당연한 말이겠으나,

---

* 이 글은 『철학논집』 제35집(2013)에 같은 제목으로 실린 것이다.

사르트르 사상의 전 체계를 균형 있게 조망하기 위해서는 그의 철학에 관한 논의에서 다소 소홀한 부분으로 남아 있는 초기의 연구에 집중해야 할 필요가 있다. 더불어 『존재와 무』와 같은 이후의 대표적인 저작에서 제시된 주요한 개념들이 사르트르의 초기 이론에서 이미 그 전신을 드러내 보이고 있다는 사실 역시 사르트르의 초기 이론을 검토해야 할 필요성을 보여 준다. 특히 본 논문에서는 『존재와 무』의 주요한 개념으로 제시된 무(無)의 개념이 이미 이미지 이론에서 주요한 성찰의 대상이 되고 있다는 사실에 주목하고자 한다.[1] 사르트르는 상상이 지금·여기에 실재하지 않는 대상을 아날로공의 방식으로 현존하게끔 하는 능력이라 주장한다. 즉 상상은 먼저 대상을 비실재적인 것으로 정립하며, 나아가 이 비실재적인 대상을 아날로공을 통하여 지금·여기에 현존케 하는 활동이다. 이러한 점에서 사르트르의 이미지론을 구성하는 핵심적인 개념이 비실재성이라는 사실에 주목하여, 이후 사르트르의 사상 전반에 영향력을 행사하는 주요 개념 가운데 하나인 무(無)가 이 비실재성 개념으로부터 어떻게 연원하는가를 살펴보는 것은 의미 있는 과제가 될 것이다.

더불어 무의 개념과 긴밀한 연관성을 가지는 이미지 이론의 주요 개념인 '아날로공'의 의미에 관한 보다 면밀한 검토가 필요할 것이다. 사르트르는 '이미지란 무엇인가'라는 하나의 화두를 집요하게 좇는 가운데, 기존 철학사의 이미지 개념에 대한 비판을 디딤돌 삼아 이미지 이론의 제 문제를 해결할 '아날로공'이라는 열쇠를 손에 넣게 된다. 이 개념은 이미

---

1 사르트르 철학의 '무'의 개념이 이미 초기의 상상력 연구에서도 제시되고 있다는 사실에 관해서는 가령 다음과 같은 논의를 참조할 수 있다. "사르트르의 철학적 사유를 구성하는 많은 개념들 중에서 '무' 개념은 가장 핵심적인 개념이다. 이미 초기 저서인 『상상계』에서도 사르트르는 기존의 상상력과 구분되는 현상학적 상상력에 의해 구성되는 이미지 이론을 다루면서 '무'의 중요성을 강조한다"(하피터, "하이데거와 사르트르의 '무' 개념", 『철학연구』 46, 2012, p. 216).

지의 본성을 해명하기 위한 출발점이자 유일한 행로를 구성한다. 이런 점에서 이미지에 관한 전통적 철학의 연구 성과와 사르트르의 이미지 이론 사이의 차이를 규명하기 위해서는 무엇보다 먼저 사르트르의 이미지 이론에서 아날로공의 개념이 어떤 과정을 통해 수립되었는가를 상세히 논의할 필요가 있다.

2. 아날로공의 출현 배경

(1) 고전이론의 문제

이미지론에 관한 사르트르의 논점은 간결하다. 『상상력』과 『상상계』라는 두 저서를 관통하는 논의의 초점은 오직 '이미지란 무엇인가'라는 물음에 답하고자 하는 것이다. 이에 답하기 위해 사르트르는 먼저 이미지에 관해 논의해 온 기존의 철학적 이론들을 검토하며 시작하며, 『상상력』의 첫 장에서 사르트르는 철학의 영역에서 이미지에 관해 논의해 온 합리론 및 경험론 전통의 고전이론들이 가진 공통적인 문제를 지적한다. 그 문제점이란 이들에게 있어서 "이미지는 하나의 사물로 남아 있다는 것"[2]이다. 그렇다면 이미지를 사물과 같이 취급한다는 것은 무엇을 의미하는 것이며, 이것이 왜 문제적인 것인가? 이미지를 사물로서 취급하는 것은 상상적인 것들과 감각적인 것들을 구분하지 않는 것이다. 그러나 "지각의 질료가 감각적 소여라면, 그때에는, 이미지의 질료는 전혀 감각적이어서는

---

2 사르트르, 지영래 옮김, 『사르트르의 상상력』(기파랑, 2010), p. 46. 이하, '상상력, 46'처럼 줄임. 그 밖의 사르트르 저서 인용도 국역본으로 할 것이며, 원저자의 강조는 돋움으로, 인용자가 삽입한 것은 []로 표시.

안 된다. 만일 어찌어찌해서 **이미지**라는 심적 구조가 재생적 (⋯) 감각을 기초로 하게 되면, 그 어떤 방식을 취하더라도 이미지와 실재하는 것 사이에, 전날의 세상과 꿈의 세계 사이에 어떤 구분을 짓는다는 것이 근본적으로 불가능해져 버린다"(상상력, 164). 다시 말해 이미지를 하나의 사물과 같이 간주하는 경우에 우리는 이미지의식과 지각의식, 즉 상상과 지각을 구분할 수 없게 되는 문제와 마주치게 되는 것이다.

그렇다면 이처럼 기존의 이론들이 상상하는 활동과 지각하는 활동 사이의 구분을 이룰 수 없었던 까닭은 무엇인가? 사르트르에 의하면 기존의 연구들이 이와 같은 오류와 마주칠 수밖에 없었던 이유는, '이미지란 무엇인가'라는 근본적인 물음을 뒤로 하고 있었기 때문이다. 즉 사르트르는 고전이론들이 이미지에 관한 물음을 던지지 않고 자신들의 형이상학적인 이론적 체계로부터 시작하여 이미지에 대해 탐구해 왔다는 사실을 지적하며, 고전이론들이 수행해 온 것은 기껏해야 "방법의 증명들(démonstrations de méthode)"(상상력, 127)에 지나지 않는 것이라고 비판한다. 이들은 이미지가 무엇인지에 관한 물음으로부터 시작하여 이를 탐구하는 방법을 만들어 내는 대신에, 먼저 방법을 정의하고 나서 그 이후 이미지에 그것을 적용했을 뿐이다.[3]

---

3 사르트르는 고전이론들이 합리론과 경험론이라는 서로 다른 입장으로부터 이미지에 관한 이론을 설계했음에도 불구하고 어떤 공통적인 오류에 의하여 이미지에 관한 참된 이해에 도달하지 못했다고 주장한다. 예컨대 데카르트는 사물로서의 이미지와 그러한 이미지가 배제된 순수사유라는 두 상이한 실체를 가정했으나 그 양자 간의 관계를 해명하는 데에 실패했으며, 스피노자와 라이프니츠는 모두 감각으로부터의 사유의 이행을 보여 주기 위해 노력했으나, 스피노자의 '교정'은 불충분한 형태로밖에 제시되지 않았으며, 라이프니츠는 범논리주의라는 극단에 빠져 오히려 이미지를 소멸시켜 버리고 말았다. 흄 또한 사유가 배제된 이미지만을 간직했으며, 결과적으로 정신적인 사유와 사물로서의 이미지의 관계를 해명하는 데에 실패하고 사유를 한낱 심적인 연쇄로 만들어 버렸다. 사르트르에 의하면 이와 같은 문제들은 이미지를 사물로 간주하는 공통적인 오해에 의한 것이며, 이는 의식의 본성에 관한 이해의 결여로부터 비롯된 것이다. 이미지를 사물로서 간주하는 고전적인 견해들은

(2) 후설 현상학을 수용해야 할 필요성

그렇기 때문에 이들과 같은 문제에서 벗어나기 위해 '이미지란 무엇인가'라는 물음으로부터 시작해야 하며, 이 물음을 탐구하기 위해서는 후설의 현상학적 방법론을 받아들여야 한다. 왜냐하면 기존의 고전이론들이 그들 자신의 체계와 방법을 보루로 삼아 출발했다는 점에서 이들이 여전히 자연적 태도의 영역에 머물러 있었던 것과 달리, 현상학은 그와 같은 자연적 태도를 괄호 속에 넣고 반성적인 차원에서 문제의 본질에 다가서려 하기 때문이다. 후설 현상학의 이와 같은 요구는 바로 기존의 철학적 체계를 비롯하여 무반성적으로 가정된 모든 편견에서 벗어나 의식에 직접 주어진 사태로부터 시작하고자 하는 "무전제성(Voraussetzungslosigkeit)"[4]이라는 표현 속에 드러나 있다. 그러므로 무전제성을 요청하는 후설의 현상학을 계승하여 이미지를 탐구하고자 하는 사르트르의 기획은 이미지가 반성적 직관에 나타나는 그대로 이미지의 심리학적 구조의 본질을 기술하려는 시도이다.

그러나 상상력을 논의하는 데에 있어서 사르트르가 후설에게서 빌려오는 것은 단지 현상학적 방법론뿐만이 아니다. 사르트르는 후설의 『이념들』 안에서 이미지에 대한 새로운 이론을 구축할 토대인 '지향성(intentionalité)' 개념을 발견한다. 의식의 지향성은 의식의 초월적인 본성을 함축하며, 초월이란 자기 바깥으로 나아간다는 것을 의미한다. 따라서 이 의식의 초월성이라는 사실을 전제로 했을 때, 의식이 지향적으로 대상

모두 이미지의 출현과 운동의 원리인 의식의 능동적 작용이라는 본성을 도외시하고 있다는 것이다.

4 에드문트 후설, 이종훈 옮김, 『순수현상학과 현상학적 철학의 이념들 1』(한길사, 2009), p. 213. 이하, '이념들 1, 213'처럼 줄임.

을 겨냥하는 경우 이 대상은 의식의 지향적 상관물이지 의식에 속해 있는 것이 될 수 없다. 왜냐하면 의식 상관적인 대상인 노에마를 의식이 자신의 바깥에서 관계하는 초월적인 대상이라고 규정한 후설에 따라 의식의 대상은 그것이 무엇이든지 간에 원칙적으로 의식 바깥에 있는 것이기 때문이다. 사르트르의 표현을 빌려 말하자면 "[의식의] 지향성이라는 착상 그 자체가 이미 이미지의 개념을 쇄신할 것을 요구하고 있는 것이다"(상상력, 205). 사르트르는 후설의 현상학에 기대어 의식 자체의 성격을 새롭게 규명함으로써 고전이론들이 의식 내재적인 표상으로 사유해 왔던 이미지에 관한 규정이 합당하지 않다는 사실을 비판한다. 의식이 자신의 대상으로 이미지를 지향한다고 할 때, 의식의 지향성이 함축하는 초월적 본성에 따라 이 이미지라는 대상은 더 이상 고전이론들이 사유해 왔던 것과 같은 의식 내재적인 사물일 수 없기 때문이다.

(3) 질료와 대상의 구분 문제

사르트르는 이 지향성의 개념을 통해 대상(objet)과 질료(hylé)를 구분한다. 양자를 구분하는 기준이 되는 것은 의식이 지향하는 것은 대상이지 질료가 아니라는 사실이다. 질료는 대상에게 귀속되어 있는 객관적 성질이 아니다. 질료는 주관적인 요소로서 의식의 일부분을 이루고 있는 소여들, 흄의 경우에서라면 주관적 인상들이라 간주되었던 것이기 때문이다. 의식은 이 질료에게로 향하지 않으며, 오히려 이 요소들을 거쳐서 외부 사물을 겨냥한다. 그러므로 의식의 지향적 활동이란 질료를 넘어서서 능동적인 구성을 통해 대상을 정립하는 것이라 할 수 있으며, 만일 의식이 이러한 질료를 초월하여 대상을 구성할 수 없다면 우리는 대상을 정립할 수 없을 것이다.[5] 그러나 대상은 늘 내적 소여들에게서 찾아볼 수 있는 것 이상의 것들, 말하자면 실체성 그리고 인과성과 같은 개념들을 포함하고 있으며, 이 범주적인 개념들은 의식의 능동적 구성활동 안에서 발견되는 것이다. 특정한 대상에 관한 의식은 주어진 질료를 초월하는 능동적인 구성작용을 수행한다.

(4) 고전적인 이미지 이론들의 공통적 오류: 질료와 대상의 혼동

이처럼 사르트르는 대상과 질료를 서로 구분지으며, 이미지에 관하여 논해 왔던 기존의 이론들이 가지고 있었던 오류가 바로 대상과 질료의 혼동으로부터 빚어진 것이라는 사실을 지적한다. 이미 살펴보았듯 지향성이라는 의식의 본성이 알려주는 것은 모든 의식은 무엇인가에 대한 의식이라는 사실이었다. 그리고 상상하는 의식 또한 하나의 의식이라는 점에서, 상상하는 의식 역시 무엇인가에 대한 의식인 것이다. 그리고 "이미지로 된 어떤 사물에 대한 의식 속에서, 지각 속에서와 마찬가지로, 상상하는 지향과 그 지향이 **활성화시키려** 하는 **질료를 구분**"(상상력, 208) 해야 한다. "질료는 당연히 주관적인 것으로 남아 있지만, 그러나 동시에 순수 **내용물**로부터 떨어져 나온 이미지의 대상은 의식의 바깥에, [의식과는] 완전히 상이한 어떤 것으로서 자리 잡게 된다"(상상력, 208). 이런 한에서 이미지는 고전이론들이 사유했던 것과 같은 심적인 내용물일 수 없다. 이미지는 지각의 활동을 위한 구성요소로서 의식 내부에 있는 것이 아니라, 의식이 자신 바깥에서 지향적으로 상관하는 대상 자체로서의 지위를 가

---

5 사르트르에 의하면 이처럼 대상의 정립으로 나아가지 못하고 내적 인상들에 머무르고 말았던 것이 흄의 회의주의가 보여 주었던 것이다. 경험주의는 질료를 초월하여 대상에게로 나아가 그것을 구성하는 이러한 의식활동의 능동성을 간과했기 때문에 회의주의로 빠져들게 되었던 것이다.

지기 때문이다. 그럼에도 불구하고 고전이론들은 지각하는 의식활동에서 대상에 관한 의식을 가능케 하는 내적 소여물로서의 질료를 이미지라고 간주하고 있었다.

그러므로 우리는 사르트르가 대상과 질료를 구분지음으로써 고전적인 이론의 다음과 같은 두 가지 오류를 밝혀내고 있음을 파악할 수 있다. 이미지에 관한 종래의 논의는 첫째로 상상하는 의식의 활동과 지각하는 의식의 활동을 구분하지 못했으며, 둘째로는 바로 이 첫째의 혼동으로부터 말미암아, 지각하는 의식활동을 위한 '질료'와 상상하는 의식활동에서의 '대상'을 구분하지 못했던 것이다. 그러나 이들의 혼동과는 달리 의식의 지각하는 활동과 상상하는 활동은 서로 다른 두 종류의 의식의 지향적 활동으로 구별되어야 하며, 각 활동의 경우에서 의식은 자신 외부의 상관물인 대상을 지향한다. 이미지는 상상하는 의식이 지향적으로 상관하는 '대상'이지, 지각의식의 대상 구성을 위해 소요되는 '질료'가 아니다. 그러므로 고전이론의 오류는 근본적으로 지각하는 의식의 활동과 상상하는 의식의 활동이 의식의 서로 다른 지향적 활동이라는 점을 알아차리지 못한 것에 있었다고 할 수 있다.

(5) 지각과 상상의 구별 문제

그러나 질료와 대상 사이의 혼동의 문제가 해결된다 하더라도, 이미지와 지각을 구분하는 문제가 곧장 해결되지는 않는다. 사르트르는 질료와 대상이라는 양자를 명징하게 구분하고 있는 현상학에 있어서도 이미지와 지각을 구분하는 일이 여전히 문젯거리로 남아 있다는 사실을 제시하고 있다. 그리고 사르트르가 상상의식에 관한 자신의 고유한 논의를 시작하는 것은 바로 이 지점에서부터이다.

1) 대상 차원의 구별

그렇다면 어떠한 점에서 사르트르는 여전히 현상학이 지각과 상상의 구분의 문제에 관하여 해명하지 못한다고 말하고 있는가? 사르트르는 다음과 같이 쓴다. "분명히 우리는 이제 이미지와 지각이, 무엇보다도 그들 각각의 지향에 의해서 구분되는, 두 개의 지향적인 **체험**이라는 사실을 이해할 수 있다. 그러나 이미지의 지향이란 어떤 성질을 지니고 있는가? 그것은 지각의 지향과는 어떻게 다른가? 본질적 기술이 필요한 곳은 분명이 지점에서이다. 후설의 다른 설명이 없는 관계로, 바로 우리 자신이 이부분에 대한 기술을 맡아야 할 처지에 놓여 있다"(상상력, 214). 후설은 물론 대상과 질료의 구분을 수립했으며 이 구분을 통해 고전이론이 범했던 것과 같은 오류, 즉 이미지를 지각을 위한 질료로 성급히 간주하는 오류를 피할 수 있었다. 그러나 이번에는 오히려 이 대상과 질료의 구분에 의해 후설에게서 또 다른 혼동이 발생하고 있는 것이다. 지각의 대상과 상상의 대상이 모두 지향적 의식활동의 상관자인 노에마라면, 이 양자의 차이는 어디에서 규명되어야 하는가?

사르트르는 후설이 지각의식과 상상의식 모두가 그 활동 방식에서의 차이만을 가지는 지향적 의식의 활동으로 규정했다는 점에서, 그 양자의 의식의 활동에서 상관적인 것, 즉 지각의식의 대상과 상상의식의 대상이 모두 의식활동의 상관적 대상인 노에마로 귀결되며, 이런 점에서 이 양자의 대상의 구별이 이루어지고 있지 않다고 지적한다. 실제로 후설은 다음과 같이 쓰고 있다. "지각과 유사하게 모든 지향적 체험은 자신의 **지향적 객체**, 즉 자신의 대상적 의미를 갖는다. 바로 이것이 지향성의 근본요소를 이룬다"(이념들 1, 298). 그리고 이러한 지향적 객체, 즉 의식의 상관 대상인 노에마에 대하여, 후설은 이것이 지각하는 의식의 대상으로서의 노에마일지라도 그것의 실재성을 괄호쳐야 한다고 쓰고 있다. "우리는 순수 체험 속에 주어진 것을 유지해야만 하며, 이것을 이것이 주어지는 그대로 정확하게 명석함의 테두리 속에 받아들여야만 한다. 그렇다면 **실제적 객체는 괄호쳐진다**"(301). 왜냐하면 "[현상학자인] 우리는 오직 이 모든 지각·판단 등을 이것들이 그 자체로 이것들인 본질성(Wesenheit)으로 고찰하고 기술하는 것만, 어떻게든 이것들에서 또는 이것들 속에 명증적으로 주어진 것을 확정하는 것만 허용[하기 때문이다]"(*Ibid.*). 즉 지각하는 의식활동의 경우에 있어서 의식은 지각 대상을 지향적으로 겨냥한다. 이 경우에 있어서 대상이란 지향적 의식의 상관물로서의 대상일 뿐, 의식 내에 속한 표상과 같은 내용물로서의 질료가 아니다. 상상이라는 활동에 있어서도 마찬가지의 메커니즘이 작용한다. 상상을 할 때 의식은 상상의 대상을 지향적으로 겨냥한다. 그러나 지각의 경우에 그러했듯이 상상의 대상 역시 의식의 지향성의 상관물로서의 대상일 뿐, 의식 내에 속한 마음안의 열등한 존재자로서의 대상이 아닌 것이다. 다시 말해 지각, 그리고 상상의 경우에서 동일하게 확인할 수 있듯 의식활동에 있어서 그 의식의 지향성의 대상은 오로지 의식의 지향적 활동의 상관물로서 노에마이며, 이러한 점에서 두 의식활동의 대상인 노에마는 동일한 지위를 가지는 것이다. 말하자면 의식의 초월적 활동은 사물을 지각할 경우와 이미지를 상상할 경우에서 차별 없이 동일하게 일어나는 것이다. 그리고 바로 이 의식이 초월적인 활동을 통해 지향하는 대상은 지각과 상상의 경우에서 모두 노에마로서 동일한 것이라는 점에서 이미지의식의 대상과 지각의식의 대상 사이의 구분을 찾을 수 없으며, 이런 점에서 의식의 구조만을 고려할 경우, 후설의 현상학에서 지각하는 의식의 대상과 상상하는 의식의 대상은 의식의 차원에서 본질적인 동일성을 가지는 것이다.

2) 질료 차원의 구별

대상이라는 차원에서 지각과 이미지의 차이를 찾으려고 한 것이 지각과 이미지를 구분하기 위한 첫 번째 접근 방식이었으며, 그럼에도 불구하고 이 대상의 차원에서는 양자 간의 구분이 이루어질 수 없다는 점을 발견했기 때문에, 사르트르는 이미지와 지각 사이의 차이를 규명하기 위한 두 번째 방편으로 질료의 문제에 주목한다. 만일 지각과 상상이 그것의 대상의 차원에서는 구별되지 않는 것이라면, 의식이 사물과 이미지라는 각각의 대상의 정립을 위해 경유하는 동시에 초월해야 하는 중간적인 '질료'의 차원에서 이 양자가 구분되는 것이 아닌가? 이것이 바로 "이미지와 지각의 내재적 구별(distinction intrinsèque)(상상력, 212)"의 문제이다.

그러나 결론적으로 질료라는 내재적 요인을 통한 이미지와 지각의 구별은 가능하지 않다. 왜냐하면 우리는 하나의 질료로부터 지각이라는 의식활동을 수립할 수 있는 동시에 바로 동일한 이 소재로부터 상상하는 의식활동 또한 수립할 수 있기 때문이다. 이와 같은 사실을 설명하기 위해 사르트르는 후설이 제시했던 뒤러의 동판화의 사례를 빌려온다.[6] 뒤러의 동판화를 바라보는 가운데 후설은 동판화를 구성하는 일련의 검은 선들과 종이를 지향하는 지각의식의 활동을 수행할 수도 있으며, 또 한편으로는 이 동판화를 미학적 관조라는 태도로 지향하여 "[동판화를 구성하는] 검은 선들을 통해 색깔 없는 작은 형상들, 말 탄 기사, 죽음, 악마"(상상력, 212)라는 대상들을 보는 상상의식의 활동을 수행할 수도 있다고 쓰

---

6 이념들 1, 354 참조. "예컨대 뒤러(A. Dürer)의 동판화 〈기사, 죽음 그리고 악마〉를 고찰해 본다고 해 보자. 우리는 여기에서 첫째로 정상적 지각─그 상관자는 사물인 동판화 종이, 즉 화첩 속의 종이─을 구별한다. 둘째로 지각적 의식을 구별한다. 이 의식에서 어두운 선 속에 색깔이 없는 작은 상인 말을 탄 기사, 죽음 그리고 악마가 나타난다. 우리는 미학적 고찰에서 객체들로서 이것들에 향해 있지 않고, 심상 속에 제시된, 더 정확히 말하면, 모사된 실재성들인 피와 살을 지닌 기사 등에 향해 있다."

고 있다. 즉 동판화의 예는 하나의 동일한 질료로부터, 그것을 사물로서 정립하는 초월적 활동을 수행할 수도 있으며, 다른 한편으로는 그것을 이미지로서 정립하는 초월적 활동을 수행할 수도 있다는 것을 알려준다. 그리고 우리는 하나의 동일한 질료에 관하여 지각과 상상이라는 서로 다른 의식의 태도를 취할 수 있기 때문에 사르트르는 이미지와 지각의 내재적 구별은 불가능하다고 주장한다. "이 구문이[즉, 뒤러의 동판화에 대한 후설의 설명이] 아마도 이미지와 지각의 내재적 구별의 시발점이 될 것이다. [후설이 제시한 뒤러의 동판화의 예에서] 분명히 우리가 기사와 죽음과 악마의 미학적인 출현을 구성하기 위해 포착한 **질료**는 의심의 여지 없이 판화집의 종잇장에 대한 순수하고 단순한 지각 속에서와 똑같은 것이다"(상상력, 212). 그러므로 질료라는 내재적 속성으로부터는 이미지의식과 지각의식을 구분할 수 없다. 사르트르는 이를 질료의 "중립성(neutralité)"(213) 혹은 "무차별성(indifférence)"[7]이라 부르고 있다. 이미지와 지각을 내재적으로 구별하는 데에 있어 질료적 측면 역시, 그것의 중립적 속성으로 인해 적합한 기준이 되지 못하는 것이다.

3) 지향활동에 의한 구별

이미지와 지각의 구분이 대상의 차원을 비롯하여 질료의 차원에서도 이루어질 수 없다면, 이 양자 간의 차이는 어디에서 규명되어야 하는가? 사르트르가 문제에 접근하는 세 번째 방편은 '지향활동'에 의한 것이다. 하나의 동일한 질료적 소재가 지각하는 의식의 경우에는 사물로서 정립되며, 상상하는 의식의 경우에는 비실재적인 이미지로서 정립된다는 사실이 가

7　사르트르, 윤정임 옮김, 『사르트르의 상상계』(기파랑, 2010), p. 106. 이하, '상상계, 106'처럼 줄임.

리켜 보여 주는 것은 바로 이 양자를 사물과 이미지로 각기 정립하려는 의식의 서로 다른 태도로부터 지각과 이미지의 차이가 비롯된다는 것이다.

지각과 이미지의 차이가 의식의 서로 다른 지향적 활동 자체라는 사실을 다음의 예를 통해 보다 잘 설명할 수 있다. 우리가 하나의 물질적 소재를 마주하고 있을 때, 우리의 의식은 두 가지 활동의 기로 앞에 있다. 가능한 첫 번째 방식은 대상을 사물로서 정립하는 지각의 활동이다. 이 경우 의식은 눈앞에 놓인 대상의 '소재' 자체에 초점을 맞춘다. 예를 들어 우리가 하나의 그림을 마주하고 있을 때 우리는 짜임새 있게 조직된 캔버스 천의 질감과 그 위에 얼룩진 물감들의 자국들을 발견하게 되는 것이다. 혹은 이 물질적 대상 앞에서 의식이 취할 수 있는 두 번째 가능한 활동은 상상하는 의식의 활동이다. 이 경우 의식은 대상의 소재를 활성화하여 이미지를 지향한다. 우리는 이 그림을 마주하며 이전에는 단지 얼룩진 물감으로 보았던 것을 이제는 한 여인의 형상으로 보는 의식의 구성적 활동을 수행한다. 그리고 이처럼 질료적 소재를 구성적으로 활성화하는 상상의식의 활동에서, 앞서 이루어졌던 첫 번째 방식의 지향은 사라져 버린다. '질료의 소재적 지각'과 '소재의 구성적 활성화를 통한 이미지 인식'은 동시에 발생할 수 없기 때문이다. 그렇다면 여기에서 이미지와 지각을 구분하는 차이는 무엇인가? 그것은 오직 의식의 지향적인 구조의 차이이다. 우리가 하나의 그림을 단지 사물로서 지각할 때, 그것을 비실재적인 방식으로 지향하는 이미지는 사라지고 우리의 앞에는 날것인 질료인 캔버스 위를 뒤덮고 있는 물감의 얼룩진 흔적들만이 남게 된다. 그리고 반대로 우리가 하나의 그림을 이미지로서 지향할 때, 실재물로서의 대상의 정립은 사라져 버린다.

그러나 사실 이와 같은 설명은 충분하지 않다. 서로 다른 지향을 수행하는 의식의 태도로부터 사물 혹은 이미지가 출현한다는 점에서 서로 다른 지향작용이 사물과 이미지의 원인이기는 하다. 그러나 동일한 소재로부터 서로 다른 지향을 성립케 하는 원인은 무엇인가? 우리가 하나의 회화를 마주할 때, 그것으로부터 캔버스 천의 거친 질감과 그 위로 얼룩진 물감의 흔적을 발견하는 지각의식의 활동을 수행하는, 혹은 그것으로부터 여인의 얼굴을 발견하는 상상의식의 활동을 수행하게 되는 각각의 계기는 무엇인가? 이를 설명하는 데에서 사르트르는 다시 한 번 후설의 논의에 의존하며, 후설에 의하면 의식이 서로 다른 지향적 태도를 취하게 되는 원인은 "동기관계(motivations)"(상상력, 221)에 있다.

4) 동기관계를 통한 구별

후설에게서 동기부여란 정신적 세계의 근본 법칙이며, 자연적 세계를 지배하는 법칙인 물리적 혹은 정신물리적 인과성에 반대되는 개념이다. 정신적 삶의 법칙인 이 "동기부여의 … 때문에 ~하다(weil-so)는 자연의 의미에서 인과작용과 완전히 의미가 다르다"[8]는 사실, "[동기관계의] 이유는 여기서 결코 자연-인과성(실재적 인과성)을 표현하지 않는다"(이념들 2, 303)는 사실이 알려주는 것은, 특정한 질료로부터 상상의식의 활동을 수립하거나 혹은 지각의식의 활동을 수립하게 되는 계기가 오직 정신적 법칙들 속에 있으며, 그것의 원인을 질료 자체가 가지고 있는 물리적 속성에서부터 찾아서는 안 된다는 것이다.

그렇다면 정신적 삶의 법칙인 이 '동기관계' 개념을 통해 지향적 태도의 변경의 문제에 답할 수 있는가? 그러나 사르트르는 이에 관하여 부정적인 태도를 보이고 있다. 왜냐하면 동기관계를 논의하는 데에서 후설이

---

8 후설, 이종훈 옮김, 『순수현상학과 현상학적 철학의 이념들 2』(한길사, 2009), p. 302. 이하, '이념들 2, 302'처럼 줄임.

초점을 맞추고 있는 것은 실제로 동기관계에 있어서 중립성 변양이 이루어진다는 사실뿐, 그는 구체적인 맥락에서 이 중립성 변양이 이루어지게 되는 '동기부여'가 무엇인가를 해명하지 않기 때문이다. 그러므로 후설의 동기관계라는 개념에 의존해서 상상의식과 지각의식의 차이를 해명할 수는 없다. 후설은 사실상 여러 종류의 동기관계에 의해 중립성 변양이 실제로 이루어진다는 사실을 보여 줌을 통해 자연적 세계에 대한 정신적 세계의 우위성을 주장함을 목적으로 하고 있을 뿐이다. 이런 점에서 동기관계의 작동에 관한 구체적인 설명이 이루어지지 않는 한, 우리가 하나의 동일한 소재에 대하여 지각하는 의식의 태도와 상상하는 의식의 태도를 모두취할 수 있다는 것은 단지 '동기의 우발적 작동'으로 볼 수밖에 없다.

5) 종합의 방식을 통한 구별

그러므로 동기관계로부터의 해명은 동기의 우발적 작동이라는 또 다른 문제에 부딪힌다는 점에서 문제적이다. 이런 까닭에 사르트르는 다섯 번째의 방편을 통해 지각과 이미지의 구별 문제에 접근한다. 이 다섯 번째의 방편이란 사물과 이미지를 지향하는 각각의 의식의 활동에서 대상을 '종합하는 방식'에 차이가 있다는 것이다. 사르트르는 지각하는 의식이 자신의 대상을 사물로서 정립하는 활동에 있어서 이루어지는 경우의 종합과, 상상하는 의식이 자신의 대상을 이미지로서 정립하는 활동에서 일어나는 종합 사이에 차이가 있음을 보여 주고자 한다. 그에 의하면 전자의 종합은 수동적인 것이며, 후자의 종합이란 능동적이다. 사르트르는 "모든 허구는 하나의 능동적인 종합이 될 것이고 우리의 자유로운 자발성의 산물이 될 것이다. 모든 지각은 반대로 순전히 수동적인 종합이다" (상상력, 222)라고 말한다. 왜냐하면 감각적 직관으로서의 지각의 영역은 경험적 의식의 영역이기 때문이다. 경험에 있어서는 근본적으로 '수동적 종합'이 작용한다. 우리는 늘 '종합된' 형태로만 대상을 지각하기 때문이다. 어느 누구도 지금 바라보고 있는 하나의 대상에 대하여 그것이 어느 곳에 놓여 있는지, 그것의 색깔은 무엇인지, 그것의 질감은 어떠한지, 그것이 어떤 모양새를 하고 있는지와 같은 대상의 다양한 측면들을 자발적으로 종합하여 인식하지는 않는다. 이것이 경험적 대상들이 종합된 형태로, 즉 수동적 종합이 작용하여 소여된다는 말의 의미이다. 반면 상상은 능동적인 종합의 과정이며, 이것은 의식의 자발성의 산물이다.

그러나 종합의 방식을 통한 설명 역시 충분한 설명일 수는 없다. 왜냐하면 지각하는 의식의 활동에서 이루어지는 종합이 수동적인 것이며, 상상하는 의식의 활동에서 이루어지는 종합이 능동적인 것이라고 규정한다고 했을 때, 여기에서 언급되고 있는 능동성과 수동성이라는 표현의 경계가 분명하지 않기 때문이다. 사르트르는 이 수동적 종합과 능동적 종합이라는 구분의 경계에 위치하는 수많은 중간적인 형태들의 사례가 있음에 주목하며, 특히 상상의식의 한 유형이라고 할 수 있는 회상 이미지의 경우에는 재생된 감각 인상들의 조합에 의해 작동하는 것인 동시에 능동적인 종합의 작용이라는 점을 지적한다. 그런 까닭에 상상의식의 활동을 전적으로 능동적인 것으로 간주할 수는 없다. 왜냐하면 상상의 활동 자체가 능동적 종합의 작용이라고 하더라도, 우리는 이 허구를 구성하는 낱낱의 소재까지는 창조하지 못하기 때문이다. 즉, 이 경우에서도 역시 질료는 수동적 종합이 상관하는 지각작용에서와 마찬가지로 수동적으로 주어지는 것이기 때문이다. 그러므로 종합의 방식을 통한 지각과 상상의 구분 또한 충분한 설명력을 가진 것이라 볼 수 없는 것이다.

6) 종합적 정리: 질료의 차원의 구별의 필요성

지금까지 우리는 지각과 이미지의 구별이라는 문제를 해결하기 위하여 사르트르가 제시한 방편들을 검토해 보았다. 방편은 다섯 가지로 세분될 수 있었다. 첫째는 지각의식과 상상의식의 '대상' 차원에서의 상이성에 주목하는 것이었다. 그러나 지각과 상상 모두의 경우에서 의식활동에 있어서의 지향성의 대상은 오로지 의식의 지향적 활동의 상관물인 노에마라는 점에서, 대상의 차원에서는 지각과 상상의 차이를 확인할 수 없었다. 둘째의 방안은 대상이 아닌 '질료'의 차원에서 상이성을 파악하고자 한 것이었다. 그러나 동일한 질료적 소재로부터 지각과 상상의식의 활동이 모두 가능하다는 점에서 질료 또한 지각과 상상을 구분하기 위한 적합한 기준이 될 수 없었다. 세 번째로 사르트르는 의식의 '지향적 태도'로부터 지각과 상상의 차이를 규명하려 시도하였다. 그러나 지각과 상상의식 각각에 있어서 지향들이 서로 다르다는 사실은 필요조건이긴 하지만 충분조건이 되지는 못했다. 왜냐하면 동일한 소재로부터 서로 다른 지향을 성립케 하는 이유가 해명되지 않은 채 남겨졌기 때문이다. 이 문제를 사르트르는 네 번째 방안인 '동기관계'를 통해 해명하고자 했다. 그러나 동기의 우발적 작동이라는 문제에 의하여 동기관계를 통한 해명 역시 충분하지 않은 것으로 남겨지고 말았다. 사르트르가 마지막으로 택한 방안은 의식의 '종합의 방식'을 통한 지각과 상상의 구분이었다. 그러나 이 종합의 방식을 통한 설명 역시 충분한 설명이 될 수는 없었다. 왜냐하면 능동적 종합과 수동적 종합의 경계 설정이 모호하다는 문제가 있었기 때문이다.

그럼에도 불구하고 제시된 방편을 종합적으로 검토함을 통해 우리는 지각과 상상을 구별하기 위해서는 결론적으로 사르트르가 두 번째로 제시했던 방안으로 다시 되돌아가야 한다는 것을, 즉 상상의식의 고유성을 파악하기 위해서는 질료의 차원에서의 구분이 필요하다는 사실을 발견할 수 있다. 왜냐하면 사르트르가 제시한 첫 번째의 방안인 '대상의 차원'에서의 구별은 지향적 의식의 초월적 본성에 의하여 문제적인 것으로 남앉으나, 이를 제외한 세 번째의 방안 '지향적 태도'로부터의 구분, 네 번째의 방안 '동기관계'를 통한 구분, 그리고 다섯 번째의 '종합의 방식'을 통한 구분은 모두 충분한 설명이 되지 못했던 것이다. 이 세 가지의 방안이 충분한 설명이 되지 못한 까닭은 모두 '소재'의 문제에 있었다. 즉 '소재의 차원에서도 차이'가 나는 상상작용의 고유한 소재를 찾을 수 있다면, 어떠한 동기관계에 의하여 의식의 지향적 태도가 달라지는지 설명할 수 있다는 점에서 세 번째와 네 번째의 설명 방안을 보완할 수 있으며, 나아가 다섯 번째의 방안에서 문제가 되었던 것 역시 종합에서의 '소재'의 문제라는 점에서 이 종합의 문제 또한 소재에 관한 규명을 통해 해결할 수 있는 것이다. 이러한 까닭에 사르트르는 "무엇보다도 우선, 현상학적인 차원에서는, 다시 말해서 일단 환원이 이루어지고 나면, 만일 그들의 소재가 똑같다면, 지향성에 의해서 이미지와 지각을 구분하기는 매우 어려울 것 같다"(상상력, 217)고 말하며, 나아가 "정신 이미지와 지각의 구분은 지향성 하나에서만 유래하지는 않는다. 지향들이 서로 다르다는 사실은 필요조건이긴 하지만 충분조건은 아니고, 소재들도 역시 서로 달라야만 하는 것이다"(224)라고 주장하며 정신 이미지의 고유한 질료(hylé propre)를 찾는 작업을 이미지 연구의 과제로서 제시하고 있는 것이다. 그리고 바로 이미지의 고유한 질료가 되는 이것에 사르트르는 유사 표상물(représentant analogique), 즉 "아날로공(analogon)"(상상계, 48)이라는 명칭을 부여한다.

3. 아날로공이란 무엇인가

그렇다면 상상의식의 고유한 소재로서 규정된 이 아날로공이란 무엇인가? 사르트르의 이미지 이론에서 아날로공이 가지는 의미를 논의하기 위해서는 먼저 사르트르에게서 이미지가 무엇이며, 나아가 이 이미지와 아날로공이 어떠한 관계를 가지고 있는가를 살펴볼 필요가 있다.

(1) 이미지란 무엇인가

사르트르에게 있어서 "이미지는 의식이 지니고 있는 자신의 대상을 겨냥하는 한 방식에 대한 이름일 뿐이다"(상상력, 211). 보다 간결하게 말하자면, 이미지는 의식이다. "이미지는 의식이다"라는 표현은 이미지에 관한 고전이론에 관한 비판을 이미 함축한다. 이미지가 의식이라는 것은 이미지를 하나의 심적 내용물과 같은 대상으로 간주할 수 없다는 사실을 함축하기 때문이다. "의식 속에는 이미지가 없고, 있을 수도 없을 것이다. 오히려 이미지는 의식의 어느 한 유형이다. 이미지는 하나의 행위이지 하나의 사물이 아니다. 이미지는 무엇인가에 대한 의식이다"(228). 그러나 이러한 설명은 이미지에 관한 기존의 오해를 교정하고 있기는 하나, 여전히 이미지가 무엇인가라는 물음에 대한 답변으로는 충분하지 않다. 이미지가 의식활동의 한 유형이라면, 그것이 구체적으로 어떠한 종류의 활동인가가 해명되어야 하기 때문이다. 즉 의식이 취할 수 있는 여러 유형의 활동 양태 중에서 이미지라는 방식의 활동을 특징지을 수 있는 차별적 속성을 밝혀야만 한다. 이런 점에서 사르트르는 대상을 지향하는 의식활동의 유형을 지각(perceivoir), 사유(concevoir), 상상(imaginer)으로 구분지으며, 상상의식이 가지는 차별적 속성을 다음과 같이 제시하고 있다.

상상의식이 가지는 첫 번째 차별적 속성은 그것이 "준관찰 현상(phénomène de quasi-observation)"(상상계, 34)이라는 것이다. 상상하는 의식은 지각의 경우와 마찬가지로 관찰의 태도로 대상을 바라본다. 의식이 관찰의 태도를 가진다는 것은 지각의 차원에서 대상을 겨냥하려 한다는 것이다. 그러나 지각의식의 경우 지각과 그 상관 대상 사이에는 무한한 균열이 존재하며 의식의 지각활동은 세계의 풍요로움을 소진시킬 수 없다. 그리고 대상이 가진 이 풍요로움으로부터 무한한 학습 가능성이라는 지각의식의 고유성이 비롯된다. 이 무한한 학습 가능성은 지각의식이 대상을 정립하는 데에 늘 시간적 소요가 필요하다는 사실을 함축한다. 그러나 이와 달리 상상은 지각의 경우와 마찬가지로 이미지를 관찰하는 듯한 태도를 취하기는 하나, 이 관찰은 지각에서의 관찰과는 달리 아무것도 더 이상 알려주는 것이 없는 관찰이다. 상상의식의 대상인 이미지는 사실상 의식 자기 자신과 다른 것이 아니며, 그렇기 때문에 상상의식에서는 대상에 관해 어떤 것도 학습할 수 없다. 상상의식에 있어 대상이 곧 대상에 관한 의식 자체라는 것은 상상의식의 빈곤을 의미한다. 이런 까닭에 지각의 경우와 달리, 상상활동의 경우에 대상은 시간적 소요 없이 단번에 전체로서 주어진다. 그러므로 상상이 본질적으로 빈곤하며 대상을 단번에 획득한다는 것이 지각과 상상을 구분 가능하도록 하는 중요한 차이가 된다.

지각, 사유, 그리고 상상의식의 또 다른 차이는 각각의 활동이 실존에 있어 서로 다른 방식으로 대상을 정립한다는 것이다. 모든 의식은 자신의 대상을 정립하는 지향적 의식이다. 그러나 각각의 의식은 각자의 방식을 통해 대상을 정립한다. 지각하는 의식은 자신의 지향적 대상을 '실존'으로 정립하며, 사유하는 의식은 오로지 보편적인 존재에만 관심을 기울일 뿐 구체적 대상의 존재에는 '무관심'하다. 즉 지각은 실재하는 개별적 경험 대상에 관심을 가지는 능력인 반면, 개념적 능력은 보편적인 것만을 사유한다. 상상하는 의식은 어떠한가? 상상하는 의식은 대상을 존재하지 않는 것으로, 혹은 부재하는 것으로, 혹은 다른 곳에 존재하는 것으로 정립한다. 그리고 혹은 대상을 존재자로 정립하기를 그만둘 수도 있다.

대상을 존재하지 않는 것, 그리고 부재하는 것으로 정립하는 것은 '부정 (négation)'이다. 대상을 다른 곳에 존재하는 것으로 정립하는 것 또한 대상의 현존에 관한 암묵적인 부정이다. 그리고 대상을 존재자로 정립하기를 그만두는 것은 명제의 중지 혹은 존재 양상에 있어서의 중립화된 정립이다. 이러한 부재 혹은 비존재의 정립은 오로지 상상하는 의식의 차원에서만 가능한 것이라는 점에서 대상을 무(néant)로서 정립하는 것이 바로 상상의식의 고유성인 것이다.

사르트르가 제시하고 있는 마지막 차별적 속성은 상상이 자발성 (spontanéité)의 의식이라는 것이다.[9] "지각의식은 수동성으로 나타난다. 반면에 이미지의식은 스스로에게 상상하는 의식으로 주어진다. 즉 대상을 이미지로 만들어 내고 보존하는 자발성으로 주어진다"(상상계, 41). 상상하는 의식의 활동은 순수한 자발성의 산물이다. 심적 이미지를 지향할 때 의식은 지각의 경우와는 달리 순전히 자발적인 활동을 통해 그것을 떠올려야만 하고, 그것을 지탱하며 유지하는 것 또한 자발성에 의해서 이루어진다. 우리가 이미지에 관한 의식적 지향을 잃어버리는 순간 대상은 사라져 버리기 때문이다. 마찬가지로 물질적 이미지에 관해서도, 우리가 그것을 상상하는 방식으로 지향하기 위해서 의식은 가령 흰 여백 위의 선을 특정한 얼굴로서 능동적으로 구성하는 자발적 활동을 유지해야만 한다.

상상의식이 대상을 겨냥하는 경우에 소용되는 이 하위 유형의 자발성

---

9 그러나 상상의식의 자발성을 모든 의식에 있어 공통적인 의식의 자발성과 혼동해서는 안 된다. 왜냐하면 상상의식의 자발성을 의식의 자발성으로 환원한다면, '자발성'은 그것이 지각의 경우이든 상상의 경우이든 무관한 의식활동 전체의 특성으로만 주어질 것이며, 그렇게 될 경우 우리는 자발성을 상상의식의 특수한 속성이라 볼 수 없을 것이기 때문이다. 이러한 혼동을 염두에 둔 채로 사르트르는 "아마도 이미지의 소재 그 자체가 자발성일 것, 그러나 하위 유형의 자발성일 것까지도 필요할 것이다"(상상력, 224)라고 말하고 있다.

을 '창조성'이라 이해할 수 있다.[10] "[상상의식은] 지속된 창조에 의해 자기 대상의 감각적 자질을 지탱하고 유지한다"(상상계, 43). 상상의식이 대상을 겨냥하기 위해 '지속된 창조의 노력'을 기울여야 한다는 것은, 바로 이미지는 지각과 달리 순전한 자발성에 의해 지탱되는 것임을 보여 준다.

(2) 이미지에 관한 새로운 규정: 외연의 확장

이제 제시된 네 가지 명제를 통해 이미지는 무엇인가라는 물음에 답할 수 있을 것이다. 첫째, 이미지는 의식이다. 이미지는 의식 내부의 사물이 아닌, 의식이 수행하는 활동의 한 양상으로 이해되어야 한다. 그리고 의식의 한 활동 유형으로서의 이미지는 둘째, 준관찰 현상이다. 이미지가 준관찰 현상이라는 것은 먼저 상상의식이 자신의 대상을 지각의 영역 위에서 겨냥함을 의미한다. 그러나 상상의식은 곧 대상 그 자체와 동일한 것이기 때문에, 이 경우에 의식은 시간의 소요 없이 단번에 대상을 획득하며 이 획득된 대상으로부터 어떤 학습도 이룰 수 없다. 그리고 셋째로, 상상의식은 그것의 대상을 무로 정립한다. 지각이 자신의 대상을 실재하는 것으로 정립하며, 사유가 대상의 실존의 문제에는 관심을 가지지 않는 것과 달리 상상은 자신의 지향적 대상을 무로서 정립한다. 그리고 대상이 무로 주어진다는 이 사실은 상상의식을 설명하는 넷째의 명제인, 이미지는 자발성의 의식이라는 사실에 의해 뒷받침된다. 상상하는 의식은 대상

---

10 상상의식이 가지는 세 번째 변별적 특성을 '창조성'이라 이름 붙이는 것에는 오해의 여지가 있다. 회상 이미지의 경우에서 보듯 상상의식은 얼마간 경험적으로 주어진 질료에 의존하고 있으며, 이러한 점에서 상상을 완전한 창조적 의식의 활동으로 간주할 수는 없기 때문이다. 이와 같은 문제를 염두에 두고 보다 분명히 말하자면 여기에서의 창조란 '아날로공의 창조'를 의미하는 것이다.

을 출현시키며 지탱하는 전 과정을 오로지 자신의 능동적인 활동에 의해 이루어 낸다. 이러한 자발성은 상상하는 의식의 대상이 실재의 경험적 세계에 실재하는 것이 아니라는 사실, 다시 말해 그것이 부재한다는 사실에 기인한다.

이와 같은 규정으로부터 사르트르에게서 이미지는 기존의 고전적인 이론들에 의해 이해되었던 이미지와는 다른 의미를 가지고 있는 것임을 알 수 있다. 말하자면 이미지 개념의 외연이 확장된 것이다. 사르트르는 우리가 일반적으로 이미지라고 부르는 물질적인 기반을 가진 외부 세계의 대상들과 정신적인 이미지를 모두 상상하는 의식의 활동으로 간주한다. 사르트르는 상상을 '부재하는 대상을 지각의 영역에서 현전화하는 의식의 활동'이라고 규정하는데, 이러한 정의에 입각한다면 이미지를 지향하는 방식이 물질적 기반을 가진 질료적인 내용을 지향적으로 활성화하는 것이든 혹은 심적인 내용을 지향적으로 포착하는 것이든 간에, 그것이 비실재라는 방식으로 대상을 정립하는 활동이라면 그것은 모두 동일한 상상의 활동에 속하는 것이다. 즉 사르트르에게 있어서 이미지는 의식이 자신의 대상을 겨냥하는 한 특수한 방식에 관한 명칭이므로, "물질적 이미지들(그림, 데생, 사진들)을 심적이라 불리는 이미지들과 서로 가까이 붙여 놓지 못할 이유가 없다"(상상력, 211).

이러한 견지에서 사르트르는 "심적 표상, 사진, 캐리커처. 이토록 다른 세 가지 현실이 앞의 예에서 동일한 어떤 과정의 세 단계, 유일한 어떤 행위의 세 계기로 나타난다. 겨냥된 목표는 처음부터 끝까지 동일하게 남아 있다"(상상계, 47)고 말한다. 피에르에 관한 기억들을 경유하여 피에르를 마음속으로 떠올리는 일, 피에르의 사진을 통해서 그를 떠올리는 일, 피에르를 그린 캐리커처를 통해 그를 떠올리는 일이라는 세 경우에서 사르트르는 단 하나의 지향을 발견하고 있는 것이다. 이 지향은 모두 피에르라는 동일한 대상을 동일한 방식으로, 즉 그것을 부재하는 것으로 정립하는 방식으로 겨냥하고 있다는 점에서 동일한 상상의 활동에 속하는 것이며, 이러한 점에서 세 경우는 모두 이미지이다. 세 경우 모두에서 상상의식이 지향적으로 상관하는 대상은 심적 표상도 사진도 캐리커처도 아닌 피에르이기 때문이다. 우리는 물질적인 대상으로서 사진을 바라보는 것이 아니라, 사진을 '통해서' 피에르를 바라보고 있으며, 이와 동일하게 우리는 캐리커처를 구성하는 낱낱의 선을 바라보는 것이 아니라 그것을 '경유하여' 그것을 '초월하는 가운데' 피에르를 바라본다. 이 지점에서 우리는 사르트르가 이미지와 아날로공의 관계를 어떠한 방식으로 설정하고 있는가를 파악할 수 있다. 피에르에 관한 기억들, 피에르의 사진, 피에르를 그린 캐리커처 자체는 이미지가 아니다. 이들은 중립적인 소재에 불과하다. 왜냐하면 우리는 피에르의 사진을 보며 피에르를 떠올리는 상상의 활동을 수행할 수 있는 동시에, 여전히 사진 표면의 질감이나 색채의 구성에 주목하는 지각의식의 활동을 수행할 수도 있기 때문이다. 그러나 상상하는 의식의 활동에 의하여 이 소재가 피에르를 떠올리는 상상작용을 위해 소용되는 상상의식 고유의 소재가 되었을 때, 이것은 이제 자신의 중립성을 잃고 아날로공이 되는 것이며, 이렇듯 소재가 중립적인 것으로 남아 있지 않고 아날로공이 됨에 따라 상상의식의 활동이 수립되는 것이다.

(3) 이미지와 아날로공의 관계

1) 상상의식의 고유한 특성: 이미지는 그것의 대상을 무(néant)로 정립한다

이미지란 무엇인가라는 물음으로부터 밝혀진 이미지에 관한 네 규정은 다음과 같이 요약될 수 있다. 첫째, 이미지는 의식이다. 둘째, 이미지는 준관찰 현상이다. 셋째, 이미지는 그것의 대상을 무로 정립한다. 넷째,

이미지는 자발적인 의식이다.

이미지와 아날로공의 관계를 살펴보기 위해서는 이 가운데 세 번째와 네 번째 명제에 주목해야 한다. 이미지란 무엇인가를 규정했던 셋째 명제 "이미지는 그것의 대상을 무로 정립한다"가 말해 주는 것은 상상의식은 지각의식과 달리 자신의 지향적 대상을 비실재적인 것으로, 곧 무로 정립한다는 것이다. 그러나 여기에서 상상의식이 대상을 실존하는 것으로 정립하지 않는다는 것을 상상의식이 대상의 실존에 관한 정립의 문제에 무관심하다는 것으로 오해해서는 안 된다. 대상의 실존 여부에 관해 관심을 가지지 않는 것은 오히려 상상이 아닌 순수사유에서의 특징이기 때문이다. "개념들, 즉 지식은 관계들로 구성된 본성(보편적 본질)의 존재를 정립하며 대상의 **실제** 존재에는 무관심"(상상계, 38)하다. 상상하는 의식은 물론 적극적으로 자신의 지향적 대상을 '실존하는 것으로' 정립하지는 않는다. 그러나 그럼에도 불구하고 상상의식이 대상을 지향하고 그것을 정립할 때에 그 정립에는 반드시 실존에 관한 판단이 포함되어 있다. 사르트르는 다음과 같이 말한다. "이미지 역시 믿음의 행위 혹은 정립행위를 포함한다. (⋯) 즉 대상을 존재하지 않는 것으로 혹은 부재하는 것으로 혹은 다른 곳에 존재하는 것으로 정립할 수 있다. 또한 그것은 자기의 작용을 중립화(neutraliser)할 수 있다. 다시 말해서, 자신의 대상을 존재자로 정립하지 않을 수도 있다"(37). 사르트르는 상상의식이 수행하는 이 네 가지의 정립행위 중, 대상을 존재하지 않는 것으로, 그리고 부재하는 것으로 정립하는 것은 부정(négation)이며, 대상을 다른 곳에 존재하는 것으로 정립하는 것 또한 대상의 현존에 관한 암묵적인 부정이고, 대상을 존재자로 정립하기를 그만두는 것은 명제의 중지 혹은 존재 양상에 있어서의 중립화된 정립에 해당한다고 말한다. 이와 같은 무의 정립이 오로지 상상하는 의식의 차원에서만 이루어진다는 점에서 대상을 무로서 정립하는 것은 상상의식의 고유한 특성이다.

2) 아날로공은 무이다

그러나 상상하는 의식에 있어서 필연적으로 무의 개입이 있다는 사실만으로는 상상의식과 아날로공의 관계를 해명할 수 없다. 이미지의식이 대상을 비실재적인 것으로 정립하는 데에 있어서 아날로공은 어떤 역할을 수행하는가? 상상의식이 사물과 이미지를 혼동하는 의식이 아닌 한, 즉 상상하는 의식이 자신이 지향하는 대상이 지금 여기에 부재한다는 사실을 이미 정립하고 있는 한, 대상은 분명 지금 여기에 없는 것으로 간주된다. 그러나 그럼에도 불구하고 상상의식은 지금 여기에 부재하는 대상을 그저 무로서 정립하는 것에서 그치지 않고,[11] 인식의 차원에서 대상을 지금·여기에 현존하도록 한다. 무로 정립된 대상을 현존하게 하는 것은 분명 '창조'의 활동이다. 그리고 우리의 제한된 능력을 넘어 대상을 현존케 하려는 이 특성은 바로 상상의식의 "마술적"(상상계, 58, 227) 특성이다. "상상력의 행위는 마술적 행위이다. 그것은 사유의 대상, 욕망의 대상을 나타나게 하여 소유할 수 있게 하는 주술(呪術, incantation)이다. 이 행위에는 언제나 명령적이고 어린애 같은 어떤 것, 거리와 어려움을 고려하지 않는 어떤 거부가[즉, 대상이 실재의 차원에서 지금·여기에 부재하고 있다는 사실을 거부하려는 경향이] 있다"(227). 즉, 대상이 지금·여기에 부재함에도 불구하고 대상을 현존의 차원에서 다시 거머쥐려는 이 창조의 노력이 상상의식의 고유성이다.

그리고 의식이 기울이는 창조의 노력은 바로 넷째의 명제가 말했던 바, '이미지는 자발성의 의식'임을 의미한다. 상상의식은 부재하는 대상

---

11 이는 단순히 대상이 지금·여기에 부재한다는 사실을 정립하는 지각의식의 활동에 불과하다.

을 현존케 하려는 자발적 노력을 기울이며, 오직 이 순수하게 자발적인 활동이 유지되는 한에서만 대상을 거머쥘 수 있다. 이미지에 관한 의식적 지향을 잃어버리는 순간 대상은 사라져 버리기 때문이다. 그러나 상상의식이 무로서 정립된 대상을 '지속된 창조의 노력'을 통해 지금·여기에 현존케 한다는 것은 역설적으로 들린다. 어떻게 부재하는 대상을 현존케 할 수 있는가? 사르트르가 이러한 상상의식의 마술적 본성의 문제를 풀어 내는 것은 아날로공 개념을 통해서이다.

사르트르에 따라 아날로공은 상상의식의 고유한 질료로, 상상의식이 겨냥하는 상상적 대상의 직관적인 내용을 채울 수 있도록 경유되는 것으로 규정되었다. 상상의식 고유의 소재인 이 아날로공과 상상의식의 활동이 연관되는 것은 바로 '무'의 문제에서이다. 상상의식의 활동에 있어 무의 개입은 필연적인 것이었다. 왜냐하면 상상은 지금·여기에 실재하지 않는 대상에 관한 지향적 의식이기 때문이다. 그리고 사르트르는 상상의식의 고유한 소재인 아날로공을 '무'라고 제시한다. 말하자면 "무는 상상적인 것을 향해 세계를 초월하는 소재"(333)이다. 무가 상상적인 것을 향해 세계를 초월하는 소재라는 것의 의미는 무엇인가? 이 표현의 의미는 아날로공에 관한 사르트르의 또 다른 설명과 함께 이해될 수 있다. 그것은 바로 "이미지로 된 대상은 비실재이다. 물론 그것은 현존하긴 하지만 손이 닿지 않는 곳에 있다"(228)는 것이다. 이미지의식의 대상은 분명 지금·여기에 실재하지 않는다. 그것은 켄타우로스나 키메라와 같이 전혀 허구적인 것이거나 혹은 단순히 지금·여기라는 현존의 차원에 놓여 있지 않은 것이라는 점에서 손이 닿지 않는 곳에 있다. 그러나 그럼에도 불구하고 상상의식은 이렇게 현존의 차원에서 무로서 정립된 대상을 지금 이곳에 현존케 한다. 그것이 어떻게 가능한가? 바로 아날로공을 통해, 즉 상상의식의 활동에 있어 '아날로공은 현존하며, 대상은 지금 여기에 부재한다'는 방식으로 가능하다.

상상하는 의식의 활동이란 현존의 차원에서 부재하는 대상을 지금, 여기에 현존하게 하는 것이다. 그러나 상상의식의 활동에 의해 현전화되는 것은 대상이 아닌 그것의 아날로공이다. "나의 상상의식이 팡테옹을 겨냥한다고 상정해 보자. (…) 그러나 팡테옹은 (지금 여기가 아닌) 다른 곳에 존재하고 있으며, 분명히 다른 곳에 존재하는 것으로 주어진다. 여기 현존하는 것은 어떻게 보면 그것의 부재이다. (…) [그러나] 부재하는 팡테옹을 현전하고 있었다고 말하는 것은 부조리하지 않은가? (…) 결과적으로 부재하는 것은 부재한 채로 머물 것이며, 현존하는 것은 전적으로 그 현존의 성격을 간직할 것이다. 그 이미지는 물론 아날로공일 것이다"(168-69). 즉 상상의식의 활동에 있어 의식의 지향적 대상으로서 현존케 된 것은 팡테옹이 아닌 팡테옹의 아날로공이며, 팡테옹이라는 실재적 대상은 여기에서 여전히 부재하는 채로 남아 있다. 그렇다면 현전하는 것이 대상이 아니라 아날로공이라는 주장의 근거는 무엇인가? 상상의식이 활동할 때 현존하는 것이 대상이 아닌 아날로공이라는 사실은 "묘사할 수 있고, 셀 수 있고, 해독할 수 있다고 마음속으로 그려 보는 이 대상에 대해 나는 아무것도 할 수 없다. 가시적 대상은 여기에 있지만 나는 그것을 볼 수 없다. 손으로 만질 수 있지만 나는 그것을 만질 수 없다. 소리가 나지만 나는 그것을 들을 수 없다"(170)는 이미지의 역설적인 특징에서 확실해진다.

이미지의식에서 대상은 '역설적' 혹은 '마술적'인 방식으로 주어진다. 그리고 이미지가 주어지는 이러한 역설적 성격이 바로 이미지의 본질을 구성한다. "우리는 심적 이미지의 본질적 특성을 기억한다. 즉 심적 이미지란 대상의 현존 한복판에서조차 대상을 부재로 취하는 어떤 방식이다"(144). 즉 이미지의 본질적 특성이란 실재의 층위에서 대상이 실재하는 것이든 그렇지 않은 것이든 관여치 않는다는 점에서 일차적으로는 그 대상의 실재성의 여부를 무화하는 것이며, 이차적으로 이 이미지의식은 대상을 현존의 차원에서 부재하는 것으로 파악하며, 바로 이 이차적인 부정, 즉 현존의 차원에서 대상을 부재하는 것으로 파악하는 바로 이 조건에 의해서만 대상을 현존의 차원에 출현시키는 것이다. 그리고 이러한 이미지의식의 지향적 활동을 통해 현존케 되는 것이 바로 아날로공이며, 바꾸어 말하자면 여기에서 대상은 오로지 아날로공을 통해서 상상적으로 지향되는 것이다.

그러므로 상상의식에 있어서 대상과 아날로공이 가지는 독특한 특성을 "아날로공은 현존하며 대상은 지금 여기에 부재한다"는 표현을 통해 정식화할 수 있을 것이다. 여기에 현존하는 것은 아날로공이며, 이를 통해 비실재하는 대상이 지향된다. "결론적으로 이미지란 그 유형성 (corporéité) 안에서 부재하는 혹은 비존재인 대상을 겨냥하는데, 고유한 상태가 아니라 겨냥된 대상의 **유사 표상물**(représentant analogique)의 자격으로 주어지는 물적 혹은 심적 내용을 통해서 겨냥한다고 말할 수 있다" (52).

여기에서 사르트르는 유사 표상물이라는 표현을 통해 아날로공의 정체성을 명확히 표현한다. 상상하는 의식에서 아날로공이 유사 표상물의 자격으로서 창조됨으로써 우리는 비실재하는 대상을 지향하게 되는 것이다. 이러한 점에서 아날로공이 보여 주는 것은 대상의 실재성의 차원에 대한 무화인 것이며, 이것이 바로 '무는 상상적인 것을 향해 세계를 초월하는 소재'라는 표현이 의미하는 것이다. 즉 상상하는 의식은 대상의 실재성의 층위를 무화시키고 유보시키는 한에서 작동한다. 바꾸어 말하자면 상상하는 의식활동에 있어서 이 의식의 활동의 본성을 이루는 필수적인 요소는 바로 실재성에 관한 부정이다. 그리고 이 무는 바로 대상의 부재라는 방식으로, 혹은 이와 동일한 표현으로서 아날로공의 현존이라는 방식으로 드러난다. 이러한 점에서 무는 곧 상상의식의 고유한 아날로공인 것이다.

4. 결론: 비실재성과의 충돌로부터 아날로공의 창조로

사르트르는 '이미지란 무엇인가'라는 하나의 물음으로부터 시작하여 오로지 그 물음을 충실히 해명하는 것만을 목적으로 독자적인 이미지 이론을 구축한다. 사르트르의 이미지 이론이 이미지에 관한 기존의 철학적 이론들과 다른 독창성을 가질 수 있는 이유는, 그가 기존의 이론들과 같이 사유의 체계를 이미 설정해 둔 뒤에 이미지에 그 체계를 적용하는 '방법의 증명들'에 불과한 태도에서 이미지에 접근하지 않기 때문이다. 오히려 사르트르는 이미지가 무엇인가에 관한 물음으로부터 시작하여 그것을 탐구하는 방법을 고안했으며, 이러한 까닭에 기존의 철학적 논의들이 공통적으로 마주쳤던 사물과 이미지의 분별 불가능성이라는 오류에 빠지지 않을 수 있었다. 이와 달리 고전적 이론들은 질료와 대상의 구분을 이루지 못한 탓에 이미지를 사물과 같이 간주하게 되었으며, 그 결과 기존의 이론에서 상상력은 의심의 여지 없이 오류의 원천으로 여겨져 왔던 것이다.[12] 고전이론과 달리 사르트르는 이미지를 의식 내부의 사물로 간주하는 선입견으로부터 벗어나, 고전이론의 논의들을 면밀히 검토한다. 이 검토의 과정을 통해 사르트르는 고전 이미지론이 해명하지 못했던 난제인 질료와 대상의 구분의 문제를 발견하고, 상상의식의 본성을 해명하기 위

---

12 오류의 원천으로서 간주된 상상력에 관한 연구는 가령 다음을 참조할 수 있다. 서동욱, "인식의 획득에서 상상력의 역할: 사르트르와 들뢰즈의 경우", 『철학연구』 100(2013).

해서는 질료 차원에서의 구별이 필요하다는 사실을 제시하기에 이른다. 말하자면 전통적 이론들에 관한 반성을 통해 얻은 '상상의식의 고유한 질료'로서의 아날로공 개념을 통해 사르트르는 자신의 독창적인 이미지론의 체계를 구성할 수 있었던 것이다.

나아가 이 아날로공은 이미지 개념이 제기하는 역설을 해결하기 위한 키워드로서 활용된다. 이미지가 제기하는 역설이란 상상의식의 본성으로부터 유래하는 것으로, 어떻게 이미 부재하는 것으로 정립된 대상이 지금·여기에 현존할 수 있는가 하는 문제이다. 그렇다면 어떻게 상상의식은 부재하는 대상을 현존케 하는 마술적 정립을 이룰 수 있는가? 상상의식의 활동은 대상이 현존의 차원에서 비실재적이라는 사실을 외면하지 않는다. 오히려 상상하는 의식은 현존의 차원에서 대상이 지금·여기에 있지 않다는 이 사실로부터 작동한다. 이 의식은 지향하고자 하는 대상이 지금 이곳에 없다는 비실재성과의 마주침을 동기로, 상상하는 방식으로 대상을 지향한다. 그러나 상상의식은 현존의 차원에서 부재하는 대상을 지향하되 그것을 단지 그저 무인 것으로 정립하는 데에서 멈추지 않는다.[13] 상상의식은 대상이 지금·여기에 현존하지 않는다는 사실과 충돌하는 가운데, 말하자면 현존의 차원에서의 대상의 명백한 비실재성에도 불구하고, 자발적으로 대상을 지향하고자 노력하며, 이 자발적인 노력을 통해 대상의 대리 표상물인 아날로공을 창조해 낸다. 그리고 상상의식이 창조해 낸 고유한 소재인 아날로공을 통해 비실재하는 대상에 관한 마술적 정립이 이루어지는 것이다.

---

13 현존의 차원에서 비실재하는 대상을 비실재적인 것으로 정립하는 것은 지각의식의 활동에 해당한다.

사르트르 미학의 이론적 토대
—헤겔 미학의 수용과 비판[*]

변광배

1. 머리말

사르트르는 자신의 철학을 정립하면서 이른바 '3H'로 지칭되는 헤겔 (Hegel), 후설(Husserl), 하이데거(Heidegger)로부터 많은 영향을 받은 것으로 알려져 있다. 장송(F. Jeanson)에 의하면, 사르트르는 후설로부터 '현상학'이라는 연구 '방법'을, 하이데거로부터 '인간실재'라는 연구 '대상'을 가져왔다.[1] 그렇다면 헤겔로부터는 어떤 영향을 받았을까? 사르트르의 철학에 드리워진 헤겔의 그림자는 길고도 짙어 보인다. 이와 관련하여 『존재와 무(L'Etre et le néant)』로부터 『변증법적 이성비판(Critique de la raison dialectique)』을 거쳐 『도덕을 위한 노트(Cahiers pour une morale)』에 이르기까지 사르트르의 노력은 헤겔에 대한 도전이었으며, 이 도전에서

---

[*] 이 글은 『프랑스학연구』 제72집(2015)에 같은 제목으로 실린 것이다.

[1] Francis Jeanson, *Le Problème moral et la pensée de Sartre* (préface de Jean-Paul Sartre) (Seuil, 1965), p. 111.

사르트르는 최종적으로 패하고 말았다는 레비(B.-H. Lévy)의 지적은 의미 심장하다고 하겠다.[2]

사르트르의 『존재와 무』라는 저서의 제목인 '존재'와 '무'가 벌써 헤겔 논리학의 기본 개념쌍이다. 물론 그 의미는 다르지만 말이다. 이 저서에 등장하는 여러 개념들, 가령 대자, 즉자, 즉자-대자의 결합, 부정성, 자유 등은 헤겔 철학에서 빈번하게 등장하는 개념들이다. 『존재와 무』의 제3부 '대타존재'에서 '시선' 개념을 통해 타자의 정의를 내리기에 앞서 사르트르는 후설, 하이데거, 헤겔의 타자론을 '유아론(solipsisme)'의 이름으로 검토, 비판하고 있다. 그 과정에서 사르트르는 특히 헤겔의 『정신현상학(La Phénoménologie de l'esprit)』에 등장하는 '주인-노예 변증법'을 심도 있게 검토하고 있다.[3]

헤겔의 영향은 사르트르의 『변증법적 이성비판』에서도 두드러진다.[4] 사르트르는 이 저서에서 '역사'의 '가지성(intelligibilité)'을 포착하기 위한 변증법적 이성의 규명을 시도한다.[5] 그런데 '전체화하는 전체(totalité totalisante)'와 '탈전체화된 전체(totalité détotalisée)'[6]로서의 인간, 곧 "개별적 보편자(Universel singulier)"에 의해 역사의 의미가 파악될 수 있다는 사르트르의 생각은 그대로 헤겔의 것이라고 할 수 있다. 또한 사르트르에

---

2 Bernard-Henri Lévy, *Le Siècle de Sartre* (Grasset, 2000), pp. 543-87.

3 Sartre, *L'Etre et le néant: Essai d'ontologie phénoménologique* (Gallimard, coll. Bibliothèque des Idées, 1943), pp. 291-300. 이하, '*EN*, 291-300' 처럼 줄임.

4 이 저서의 제1권에서만 헤겔의 이름이 30회 정도 나타난다.

5 Thomas R. Flynn, "Sartre and the poetics of history," in Christina Howells, ed., *The Cambridge Companion to Sartre* (Cambridge University Press, 1992), p. 228.

6 'totalité'는 '총체' 또는 '총체성'으로 옮길 수도 있으나 여기서는 '전체' 또는 '전체성'으로 옮기기로 한다. 헤겔 철학에서도 이 용어는 '총체성'이나 '전체성'으로 번역된다(Cf. 가토 히사타케 외, 이신철 옮김, 『헤겔사전』, 도서출판 b, 2009, p. 412).

대한 헤겔의 영향은 『도덕을 위한 노트』에서도 뚜렷하게 나타난다. 이 저서에서 헤겔의 이름이 약 80여 회 등장한다.[7] 사르트르는 이 저서에서 코제브(A. Kojève)의 『헤겔 강독 서설(Introduction à la lecture de Hegel)』의 상당부분을 직접 인용하면서 헤겔에 대해 커다란 관심을 표명하고 있다.

이처럼 사르트르가 헤겔의 영향권 안에 있는 것은 분명해 보인다. 그렇다면 미학은 어떤가? 이 글에서는 미학 분야에 초점을 맞추고 다음과 같은 몇 가지 질문에 답을 하고자 한다.

(1) 자신의 미학을 정립하는 과정에서 사르트르는 과연 헤겔 미학으로부터 영향을 받았을까?

(2) 만일 받았다면 그 구체적 내용은 어떤 것일까?

(3) 사르트르는 헤겔 미학에 대해 단지 수동적인 태도를 취하는 것으로 그쳤을까, 아니면 비판적인 태도를 취했을까?

(4) 만일 비판적인 태도를 취했다면 그 구체적인 내용은 어떤 것일까?

우리는 이 질문들에 답을 하면서 사르트르가 자신의 미학을 정립하는 과정에서 헤겔 미학을 어느 정도까지 수용, 비판하고 있는지를 규명하고자 한다. 이와 같은 노력은 그대로 사르트르 미학의 이론적 토대의 일면에 대한 검토에 다름 아니다.[8]

---

7 Pierre Verstraeten, "Appendix: Sartre and Hegel," in *The Cambridge Companion to Sartre*, p. 354.

8 사르트르 미학에는 칸트, 헤겔, 마르크스, 니체, 후설, 하이데거 등의 사유가 짙게 반영된 것으로 판단된다. 후설과의 관계에 대해서는 윤정임의 "사르트르의 이미지론−사르트르 비실재 미학의 이론적 토대: 후설의 수용과 비판"(『유럽사회문화』 제13호, 연세대학교 유럽사회문화연구소, 2014, pp. 5-30. 이 책 제1부에 전재)이 있으나, 나머지 철학자들의 미학과 사르트르 미학의 관계에 대해서는 또 다른 연구가 필요한 것으로 생각된다.

2. 몇몇 전제들

위의 질문들에 대한 본격적인 탐사를 하기 전에 우리는 다음과 같은 몇 가지 사실들을 지적하고자 한다.

첫 번째 사실은 이 글의 성격이 '모험적'이 될 수밖에 없다는 것이다. 그도 그럴 것이 지금까지 헤겔 미학과 사르트르 미학 사이의 영향 관계에 초점을 맞춘 연구는 국내외적으로 거의 행해지지 않았기 때문이다.[9]

두 번째 사실은 사르트르가 체계적인 미학 저서를 집필한 적이 없기 때문에 그에게는 엄밀한 의미에서 미학이 없다는 주장이 있다는 것이다. 그러니까 사르트르는 칸트, 헤겔, 루카치 등과 같은 체계적인 미학이론을 가지고 있지 않다는 것이다. 하지만 이에 대해 사르트르의 여러 저작들에 흩어져 있는 사유를 바탕으로 그의 고유한 미학을 구성할 수 있다. 따라서 그의 철학의 "빛나는 한 극(極)(un pôle rayonnant)"[10]으로서 미학이 있다는 주장 역시 설득력이 있다. 이 글에서는 사르트르에게 미학이 분명 존재하며, 그것도 '비실재 미학'과 '참여미학'이라는 두 개의 미학이 존재한다는 사실을 기본적으로 전제할 것이다.[11]

---

9 사르트르 연구 서지 목록을 싣고 있는 H. François et Claire Lapointe, *Jean-Paul Sartre and His Critics: An International Bibliography* (Bowling Green State University, 2ème édition révisée et augmentée, 1981); Michel Contat et Michel Rybalka, *Sartre: Bibliographie 1980-1992* (CNRS Editions, 1993); 그리고 세계사르트르연구모임(Groupe d'études sartriennes)의 정보지 『사르트르 연보(L'Année sartrienne)』에도 사르트르 미학과 헤겔 미학과의 관계를 다룬 연구는 보이지 않는다.

10 Michel Sicard, *Essais sur Sartre. Entretiens avec Sartre (1975-1979)* (Galilée, 1989), p. 204.

11 사르트르는 그 자신의 삶, 사상, 문학이 2차 세계대전을 기점으로 대전환을 맞이했다고 회상하고 있다. 그의 미학 역시 전쟁 전의 '비실재 미학'과 전후의 '참여미학'으로 구분되는 것으로 보인다. 이 두 미학의 결합의 문제에 대해서는 오은하의 "사르트르 비실재미학과 참여미학의 교차"(『불어불문학연구』 제98집, 2014, pp. 71-100. 이 책 제1부에 전재)를 볼 것.

세 번째 사실은 이 글의 한 축을 이루는 헤겔 미학에서 특히 판본에 대해 심각한 문제가 제기되고 있다는 것이다. 헤겔 미학과 관련해서는 그의 제자였던 호토(H. G. Hotho)에 의해 1835년에 세 권으로 간행된 『미학 강의(Vorlesungen über Ästhetik)』(1842년에 재판 간행)가 오랫동안 정본으로 여겨져 왔다. 하지만 이 저서는 헤겔에 의해 집필된 것이 아니며, 또한 그가 직접 작성한 강의 원고는 거의 남아 있지 않은 상태이다. 『미학 강의』는 베를린 대학에서 헤겔의 강의를 들었던 호토가 자신의 강의 노트와 다른 수강자들의 강의록을 바탕으로 한 편집의 결과이다. 그런데 1931년에 독일 신학자 라손(G. Lasson)이 이 저서의 신빙성 문제를 제기하였으며,[12] 그 이후 호토가 스승의 미학사상을 왜곡시켰다는 주장이 제기되기에 이르렀다. 또한 이와 같은 비판과 더불어 다른 강의 노트에 입각한 여러 권의 헤겔 미학 강의록이 출판되었으며,[13] 2005년에는 프랑스어로 번역된 원고가 발견되어 프랑스에서 단행본으로 출간되기도 했다.[14] 이런 이유로 특히 '예술의 종언(das Ende des Kunst; la fin de l'art)' 테제와 관련하여 헤겔의 진의(眞意)가 무엇인지에 대한 뜨거운 논의가 진행되고 있는 실정이다.[15]

하지만 이 글에서는 이와 같은 판본 문제와 이 문제에 관련된 다른 여러 쟁점들에 대해서는 신경을 쓰지 않을 작정이다. 그것은 다음과 같은 두 가지 이유에서이다. 첫째, 사르트르가 자신의 미학을 정립하면서 헤

12 Cf. 한동원, "베를린 시대 헤겔미학의 전개에 관하여: 예술의 종언 테제를 중심으로", 『미학 예술학연구』 제26집(2007), p. 210.

13 Cf. 헤겔, 서정혁 옮김, 『미학 강의』(지식을만드는지식, 2008), pp. 7-16.

14 G. W. F. Hegel, *Esthétique. Cahier de notes inédit de Victor Cousin* (Vrin, 2005).

15 Cf. 김문환·권대중 편역, 『예술의 죽음과 부활: 헤겔의 '예술의 종언' 명제와 관련하여』(지식산업사, 2004).

겔 미학을 참고했다면, 그가 참고한 헤겔 미학은 호토에 의해 편집된 『미학 강의』의 프랑스어 번역본[16]이었을 것으로 짐작되기 때문이다.[17] 다시 말해 1980년에 세상을 떠난 사르트르가 호토의 판본 이후에 간행된 다른 판본들을 참고했다는 것은 물리적으로 불가능하기 때문이다. 둘째, 신빙성과 진의의 문제가 제기되고 있음에도 불구하고 호토 판본은 여전히 그 광범위하고 풍부한 내용 면에서 다른 판본들의 추종을 불허하며, 헤겔 미학의 주요 테제를 고스란히 담고 있다는 점이다.[18]

3. 사르트르의 헤겔 미학 수용과 비판

(1) 자연미 배제의 테제

1) 헤겔의 경우

사르트르는 자신의 미학을 정립하는 과정에서 헤겔 미학으로부터 크게 다음과 같은 세 개의 테제를 수용하고 있는 것으로 보인다. 미학의 연구 대상은 '자연미'가 아니라 '예술미'라는 테제, '예술의 종언' 테제, 그

---

16 사르트르가 독일어판 헤겔의 『미학 강의』을 읽었을 수도 있다.

17 헤겔의 『미학 강의』 프랑스어 주요 번역본은 다음과 같다. (1) *Cours d'Esthétique* de Charles-Magloire Bernard (Ladrange, 5 vols., 1840-1852)(이 책은 1997년에 Librairie Générale Française에서 *Esthétique*라는 제목으로 다시 포켓판 2권으로 출간되었다); (2) *Esthétique* de Serge Jankélévitch (Aubier, 4 vols., 1944); (3) *Cours d'Esthétique* de Jean-Pierre Lefevre et Veronik von Schenk (Aubier, 3 vols., 1995-1997). 사르트르는 (1)과 (2)를 참고했을 것으로 보인다.

18 권대중, "헤겔의 미학", 『미학의 역사(미학대계 1)』(서울대학교 출판문화원, 2007), p. 417; 박배형, 『헤겔 미학 개요: 『미학 강의』 서론 해설』(서울대학교 출판문화원, 2014), p. 18 주 2를 볼 것.

리고 예술 수용자에 대한 테제가 그것이다. 여기서는 자연미 배제의 테제를 먼저 살펴보고, 이어 예술의 종언 테제와 예술 수용자에 대한 테제를 살펴보기로 하다.

헤겔 미학은 그의 철학 '체계'를 전제로 한다. 헤겔의 철학 체계는 '정신(Geist)'이 발전해 나가는 모든 과정을 포함하고 있으며, 이 모든 과정은 그 유명한 변증법적 논리에 의해 지배된다. 헤겔의 철학 체계는,[19] (1) '이념(Idee)'[20]의 내재적 존재방식을 다루는 '논리학', (2) '이념'이 외화(外化, Entfremdung)[21]를 통해 '자연'이 되고, 이 자연에서 무기물로부터 인간에 이르는 발전 과정에 주목하는 '자연철학', (3) '이념'이 자연으로부터 다시 자기 자신에게로 돌아와 정신으로서의 자기 자신에 대한 인식을 다루는 '정신철학'으로 나뉜다. 이와 같은 변증법적 삼분법은 '정신철학'에서도 되풀이되어, (1) 개인의 의식에서의 '주관정신', (2) 역사적, 사회적 세계에서의 '객관정신', (3) 정신이 자기 자신을 최고의 이념으로 파악하는 '절대정신'으로 구분된다. 또한 '절대정신'은 (1) 예술, (2) 종교, (3) 철학의 세 영역으로 구분된다. 이 세 가지는 절대적 이념 또는 절대자를 공통 내용으로 하며, 단지 어떤 형식으로 이것을 포착하느냐에 따라 구분될 따름이다. (1) 예술은 절대자를 직접적 대상에서 '직관'하는 것이며, (2) 종교는 절대자를 믿음에 의해 내면적으로 '표상'하는 것이고, (3) 철학은 절

---

19 헤겔 철학의 체계에 대해서는, 가토 외, 『헤겔사전』, pp. 409-11; 황세연 엮음, 『헤겔의 정신현상학과 논리학 강의』(중원문화, 1989), p. 17을 볼 것.

20 '이념'은 "이성으로서의 절대자"(『헤겔사전』, p. 313), "자기 내재적 상태에 있는 정신"(슈퇴리히, 박민수 옮김, 『세계철학사』, 이룸, 1999, p. 702)으로 이해된다. 또한 '이념'은 "현실세계의 원형으로서의 신(神) 속에 존재하는 사상으로 규정되며, 이것에 기초하여 자연, 인간이 거기에서 발전적으로 창조된다고 여겨진다"(『철학사전』, 중원문화, 1987, p. 542).

21 '외화'란 정신이 자기 자신을 구체적 형태로 전개하는 것을 의미한다.

대자를 자유로운 사고의 힘에 의해 '개념'으로 파악하는 것이다.[22]

헤겔의 철학 체계에 의하면 그의 미학에서 다루어지는 '예술'은 이처럼 '정신철학', 그것도 '절대정신'에 속한다.[23] "예술의 왕국은 절대정신의 왕국이다(le royaume du bel art est le royaum de l'esprit absolu)"(*CEI*, 131). 헤겔은 이와 같은 예술에 대한 자리매김을 근거로 '미(美)'를 "이념의 감각적 가상(假象)(le paraître (Scheinen) sensible de l'idée)"[24](153) ─물론 이 가상화가 인간의 손에 의해 이루어진다는 사실을 잊지 말자. 즉 헤겔에게서 예술작품은 인간 활동의 산물이다[25] ─으로 규정한다. 이것은 헤겔에게서 '미'란 정신성이 가미된 미, 곧 '예술미'라는 것을 의미한다. 물론 헤겔은 자연미에도 주목한다.[26] 하지만 그의 미학에서는 예술미가 자연미보다 더 우월한 것으로 여겨진다. 그도 그럴 것이 예술미는 정신에 바탕을 둔 미이고, 따라서 설사 이 미가 감각적 가상에 불과할지라도 그것은 정신을 부분적으로라도 드러내기 때문이다. 요컨대 헤겔은 자연미를 배제하며, 정신성을 바탕으로 하는 예술미를 주요 연구 대상으로 삼는다.

그런데 우리는 이와 같은 표현을 사용함으로써 단번에 자연미를 제외시킨

---

22 Hegel, tr. Jean-Pierre Lefevre et Veronik von Schenck, *Cours d'Esthétique*, t. I (Aubier, coll. Bibliothèque philosophique, 1995), p. 140. 이하 '*CEI*, 140'처럼 줄임. 번역은 두행숙의 『미학강의』(은행나무, 2011, 3 vols.)를 참고했음.

23 Cf. Caroline Guibet Lafaye et Jean Louis Vieillard-Baron, *L'Esthétique dans le système hégélien* (L'Harmattan, coll. Ouverture philosophique, 2004), pp. 7-23.

24 '이념의 감성적 가현'이라고도 한다(『헤겔사전』, p. 2).

25 이것은 '신적인 것', '절대적인 것', 곧 '이념' 스스로 외화하여 '자연'이 되는 것과 구별해야 한다. 물론 그 메커니즘은 동일하다. 다시 말해 이념은 스스로 외화하여 자연 속에 각인되는 것과 같이 인간은 자신의 정신의 활동의 결과를 질료 속에 각인시켜 예술작품을 만드는 것이다.

26 헤겔은 『미학 강의』에서 '자연미'에 많은 지면을 할애하고 있다(*CEI*, 158-206).

다. (…) 우리는 이제 예술미가 자연미보다 더 우월하다고 단언할 수 있다. 왜냐하면 예술이라는 것은 정신으로부터 탄생한 미, 정신으로부터 다시 태어난 미이기 때문이다. 또한 이것은 정신과 정신의 산물이 자연과 자연의 현상들보다 우월하기 때문이다. 이처럼 예술미도 자연미보다 우월하다. (*CEI*, 6)

이처럼 자신의 미학에서 자연미를 배제함으로써 헤겔은 그보다 앞서 자연미, 특히 '숭고미'에 커다란 관심을 보였던 칸트와 결별한다. 주지하다시피 칸트는 『판단력 비판』에서 "고요한 여름 저녁 부드러운 달빛이 비치는 적막한 숲 속에서 우는 밤꾀꼬리의 매혹적으로 아름다운 울음 소리"는 "시인들의 시"보다 더 아름답다고 말한다.[27] 칸트는 이처럼 인간의 미적 판단에 자연이 영향을 미친다—숭고미에서 이 영향은 절대적이다—고 보고 있다. 하지만 헤겔은 이와 같은 칸트의 생각을 비판하고, '미'를 전적으로 정신의 영역에 귀속시키면서 그것의 자연성을 박탈하고 있다. 또한 헤겔은 자신의 미학에서 자연미를 배제하면서 플라톤과 아리스토텔레스의 모방(mimesis) 전통과도 결별한다. 모방 이론에서는 기술적 재주만이 드러날 뿐 참다운 의미에서 예술작품은 드러나지 못한다는 것이 헤겔의 주장이다(*CEI*, 65). 그런데 헤겔에 따르면 예술의 목표는 외부 대상의 모방이 아니라 "진리"의 "드러냄(dévoiler)"에 있다(78).

2) 사르트르의 경우

사르트르는 자신의 미학을 정립하는 과정에서 헤겔 미학에서 볼 수 있는 이와 같은 자연미 배제의 테제를 별다른 비판 없이 수용하고 있는 것으로 보인다. 이 테제가 사르트르 미학에서 어떤 양태로 수용되고 있는가

---

27 칸트, 백종현 옮김, 『판단력비판』(아카넷, 2012), p. 331.

를 보기 위해 그의 미학에서 가장 중요한 '아날로공(analogon)' 개념에 주목하고자 한다.

사르트르는 보는 사람에게 미학적 감흥을 일으키는 예술작품을 두 개의 대상(objet)이 달라붙어 있는 것으로 본다. 물질적 대상(objet matériel)과 상상의 대상(objet imagé)—비실재적 대상(objet irréel), 상상적 대상(objet imaginaire), 미학적 대상(objet esthétique), 미학적 감상의 대상(objet d'appréciation esthétique)이라고도 한다—이 그것이다.[28] 아날로공은 이 두 개의 대상 중 물질적 대상을 가리키며, 이것은 상상의 대상을 드러내기 위한 구체적 물질이다.[29] 그러니까 아날로공은 그 자체로는 예술작품이 아니다. 그것은 단지 예술작품을 드러내기 위한 구체적인 매개물에 불과하다.

하지만 실제로 예술작품, 가령 한 폭의 그림은 캔버스, 물감, 액자 등과 같은 구체적 물질이기도 하다. 물론 이 물질이 우리에게 직접 미학적 감흥을 일으키는 것은 아니다. 우리에게 미학적 감흥을 주는 것은 정확히 이와 같은 구체적 물질에 의해 가시화된 상상의 대상이다. 그런데 이 상상의 대상은 실제로는 이 세상 그 어디에도 없는 것이며, 따라서 그것은 '비실재(l'irréel)'이다. 이 비실재를 우리에게 직접 전달하기 위해서는 뭔가 가시적이고 구체적인 물질이 필요하다. 이것이 바로 '아날로공'이다.

아날로공은 전통적으로 '이미지'라고 불러온 물질적 이미지들을 지칭하는

---

28 박정자, 『비현실의 미학으로의 회귀: *L'Idiot de la famaille*를 중심으로』(서울대학교 박사학위 논문, 1988), p. 64. 이 논문은 수정, 보완되어 『잉여의 미학: 사르트르와 플로베르의 미학』(기파랑, 2014)이라는 제목으로 출간되었다.

29 Sartre, *L'Imaginaire: Psychologie phénoménologique de l'imagination*, édition revue et présentée par Arlette Elkaïm Sartre (Gallimard, coll. Folio/Essais, 1986[1940]), p. 352. 이하, '*IMr*, 352'처럼 줄임.

사르트르의 신조어로서, 상상의식이 겨냥한 대상의 직관적 내용을 채울 수 있게 도와주는 '유사물질' 혹은 '유사표상물'을 지칭한다."[30]

이처럼 아날로공은 상상의 대상과 똑같은 모습으로 우리 눈앞에 나타나 우리에게 그 너머 상상의 대상을 가리키거나 우리를 그것으로 이끈다. 이때 물질적 대상과 상상의 대상의 모습이 '똑같기' 때문에 물질적 대상을 '아날로공'이라고 부르는 것이다. 상상의 대상과 아날로공이 '똑같기' 때문에 우리는 흔히 이 둘을 혼동한다. 모든 예술작품이란 아날로공임과 동시에 아날로공이 아니라고 할 수 있다. 하지만 예술작품은 정확히 아날로공을 통해 나타나는 상상의 세계이다.

이와 같은 시각에서 보면 우리가 상상하는 것이 실제로는 존재하지 않는 것처럼, 예술작품 또는 예술이란 존재하지 않는 것, 곧 비실재적인 것이기도 하다. 또한 예술작품이 미학적 감흥을 일으키는 미적 요소를 가지고 있다면, 그것은 결코 이 예술작품이 아날로공, 곧 실재적인 것이 아니라 상상적인 것, 곧 비실재적 대상이기 때문일 것이다. 그로부터 "현실이 결코 아름답지 않다", "아름다움은 상상적인 것에만 적용될 수 있는 가치"라는 사르트르의 주장이 유래한다.

> 예술작품은 비실재이다(l'oeuvre d'art est un irréel). (*IMr*, 362)

그리고 내가 **아름답다**고 규정하게 되는 것은 바로 이와 같은 비실재적 대상들의 총체이다(Et c'est l'ensemble de ces objets irréels que je qualifierai de

---

30 Cf. 윤정임, "사르트르의 상상력 이론", 사르트르 사망 30주년 및 『변증법적 이성비판』 출간 50주년 특강 자료집(한국외국어대학교 대학원, 2010. 12. 3), pp. 4-5.

beau). (366)

이와 같은 몇몇 지적으로부터 실재적인 것은 결코 아름답지 않다는 결론을 도출할 수 있다. 아름다움이란 상상적인 것에만 적용될 수 있을 뿐이고, 그 본질적 구조 속에 이 세계에 대한 무화를 담고 있는 하나의 가치이다. (371)

이와 같은 사르트르의 예술작품과 미에 대한 규정과 관련하여 아주 소박한 하나의 질문을 던져 보자. 예술작품을 구성하는 한 겹인 아날로공, 곧 '물질적 대상'과 그 짝인 '상상의 대상'은 구체적으로 어떤 의미를 가지고 있는 것일까? 우리의 판단으로 이 질문은 사르트르가 자신의 미학을 정립하는 과정에서 헤겔 미학의 자연미 배제의 테제를 그대로 수용하고 있다는 사실과 무관하지 않은 것으로 보인다. 어떤 점에서 그럴까? 이 질문과 관련하여 사르트르에게서 창조의 대상, 가령 예술작품은 이중(二重)의 존재론적 지위를 가지고 있다는 점을 지적하고자 한다. 우선 예술작품은 그 창조 주체인 예술가와 완전히 독립해 그의 외부에 있는 하나의 순수한 물체이다. 그러니까 예술작품은 그 존재방식이 '즉자(en-soi)'인 보통의 사물(chose)에 속한다(*EN*, 665). 하지만 예술작품은 이와는 전혀 다른 지위도 가지고 있다. '대자(pour-soi)'로서의 지위가 그것이다. 사르트르에 의하면 예술가는 자신의 작품을 창작하면서 자신의 모든 것, 그러니까 그 자신의 사상, 표지, 주체성, 곧 그 자신의 혼(魂)을 쏟아붓는 것으로 이해된다.[31] 이런 의미에서 예술작품은 그것을 창조해 낸 예술가의 '분신(alter ego)'이라고 할 수 있다. 사르트르는 이렇게 말한다. "내가 창조한 것

---

[31] *Sartre, Situations, II* (Gallimard, 1948), pp. 59-60(이하, '*SII*, 59-66'처럼 줄임). 이와 관련하여 인간은 외부 사물에 자기 내면성의 도장을 찍는다는 헤겔의 주장, 그리고 이 주장의 한 예로 들고 있는 연못에 돌을 던지는 어린아이의 예(*CEI*, 45-46)는 의미심장하다 하겠다.

은—만일 내가 창조한다는 말을 소재와 형상을 하나의 존재에게 이를 수 있게 끔 한다는 의미로 사용한다면—그것은 나이다"(690). 요컨대 사르트르에게서 예술작품은 '즉자'와 '대자'라는 이중의 존재론적 지위를 동시에 가지고 있는 것으로 이해된다.

그런데 예술작품이 가지고 있는 이와 같은 이중의 존재론적 지위, 즉 '즉자'와 '대자'와 위에서 살펴본 아날로공, 곧 물질적 대상과 그것이 가리키는 상상의 대상 사이에는 등식이 성립하는 것으로 보인다. 다시 말해 이것들은 결국 같은 내용을 서로 다른 용어로 표현하고 있는 것으로 보인다. 이와 관련하여 다음과 같은 한 연구자의 주장은 의미심장하다 하겠다.

> 미(美)는 그 안에 즉자와 대자가 결합되어 있는 가치이다. 사르트르가 흔히 하이픈으로 연결하여 즉자-대자-존재라고 지칭하는 그런 결합이다. 예술과 미 이외에 이 세상에는 이와 같은 즉자-대자-존재는 없다(그렇지 않으면 그것은 분명 사르트르가 의심하는 신일 것이다).[32]

이상의 논의에서 우리는 이제 다음과 같은 두 가지 사실을 추론할 수 있을 것으로 보인다.

(1) 아날로공이 예술작품의 물질적 대상이기 때문에, 그것의 존재 방식은 '즉자'이다.
(2) 예술작품의 '대자'적 측면과 '상상의 대상'은 같다.

---

32 Charles D. Tenney, "Aesthethics in the Philosophy of Sartre," in *The Philosophy of Jean-Paul Sartre* (*The Library of Living Philosophy*, vol. XVI, La Salle, Ill.: Open Court, 1981), p. 128.

(1)은 당연한 것으로 보인다. 왜냐하면 아날로공은 예술작품이 의지하는 "물질적 지지물(support matériel)"[33]이기 때문이다. 그렇다면 (2)는 어떤가? 만일 (2)도 당연하다면, 그때 우리는 상상의 대상으로서의 예술작품이 무엇인지에 대해 보다 더 정확한 규정을 할 수 있을 것으로 보인다. 사르트르는 예술작품이 나타나기 위해서는 우선 예술가의 '미학적 태도(attitude esthétique)'가 필요하다고 본다. 그런데 이 태도는 정확히 '상상적 태도(attitude imaginaire)'와 같다. 이 태도는 예술가 자신의 비실재화(irréalisation)와 세계의 탈실재화(déréalisation)를 상정한다. 예술가는 창작을 하기 위해 우선 자기 자신을 비실재화해야 한다. 현실세계를 '지각하는 태도(attitude perceptive)'로는 창작을 하지 못할 것이다. 예술가가 자신을 비실재화하는 것은 그가 몸담고 있는 이 세계를 탈실재화하기 위해서이다. 다시 말해 예술가는 창작을 위해 이 세계 앞에서 '상상적 태도'를 취한다. 이것이 바로 '상상 입문'이다. 그러니까 사르트르에 의하면 예술을 선택한 것은 정확히 상상의 세계에 살기를 선택했다는 말과 같다. 한 연구자는 이것을 지칭하기 위해 데카르트의 '방법적 회의(doute méthodique)'를 따라 '방법적 상상(imagination méthodique)'이라는 용어를 제안하고 있다.[34] 요컨대 예술가는 창작을 하면서 '지각하는 의식(conscience percevante)'이 아니라 '상상하는 의식(conscience imageante)'을 통해 이 세계와 관계를 맺게 된다.

그런데 이 상상하는 의식—사르트르에게서는 이것이 '이미지(image)'[35]이

---

33 *Dictionnaire de Sartre* (sous la direction de François Noudelmann et Gilles Philippe)(Honoré Champion, 2004), pp. 30-31.

34 박정자, "사르트르의 비실재 미학", 사르트르 미학 연구 전문가 초청 발표자료집(2012. 10), p. 2.

35 사르트르에게서 '이미지'는 일반적으로 우리가 알고 있는 '이미지', 즉 감각에 의해 획득된 현상이 마음속에서 재생된 것, 곧 '심상(心象)'—예컨대 사진이미지, 영상이미지 등—이

다—의 특징[36] 중 하나는 그것의 '무화작용(néantisation)'에 있다. 사르트르의 현상학에서 인간존재와 동의어인 '의식'은 두 종류의 무화작용을 한다고 할 수 있다.

> (1) 지각하는 의식의 무화작용. 의식은 이를 통해 세계와 실제로 거기에 있는 존재들을 대면하면서 그것들을 초월하고, '부정'하고, 또 그러면서 그것들에 거리를 펼치면서 의미를 부여한다.
>
> (2) 상상하는 의식의 무화작용. 의식은 이를 통해 세계와 거기에 있는 존재들을 무(無)로 정립하고 대면하면서 부재하거나 비실재적인 것으로 정립한다.[37]

사정이 이렇다면 예술가는 결국 자신의 상상하는 의식을 통해, 그 자신의 미학적 태도를 통해, 그 자신의 비실재화와 그로 인해 야기되는 세계의 탈실재화를 통해, 따라서 이 세계에 대한 무화작용을 통해 나타난 결과를 아날로공에 의지해 예술작품화한다고 할 수 있다.

그런데 이와 같은 논의는 사르트르에게서 '미'가 정확히 '정신성'의

아니다.

36 사르트르는 이미지의 특징으로 네 가지를 들고 있다. (1) 이미지—의식, (2) 이미지의 준(準) 관찰성과 그로 인한 빈곤성, (3) 이미지＝무화하는 의식, (4) 이미지의 자발성이 그것이다 (*IMr*, 17-36).

37 "상상하는 의식은 자신의 대상을 무(néant)로 정립한다. 상상하는 의식의 대상은 여기에 없는 것으로, 즉 부재하거나 비실재적인 것으로 정립된다. 상상하는 의식의 대상은 존재하지 않는 것, 즉 비존재로 정립된다"(윤정임, "사르트르의 상상력 이론", p. 4). 또한 "상상하는 의식은 그 대상을 하나의 무(néant)로 놓고 대면하기 때문에 '무화하는 의식(conscience néantisante)' 이다"(지영래, "(해설) 우리는 왜 이미지의 세계에 빠져드는가", 지영래 옮김, 『사르트르의 상상력』, 기파랑, 2008, p. 251). 정확히 이런 의미에서 사르트르의 미학은 '무(無)의 미학'으로 규정되기도 한다.

'미'라는 점을 보여 주는 것으로 보인다. 다시 말해 사르트르에게서 '미'는 예술가의 주체성의 가시화와 물질화라고 할 수 있을 것 같다. 그리고 '무의 미학'으로 여겨지는 사르트르의 비실재 미학에서 '무'는, 앞에서 아날로공을 살펴보면서 지적한 것처럼, 예술가의 '정신성'을 그 내용으로 갖는 것으로 보인다. 다시 말해 예술가의 상상하는 의식에 의해 대상으로 정립된 '무'는, 이 의식의 무화작용에 의해 비실재화된 세계를 그 내용으로 갖는 것으로 보인다. 이것은 사르트르 미학에서 아날로공에 의해 지시되는 상상의 대상, 곧 예술작품이 아름다운 것은 예술가의 '정신성'을 그 내용으로 삼고 있다는 사실과 밀접하게 연결되어 있다. 그도 그럴 것이 사르트르에게서 예술미의 구체적인 내용이 바로 예술가의 상상하는 의식에 의한 무화작용의 세례를 받은 세계, 곧 '무'로 정립된 세계라는 것을 의미하기 때문이다.

이상의 추론과 논의에서 우리는 다음과 같은 결론을 내릴 수 있을 것으로 보인다.

첫째, 사르트르에게서 미학의 탐구 대상은 '자연미'가 아니라 '예술미'라는 것이다. 앞에서 본 것처럼 사르트르는 예술작품의 '즉자'적 측면에 해당하는 아날로공, 곧 이 작품의 물질적 대상은 그 자체로 우리에게 아무런 미학적 감흥을 주지 않는다고 본다. 이것은 사르트르의 미학에서 '자연미'가 배제된다는 것과 동의어이다. 사르트르는 "자연미가 우리 인간의 자유에 **호소**한다는 것은 결코 있을 수 없다(notre liberté n'est jamais appelée par la beauté naturelle)"(*SII*, 102)[38]고 주장한다. 이것은 그대로 자연이 우리 인간에게 미학적 감흥을 불러일으키려면 반드시 인간의 정신, 보다 정확하게는 그의 상상의식을 통과해야만 한다는 것을 의미하는 것으

---

38 아울러 사르트르가 자연에 대해 가진 혐오감을 상기하자.

로 보인다.

둘째, 아날로공에 의해 지시되는 상상의 대상, 곧 예술작품은 예술가의 '정신성'[39](이것은 그대로 예술가의 '대자적' 측면이다)을 그 내용으로 삼고 있다는 것이다. 이것은 '무의 미학'으로 여겨지기도 하는 사르트르 미학에서 '무'의 내용이 예술가의 '정신성'이라는 것을 의미하는 것으로 보인다.

셋째, 예술작품이 아름다운 것은, 결국 그것이 '무'이기 때문이지만, 또한 이 예술작품을 창작한 예술가의 '정신성'이 이 '무'의 내용이기 때문으로 보인다.

(2) 예술의 종언 테제

1) 헤겔의 경우

『미학 강의』에서 헤겔은 '미(美)'를 "이념의 감각적 가상"으로 규정하고, 미학의 탐구 대상을 '예술미'로 국한시킨 후에, '이념', 즉 정신의 내용이 감각적 가상의 형태, 즉 형상(Gestalt) 또는 형식과 관련을 맺는 양상에 따라 예술의 역사적 발전을 세 단계로 구분하고 있다. '상징적 예술(art symbolique)', '고전적 예술(art classique)', '낭만적 예술(art romantique)'이 그것이다. 헤겔은 이 세 단계를 검토하는 과정에서 그 유명한 '예술의 종언' 테제를 내세우고 있다.[40] 그렇다면 악명 높은 이 테제의 의미는 무엇인가? 이 질문에 답을 하기 위해서는 우선 헤겔이 주장하는 예술의 역사

---

39 이 '정신성'은 '자유'와 구별되지 않는다. 왜냐하면 상상하는 의식의 무화작용은 당연히 자유를 전제로 하기 때문이다.

40 헤겔이 직접 '예술의 종언'('예술의 종말'이라고도 한다) 또는 '예술의 죽음'이라는 표현을 사용하지 않았다는 것이 헤겔 연구자들의 입장이다.

적 발전의 세 단계를 살펴보아야 한다.

　헤겔은 예술의 '시작(commencement)'[41] 단계라고 할 수 있는 상징적 예술을 이념이 아직 충분히 성숙하지 않아 이 이념이 그것을 표현하는 물질적 매체에 의해 압도당하는 형태의 예술로 규정한다. 따라서 이 단계의 예술에서는 이념이 자기 자신을 제대로 표현할 수 있는 형식을 아직 찾아내지 못한 상태로 있다고 할 수 있다(내용<형식). 다시 말해 이념의 내용은 자연에서 완벽하게 벗어나지 못한 채 거기에 갇혀 있다. 그 결과 상징적 예술에서 지배적인 요소는 '미'라기보다는 오히려 '숭고'라고 할 수 있다(CEI, 108, 429, 484). 스핑크스, 피라미드 등과 같은 이집트의 예술작품이나 고대 인도 등의 예술작품에서 볼 수 있는 것처럼, 아직까지 충분히 성숙하지 못한 이념은 자기 자신을 충분히 드러내지 못하고 비밀스러운 상징에 의해 희미하게 암시만 될 뿐이다. 정확히 이런 이유로 이 단계의 예술 형식은 '예술의 전조(le prélude à l'art)'(421)라고 할 수 있다.

　하지만 이념이 더 성숙해짐에 따라 상징적 예술은 고전적 예술로 이행하게 된다는 것이 헤겔의 주장이다. 이 단계에서 이념은 충분히 구체화되어 예술작품의 감각적 형식 속에 직접적으로 그 모습을 드러낸다. 이렇게 해서 이념은 감각적 매체와 완벽한 조화를 이루게 된다(내용=형식). 다시 말해 표현되어야 할 내용과 표현된 형식이 완벽하게 일치함으로써 '미의 이상(理想)'이 실현되는 것으로 여겨진다. 헤겔에 의하면 고전적 예술 단계는 그리스 시대에 해당한다. 헤겔은 '미의 이상'이 그리스의 조각에서 실현되었다고 믿었다. 그러니까 그리스의 조각에서 신적인 것, 곧 내용이 인간의 형체, 곧 형식으로 형상화되었으며, 그 둘 사이에 완벽한 조화가

---

41 Alain Patrick Olivier, *Hegel, la genèse de l'esthétique* (Presses Universitaires de Rennes, coll. Aesthetica, 2008), p. 185.

이루어지고 있다는 것이다(109). 이처럼 헤겔은 그리스 예술에서 예술이 그 '정점'에 도달했다고 본다. 바로 여기에서 헤겔 미학의 고전주의적 성격이 여실히 드러난다고 할 수 있다.

그런데 고전적 예술 단계 이후에 정신은 더욱 더 고양되어 마침내 물질적 매체를 압도하기에 이른다는 것이 헤겔의 주장이다. 그렇게 되면 이념은 이제 지나치게 성숙해 형상과 조화로운 통일 속에 머무를 수 없다. 회화, 음악, 시 등과 같은 예술형식에서 볼 수 있는 것처럼, 이제 물질적 매체는 이념을 드러내기에 더 이상 적합하지 않다. 고전적 예술에서 구현되었던 이념과 형상의 통일은 파괴된다(내용>형식). 물론 그렇다고 해서 이와 같은 파괴가 이념과 형상 사이의 불일치에 머문 상징적 예술로의 후퇴와 같은 것은 아니다. 이와는 달리 이념은 감각적 매체 속에 머무르기를 거부하고 이제 '표상'으로 나타나기 시작한다. 예술은 바깥 세계에서 서서히 인간 내면의 정신세계로 옮아가게 된다. 서구에서 이 시기는 정확히 기독교적 근대의 낭만적 예술형식의 등장과 일치한다. 이렇게 해서 예술의 시대는 저물지만, 정신은 한층 더 높은 단계, 그러니까 '종교'와 '철학'에 이르게 된다는 것이 헤겔의 계속되는 주장이다(140).

헤겔은 이처럼 예술의 역사적 발전을 상징적 예술, 고전적 예술, 낭만적 예술의 세 단계로 구분하고 설명하는 과정에서 그 유명한 '예술의 종언'을 주장하고 있다. 먼저 이 주장이 담겨 있는 부분을 인용해보자.

(1) 고대 그리스 예술의 멋진 시절과 중세 후기의 황금시대도 이미 존재하지 않는다. (…) 이런 이유로 우리의 시대는 그 일반적인 상황으로 인해 예술에 유리하지 못하다. (…) 이 모든 점에서 예술은 그 최고 규정의 측면에서 볼 때 우리에게 이미 지나간 과거의 것이며 또한 과거적인 것으로 머물러 있다. (17-18)

(2) 그러나 우리가 한편으로 이 예술에 아주 위상을 부여하더라도, 다른 한편으로 예술은 그 내용이나 형식상 정신에게 그 진정한 관심사를 의식시켜 주는 최고의 절대적인 방식은 아니라는 것을 상기할 필요가 있다. (…) 그리고 특히 우리가 사는 오늘날 세계의 정신, 더 자세히 말해 우리의 종교와 우리의 이성에 의해 도야된 정신은 한때 예술이 그 최고의 방식에 도달했던 단계를 넘어서서 절대적인 것을 의식하는 것으로 드러나고 있다. 즉 예술적인 창조와 예술작품들이 지닌 독특한 방식은 더 이상 우리의 최고 욕구를 충족시켜 주지 못한다. (…) 사유와 반성은 예술을 능가하였다. (16-17)

(3) 그러나 예술은 유한한 자연과 삶의 영역 내에서 유리함을 지니고 있듯이 또한 불리함도, 즉 절대자를 파악하고 표현하는 예술적인 방식을 초월하는 영역도 지니고 있다. 왜냐하면 예술은 스스로 한계를 띠고 있으면서 더 고차적인 의식의 형태로 이행해 가기 때문이다. (…) 우리에게 예술은 더 이상 진리가 자신에게 현존성을 부여하는 최고의 방식으로 통용되지 못한다. (142)

위의 인용문 (1)~(3)에서 헤겔은 '예술의 종언'을 주장하고 있다. (1)과 (2)에서는 예술이 그리스 시대, 곧 고전적 예술에서 이념과 형상이 완벽한 조화를 이루면서 절정에 이르렀고, 그 이후에는 이와 같은 완벽한 조화가 파괴되고 있음을 지적하면서, 예술이 '과거의 것'이라는 주장, 곧 '예술의 과거성' 테제('예술의 종언' 테제와 같다)를 주장하고 있다. 이와는 달리 (3)에서 헤겔은 예술이 절대정신을 표현한다는 점을 말하면서도 이 정신이 최고조로 고양된 낭만주의 예술에 이르러서는 예술이 '종교'와 '철학'에게 자리를 내주어야 한다는 점을 지적하고 있다. 이처럼 헤겔 미학에서 '예술의 종언' 테제는 이와 같은 두 가지 의미로 해석될 수 있는 것으로 보인다.

물론 대부분의 헤겔 연구자들은 이와 같은 '예술의 종언' 테제를 헤겔 자신의 진짜 사유로 인정하지 않는다. 그보다는 오히려 이 테제를 『미학 강의』를 펴낸 호토의 스승에 대한 과도한 존경, 즉 변증법적 삼분법 도식에 지나치게 충실하려는 의도에 의해 왜곡된 결과로 보고 있다. 그럼에도 불구하고 대부분의 헤겔 연구자들은 '예술의 종언' 테제에 대해 헤겔이 내세운 고전적 예술에서 예술이 '정점'에 도달했다는 주장은 인정하는 편이다. 하지만 낭만적 예술의 단계에서 예술이 '종언'을 고한다는 점은 받아들이지 않고 있으며, 그보다는 오히려 이와 같은 종언이 예술의 새로운 출발을 알리는 신호탄이라고 보고 있다. 그러니까 고전적 예술의 단계까지는 예술의 형식이 내용과의 상관관계 속에서 그 의미를 가지나, 낭만적 예술의 단계에서는 오히려 이런 상관관계에서 벗어나 참다운 의미에서 '자율성'을 획득했다는 것이다. 이런 주장을 내세우면서 대부분의 헤겔 연구자들은 헤겔 미학의 현대적 의미를 부각시키고 있는 실정이다.[42]

---

42 김문환·권대중 편역, 『예술의 죽음과 부활』에서 읽을 수 있는 K. 미첼스("헤겔 미학의 관점에서 본 예술의 미래 문제"), E. 피셔("예술의 미래"), H. 쿤("헤겔의 미학강의에 따라서 본 예술의 현재성"), A. 호프슈타터("예술의 죽음과 변용"), D. 헨리히("헤겔 미학의 현실성에 대하여"), C. L. 카터("'예술의 죽음'에 대한 재검토"), H.-G. 가다머("예술의 종언?"), S. 병기("'예술의 종언' 명제에 대한 다양한 해석들"), V. 회슬레("예술은 진정 종언을 고했는가?") 등의 연구가 그 좋은 예이다. 또한 Jacques d' Hondt, "Hegel et la mort de l'art," in Véronique Gabbri et Jean-Louis Vieillard-Baron, éds., *Esthétique de Hegel* (L'Harmattan, coll. Ouverture philosophique, 1997), pp. 89-103; Paolo Gambazzi, "La Fin de l'art et l'apparaître sensible de l'œuvre," *Revue Internationale de Philosophie*, nº 3 (L'Esthétique de Hegel)(PUF, 2002), pp. 389-409를 참고할 것. 그리고 국내에서 권대중, 권정임, 박배형, 서정혁, 윤병태, 한동원 등에 의해 행해진 연구에서도 사정은 비슷하다. 특히 권대중의 "헤겔의 '예술의 종언' 명제가 지니는 다양한 논의 지평들", 『미학』 제33집(2002), pp. 75-143; "헤겔의 '예술의 종언' 명제의 수정가능성 모색", 『미학』 제39집(2004), pp. 1-47을 볼 것.

2) 사르트르의 경우

그렇다면 '예술의 종언' 테제에 대한 사르트르의 입장은 어떤 것일까? 이 테제에 대해 사르트르는 양가적인 입장을 견지하는 것으로 생각된다. 사르트르는 첫 번째 의미로 해석될 수 있는 '예술의 종언' 테제는 약간의 변형을 거쳐 수용하고 있는 것으로 보이고, 두 번째 의미로 해석된 이 테제에 대해서는 예술, 보다 더 정확하게는 '문학'의 '종교성(religiosité)'의 이름으로 강하게 비판하고 있는 것으로 보인다.

먼저, 첫 번째 의미로 해석될 수 있는 '예술의 종언' 테제에 대한 사르트르의 입장을 보자. 이와 관련하여 사르트르는 자신의 비실재 미학에서 이 테제에 대해서는 아무런 관심을 보이고 있지 않는 것으로 여겨진다. 사르트르가 이 테제에 관심을 보인 것은 오히려 '참여미학', 즉 '참여문학론'의 경전이라고 일컬어지는 『상황(Situations) II』, 보다 구체적으로는 "문학이란 무엇인가(Qu'est-ce que la littérature?)"(더 정확하게는 "누구를 위하여 쓰는가Pour qui écrit-on?")에서라고 할 수 있다. 실제로 사르트르는 '항구혁명(révolution permanente)'에 가까운 '문학'의 사회참여 기능이 이루어져 계급 없는 사회, 곧 유토피아적 사회가 형성되면, 이 사회에서 '문학'이라는 개념이 "완벽하고도 순수하게(dans sa plénitude et dans sa pureté)" 구현될 수 있을 것이라고 본다.

이처럼 계급, 독재, 고정성이 없는 세계에서 문학은 자기 자신에 대한 의식을 완수하게 될 것이다. 문학은 형식과 내용, 독자와 작가가 동일하다는 점, 뭔가를 행하는 형식적 자유와 물질적 자유가 서로 보완한다는 점, 문학은 이 두 자유 각각을 이용해야 한다는 점, 문학은 그 스스로 집단적 요구를 가장 잘 표현할 때 개인의 주관성도 가장 잘 표현하며, 그 역도 사실이라는 점, 문학의 기능은 구체적 보편을 다른 구체적 보편에게 표현하는 것이라는 점, 문학의 목표는 인간들이 인간적 자유의 지배를 실현하고 유지하기 위해 그들의 자유에 호소하는 것이라는 점을 이해하게 될 것이다. 물론 유토피아가 문제가 된다. 이와 같은 이상적인 사회를 생각하는 것은 가능하다. 하지만 우리는 현재 이런 사회를 실현시키기 위한 실천적 수단을 가지고 있지 못하다. (*SII*, 197)

그런데 이와 같은 사르트르의 주장은 그대로 헤겔 미학에서 고전적 예술에서 예술이 '정점'에 달했다는 주장과 그 논리 면에서 어느 정도의 유사성을 가지고 있는 것으로 보인다. 물론 사르트르는 위의 인용문에서 '문학'만을 다루고 있다. 하지만 사르트르에게서 문학은 다른 예술장르, 가령 회화, 음악, 조각 등과 같은 예술의 한 갈래로 여겨진다는 점을 고려한다면(*IMr*, 367), 위의 내용은 그대로 다른 예술장르에도 적용된다고 할 수 있다. 물론 헤겔 미학에서는 예술의 종언의 분기점이 그가 살던 시대를 기준으로 '과거'를 겨냥하고 있는 데 반해, 사르트르는 오히려 계급 없는 사회의 건설, 곧 유토피아의 건설이라는 다가올 '미래'를 겨냥하고 있다는 차이가 눈에 띈다. 하지만 이와 같은 차이에도 불구하고 사르트르가 위의 인용문에서 고전적 예술에서 예술이 정점에 이르렀고 그다음에는 쇠퇴의 길로 들어선다는 의미에서의 헤겔의 '예술의 종언' 테제의 정신을 부분적으로나마 받아들이고 있는 것은 분명한 것으로 보인다.

그다음으로, 두 번째 의미로 해석될 수 있는 헤겔의 '예술의 종언' 테제, 곧 낭만적 예술에서처럼 예술에서 정신성이 지나치게 고양된 이후에 예술이 점차 '종교'와 '철학'에게 자리를 내주면서 종속된다는 헤겔의 주장[43]에 대한 사르트르의 입장을 보자.

---

43 이와는 달리 헤겔은 1797년에 쓴 "독일관념론의 최고의 체계 강령"에서 예술에 종교, 철학보다 더 중요한 의미를 부여하고 있기도 하다(Cf. 『헤겔사전』, pp. 413-14.). 하지만 예나 시대(1801~1807) 그 이후로 헤겔은 철학적 개념을 통해서만 절대자를 파악할 수 있다는 입장으로

사르트르는 예술을 종교와 철학에 종속시키는 헤겔에 대해 비판적 입장을 견지하고 있는 것으로 보인다. 사르트르는 자신의 미학, 아니 보다 더 정확하게는 그의 전체 사유 체계에서 예술을 철학보다 더 상위에 위치시키고 있다고 할 수 있다. 사르트르가 예술－특히 '문학'－에 대해 '종교성'을 부여했다는 것이 그 단적인 증거이다. 1964년 『말(Les Mots)』의 출간과 더불어 폐기처분되었음에도 불구하고,[44] 『구토(La Nausée)』에서 제시된 '문학'을 통한 구원(救援)의 가능성과 영생(永生)의 가능성[45]은 그대로 사르트르가 문학을 종교적 절대의 차원까지 승화시켰다는 것을 증명해 준다. 그리고 사르트르의 이와 같은 생각은 『존재와 무』, 『도덕을 위한 노트』에서 '창조(création)'－모든 예술에 근저에는 '창조' 행위가 놓여 있다는 사실을 잊지 말자－를 통해 '즉자-대자'의 결합, 곧 '신'이 되고자 하는 욕망(EN, 653-54)을 실현할 수 있다는 논의로 이어지고 있다(682). 물론 사르트르에게서 이와 같은 욕망을 실현하는 것은 불가능하고, 따라서 인간은 "무용한 정열(passion inutile)"(708)로 여겨진다. 하지만 어쨌든 사르트르는 이와 같은 사실을 바탕으로 '문학'이 '전체(tout)'이며, 만약 문학이 전체가 아닐 경우 한 시간의 노력도 경주할 가치가 없다고 말하고 있기도 하다.[46]

이처럼 사르트르의 전체 체계에서 예술이 '종교성'의 의미를 부여받고 있는 것에 비해 철학은 그렇지 못한 것으로 보인다. 요컨대 사르트르에게서 예술은 독립적이고 자율적인 위상을 가지고 있으며, 그 위상은 철학보다 오히려 더 높다고 할 수 있다. 여기에 더해 사르트르 자신이 후일 철학

선회하게 된다.

44 Sartre, *Les Mots* (Gallimard, coll. Folio, 1964), pp. 205-06.

45 Sartre, *Les Nausée* (Gallimard, coll. Folio, 1938), pp. 249-50.

46 Madeleine Chapsal, *Envoyez la petite musique* (Grasset, coll. Figures, 1984), p. 85.

자로보다는 소설가로 더 기억되기를 바랐다는 사실을 상기하자.

(3) 수용자의 지위 테제

1) 헤겔의 경우

　헤겔은 『미학 강의』에서 주로 예술 생산자, 곧 예술가의 입장에서 자신의 주장을 펼치고 있는 것으로 여겨진다. 그렇다고 해서 헤겔이 칸트가 내세운 이른바 '예술가＝천재'론을 주장하는 것은 아니다. 이와는 달리 예술가는 오히려 정신성이 더 고양되는 시기, 곧 말년에 이르러서야 더 완성도가 높은 작품을 만들어 낼 수 있다는 것이 헤겔의 생각이다. 이런 이유로 헤겔은 말년의 괴테의 작품을 더 좋아했다고 한다. 하지만 헤겔의 『미학 강의』에서 '미'에 대한 일반론에도, 예술의 역사적 발전론에도, 그리고 개별 예술장르론에서도 수용자에 대해 관심은 상대적으로 미약한 것으로 보인다.

　하지만 헤겔이 수용자에 대해 완전히 무관심한 태도로 일관한 것은 결코 아니다. 『미학 강의』에서 볼 수 있는 수용자에 대한 헤겔의 관심은 지금의 '수용미학' 시각에서도 여전히 유효하다고 할 수 있을 정도이다. 헤겔은 무엇보다도 먼저 예술작품이 수용자의 관조와 수용의 대상이라고 주장한다(*CEI*, 350). 그러니까 예술을 위한 예술은 의미가 없다는 것이다. 또한 헤겔의 이와 같은 주장은 예술 생산자와 수용자의 관계를 "대화(dialogue)"와 "조화(harmonie)"의 관계로 보는 주장으로 이어진다(*Ibid.*). 그다음으로 헤겔의 수용자에 대한 태도는 예술작품이 수용자를 "위해(pour)" 존재한다는 선언에서 극에 달한다고 할 수 있다(*Ibid.*). 다시 말해 "이념의 감각적 가상"으로 정의되는 '미'는 "다른 사람을 위해" 현상한다는 것이 헤겔의 주장이다(367).

여기에 더해 헤겔은 수용자가 예술작품을 제대로 이해하고 향유하기 위해서는 예술 생산자에 버금가는 정신 수준에 도달해야 한다는 점을 내세우고 있는 것으로 보인다. 그도 그럴 것이 헤겔 미학에 따르면 '미'는 정신의 계시이고, 따라서 정신의 자기 구현 과정을 그 내용으로 하기 때문이다. 사정이 이렇다면 이와 같은 정신을 감각적 가상을 통해 구체화시키고 있는 예술작품을 제대로 이해하고 향유하기 위해서는 수용자의 정신성 역시 생산자의 그것과 최소한 비슷한 수준으로 고양되어야 할 것이 요청된다. 결국 헤겔 미학에서는 예술 생산자의 주체성과 수용자의 주체성이 합치가 되는 순간에 예술작품에 대한 진정한 이해와 감상이 이루어진다고 할 수 있을 것이다. 이것은 현대의 수용미학에서 볼 수 있는 이른바 예술 생산자와 수용자의 '상호주체성(intersubjectivité)'에 의한 예술작품의 결정을 내다보게 한다. 헤겔은 "예술작품은 또한 그때 우리의 참된 주체성에 말을 걸면서 우리의 것이 된다(L'œuvre d'art parle alors aussi à notre vraie subjectivité et devient notre propriété)"(370)고 주장한다.

2) 사르트르의 경우

사르트르는 헤겔의 이와 같은 수용자의 지위 테제를 거의 그대로 수용하는 한편, 이 테제를 더 강화하고 있는 것으로 보인다. 우리는 그 단적인 증거들을 다음의 인용문들에서 확인할 수 있다.

타자를 위한, 타자에 의한 예술만이 있을 뿐이다(Il n'y a d'art que pour et par autrui). (*SII*, 93)

문학적 대상은 독자의 주체성 이외의 다른 실체를 가지고 있지 않다(l'objet littéraire n'a d'autre substance que la subjectivité du lecteur). (95)

여기서는 위의 인용문들을 염두에 두면서 사르트르가 수용자의 지위를 예술 생산자의 그것과 대등한 위치로 끌어올리는 과정을 간략하게 살펴보기로 한다.

앞에서 지적한 바와 같이, 사르트르에게 있어서 예술, 특히 문학 창작의 목표는 그 창작자 자신의 '존재근거(fondement d'être)'를 마련함으로써 모든 인간의 최후의 목표인 '즉자-대자'의 결합 상태에 이르고자 하는 것이다. 이 과정에서 아주 중요한 역할을 하는 것이 바로 "실존의 세 범주(trois catgories de l'existence)"(*EN*, 507)인 '행위(Faire)', '소유(Avoir)', '존재(Etre)' 사이의 '이중의 환원(double réduction)'이다(664-65, 678). 사르트르에 의하면, 인간이 뭔가를 만들어 내는 것은 그 결과물을 소유하면서 존재하는 것, 다시 말해 '즉자-대자'의 결합 상태를 실현하는 것으로 이해된다. 따라서 뭔가를 만들어 내는 행위는 이 행위의 결과물을 소유하는 행위로 환원된다. 이것이 첫 번째 환원이다. 그런데 이번에는 뭔가를 소유하는 행위는 그것을 가진 자의 존재를 강화시켜 주고 보장해 주는 것, 그리고 마지막 단계에서는 '즉자-대자'의 결합 상태를 실현하는 것으로 환원된다는 것이 사르트르의 주장이다. 이것이 두 번째 환원이다.

이제 이 이중의 환원을 한 명의 작가가 한 편의 작품을 창작하고 그것을 소유하는 과정에 적용해 보자. 우리는 위에서 사르트르 미학의 핵심 개념인 아날로공을 다루면서 한 명의 작가에 의해 창작된 한 편의 작품은 이중의 존재론적 지위를 가지고 있다는 사실을 지적한 바 있다. 이 작가의 '혼', '사상', '정신', '주체성' 등과 같은 '대자'의 측면과, 그냥 종이 뭉치인 사물의 '즉자'의 측면이 그것이다. 다시 말해 작품은 '나(moi)'와 '비아(non-moi)'의 두 측면을 가지고 있다.[47] 따라서 이 작가가 자신이 창

---

47 Sartre, *Cahiers pour une morale* (Gallimard, coll. Bibliothèque de philosophie, 1983). 이하,

작해 낸 작품을 소유한다면, 그때 그는 '즉자-대자(l'en-soi-pour-soi)' 대신 '대자-대자(le pour-soi-pour-soi)'의 결합만을 실현하게 된다. 이는 어쩔 수 없다. 왜냐하면 이 작가는 자기가 창작해 낸 작품을 읽으면서 거기에서 그 자신의 '혼', '사상', '정신', '주체성', 곧 그 자신을 재발견(retrouvaille) 하기 때문이다(*SII*, 92-93).

그런데 이 작가의 최종 목표는 '즉자-대자'의 결합 상태의 실현이다. 문제는 이 작가가 이 상태를 실현하기 위해 무엇을 어떻게 해야 하는가를 알아보는 것이다. 정확히 이와 같은 필요성에 의해 사르트르 미학은 '타자', 곧 '독자'의 존재를 강하게 요청하게 된다. 그렇다면 이 '독자'의 역할은 무엇일까? 쉽게 짐작할 수 있지만, 이 독자의 역할은 작가가 겨냥하는 '즉자-대자'의 결합 상태의 실현에서 부족한 것, 그러니까 '즉자'를 마련해 주는 것이다. 그렇다면 독자는 이 임무를 어떻게 수행하는가? 이 질문에 대한 답이 바로 독자의 읽기행위에 따르는 '시선'이다. 사르트르의 현상학적 존재론에서 이 '시선'은 원래 타자의 출현을 보증해 주는 개념이다. 그런데 이 시선은 단지 두 눈동자의 움직임을 의미하지 않는다. 시선은 '의식'과 동의어로, 그 끝에 와닿는 모든 것을 객체화시켜 버리는 "힘(puissance)"으로 정의된다(*EN*, 324).

따라서 독자는 작가에 의해 창작된 작품을 읽으면서 이 작품에 그 자신의 '주체성'을 흘려 넣으면서 그것을 객체화시키게 된다. 그러니까 독자는 작가의 '주체성'의 투사로 '대자'의 지위를 가지고 있는 작품을 객체화시켜 그것에 '즉자'의 지위를 부여하는 것이다. 이렇게 해서 작가는 독자의 읽기행위를 통해 그 자신 작품의 창작을 통해 겨냥하던 '즉자-대자'의 결합 상태를 이루게 되는 것이다. 정확히 이런 의미에서 우리는 위의

'*CPM*, 쪽수'로 줄임.

두 인용문에서 볼 수 있는 사르트르의 "타자에 의한 예술만이 있을 뿐이다"라는 주장과 문학작품은 "타자의 주체성 이외의 다른 실재를 가지지 않는다"라는 주장을 이해할 수 있다.

하지만 문제는 독자에게 있다. 왜냐하면 작가가 자유로운 것과 마찬가지로 독자 역시 자유롭기 때문이다. 자유로운 독자의 행동을 예측하기란 거의 불가능한 일이다.[48] 따라서 작가는 불안하다. 그도 그럴 것이 독자는 항상 작가의 요청을 거부할 수 있기 때문이다. 더군다나 독자가 작가가 창작한 작품을 읽으면서 거기에 '즉자'적인 측면을 부여한다는 것은 이 작품의 의미를 낱낱이 밝히는 것과 동의어이다. 그런데 작가의 작품을 읽으면서 그 의미를 낱낱이 밝히는 데 어려움을 느낄 경우, 독자는 당장이라도 이 작품의 읽기를 그칠 수 있다. 따라서 작가는 독자로 하여금 그의 작품을 끝까지 읽어 주고, 나아가서는 그 의미(sens)를 낱낱이 밝혀 주도록 하는 방책을 강구해야만 하는 처지에 있다.

사르트르는 먼저 작가의 창작을 "호소(appel)"로 여기는 방책을 강구한다(SII, 96).[49] 그런데 사르트르에 의하면 호소는 호소를 하는 주체와 그것을 받는 자의 자유와 주체성을 전제로 하는 행위로 정의된다(285). 다만 문제는 이 호소에 하나의 전제가 따른다는 점이다. 그것은 바로 호소의 이름으로 그 주체가 호소를 받는 자에게 뭔가를 "요구(exigence)"하게 된다는 것이다(Ibd.). 그렇다면 작가는 독자에게 호소를 통해 무엇을 요청하는 것일까? 그 답은 바로 작가가 창작한 작품에 객체적인 면, 즉 즉자적인 면을 부여해 주는 것이다. 하지만 문제는 이 요구가 '명령(ordre)'과 무관하지 않다는 것이다. 그런데 명령은 '위계질서'를 전제로 한다는 것이

---

48 Cf. 타자의 예측 불가능한 자유에 대해서는 CPM, 128을 볼 것.

49 "모든 문학작품은 호소이다(tout ouvrage littéraire est un appel)."

사르트르의 주장이다(271-72). 이것은 그대로 작가-독자의 자유와 주체성 사이에 우열 관계가 성립한다는 것과 동의어이다.

그런데 과연 독자는 작가와의 관계에서 이와 같은 위계질서에 만족할 수 있을까? 이 질문에 대한 답은 '그렇지 않다'이다. 하지만 문제는 독자가 작가와의 관계에서 만족한 상태에 있지 못하다는 것은 그대로 작가의 불안이 완전히 사라지지 않는다는 것과 동의어라는 것이다. 정확히 이 단계에서 사르트르는 작가가 독자를 붙잡아 두는 또 하나의 방책을 강구하고 있다. 그것이 바로 작가의 창작행위를 '증여(don)' 또는 '관용(générosité)'으로 여기는 것이다(SII, 109). 하지만 '증여'란 받는 자의 자유와 주체성의 파괴가 내포된 행위라는 점에 유의해야 할 필요가 있다. 사르트르는 '주는 행위(donner)'를 '타자의 자유를 굴종시키는 것'과 같은 것으로 본다(EN, 684-85). 사정이 이렇다면, 독자가 작가의 창작의 결과물인 작품을 받을 때, 그의 자유와 주체성은 이미 작가의 그것에 의해 파괴되는 것을 피할 수가 없다. 이것은 독자가 다시 한 번 작가의 요구를 거절하면서 그를 불안에 빠뜨리게 된다는 것을 의미한다. 이런 상황에서 사르트르는 작가가 독자의 도움을 받을 수 있는 마지막 방책을 취하기에 이른다. 작가가 창작을 하면서 독자의 "개입"을 받아들인다는 방책―이를 계기로 사르트르의 문학론(그리고 예술론)은 '독자를 위한 문학'(그리고 "타자를 위한 예술")으로 급선회한다―이 그것이다(SII, 125). 그러니까 작가는 그의 자유와 주체성과 독자의 그것 사이의 위계질서가 있다는 사실을 받아들이는 것이다. 물론 이번에는 독자의 자유와 주체성이 작가의 그것보다 더 우월하다는 것은 말할 나위가 없다.

사르트르는 이처럼 "정신의 모든 작품은 그 자체 속에 이 작품들이 목표로 삼고 있는 독자의 모습을 포함하고 있다"(119)고 말하고 있다. 그렇다면 작가가 독자의 요구를 수용하여 창작을 할 경우 독자에게 돌아가는 혜택은 무엇인가? 먼저, 독자는 작가의 작품을 읽으면서 독자의 자유와 주체성보다 더 우월한 자유와 주체성을 누리게 된다. 이것은 '요구'의 정의에 따른 당연한 결과이다. 그다음으로 독자는 작가의 작품을 읽으면서 큰 어려움 없이 이 작품에 객체적인 면, 즉 즉자적인 면을 부여할 수 있게 된다. 이것도 당연하다. 왜냐하면 독자는 작가의 작품에서 그 자신이 요구한 바를 보기 때문이다. 결국 독자는 작가의 작품에 이 작가가 절대적으로 필요로 하는 '즉자'의 지위를 '주는' 것이다.

이제 우리는 사르트르가 '작가-독자'의 관계를 '관용의 협약(pacte de générosité)'으로 보는 것을 이해할 수 있다. 그러니까 작가는 독자의 요구를 받아들여 작품을 창작하여 독자에게 '주고', 또 독자는 이 작품을 읽고 거기에 즉자적인 면을 '주는' 것이다. 이렇게 해서 사르트르에게서 '작가-독자'의 관계는 그들 서로의 '주체성'이 바탕이 되는 관계이고, 따라서 그들이 서로 교류하는 '작품'은 "상호주체성의 발산(émanation d'intersubjectivité)"의 '장(場)'이 된다.[50]

그런데 위에서 우리가 '작가-독자'와의 관계를 통해 살펴본 사르트르 미학에서 예술 생산자와 수용자의 관계는 거의 헤겔 미학에서 살펴본 그것과 대등소이하지 않은가? 헤겔 미학에서 확인했던 수용자 지위에 대한 테제, 가령 '수용자를 위한' 예술, 예술 생산자와 수용자 사이의 '대화'와 '조화', 그리고 예술을 수용자의 '참된 주체성'에게 말을 거는 행위로의 규정 등은 상당부분 사르트르 미학에서도 그대로 나타나고 있는 것으로 보인다. 다만 사르트르에게서 수용자의 지위는 헤겔 미학에서보다 훨씬 더 강화되고 있다는 차이점이 두드러진다. 그러니까 헤겔 미학에서와

---

50 "Ecrire pour son époque," in Michel Contat et Michel Rybalka, *Les Ecrits de Sartre* (Gallimard, 1970), p. 673.

는 달리 사르트르 미학에서 수용자의 지위는 생산자의 그것과 거의 대등한 것으로, 그것도 절대적으로 요청되고 있는 것으로 보인다. 우리는 이를 극단적으로 "타자에 의한, 타자를 위한 예술만이 존재할 뿐이다"라는 주장에서 거듭 확인할 수 있다.

4. 맺음말

우리는 지금까지 사르트르가 자신의 미학을 정립하면서 헤겔 미학에서 볼 수 있는, (1) 자연미 배제의 테제, (2) 예술의 종언 테제, (3) 수용자 지위의 테제를 어떤 방식으로 수용, 비판하고 있는지를 살펴보았다. 그 과정에서 우리는 다음과 같은 사실들을 확인할 수 있었다.

첫째, 헤겔과 마찬가지로 사르트르 역시 자신의 미학에서 자연미를 철저하게 배제하고 '미'를 정신성에 입각해 규정하고, 또 이를 바탕으로 자신의 미학을 펼치고 있다는 사실이다. 특히 사르트르 미학에서 이와 같은 자연미 배제의 테제는 그의 미학의 핵심 개념인 '아날로공'이라는 물질적 대상을 통해 드러나는 상상의 대상이 갖는 존재론적 지위는 결국 이 대상을 있게끔 하는 주체의 '대자'적 측면과 같다는 사실에서 두드러진다는 점을 볼 수 있었다.

둘째, 헤겔 미학에서 그 유명한 예술의 종언 테제와 관련해서는 사르트르가 양가적인 태도를 취하고 있다는 사실이다. 먼저, 그리스 시대의 조각에 의해 대표되는 '고전적 예술'에서 예술이 정점에 달했고, 그 뒤로 이어지는 '낭만적 예술'에서 예술 자체가 붕괴한다는 의미에서의 예술의 종언 테제에 대해서 사르트르는 어느 정도 공감하는 입장에 있는 것으로 드러났다. 그러니까 사르트르는 다가올 계급 없는 사회, 곧 유토피아의 세계에서는 문학이 그 존재이유를 상실할 수도 있음을 내비치고 있는데, 이는 헤겔의 예술의 종언 테제를 그 나름의 방식으로 해석, 수용한 결과였다. 하지만 예술이 종국에 가서 종교나 철학에 종속된다는 의미에서의 헤겔의 예술의 종언 테제에 대해서 사르트르는 강한 비판을 하고 있는 것으로 드러났다. 사르트르는 예술, 특히 '글쓰기 예술', 곧 '문학'에 '종교성'을 부여하고 있는데, 이는 그대로 사르트르가 종교, 철학보다 예술을 더 상위에 위치시키고 있다는 것의 단적인 증거였다.

셋째, 헤겔 미학에서 예술 생산자에 비해 상대적으로 비중이 덜한 것으로 드러난 수용자 지위에 대한 테제를 사르트르가 자신의 미학을 정립하는 과정에서 상당히 긍정적으로 수용하고 있다는 사실이다. 특히 헤겔 미학에서 볼 수 있는 '수용자를 위한 예술', 예술 생산자와 수용자 사이의 '대화'와 '조화', 그리고 수용자의 주체성에 대한 '호소'로서의 예술작품의 규정 등은 큰 변화 없이 사르트르 미학에 그대로 수용되고 있는 것으로 드러났다. 다만 사르트르는 자신의 미학에서 예술 수용자에게 생산자와 거의 대등한 지위를 부여하고 있어, 그가 헤겔보다 수용자의 지위에 대해 훨씬 더 민감한 태도를 내보였다는 사실을 볼 수 있었다.

이와 같은 논의에도 불구하고 이 글이 갖는 한계를 지적하지 않을 수 없다. 특히 예술 창작의 근간이라고 할 수 있는 '상상력(imagination)'에 대한 논의에서의 헤겔 미학과 사르트르 미학과의 수용 관계에 대한 논의의 누락에서 비롯되는 한계가 그것이다. 이 점과 관련해서는 『판단력 비판』에서 상상력에 대해 커다란 중요성을 부여하고 있는 칸트의 논의와 관련지어 과연 이들 세 명의 미학적 사유에서 상상력이 어떤 의미를 가지고 있는가를 살펴보는 것도 아주 흥미로우면서도 반드시 필요한 과제로 판단된다. 다만, 헤겔 미학에서 상상력에 대한 연구가 그다지 활발하게 이루어지지 않고 있어, 그의 상상력에 대한 사유와 사르트르 미학에서의 상상력에 대한 사유를 비교, 검토하는 작업 역시 모험적이 될 수밖에 없어 보인다. 사르트르 미학의 이론적 토대에 대한 보다 심층적인 연구를 위해 우리는 머지않아 위험을 무릅쓰고 이 모험에도 뛰어들어 볼 심산이다.

사르트르의 이미지론
—후설의 수용과 비판[*]

윤정임

1. 들어가는 말

이미지와 상상력은 사르트르의 사유와 글쓰기에 끊임없이 출몰하던 주제였다. 고등사범학교 시절부터 이미지 혹은 상상력에 관심을 보여 왔던 그는 1927년 앙리 들라크루아(Henri Delacroix) 교수의 지도 아래 「심리적 삶에서의 이미지: 역할과 성질(L'Image dans la vie psychologique: rôle et nature)」이라는 제목의 학위논문을 제출한다. 상상력에 대한 현상학적 접근을 시도한 이 논문은 지각과 상상은 서로 다른 성질의 의식이라는 것, 그리고 상상적이지 않은 사유란 존재하지 않는다는 논지로 전개되고 있다. 들라크루아 교수는 당시 알캉(Alcan) 출판사의 『신철학백과』 총서를 주도하고 있었고, 제자인 사르트르에게 학위논문으로 제출했던 이미지론을

* 이 글은 2012년 정부(교육부)의 재원으로 한국연구재단의 지원을 받아 수행된 연구(NRF-2012S1A5A2A03034571)이며, "사르트르의 이미지론—사르트르 비실재 미학의 이론적 토대: 후설의 수용과 비판"이라는 제목으로 『유럽사회문화』 제13집(2014)에 실린 것이다.

보충하여 총서에 포함시킬 것을 제안한다. 사르트르는 학위논문을 보완한 『이미지(L'Image)』를 출판사에 가져갔으나 출판사에서는 학술적인 면이 강하게 드러나는 앞부분만을 택하여 『상상력』이라는 제목으로 1936년에 출간하고, 후반부의 글인 『상상계』는 1940년에야 빛을 보게 된다.[1]

후설(E. Husserl)의 발견, 특히 상상력과 지각을 구별한 후설의 생각은 지향성(intentionalité) 개념과 더불어 사르트르의 이미지론에 결정적인 영향력으로 작용하게 된다. 후설을 통한 상상력의 접근은 이미지를 사물로 규정하던 기존의 생각들을 거부하게 했고, 나아가 상상하는 의식행위에 새로운 가치를 부여하기에 이른다.

본 연구에서는 사르트르가 후설의 현상학을 수용·극복해 나가면서 자신의 독자적인 이미지론을 펼쳐 내는 모습을 『상상력』과 『상상계』를 통해 살펴봄으로써 사르트르의 비실재 미학의 이론적 토대를 이해하고자 한다.

2. 현상학과 사르트르: 후설을 '파헤치기'

사르트르 초기 철학의 바탕에는 언제나 현상학이 자리하고 있다. 그가 현상학에 매료되었던 것은 그것이 일체의 관념적 가치판단 없이 '있는 그대로의 세계'를 기술할 수 있다는 사실 때문이었다. 사르트르는 당시 프랑스 학계의 "질식할 듯한 관념론과 과학적 실증주의"로부터 벗어

---

1 L'Imagination (PUF, 1936)(지영래 옮김, 『사르트르의 상상력』, 기파랑, 2008); L'Imaginaire (Gallimard, 1940)(윤정임 옮김, 『사르트르의 상상계』, 기파랑, 2010). 앞으로 이 두 책의 인용은 이 국역본들을 따를 것이며, 원문의 경우 'IMn, 쪽수', 'IMr, 쪽수', 국역본은 '상상력, 쪽수'와 '상상계, 쪽수'로 각각 줄여 표시하기로 한다.

나 '사태 자체로' 돌아가고자 했고 현상학은 이 같은 그의 욕구를 충족시키는 듯했다.[2] 그에게 현상학은 무엇보다 '방법론'으로 다가왔고, 『자아의 초월』로부터 『상상계』에 이르는 초기의 철학서에는 '현상학적 기술(description phénoménologique)'이라는 꼬리표가 줄곧 따라다닌다. 1943년에 발표한 『존재와 무』에서는 후설에서 하이데거로의 선회가 분명하게 나타나지만 '현상학적 존재론의 시론'이라는 부제가 말해 주듯, 현상학적 방법론은 여전히 유효한 도구로 등장하고 있다.[3]

사르트르가 후설과 그의 현상학을 본격적으로 공부하기 시작한 것은 1933년부터이다. 어느 날 카페에서 "네가 현상학자라면 여기 이 칵테일에 대해 말할 수 있고, 그게 바로 철학이 된다"는 아롱(R. Aron)의 이야기에 사르트르가 얼굴이 하얘질 정도로 흥분했고, 그날 당장 레비나스가 쓴 후설에 관한 책을 사 읽었으며, 아롱의 주선으로 이듬해 베를린으로 건너가 그곳에서 일 년을 머무르며 후설의 현상학을 섭렵했다는 일화[4]는 널리 알려져 있다.

사르트르가 현상학에 전격적인 관심을 보였던 것은 당시 프랑스 철학계에 널리 퍼진 '심리학주의(psychologisme)'에 대한 거부 때문이었다. 심리학주의는 심리학이 논리학의 필요충분한 기초라고 주장하며 '심리학화'라는 개념을 통해 모든 종류의 대상들을 심리학적 경험으로 개조하려는 의도로 발전했고, 논리학을 넘어 윤리학, 미학, 신학, 사회학에 이르기

2　Satre, *Carnets de la drôle de guerre* (Gallimard, 1995), p. 406. 이하, '*Carnets*, 406'처럼 줄임.

3　사르트르의 고백에도 불구하고 『존재와 무』는 하이데거보다는 후설에 더 가까운 책이며, "의식을 철학의 중심에 놓고 있다는 점에서 사르트르는 전체적으로 하이데거보다 후설에 더 충실하다"고 볼 수 있다. 조광제, 『존재의 충만, 간극의 현존 2』(그린비, 2013), 733면.

4　S. de Beauvoir, *La Force de l'âge I* (Gallimard, 1960), pp. 156-57.

까지 그 영역을 넓혀 가고 있었다.[5] 1930년 무렵 프랑스에서 의식의 분석에 대해 이야기하는 일은 곧 심리학을 이야기하는 것이었고, 심리학적 설명은 학문적 이념의 절대성을 파괴하고 상대주의적 주관주의로 대상을 용해시켜 버렸다.[6]

후설이 보기에 심리학주의는 자연주의의 한 특수한 변종으로 의식작용(노에시스)과 의식 대상(노에마)을 혼동하고 있었다. 게다가 심리학주의적 견해는 개연적 추론 이상의 것을 정당화시킬 수 없다고 생각했다.[7] "논리적 사항에 대해 심리학이 무엇을 증명할 수 있는가"라는 후설의 회의적인 태도는 심리학주의의 상대주의에 대한 비판으로 이어졌고, 심리학적 혼합으로부터 정화된 '순수논리학의 이념' 형성에 몰두하게 했다.[8] 그는 『논리 연구 1』에서 심리학주의에 반대하며 브렌타노의 지향성 개념을 도입하여 의식과 대상의 동적인 관계를 설명해 낸다. 대상이란 언제나 지향작용에 의해서 형성된 형성체이며, 이 노에시스와 노에마의 상관관계가 바로 지향적 의식의 구조임을 밝혀낸 것이다. 그리하여 심리학적 분석이 아니라 "자연적 태도의 본질에 속하는 일반정립을 작용중지시키고",[9] 다

---

5   에드문트 훗설, 이영호·이종훈 옮김, 『현상학의 이념, 엄밀한 학으로서의 철학』(서광사, 1987), "해제: 훗설의 생애와 사상", 22면.

6   피에르 데브나즈, 김동규 옮김, 『현상학이란 무엇인가』(그린비, 2011), 34면.

7   자연주의는 근대 자연과학의 추진 속에서 생겨난 것으로, 모든 것을 자연화하는, 즉 후설이 강조하는 의식의 존재든 이념의 세계든 모두 다 자연의 대상처럼 다루는 경향을 가진다. 후설은 심리학주의를 이 자연주의의 한 특수한 변종으로 본다. W. 마르크스, 이길우 옮김, 『현상학』(서광사, 1989), 26면.

8   후설이 심리학주의를 비판하기 했지만 그렇다고 논리주의에만 정착한 것은 아니다. 그는 당시의 주된 두 조류인 심리학주의와 논리주의를 지양하는 데서 자신의 현상학적 입장을 수렴하고자 한다. 한전숙·차인석, 『현대의 철학 1』(서울대학교 출판부, 1980), 61-62면.

9   후설, 이종훈 옮김, 『순수현상학과 현상학적 철학의 이념들 1』(한길사, 2009), 124면. 이하, '이념들 1, 124'처럼 줄임.

시 말해 환원과 판단중지를 통해 자연적 태도를 괄호 치고, 지향성으로서의 선험적 의식구조를 기술할 것을 제안한다.

현상학적 환원은 초월적인 실재에 관한 모든 가정과 가설을 포기하고 '절대적으로 주어진 것'의 의미를 추구하는 작업에 전념한다. 우리의 의식에 주어진 구체적인 내용물의 의미를 확실하게 이해하는 데 초점을 맞추고 "사태 자체로" 돌아가고자 한 현상학은 사르트르에게 관념론과 실재론 사이의 궁지를 벗어나 의식의 문제를 해결할 수 있는 하나의 돌파구처럼 보였다.[10]

> 후설은 사물이 의식 속에서 용해되어 버릴 수 없다는 점을 거듭해서 천명했다. 예를 들어 우리는 여기 있는 이 나무를 본다. 하지만 우리는 그 나무가 놓여 있는 그자리에서 나무를 본다. 나무는 지중해 연안에서 80킬로미터 떨어진 지점에, 먼지 한가운데에, 열기에 뒤틀린 모습으로, 도로 가장자리에 홀로 서 있다. 이 나무는 우리 의식 속으로 들어오지 않는다. 왜냐하면 본질적으로 나무는 우리 의식과는 다른 무엇이기 때문이다.[11]

사물이 의식의 바깥에 존재하며 의식 속으로 용해되지 않는다는 관념은 사르트르 철학의 중추부를 차지하게 된다. 사르트르에 따르면 이 관념 덕분에 우리는 비로소 프루스트의 손아귀로부터 벗어나고 내적 자아의 유희로부터 풀려날 수 있게 된다.

또한 후설에게서 발견되는 데카르트 정신은 사르트르의 후설 수용을 좀 더 수월하게 해 주었다. 데카르트의 방법적 회의에 자주 비교되는 '현

10 Nathalie Bittoun-Debruyne, "Sur *L'Imaginaire*: Sartre et Husserl," *Cahiers de l'Association internationale des études françaises*, n° 50 (1998), p. 301.

11 Sartre, "Une idée fondamentale de Husserl," *Situations I* (Gallimard, 1948), p. 30.

상학적 중지(에포케)'는 후설의 철학이 전체적인 국면에서 데카르트적 성찰을 따르고 있음을 보여 준다.[12]

> 후설은 나를 사로잡았다. 나는 모든 것을 그의 철학적 관점을 통해 보았다. 게다가 후설의 철학은 그의 데카르트 정신으로 인해 접근하기가 더 쉬웠다. 나는 '후설주의자'였으며 오랫동안 그렇게 머물러 있어야 했다. (*Carnets*, 404)

사르트르가 후설을 파헤치는 데는 꼬박 4년이 걸렸다고 한다. 그가 현상학을 이해하기 위해 읽은 후설의 저서들은 『논리 연구』, 『이념들 1』, 『내적 시간의식의 현상학』, 『형식논리와 선험논리』, 그리고 『데카르트적 성찰』이다.[13] 그는 한 철학자를 파헤친다는 일이 "그(철학자)의 관점 안에서 반성하고, 쓰라린 경험을 통해 헛된 상상을 하여 급기야 궁지에 빠져 버리는 일"(*Carnets*, 405)이라고 말하며 후설에 몰두하던 시기를 회고하고 있다.

사실 후설에게서는 이미지 혹은 상상에 대한 체계적인 설명을 찾아낼 수 없으며, 단지 지각의식을 논하는 과정에서 산발적으로 상상의식을 거론하고 있을 뿐이다. 사르트르는 후설의 여러 저서에 흩어져 있는 이미지와 상상에 대한 논의를 재구성하고, 이것을 바탕으로 자신의 상상 이론을 만들어 간 셈이다. 그래서 "만일 후설의 상상 이론을 체계적으로 정돈해 나갈 수 있다면 그것은 사르트르의 작업을 통해서"라고 말해질 정도이다.[14] 후설의 『이념들 1』을 프랑스어로 번역한 리쾨르도 "사르트르의 『상

---

12 이영호 · 이종훈 옮김, 『현상학의 이념…』, 33-34면.

13 사르트르가 참조한 후설의 저서들은 모두 초기에 해당하는 것들이며, 후반기의 후설은 관념론과 수학적 논리학으로 깊숙이 빠져들게 된다.

14 M. Manuela Saraiva, *L'Imagination selon Husserl* (La Haye: Martinus Nijhoff, 1970), p. xi.

상계』가 후설의 이미지론에 대한 가장 훌륭한 해설"임을 지적하고 있다.[15]

3. 사르트르의 이미지론에 나타난 후설의 수용과 비판

(1) 후설의 수용: 이미지론의 토대

『상상력』에서 사르트르는 기존의 사상가들의 이미지론을 비판적으로 검토하고 있다. 상상력이라는 정신활동은 고대의 철학자들로부터 데카르트와 칸트를 거쳐 근세에 이르기까지 일종의 열등한 하위 인식으로 간주되어 왔다. 사르트르는 이렇듯 폄하되어 버린 상상력의 지위를 의식의 지위로 끌어올리려는 시도를 한다. 이를 위해 그는 고대의 에피쿠로스학파에서부터 17, 18세기의 형이상학자들을 거쳐 현대 심리학자들과 후설에 이르기까지 주요 서양철학사상에 나타난 상상력 혹은 이미지의 위상을 비판적으로 고찰한다. 이러한 검토를 통해 이제까지 물질 쪽에 속한 것으로 간주되어 왔던 '이미지'를 정신의 활동으로 편입시키는 데 주력하는 것이다.

사르트르에 따르면 기존의 모든 이미지론은 정도의 차이는 있지만 모두가 이미지에 물질적인 성질을 부여함으로써 제대로 된 이미지론을 정립하지 못했다. 데카르트, 흄, 라이프니츠 등은 물론이고 베르그손과 현대 심리학자들에 이르기까지 이미지에 대한 설명은 모두 이미지를 사물화하여 하나의 응고된 덩어리로 간주하는 오류를 범하고 있다는 것이다.

---

15 Husserl, tr. P. Ricoeur, *Idées directrices pour une phénomènologie* (Gallimard, 1950), p. 348.

이러한 오류의 교정을 위해 사르트르는 후설의 현상학에서 그 방법을 찾아낸다. '환원'과 '판단중지'라는 현상학적 방법은 자연적 태도를 괄호 안에 묶어 두고 행해지는 "선험적 의식구조들에 대한 기술"이므로 정신의 활동으로서의 이미지를 고찰하는 데 매우 유용하다고 생각한 것이다. 그리하여 이미지에 대한 연구를 이미지가 반성적 직관에 나타나는 그대로 정착시키고 기술할 것을 제안한다.

> 이미지에 대한 연구는 어느 한 특정한 관점에서 현상학적 심리학을 실현시키기 위한 시도로서 제시되어야만 한다. … 이미지가 반성적 직관에 나타나는 그대로, 이 심리학적 구조와 본질을 정착시키고 기술하려고 노력해야 한다는 것이다. 이어서 어떤 하나의 심적 상태가 이미지가 되기 위해 필연적으로 실현시켜야 할 조건들 전체를 결정하였을 때, 그때 가서야 비로소 확실한 것에서 가능한 것[개연적인 것le provable]에로 넘어가야 하고, 현대인의 의식 속에 나타나는 그 상태의 이미지들에 대하여 과연 경험이 우리에게 알려줄 수 있는 것이 무엇인지를 물어보아야 할 것이다. (상상력, 204)

상상력에 대한 연구가 후설 덕분에 새로운 방향으로 열리기 했지만, 그럼에도 후설의 설명에 나타나는 미흡한 부분과 동의하지 않는 점에 대해 사르트르는 간과하지 않는다. 『상상력』에는 후설에 대한 경의 못지않게 '유보적 태도'와 '비판적 시각'이 곳곳에서 드러난다.[16] 그리고 그것은

---

16 "후설은 주마간산 격으로 문제에 접근하고 있고 더구나 우리가 모든 점에서 그에게 동의하고 있지는 않다. 그가 지적한 점들은 좀 더 깊이 파고들어가서 보충할 필요가 있다"(상상력, 204); "이미지의 구조 자체에 대해서는, 후설은 더 이상 아무 말도 하지 않는다"(210); "후설의 다른 설명이 없는 관계로, 바로 우리 자신이 이 부분에 대한 기술을 맡아야 할 처지에 놓여 있다"(214).

곧이어 자신의 상상론이 다루어야 할 과제로 제시된다.

사르트르가 받아들인 후설의 이론적 토대는 세 가지로 요약된다. 첫째는 '의식의 지향성'이고, 둘째는 '지각과 상상의 구별', 세 번째는 '동기관계(motivations)'이다. 이 세 개의 테제가 서로 맞물려 있다는 것을 우리는 어렵지 않게 이해할 수 있다.

우선 "모든 의식은 무엇인가에 대한 의식"이라는 지향성 개념은 후설 현상학의 출발점이자 지각과 상상을 구별하는 중요한 지점이 된다. 지각이 실재하는 대상을 지향하는 의식행위라면, 상상은 실재하지 않는 것을 지향하는 의식행위이다. 그리고 하나의 사물[대상]을 지각할 것인가 상상할 것인가 하는 태도의 결정은 '동기관계'로 설명이 된다. 후설이 예로 들고 있는 뒤러의 동판화에서 만일 우리의 의식이 그것을 판화라는 물질로 지향할 경우 그것은 지각의 대상이 된다. 반면에 그것[물질적 대상]을 매개로 하여 거기에 그려진 '기사와 죽음과 말'을 관조하게 되면, 그 순간 우리의 의식은 상상의 태도를 띠게 되는 것이다.

사르트르는 뒤러의 동판화에 대한 후설의 설명을 자세히 인용하며 그로부터 상상의식에 관련된 중요한 문제들을 들추어 낸다. 『이념들 1』에서 제시된 이 분석은 후설이 '중립성 변양(modification de neutralité)과 상상'의 문제[17]를 논하는 가운데 나타난다.

뒤러의 동판화 〈기사와 죽음과 악마(Le Chevalier, la Mort et le Diable)〉를 잘 살펴보자. 우리는 여기서 일차적으로 정상적인 지각을 구분할 것인데, 그 상관물은 판화집의 바로 이 종이, 즉 사물로서의 '판화'이다. 이차적으로 우리는

---

17 '중립화'는 어떠한 입장을 취하지 않는 것, 어떠한 정립도 하지 않는 것을 뜻한다. 그렇지만 이것도 여전히 무엇에 대한 의식, 즉 지향적 의식이다. '중립성 변양'은 신념의 확실성이나 추측의 개연성 등 정립의 특성을 판단중지하는 의미작용이다. 이념들 1, 352-53.

제1부 이론

지각의식을 발견하는데, 그 속에서는 이 검은 선들을 통해 색깔 없는 작은 형상들, '말 탄 기사', '죽음', '악마'가 우리에게 나타난다. 미학적 관조 속에서는 우리가 대상으로서의 그 형상들에게로 이끌리는 것이 아니다. 우리는 '이미지로' 표상된 현실들, 좀 더 정확히 말하자면 '이미지화된(abgebildet)' 현실들, 즉 살과 뼈로 된 기사 등등으로 이끌리는 것이다. (상상력, 212 재인용)

이 부분에서 사르트르가 주목한 것은, 한 대상에 대한 지향의 차이가 '지각'과 '미학적 관조'로 다르게 나타나날 수 있다는 사실이다. 동일한 동판화를 그것의 물질성으로 포착할 때 정상적인 지각의 대상인 사물로 나타나는 반면, 그것을 이미지로 포착할 때는 '이미지화된 현실', 즉 살과 뼈로 된 기사와 같은 미학적 관조의 대상으로 나타난다는 것이다.

지각이나 상상, 이미지화된 현전, 회상 등이 문제가 될 때에는 그 노에마적인 상관물들은 본질적으로 상이하다. 어떤 때는 그 출현이 '살과 뼈로 된 현실성'으로 특징지어지고, 어떤 때는 허구로서, 또 어떤 때는 회상 속에서의 현전화 등으로 특징지어진다. (220)

그러므로 "물질은 그 단독으로는 이미지를 지각으로부터 구분할 수 없고" 모든 것은 이 물질을 활성화시키는 양상에 따라, 즉 의식의 내밀한 구조에 나타나는 어떤 형식에 달린 문제로 나타난다. 의식의 지향성으로 동일한 물질을 다르게 받아들일 수 있다는 후설의 생각에 전적으로 동의하면서도 사르트르가 곧이어 두 번째 질문을 제기하게 되는 까닭이 여기에 있다. 우리가 대상 앞에서 마음대로 사물-대상으로 혹은 이미지-대상으로, 즉 동일한 하나의 소재를 각기 다른 해석으로 받아들일 수 있다는 점은 인정하지만, 나의 의식이 왜 지각으로 된 소재(=동판화의 정상 지각)

보다 이미지로 된 소재(=동판화의 미적 관조)를 지향하는가를 설명해야 한다는 것이다.

후설은 그 원인을 동기관계로 설명하고 있다. 후설에게서 동기관계[동기부여]란 정신적 세계의 근본법칙이며, 자연적 세계를 지배하는 법칙인 물리적 인과성("~ 때문에 ~하다")에 반대되는 개념이다. 상상의식과 지각의식의 활동이 일어나는 것은 오로지 정신적 법칙들 속에 있으며, 그것의 원인을 질료 자체가 가진 물리적 속성에서 찾아서는 안 된다는 것이다. 후설은 동기부여로 인해 하나의 사물이 '정상 지각'에서 '미학적 관조'의 대상으로 바뀌는 '중립성 변양'에만 집중할 뿐, 그 동기관계의 원인은 해명하고 있지 않다.

사르트르는 후설이 해명하지 않고 있는 부분, 즉 중립성 변양이 이루어지는 동기관계에 관여하는 외재적인 동기들이란 게 심적 이미지(image mentale)에도 마찬가지로 작용한다면, 그 심적 이미지의 특징을 찾아내야 한다고 생각한다. 문제는 "과연 어떻게 하나의 소재를 지각으로보다는 심적 이미지로 알려주는 동기들을 찾아내느냐 하는 것"이다.

사르트르는 후설이 제안한 '지각의 수동성'과 '허구의 능동성'에서 하나의 실마리를 찾아낸다. 후설은 감각적 직관이나 경험적 의식에서는 문제되지 않던 '자발성'이 판단(수학적 연산)이나 허구(피리를 부는 켄타우로스)의 의식에 발동된다고 했던 것이다.

수동적 종합과 능동적 종합을 구별하는 이러한 설명에 전적으로 동의하면서도 사르트르는 여전히 불충분한 한 가지를 지적한다. 즉 질료(hylé)의 문제이다. 후설은 능동적 종합을 사물의 현전화로 설명한다. 그런데 능동적 종합의 예로 들고 있는 '회상-이미지'(불 켜진 극장)와 '허구-이미지'(피리를 부는 켄타우로스)를 살펴보면, 회상-이미지에는 분명 지각적 조작의 재생을 수반하는 사물의 현전화(présentification)가 나타나지만, 허구-

이미지에는 그러한 현전화가 나타나지 않는다. 그러므로 이 둘을 모두 능동종합으로 받아들일 경우, '현전화 이론'을 포기해야 한다. 결론적으로 사르트르는 지향성 이외에 소재의 차이를 찾아내야 하고, 특히 이미지의 소재가 자발적이어야만 허구-이미지를 설명할 수 있을 것이라고 한다.

> 심적 이미지와 지각의 구분은 지향성 하나에서만 유래하지는 않는다. 지향들이 서로 다르다는 사실은 필요조건이긴 하지만 충분조건은 아니고, 소재들도 역시 서로 달라야만 하는 것이다. 아마도 이미지의 소재 그 자체가 자발성일 것, 그러나 하위 유형의 자발성일 것까지도 필요할 것이다. (상상력, 224)

사르트르는 '지향성의 차이'를 들어 지각과 상상을 구별해 낸 후설의 중요한 발견에 의지하면서도 그와 더불어 '소재의 차이'를 설명해 낼 것에 주목한다. 특히 심적 이미지의 고유한 질료(hylé propre)가 있을 것이라고 생각하고 그것에 대한 연구를 앞으로 이어질 이미지론의 과제로 제시한다.

(2) 아날로공analogon으로서의 이미지론

『상상력』의 결론대로라면 후설의 조명 아래 이루어졌어야 할 사르트르의 상상론은 『상상계』에 와서는 오히려 후설의 그림자를 지우고 있는 듯이 보인다. 실제로 한 장(章)을 할애하던 『상상력』에 비해 『상상계』에서 후설에 대한 언급은 단 일곱 차례에 그치고 있으며, 그중에서 비교적 길게 얘기되는 세 차례의 인용은 모두 비판적인 관점을 드러내고 있다.[18]

---

18 세 번의 비판적 인용은 모두 후설의 '충족' 개념에 관한 것인데 이에 대해서는 곧 다룰 것이다. 이러한 후설에 대한 비판적 태도를 두고 사르트르가 처음부터 후설과 근본적인 대립관계에 있는 게 아니냐는 의문을 제기하기도 한다. V. Coorbeyter, "De Husserl à Sartre. La

"전적으로 후설의 영감 아래" 썼다는 『상상계』는 그 자신의 고백처럼 철저하게 "반대해서"라는 의미로 읽혀진다(*Carnets*, 405).[19] 『상상계』를 시작하며 사르트르는 우선 이미지의 네 가지 특성을 제시한다.

1) 이미지는 하나의 의식이다

이미지는 의식이 대상과 맺는 관계이다. 이미지는 의식 '안'에 있는 것이 아니다. 하나의 의자를 지각할 때 그 의자가 내 의식 '안'에 있지 않듯이, 어떤 의자를 상상할 때 그 의자는 내 의식 '안'에 있지 않다. 이미지란 하나의 관계이며, 상상의식은 무엇인가에 대한 특별한 방식의 의식이다.

2) 이미지는 준-관찰 현상이다

관찰을 통해 끊임없이 새로운 것을 알려주는 지각에 비해, 이미지는 우리가 이미 그것에 대해 알고 있는 것만을 우리에게 건네주기 때문에 "본질적 빈곤"을 드러낸다. 우리는 이미지에 대해 관찰할 수 있지만, 그것은 아무것도 알려주지 않는 관찰이므로 준-관찰 현상이라고 할 수 있다.

3) 이미지화하는 의식은 자신의 대상을 무(néant)로 정립한다

상상하는 의식의 대상은 여기에 없는 것으로, 즉 부재하거나 비실재적인 것으로 정립된다. 이미지의 대상은 존재하지 않는 것, 즉 비존재로 정립된다.

4) 이미지는 자발성을 지닌다

---

structure intentionnelle de l'image dans *L'Imagination* et *L'Imaginaire*," *Methodos* 12 (2012), p. 4.

19 "나는 (적어도 마지막 장들을 제외하면) 『상상계』 전체를 후설의 영감 아래 썼다. 솔직히 말해 후설에 반대하여 쓴 것이지만 그것은 제자라면 스승에 대해 할 수 있는 만큼의 반대였다."

지각의식이 지각된 대상의 존재에 의존하는 수동적인 면을 보이는 반면, 상상의식은 순수한 자발성을 가지며 자신의 대상을 스스로에게 부여한다.[20] (상상계, 23-45)

이미지의 특성을 제시한 후 사르트르는 심적 이미지(image mentale)와 물적 이미지(image physique)를 구별한다. 이제까지 우리는 하나의 그림을 보며 떠올리는 이미지(심적 이미지)는 우리의 머릿속에 있으며, 그림을 지탱하는 물적 조건들(화폭, 색채 등등)은 의식의 바깥에 있다고 생각해 왔다. 그런데 사르트르는 물질적 이미지들과 심적 이미지들이 동일한 하나의 '가족(famille)'에 속하며 동일한 하나의 기능, 즉 상상하는 기능을 가진다고 본다. 내가 바닷가를 상상하든, 누군가의 사진을 바라보든, 꿈을 꾸고 있든, 혹은 어떤 조각작품을 바라보고 있든 간에, 나는 언제나 동일한 하나의 태도, 즉 상상하는 태도를 채택하고 있는 것이다.

상상의식이 지각의식과 다른 점은 그것이 부재하거나 존재하지 않는 대상을 '유사 표상물'을 통해 겨냥한다는 데 있으며, 이 유사 표상물을 사르트르는 '아날로공(analogon)'이라고 부른다. 아날로공은 상상의식이 겨냥한 대상의 직관적 내용을 채울 수 있게 도와주는 '유사 물질' 혹은 '유사 표상물'을 지칭한다.[21]

이미지란 그것의 유형성(有形性, corporéité) 안에서 부재하는 혹은 비존재

---

20 곧 보게 되겠지만, 이 중에서 사르트르 고유의 이미지론은 세 번째와 네 번째 특징, 즉 이미지 대상의 '무'와 이미지의 자발성으로부터 정초된다.

21 후설이 처음 사용한 아날로공이란 용어는 정작 후설보다는 사르트르에 의해 폭넓게 사용되어 그의 이미지론과 상상 이론의 핵심어가 되며, 사르트르의 문학예술비평에 줄곧 등장하는 중요한 개념으로 발전한다.

인 대상을 겨냥하는데, 그 고유한 상태가 아니라 겨냥된 대상의 '유사 표상물 (représentant analogique)'의 자격으로 주어지는 물적 혹은 심적 내용을 통해서 겨냥한다고 말할 수 있다. (상상계, 52)

상상의식이 그 대상을 형상화할 수 있는 것은 바로 이 아날로공 덕분이다. 아날로공에는 물적인 것과 심적인 것이 있다. 그림이나 사진의 경우, 그 표현 매체는 화폭이나 인화지 같은 물질적 대상이다. 심적 이미지의 경우, 의식 자체로부터 구성된 심적 내용이 표현 매체가 된다. 이 두 경우 모두 그것 자체로서 파악되는 것이 아니라 상상된 대상의 아날로공의 자격으로 파악된다. 예컨대 내가 한 폭의 정물화를 바라본다고 할 때, 그 정물화를 구성하고 있는 여러 구도와 색채 들은 나에게 여러 가지 상상적인 대상들, 이를테면 사과와 물병과 탁자 등등을 표상해 준다. 이러한 형상들 혹은 물감 자국들이 아날로공을 형성하는 것이며, 이 아날로공이 없다면 나의 의식은 그 대상을 상상할 수 없다.

사르트르는 아날로공을 대상과의 유사성이 높은 경우부터 낮아지는 경우로 이행해 가며 그 특징을 기술한다. 초상화, 모방(행위), 도식화, 화염과 벽의 얼룩, 사람 형상의 바위, 반수면 상태에서 떠오른 영상, 심적 이미지를 차례로 살펴보면서 아날로공의 물질적이고 심적인 내용물을 검토해 나가는 것이다. 마지막 단계인 심적 이미지의 경우를 제외하면 다른 것들은 우리가 상상하기를 멈추어도 그 물질적 잔여물이 남아 있기에 반성작용을 통한 현상학적 기술이 가능하다. 그렇기 때문에 이것들은 이미지의 계보 중에서 "확실한 것(le certain)"으로 분류되어 기술된다.

반면에 심적 이미지는 상상이 그치면 그 순간 아날로공으로 작용했던 심적 내용물도 사라지므로 반성작용을 통한 기술이 불가능하다. 이것들은 실험심리학의 분석을 통한 추측에 의존할 수밖에 없다. 사르트르가 심적 이미지의 기술을 "개연적인 것(le provable)"으로 분류한 것은 바로 이런 이유이다.

> 사실 이미지라는 것이 의식이 지니고 있는 자기 대상을 겨냥하는 한 방식에 대한 이름일 뿐이라면, 물질적 이미지들(그림, 데생, 사진들)을 심적이라 불리는 이미지들과 서로 가까이 붙여 놓지 못할 이유가 없다. (상상력, 211)

사르트르가 물적 이미지와 심적 이미지를 아날로공이라는 카테고리 안에 한데 들여놓고 상상의식의 구조를 설명하는 과정은 『상상력』의 난제로 남아 있던 심적 이미지의 위상 문제를 해결하는 데 확실한 기여를 한다. 심적 이미지가 물적 이미지와 마찬가지로 상상행위의 지향적 성격을 드러내고 있다는 점이 분명해지기 때문이다. 예컨대 나폴레옹의 조각상을 마주할 때 우리는 그것을 대리석이라는 물질로 대하면서 지각의 대상으로 지향하기도 하지만, 동시에 그것을 통해 '지금 여기 부재하는' 나폴레옹에 대한 심적 이미지를 만들어 낼 수 있다. 그러므로 그 순간 나타나는 두 차원의 아날로공인 물적 이미지와 심적 이미지를 모두 고려해야 한다.

상상의식을 지각에 비교하여 설명하고 있는 점은 후설 상상론의 공헌이지만 동시에 바로 거기에 후설 이론의 약점이 있다는 것이 사르트르의 생각이다. 지각과 상상을 지향성이라는 동일한 의식의 태도로 보고 접근한 후설의 태도가 상상에 대한 진정한 연구를 가로막았다는 것이다. 이것은 후설 현상학의 중심이 상상 혹은 이미지가 아니라 지각의식에 있기 때문이다. 그의 현상학은 지각에 우선권을 부여하고 있으며, 상상의식은 지각을 설명하는 과정에 부차적으로 나타난 것이다.[22] 후설이 기존의 상

---

22 "후설이 상상에 대해 우리에게 제공하고 있는 요소들은 완전한 연구를 구성하고 있지 않다.

상 개념을 확장하고 상상의 다양한 의미에 대해 숙고하고 있지만 근본적으로 그는 상상력이 사유에서 가지는 의미를 간과하고 있다. 후설은 상상력을 오직 지각의 변이(variation)로만 고려하였고, 상상력의 창조적인 힘을 평가하지 못했다는 것이다.[23]

사르트르가 강하게 비판하는 이미지의 "충족(Erfülling, remplissement)"은 바로 이러한 맥락에서 비롯한다. '충족'은 의식에 대한 섬세한 분류와 구분을 시행하는 후설의 철학에서 중요한 개념으로 나타난다.[24] 우리의 의식은 항상 무엇인가를 지향하며 살아간다. 지향적 의식이란, 의식이 본래 어떤 대상을 겨냥한 상태로, 즉 목표를 설정한 상태로 작동한다는 것이다. 그런데 의식이 지향하는 것들 중에는 헛된 것도 얼마든지 있을 수 있다. 우리의 의식은 '둥근 사각형'이나 '반인반수' 같은 실재하지 않는 것들을 얼마든지 지향할 수도 있으니 말이다. 하지만 이러한 지향은 결코 충족되지는 않는다. 그리고 충족되지 않는 한, 의식은 이성적인 정립작용을 발동할 수 없다. 후설에게서 지향과 충족의 문제는 진리 문제와 직결된다. 충족되지 않는 의식의 지향은 결코 진리를 확보할 수 없다.[25]

사르트르가 인용하고 있는 후설의 '충족' 개념은 『논리 연구』에 나타난

그것은 차라리 어떤 제안들과 암시들 그리고 좀 더 파고들어가 심화시켜야 할 실마리들이다"(Saraiva, *L'Imagination selon Husserl*, p. 251).

23 강동수 · 김재철, "현대철학의 상상력이론: 구성과 해석으로서의 상상", 『철학연구』, vol. 104(2007), 7면.

24 "부여하는 직관이 충전적이고 내재적인 쪽으로 작동할 경우 지향하는 의식은 충족되는 의식으로 변하면서 충족되는 데 반해, 부여하는 직관이 초월해 나가는 쪽으로 작동할 경우 지향하는 의식이 계속 유지되면서 충족되는 의식으로 변하지 못함으로써 비충전적인 상태로 계속 남게 된다"(이념들 1, 431).

25 충족이란 개념은 후설이 일종의 '실증주의적인' 철학적 입장을 지니고 있다는 것을 말해 준다. 조광제, 『의식의 85가지 얼굴』(글항아리, 2008), 44면.

다.[26] 후설은 대상-이미지(objet-image)는 그것이 표상하는 것과 유사하다고 생각했고, 이러한 유사관계가 이미지의식(conscience d'image)의 구성 요건이라고 보았다. 유사성이 없으면 이미지의식도, 상상도 생겨날 수 없다는 것이다. 후설에게서 충족은 상상이나 지각 모두에 나타난다. 단지 차이는 그 충족이 이루어지는 방식에 있고, 방식의 차이는 의도(지향)에서 비롯한다.

후설은 유사한 것으로 유사성을 채우는 일, 즉 충족의 종합적 특징을 상상적 종합의 특징으로 규정한다. 상상은 이미지의 유사성에 대한 특수한 종합에 의해 충족된다. 반면에 지각은 물질적 동일성의 종합에 의해 충족된다. 결국 후설에게서 상상이나 지각은 모두 '충족'이다. 단지 상상은 유사성의 종합에 의한 충족이고 지각은 동일성의 종합에 의한 충족이라는 차이가 있을 뿐이다.[27] 이미지를 의식의 충족 기능으로 설명하는 후설의 생각에 대한 사르트르의 비판은 모두 세 차례에 걸쳐 나타난다.

(1) "후설에 따르면 이미지는 마치 지각에서 **사물들이** 그러하듯이, 비어 있는 지식들을 '채워 넣는'[충족시키는] 것을 그 기능으로 한다는 것이다. 예를 들어 한 마리의 종달새를 생각한다면, 나는 그것을 빈 채로 생각할(penser à vide) 수 있다. 다시 말해서 '종달새'라는 단어 위에 고착되어 있는 의미적 지향만을 단순히 산출할 수 있다. 그러나 이 비어 있는 의식을 채우고[충족시키고] 그것을 직관적 의식으로 바꾸기 위해서는, 내가 종달새의 이미지를 형성하고 있는지 혹은 내가 살과 뼈로 된 진짜 종달새를 쳐다보고 있는지는 상관이 없다. 이미지에 의한 의미작용의 이러한 채우기[충족]는, 이미지가 구체적인 인상의 소

26 Saraiva, *L'Imagination selon Husserl*, p. 92.

27 *Ibid.*, pp. 92-93.

재를 지니고 있음과 이미지가 지각처럼 그 자체로 하나의 **충만**(plein)이라는 사실을 보여 주고 있는 것 같다." (*IMn*, 151-52; 상상력, 215, 강조 원문)

(2) "후설은 이미지란 의미작용의 '채움(Erfüllung)'[충족]이라고 했다. 모방에 대한 연구를 통해 우리는 이미지란 오히려 직관 차원으로 떨어진, 강등된 의미작용으로 생각하게 되었다. 채움[충족]이 있는 것이 아니라 성질의 변화가 있는 것이다." (상상계, 69)

(3) "하지만 후설은 비어 있는 의식이 채워질[충족될] 수 있다고 한다. 말로 채워지는[충족되는] 건 아니다. 말은 지식의 표현 매체일 뿐이다. 의미작용의 직관적 '채움'[충족]은 이미지가 맡는다. 예를 들어 '제비'를 생각한다면, 나는 우선 머릿속에 하나의 단어와 비어 있는 의미작용만을 가진다. 만일 이미지가 나타나면 새로운 종합이 이루어지고 비어 있는 의미작용은 **제비**로 꽉 찬 의식이 된다는 것이다." (*IMr*, 81; 상상계, 118, 강조 원문)

사르트르는 단번에 "이러한 이론이 충격적"임을 고백한다. 의미작용과 별개의 이미지가 무엇이냐고 반문하며, 이미지는 그 자체가 의식이기 때문에 이미지가 비어 있는 의식을 충족시킨다는 사실은 받아들일 수 없다면서, 후설이 이미지의 지향과 지각의 지향을 근본적으로 구별하지 못한 데서 충족 개념이 비롯되었다고 반박한다(상상계, 118-19). 후설은 지각과 상상이라는 두 가지의 지향을 모두 '충만의 정복(quête de la plénitude)'이라는 영역에 들어앉혔고, 결과적으로 이미지와 지각이 어떤 점에서 서로 대조되고 대립하는지를 실제로 보여 주지 못했다는 것이다.

지각의 대상은 후설이 말하듯이 본래적으로 실재에 어떤 존재요청(Seinsanspruch)을 내세우는 반면, 이미지의 대상은 즉각적으로 비실재로 주어진다. (상상계, 271)

상상행위는 실재화행위와 반대되는 것으로 보인다. (⋯) 그것은 대상을 부재로서 파악하며 비어 있는 것으로 나에게 나타난다. 상상행위는 구성하고 고립시키고 무화하는 일이다. (322)

충족 개념에 대한 비판을 출발점으로 사르트르는 이미지와 지각의 대상을 각기 '부재'와 '현존'으로 선명하게 구별하게 되며, 이는 사르트르의 이미지론과 상상 이론의 핵심적인 주장으로 전개된다. 상상한다는 일은 그 대상을 부재하거나 비존재로, 요컨대 '무'로 단호하게 설정하는 일이다. 지각과 상상은 동일한 대상을 향한 서로 다른 지향행위로 구별되는 것으로 그치지 않고 둘 중의 하나만을 선택해야 하는 배타적 의식행위라는 것이다. 대상을 무 혹은 비실재로 정립하는 상상행위는 의식의 무화(néantisation)에 이르게 된다.

(3) 이미지의 기능: 충족에서 부정으로

『상상력』과 『상상계』에서 읽혀지는 '후설에 대한 사르트르의 평가'만을 고려하면, 두 저서가 같은 맥락을 가진 것이라기보다는 상상과 지각 사이의 차이를 내세우며 분명한 '분기점'을 드러내는 이질적인 것으로 보이기까지 한다.[28] 앞서의 책에서는 후설이 현상학적인 방법을 통해 이미지에 대한 아주 새로운 연구 방향을 제시한 것으로 '칭송'되고 있는 반면, 『상상계』에서는 후설을 지워 나가며 상상의식에 대한 전혀 새로운 이론을 전개하고 있기 때문이다.

---

28 Patrick Vaudry, "Sartre: L'Envers de la phénoménologie," *Rue Descartes*, 2005/1, n° 47, p. 10.

상상과 지각의 관계를 유사 혹은 평행으로 보았던 후설과 달리 사르트르는 둘 사이를 근본적인 단절로 파악할 뿐만 아니라 배제 혹은 전도가 일어나야 가능한 것으로 파악한다. 즉, 사르트르에게 상상의식은 지각의식의 지향으로부터 전도(inversion)가 일어나야만, 즉 상상이란 대상을 지각하는 태도를 버려야만 가능한 일이 된다.

사르트르에 따르면 상상은 다른 의식활동—예를 들면 지각의식—과 동일한 의식의 능력이 아니라 존재 전체를 연루시키는 '세계-내-존재'의 전반적인 방식이다. 상상의식은 근본적으로 세계에 대한 '부정(négation)'의 힘을 표현하며 현실의 무화를 전제하고 비실재를 확인하는 의식의 양태이다.

> 부정의 행위는 이미지의 구성요건이다. (…) 이미지를 정립하는 일은 실재의 전체성 외부에 대상을 구성하는 일이고, 그러므로 그것은 거리를 두고 실재를 지탱하는 일이고, 그것을 초월하는 일이며, 요컨대 실재를 부정하는 일이다. (…) 의식이 상상할 수 있기 위한 조건은 의식이 세계를 그 종합적 전체성 안에서 정립해야 하며, 동시에 의식은 상상된 의식을 그 종합적 총체와의 관계에서 영향력이 미치지 않는 것으로, 다시 말해 세계를 이미지와의 관계에서 무로 정립해야만 한다. (상상계, 325-26)

상상의식의 부정성에 대한 강조는 사르트르를 후설로부터 멀어지게 한다. 왜냐하면 후설에게서 상상은 "현존의 재생(reproductioén d'une présence)"이라는 전통적 개념을 여전히 지키고 있기 때문이다.[29] 후설은

---

29 "현존의 재생은 그것이 순전히 허구적인 대상을 재생하는 것일지라도 그 안에 원래의 현존에 대한 최초의 참조를 간직하고 있다"(J. Derrida, *La Voix et le phénomène*, PUF, 1967, pp. 60-61).

상상을 재현(re-présentation) 혹은 최초 현존에 대한 이차적 현전화[중립성 변양]로 표현한다. 즉 지각은 대상의 현존이며, 상상은 그 현존을 재현하는 현전화(présentification)라는 것이다.

후설에게 상상의 대상은 비록 '지금 여기'에는 부재하더라도 어딘가에 관념적으로 실존한다. 대상이 직관에 주어지지는 않더라도 '현전화'시킬 수 있다고 보는 것이다. 이미지의 대상은 실존하지는 않지만 상상력의 고유성은 그것의 재현으로부터 그 대상(이미지의 대상)의 실존을 믿게끔 한다. 이것이 바로 사르트르가 비판한 부분이고 그로 인해 후설의 상상론은 다시금 전통적인 수준으로 내려가게 된다.[30]

사르트르에게 이미지는 그 어떤 현존도 가리키지 않는다. 상상의식이란 그 대상을 '무'로 정립하기 때문이다. 예컨대 후설이 "부재하는 내 친구 피에르의 이미지를 통해서 나는 나에게 현재 주어지지 않은 그의 현존을 겨냥한다"고 말한다면, 사르트르는 "베를린에 있는 내 친구 피에르를 나는 그의 부재 안에서 상상한다"고 말하는 것이다. 후설에게 이미지는 현존의 대용물(Ersatz)이고 그[대상]의 부재 속에서 그[대상]의 현존을 기억하는 한 방식이다. 그러나 사르트르는 완전히 다르게 말한다. 이 이미지 안에서 "나는 아무것도 포착하지 않을(je ne saisis rien)" 뿐만 아니라 "나는 무를 정립한다(je pose rien)". 즉, 상상이란 대상을 무로 정립하는 것이고, 상상하기 위해서는 실재의 세계를 떠나 비실재를 정립해야 한다. 그렇기 때문에 사르트르가 보기에 '베를린에 있는 내 친구 피에르를 상상하는 일'과 '켄타우로스를 상상하는 일'은 그 대상을 '무'로 정립한다는 점에서 아무런 차이가 없게 된다. 상상한다는 것은 지금 여기 없는 것을 대상으로 정립하는 일이고, 그 '없음'을 '비어 있음'으로, '아무것도 아닌

---

30 *Ibid.*

것'으로, '비실재'로 들여놓는 일이다.

이제 우리는 이 글의 초반에 인용한 뒤러의 동판화에 대한 후설의 분석을 사르트르가 『상상계』의 말미에 제시한 샤를 8세의 초상화에 대한 분석과 비교해 읽어 볼 수 있다.

> 샤를 8세의 초상화는 하나의 대상이다. 하지만 이 대상이 물론 그림, 화폭, 실재의 물감층과 같은 대상은 아니다. 화폭과 액자를 그 자체로 고려하는 한, '샤를 8세'라는 미학적 대상은 나타나지 않을 것이다. 그 대상은 실재화하는 의식(conscience réalisante)에 주어질 수 없기 때문이다. 미학적 대상은 의식이 세계의 무화를 상정하는 근본적 전향을 시행하여 스스로를 상상적으로 구성할 때 나타날 것이다. (…) 그림 안의 미적 대상은 비실재이다. (…) 줄기차게 확언해야 하는 사실은, 실재하는 것은 붓질의 결과, 화폭의 두터운 물감층, 표면의 우툴두툴함, 물감 위를 스쳐 간 니스라는 것이다. 그러나 이 모든 것은 미학적 평가의 대상이 결코 아니다. '아름다운 것'은 반대로 지각에 주어질 수 없는 존재이며 그것은 그 본성 자체가 우주로부터 고립되어 있다. (…) 아날로공을 통해 드러나는 것은 새로운 사물들의 비실재적 총체, 내가 한 번도 본 적이 없고 앞으로도 절대 볼 수 없을 대상들의 비실재적 총체이다. 그것은 그림 속에 결코 존재하지 않으며 세상 어디에도 없는 대상이지만 화폭을 통해 드러나며 일종의 사로잡힘에 의해 화폭을 독점하고 있다. 내가 아름답다고 규정하는 것이 바로 이 비실재적 대상들의 총체이다. (상상계, 334-38)

후설에게서는 이미지의 지향성과 지각의 지향성이 근본적으로 구별되지 않는다. 그렇기에 그것을 일차적으로는 정상 지각으로, 이차적으로는 지각의식 속의 '미학적 관조'로만 구분한다. 후설은 이미지와 지각의 대조와 대립이 실제로 어디에 있는지를 보여 주지 않으며 단지 지향의 차이로만 설명하는 것이다.

반면에 사르트르는 이미지의식의 대상이 '실재하지 않는다'는 분명한 사실로부터 지각과 상상의 차이를 읽어 낸다. 샤를 8세의 초상화를 '예술 작품'으로 바라볼 때 그 미학적 관조의 대상은 그 어디에도 없다. 단지 그 것은 그 실재하지 않는 대상을 표현해 낸 아날로공을 통해 '이따금' 상상 해 낼 수 있을 뿐이다.

> 그러므로 그 그림은 이따금 (관람자가 상상하는 태도를 취할 때마다) 바로 그 그
> 려진 대상이라는 비실재가 찾아드는(visitée) 물질적 사물로 이해되어야 한다.
> (*IMr*, 240; 상상계, 336)

후설은 판화의 질료는 변화하지 않지만 그것을 대하는 지향의 차이가 지각과 미학적 관조의 차이를 만들어 낸다고 설명한다. 후설이 '중립성 의 변양'으로만 설명할 뿐 더 이상 자세히 밝히지 않았던 이 의식의 내밀 한 구조를 사르트르는 비실재의 명제로 천명한다. 그림[예술작품]의 아름 다움은 예술가에게나 관람자에게나 모두 비실재일 뿐이다. 미학적 대상 은 그것을 비실재로 정립하는 상상의식에 의해서만 구성되고 파악되는 것이다.

4. 글을 마치며

후설의 현상학에서 중요한 방법과 이론적 토대를 발견하긴 했지만 사 르트르의 상상 이론은 후설과 뚜렷한 차이를 보인다. 지각의식에 우위를 두고 있는 후설에게 상상은 부차적인, 곁가지의 어떤 종합적 체험으로 나

타난다. 이 점을 사르트르는 분명히 알고 있었고, 후설 수용의 비판적 태도는 바로 여기에서 비롯한다.

사르트르는 상상의식을 옹호하고자 했고, 그것을 의식의 초월성과 자유, 자발성, 능동성에 연결지어 '의식에 덧붙여진 쓸데없는 기능'이라는 상상력에 대한 전통적 견해로부터 벗어나 상상의식의 위대한 기능을 되찾아 주고자 했다.

사르트르에게 상상이란 지금 여기에 실재하지 않는 대상을 아날로공의 방식으로 나타나게 하는 능력이다. 상상은 대상을 비실재적인 것으로 정립하며, 이 비실재적인 대상을 아날로공을 통하여 지금 여기에서 감지하게 하는 의식활동이다. 그리하여 사르트르의 이미지론을 구성하는 핵심적인 개념은 비실재성이 되며, 이것은 이후 그의 사상을 주도하는 주요 개념인 '무'가 비실재성 개념으로부터 연원하는 것임을 이해하게 한다.

그렇다면 우리는 왜 의식이 지각이나 사유에서 나타나는 개념의 순수성을 저버리고 이런 상태의 의식을 하게 되는지 자문하게 된다. 왜 의식은 엄격함이나 명료함은 결코 갖지 못하며 흔히 생각을 혼란스럽게 하는 상태에 들어서는지, 다시 말해 왜 상상하는지에 대해 질문하게 된다.

상상의식은 그 대상을 소유하기 위해 자신의 대상을 보고자 하는 "마술적 의식(conscience magique)"이라는 것이 사르트르의 설명이다. 상상적 태도는 우리가 생각하고 욕망하는 대상을 소유할 수 있는 방식으로 나타나게 하려는 목적을 가진 하나의 "주술(incantation)"이라는 것이다. 물론 이러한 시도는 실패로 귀착하게 되어 있다. 상상을 통해 대상이 나타나긴 하지만 그 대상은 비실재성을 띠고 있기 때문이다. 상상된 대상은 지각된 대상의 충만하고 전적인 현전과 경쟁할 수 없으며 대상의 무(néant)만을 포함할 뿐이다.

그러므로 사르트르에게 예술작품이란 "아날로공을 매개로 비실재적인 것, 부재하는 어떤 것을 상상하는 것"으로 규정된다. 베토벤의 7번 교향곡, 마티스 그림 속의 붉은 양탄자 등에서 우리는 선율과 화폭이라는 물질적 아날로공을 매개로 그것이 지향하는 어떤 비실재적인 것을 상상한다. 아날로공은 상상의식이 가닿게 될 그 어떤 세계나 대상 자체가 아니다. 우리는 단지 아날로공을 통해 그 너머의 어떤 세계 혹은 어떤 대상을 감지할 뿐이다. 『햄릿』을 상연하는 무대를 마주한 관객의 태도 또한 마찬가지다. 우리는 훌륭한 연기자가 재현하는 햄릿을 보고 있지만 우리가 그 무대를 통해 그려 내는 『햄릿』의 세계는 무대나 배우의 연기가 아니라, 그 너머이다. 베토벤의 7번 교향곡은 '어느 날 어떤 곳에서 어느 교향악단의 연주'라는 아날로공을 통해서만 우리에게 감지된다.

우리가 상상하거나 꿈꾸는 것이 실제로는 존재하지 않듯이 예술이란 존재하지 않는다고 말할 수 있다. 아름다운 것은 아날로공이 아니라 그 아날로공을 통해 감지되는 상상의식의 비실재적인 대상인 것이다. 그리하여 사르트르의 미학론은 "실재하는 것은 결코 아름답지 않으며, 아름다움은 오직 상상적인 것에만 적용될 수 있을 가치"(상상계, 342-43)라는 확언에 이르게 된다.

사르트르 비실재 미학과 참여미학의 교차[*]

오은하

서 론

"예술작품은 비실재다."[1]

"아름다움은 오직 상상적인 것에만 적용될 수 있을 가치이며 그것은 세계의 무화를 그 본질적 구조 속에 포함하고 있다." (*IMr*, 371)

예술을 본질적으로 현실을 벗어난 상상의 산물로 보는 이와 같은 선언은, 오랫동안 사르트르라는 이름의 주된 이미지를 형성하던 '현실에 연루된(engagé)' 예술론과 모순된다는 인상을 준다. 『문학이란 무엇인가?』의 커다란 영향력, 잡지 『현대』지로 대변되는 글과 예술을 통한 현실참여 노력 등이 참여작가이자 참여문학 이론가 사르트르의 이미지를 강화했고 널리 퍼뜨렸다. 그러나 사르트르의 전체 작품을 살펴보면 더 큰 지분을

---

* 이 글은 『불어불문학연구』 제98집(2014)에 같은 제목으로 실린 것이다

1 "l'oeuvre d'art est un irréel" (Sartre, *L'imaginaire*, Gallimard, coll. Folio essais, 2000, p. 362. 이하, '*IMr*, 362'처럼 줄임).

차지한 것은 '비실재 미학'인 듯 보이기도 한다.

현실에 이미 연루되어 있는 예술과 본질상 현실을 떠나 존재하는 예술, 이 두 관점의 대립은 사르트르의 논리적 자기모순으로, 또는 시간이 감에 따른 그의 '회심'의 결과로 자주 설명된다.[2] 그런데 과연 사르트르의 '비실재 미학'과 '참여미학'은 별개의 것이거나 단절적인 것인가? 사르트르의 미학을 실재와 비실재, 참여와 순수라는 두 극을 오가는 것으로 본다면, 사르트르의 본령은 이것이고 나머지 하나는 일탈이었다는 식의, 둘 중 어느 것이 그의 본심이었는지를 가려내는 논의에 갇히게 된다. 혹시 이 두 태도에는 대립이나 극적 전향이 아닌 연속성이 있지 않을까? 둘 사이의 연관관계를 해명할 필요가 있지는 않을까? 우리의 문제의식은 여기서 출발한다.

사르트르의 미학은 구체적인 예술론으로 체계적으로 발전된 것이 아니라 예술창조-감상이라는 현상을 소설, 문학비평, 미술비평, 철학서, 산문 등에서 그때그때 자기 목적에 따라 산발적으로 발전시킨 결과물이다. 이론적 기반을 비교적 구체적으로 담고 있는 글은 '비실재 미학'과 관련해서는 초기작인 『상상력』과 『상상계』, 특히 후자에서 본격적으로 전개한 이미지론을 들 수 있다. '참여미학' 쪽에는 물론 『문학이란 무엇인가』가 있다. 예술 일반에서 '산문'만을 떼어 산문문학의 참여만을 논하고자 했다고 주장함에도 불구하고 이 저작은 그의 예술론 전반에 적용될 논의를 풍부하게 담고 있다.

『상상계』에서 그는 '이미지'를 사물이 아닌 의식의 한 유형으로 복권시

---

2 초기작 『상상계』에서, 참여지식인으로서의 명망을 드높이던 시기의 『문학이란 무엇인가』로, 다시 말년에 『집안의 백치』에서 플로베르 연구에 몰두하던 모습으로 변모하는 그의 여정은 매번 이전 단계에 대한 부인과 단절로 해석되기도 하고, 참여미학으로의 짧은 외도를 제외하고 사르트르의 근원적 지향은 비실재 미학이라 결론 내리는 시각도 많다.

키면서 상상하는 의식의 무화시키는(néantiser) 태도를 내세운다. 일반적으로 이미지로 지칭되는 물질적 이미지는 '아날로공(analogon)'이라는 용어로 대체되는데, 아날로공은 비물질적 이미지의 물질적 받침대로서 상상하는 의식이 비현실을 겨냥하는 행위를 돕는다. 곧 상상이라는 지향적 의식은 아날로공을 동기 삼아 부재하는 대상에 가닿는다. 상상하는 의식의 구조를 밝히는 데 집중하던 『상상계』의 마지막 부분은 예술작품의 경우를 다룬다. 작품을 볼 때 일어나는 상상작용을 설명하며 예술작품 역시 '아날로공'에 편입시키고, 예술작품을 비실재로 분류한다.

『문학이란 무엇인가』를 읽기 위해서는 당대의 현실적 요구에 따른 (오늘날의 시각으로는 다소 장황해 보이는) 주장을 괄호 안에 넣는 일이 필요할지 모른다. 상황의 변화를 감안하며 '문학론'의 현재적 의의를 꼽는다면, 작품을 작품이게 하는 수용행위에 중요성을 부여함으로써 창작–수용 관계를 재정의할 길을 연 것을 들 수 있을 것이다. 특히 문학의 창조와 수용 과정을 은연중에 예술 일반으로 확장시키며 설명하는 제2장 '무엇을 위한 글쓰기인가'의 독창적인 논의는 이후 야우스, 이저 등이 발전시킨 수용미학에 앞선다.

작품의 물질성을 분리한 '아날로공'론과 작품을 작품이게 하는 '수용'의 문제라는 이 두 쟁점이 예술을 보는 오늘날 우리의 관점에도 시사하는 바가 많은 주제라 생각한다. 아날로공론과 수용의 문제를 중심으로 비실재 미학과 참여미학이 이 주제를 다루는 방식의 연속성과 분기점을 살펴보는 것이 본 논문의 주제가 될 것이다. 먼저 『상상계』의 주장을 중심으로 비실재 미학의 특징을 추출하고, 『문학이란 무엇인가』에 드러나는 예술론과의 연결 또는 변모나 모순관계를 살펴보는 순서로 논지를 전개하겠다. 그 과정에서 비슷한 문제의식과 현상학적 방법론을 사용하면서도 미적 체험의 독자성과 고유성을 주장한 미켈 뒤프렌의 관련 논의를 참고해 사르트르 입장의 독특함을 이해하는 데 도움을 받으려 한다.

1. '아날로공'이 되는 예술작품

우선 예술작품을 바라보는 태도를 묘사하는 한 장면을 소설 『자유의 길』에서 인용해 보자. 고갱 전시회에 간 마티외는 그림을 앞에 두고 아름다움을 관조하는 상태가 되지 못함을 의식한다.

> 지난주에 처음으로 이 초상화를 보면서, 마티외는 아름답다고 생각했다. 지금, 그는 무미건조한 기분이었다. 게다가 그는 그림을 보고 있지 않았다. 마티외는 제3공화국의 정신으로 경직된 현실과 진실로 가득 차 있었다. 모든 것은 실재하고, 그는 그걸 본다. 이 고전적인 빛이 비출 수 있는 모든 것, 벽들, 액자 속 화폭들, 화폭 위에 덕지덕지 굳은 색깔들을 본다. 그러나 그림은 보고 있지 않았다. 그림들은 빛을 잃었고, 존재하지 않는 사물들을 화폭 위에 나타내려고 그림을 그리는 사람들이 있다는 사실은 이 적절함의 세례 속에서 기괴하게 느껴졌다.[3]

지금 마티외가 보고 있는 화폭과 그 위의 색깔들은 지난주에 그가 아름답다고 생각하던 것과 같은 대상이지만, 지금 그가 보는 것은 대상의 물질성뿐이다. 그림을 대하는 마티외의 태도는 두 경험을 전적으로 다른 것으로 만든다. 존재하지 않는 대상들을 화폭에 나타내려는 노력의 결과인 '그

---

3 *L'âge de raison*, *Œuvres romanesques* (Gallimard, coll. Bibliothèque de la Pléiade, 1995), p. 468. 이하, '*AR*, 468'처럼 줄임).

림'을 아름답다고 보기 위해서는 상상하는 태도를 통해 그것을 다르게 보는 것이 필요하다. 이것이 우리가 미적 관조라 부르는 자세일 것이다. 이 대목은 마치 다음과 같은 『상상계』의 설명을 소설화한 것처럼 보인다.

> 사실 우리는, 화가란 우선 어떤 생각을 이미지로 가지고 있고 그다음에 그것을 화폭 위에 **실현**하는 것이라는 얘기를 자주 듣는다. [⋯] 사실 화가는 자신의 심적 이미지를 전혀 **실재화**하지 않았다. 그는 단지 물질적 아날로공을 구성했을 뿐이며, 각자가 그 아날로공을 관찰하기만 하면 그 이미지를 파악할 수 있게끔 한 것이다. 하지만 이처럼 외재적 아날로공이 마련된 이미지는 이미지로 머물러 있다. 거기에 상상적인 것의 실재화는 없으며, 기껏해야 그것의 **객체화**를 말할 수 있을 것이다. [⋯] 이처럼 그림은 때때로 (관람자가 상상적 태도를 취할 때마다) 비실재의 **방문**을 받는 물질적 사물로 이해되어야 한다. 그 비실재가 바로 **그려진 대상**이다.[4] (*IMr*, 363-64)

상상적인 것을 실재하는 사물, 곧 작품으로 옮기는 것이 아니라 물질적 아날로공으로 만드는 한 단계를 더 삽입해, 예술가는 상상적인 것을 '실현'하는 게 아니라 '객체화'하는 것이라 말한다. 이 물질적 아날로공이 예술작품이 되려면 반드시 수용자의 시선, 그것도 실재세계를 벗어난 상상하는 의식으로 보아 주는 시선을 거쳐야 한다.

이렇게 예술작품을 '아날로공'으로 보는 것은 두 가지 효과를 낳는다. 먼저 예술품의 힘을 축소한다. 그림이 그 자체로는 물감 자국이나 막연한 형체일 뿐인 것처럼, 예술작품 자체의 아름다움이란 없으며 아름다움은

---

4 국역은 윤정임, 『사르트르의 상상계』(기파랑, 2010), pp. 335-36. 이하, 국역은 이 책을 따르고 '상상계, 335-36'처럼 줄임.

아날로공을 통해 그 너머의 어떤 세계 또는 대상을 감지하는 상상의식에 의해서만 느껴진다. 이는 두 번째 효과인 수용하는 의식에 중요성을 부과하는 데로 이어진다. 작품은 쳐다보여질 때부터, 그것도 지각이 아닌 상상적 의식으로 응시될 때부터 예술로 존재하기 시작하므로, 수용자의 노력이 끝나는 순간 작품의 작품으로서의 성격도 끝이다.

이는 작품 자체보다 그것을 작품이게 하는 태도(상상의식la conscience imageante)에 초점을 맞추어, 예술품 자체가 중심에 놓이는 기존의 설명 구도를 수정하도록 한다. 그때까지 많은 미학이론에서 문제는 대부분 '작품'이 무엇을 의미하는가 하는 점이었던 데 반해, 아날로공론은 수용자의 자유에 절대적 무게를 싣는 관점이라 할 수 있다. 예술작품은 그 자체로 우리에게 자신을 감상하고 상찬할 것을 요구하는 의무도, 벼락처럼 내려오는 광휘도 아니다. 오직 다른 사물들 틈에서 그들과 같이 존재하다가, 어느 순간 보는 이가 상상적 태도를 발휘해 보아 주기를 기다리는 사물일 뿐이다. 앞서 미술관 장면에서처럼 현실적인 근심에 사로잡힌 마티외는 실재하는(réel) 모든 것들의 세계를 떠나 존재하지 않는 것들의 세계로 들어갈 수가 없다.

> 그는 언뜻언뜻 그림들을 보려고 애썼지만 아무런 감흥도 일어나지 않았다. 그는 짜증스럽게 생각했다. '그림은 보는 사람을 사로잡지 않는다, 스스로를 내보일 뿐이다. 그림이 존재하느냐 아니냐는 나에게 달렸고, 그림 앞에서 나는 자유롭다.' 지나치게 자유롭다. 이 사실은 그에게는 가중책임을 지웠고, 그는 자기가 잘못을 저지르고 있는 듯했다. (AR, 468)

작품은 그저 거기 놓여 있을 뿐, 중요한 것은 수용자의 의식이다. 수용자는 작품 앞에서 지각하는 태도를 취할 수도, 상상하는 태도를 취할 수도 있다. 곧 예술작품이 관람자에게 자신의 위상을 과하는 것이 아니다. 마티외는 예술작품 앞에서 완전히 자유롭다.

'상상력'과 '자유'의 강한 연관성이 여기서 감지된다. "의식의 상상하는 기능은 그 근원을 정신의 무화하는 힘, 다시 말해 정신의 전적인 자유로부터 끌어내는 것"[5]이며, "상상력은 의식에 쓸데없이 덧붙여진 경험적인 힘(un pouvoir empirique et surajouté de la conscience)이 아니"라 "자신의 자유를 실현하는 전적인 의식(la conscience tout entière en tant qu'elle réalise sa liberté)"(IMr, 358)이라는 말처럼, 사르트르에게서 상상의식의 행위는 의식이 근본적으로 자유임을 입증한다. 위 예문에서 이 상상하는 힘의 '자유'는 수용자의 것이다.

여기서 의문이 제기된다. 그렇다면 다른 사물들과 예술작품의 차이는 무엇인가? 예술품 앞에서 실재를 무화하지 않는 사람 앞에서 예술품이 그저 하나의 사물일 뿐이듯, 일상적 사물을 보다가 어느 순간 그 사물이 환기시키는 다른 세계를 체험하는 경우 그 사물은 작품과 같아지는가? 이는 예술품과 다른 모든 사물과의 차이를 지워 버릴 위험이 있다. 적어도 작품의 자리를 취약하게 만든다는 인상이 짙다.

그와 연결된 또 다른 의문은, 예술작품 앞 수용자의 자유와 초월에는 한계가 없는가 하는 문제이다. 작품을 다른 사물과 같게 보거나 예술품으로 보거나 하는 태도는 수용자가 자유롭게 선택할 수 있는 것이지만, 일단 상상의식으로 아날로공을 딛고 새로운 세계로 들어간다고 할 때 그 세계를 어떻게 보는가 하는 점도 전적으로 수용자에게 달려 있는 일인가? 마티외가 자신의 전적인 자유를 느끼면서 그 사실에는 더한 책임이 따른다고 생각하는 이유는 무엇이고, 이는 무엇에 대한 책임인가?

---

5 *Les Écrits de Sartre* (Gallimard, 1980, p. 78).

2. 미적 대상의 후퇴와 수용의 문제

사르트르와 동시대에 현상학적 미적 지각 이론을 발전시킨 미켈 뒤프렌은 이런 문제들과 관련해 사르트르를 비판했다. 상상의식이 아날로공을 거쳐 비실재에 가닿는 사르트르의 구도에서는 예술작품이 하나의 사물이자 아날로공이라는 매개에 그치게 된다. 뒤프렌은 이에 반대하여 미적 대상의 통일성을 지키려 한다.

뒤프렌은 '미적 체험'을 '미적 대상'과 '미적 지각'의 합치로 설명하는데, 이때 미적 대상은 '지각된' 예술작품이다. 미적 체험과 미적 대상은 분리되는 것이 아니며 미적 지각이 예술작품과 합류할 때 미적 대상이 출현한다. 이처럼 예술작품이 향수자를 통해 존재하는 구도는 사르트르와 흡사하다. 그러나 이때 '미적 지각'은 사르트르의 상상의식, 곧 '비실재화하는 의식'과 달리 지각물을 주의 깊게 주목하는 '실재하도록 하는 의식(une conscience réalisante)'이다. 의미란 관람자 주관의 현전 이전에 미적 대상이 즉자적으로 갖고 있는 것이고, 주관은 자신을 넘어 미적 대상에 공감적인 반성을 함으로써 미적 대상의 의미를 간파해 낼 수 있게 된다는 것이다. 예술작품이란 가능태에 불과하지만 우리의 감정과 반성활동을 유발하는 일정한 세계를 간직하고 있다. 뒤프렌은 이 세계가 창조자의 주관성을 간직하는 데서 온다며, 예술작품에 quasi-sujet(준주체)라는 지위를 부여한다.[6]

작품 자체가 주는 진리와 이를 이해하려는 수용자의 시선이라는 뒤프렌의 구도는, 실재를 뛰어넘어 비실재적 대상을 구성하는 상상의식의 자유와 초월을 강조하는 사르트르로서는 받아들일 수 없는 것이다. 마찬가

---

6 미켈 뒤프렌, 김채현 옮김, 『미적 체험의 현상학(상, 중, 하)』(이화여자대학교 출판부, 1991), 특히 제1부 '미적 대상의 현상학' 참조.

지로 뒤프렌의 입장에서 보면, 작품 앞에서 자신이 '지나치게 자유롭다'고 생각하는 마티외의 자세는 옳지 못할 것이다. 미적 대상은 그 자체로 관람자에게 일정한 요구를 하는 존재이기 때문이다. 그가 보기에 작품 앞 수용자의 무한한 자유라는 관념은 잘못된 것이다.

그러나 마티외가 '책임'을 말한 데서 느껴지듯, 사르트르 역시 수용의 상대주의를 옹호하는 것이 아님은 분명하다. 나쁜 수용의 예는 분명히 존재할 뿐 아니라 작품 안에서 집요하게 공격당한다. 실재하는 화폭과 물감 자국 앞에서 미적 관조의 자세로 돌아가지 못하는 마티외 앞에는 적극적인 예술품 소비자로 보이는 신사가 등장한다.

신사와 부인이 다가왔다. 거침없이 그림 앞에 우뚝 섰다. 그들이 시야를 가려서, 이비크는 한 걸음 옆으로 물러서야 했다. 신사는 몸을 뒤로 젖히고 유감스러운 듯 엄격한 눈으로 그림을 바라보았다. 권위자의 태도였다. 그는 레종 도뇌르 훈장을 받은 인물인 것이다.

"쯧쯧, 이건 별로인걸." 그는 고개를 저으며 말했다. "허, 고갱은 자기가 그리스도라고 생각했군. 그리고 저 검은 천사, 저기 고갱 뒤에 있는 저건 진지하지가 않아."

부인은 웃기 시작했다.

"저런! 정말 그러네요." 꾸민 듯 상냥한 목소리로 그녀가 말했다. "이 천사는 너무 문학적이에요."

"생각하는 고갱은 좋지 않아." 신사가 심오하게 말했다. "진짜 고갱은 장식하는 고갱이지."

그는 멋진 회색 플란넬 양복을 입은 날씬하고 건조한 몸으로 이 커다란 벗은 몸과 마주하여, 인형 같은 눈으로 고갱을 바라보았다. (*AR*, 469)

미술관에 와서 고갱의 그림을 감상하는 것을 자신의 지식과 취향을 과시하고 화가를 비평하면서 우월감을 느끼는 수단으로 사용하는 신사는, 미술관 방문이 '구별짓기'[7]의 수단이 되고 예술품 감상이 관습적 태도를 강화하는 결과를 낳는 제도화된 예술 감상 자세를 공격하기 위해 동원되었을 것이다. 예술품에 대해 이미 상정된 관념을 소비하는 부르주아들은 사르트르의 소설에서 언제나 주인공들의 대조군으로 등장하여 조롱당한다. 로캉탱이 재즈음악에서 희열을 느낄 때 쇼팽의 음악에서 위안을 얻는다는 '멍청이들'이 언급되고, 『말』에서 풀루가 세속의 성전인 영화관에서 느끼는 몰입은 어머니와 할머니가 교회음악을 들으며 보이는 황홀경과 대비된다. 이들의 만족감이 부정적으로 제시되는 것은 사르트르의 논리 안에서 납득할 수 있다. 예술작품을 물신화하며 미적 체험의 본질인 자유를 부정하는 태도, 사르트르의 작품에서 지속적으로 비판되는 부르주아 속한들의 전형적 태도인 것이다. 위 인용문의 신사는 그 대표 격이다. 이 세계를 무화하는 근본적 전향을 행해 세계를 벗어나는 상상의식의 초월 대신 현실적 태도를 취하면서 도리어 상상적 세계를 실재하는 세계로 끌어내리려 시도하기 때문이다. 이런 맥락에서 부르주아란 자신과 세계를 '비현실화할 줄 모르는 사람'이라 해도 되지 않을까 싶다.

수용의 태도에 대한 이런 비판은 '미적 대상'의 전언을 제대로 받아들이지 않았다는 뒤프렌 식의 비판과는 다르다. 뒤프렌이라면 위 신사의 모습을, 미적 체험을 가로막는 관람자의 미적 태도에 대한 예시로 삼았을 것이다. 그는 칸트를 따라 미적 체험이 사심 없는(sans intérêt) 지각에 의해

---

7 피에르 부르디외가 'distinction'이라는 용어로 지칭한 바를 말한다. 부르디외는 『구별짓기』 (La distinction: critique sociale du jugement, Les Éditions de Minuit, 1979)에서 예술과 문화 소비, 그 과정에서 형성된 취향이 계급의 지표가 되고 사회적 차이를 정당화하는 기능을 갖게 되는 양상을 분석하였다.

이루어져야 한다고 믿는다. 관람자가 예술작품에서 드러나는 일종의 자율적인 성격을 애초에 배제하고 의미가 고정되었다고 단정하면, 표현하려는 미적 대상의 의도에 능동적으로 참여하여 의미를 감정적으로 인식하는 미적 체험에 도달하기 어렵다. 뒤프렌이 진정한 미적 체험을 옹호하는 이유는 이 체험에 의해서만 개인은 주관성을 초월해 대상이 가진 의미에 이르고 세계와 세계 속 타자와 만날 수 있다고 믿기 때문이다. 그런데 뒤프렌에게 미적 체험에 의한 이 '소통'은 일방향에 가깝다. 그는 미적 대상이 부과하는 일정한 요구를 앞세워, 비실재 역시 미적 대상의 외부에서 만들어지는 것이 아니라 미적 대상 내부에 존재하며 미적 대상 내에서 포착되어야 한다고 말한다.[8] 위의 신사와 같은 태도로 예술품을 보는 이들, 자신이 가진 선입견이나 편견에 갇히고, 예술이 주는 사회적 상징기호들에만 집착하거나 공감적 반성 아닌 비평적 반성에만 그치는 이들은 미적 대상이 전달하는 바를 이해하지 못하기 때문에 소통에 실패한 것이다.

사르트르의 경우, 부르주아 관람객들의 문제는 작품이 구현하는 세계를 사심 없이 보지 못한 데 있기보다 자기 자신의 의식의 자유를 부정했다는 데 있다. 뒤프렌처럼 미적 대상이 제공하는 것을 열린 마음으로 받아들이기만 하면 되는 것이 아니라, 그 이전에 자유를 사용하여 세계를 비현실화해야 한다는 의무가 선행한다. 곧 사르트르에게서는 다른 모든 부분에서 그렇듯 예술작품을 감상할 때도 의식의 '자유' 자체가 본질이자 하나의 규범이 된다. '상상하는 의식의 자유'에 의한 예술작품의 수용은

---

8 "미적 대상은 오로지 제 자신만을 지시하며, [⋯] 미적 대상은 자체의 고유한 의미를 담지하고 있으며, 또한 타인과 친교를 맺음으로써 타인의 존재를 납득하게 되는 것처럼 우리는 미적 대상과 보다 깊이 합일의 상태를 견지함으로써 미적 대상 자체의 고유한 의미를 발견하게 된다"(뒤프렌, 『미적 체험의 현상학(상)』, pp. 402-03).

위에 언급된 신사 같은 이들의 만족감과는 대척점에 있을 것이다.

두 가지 특이점을 지적하고 싶다. 사르트르는 예술을 생각할 때도 작품 자체보다는 수용자의 입장을 언제나 먼저 떠올리는 듯 보인다는 점이다. 또 하나는, 수용자의 자유라는 개념이 수용의 전적인 상대주의와는 거리가 멀다 해도 기준이 모호하다는 사실이다. 뒤프렌처럼 '미적 대상이 제공하는 것을 받아들이기'라는 준거가 있는 것이 아니라, 단지 실재와 비실재를 혼동해 뒤섞지 말아야 한다는 규범만 존재하는 것 같다.

이처럼 초기 사르트르의 미학적 원리에서 가장 중요한 것은 자유의 수행이며, 이는 세계를 부정하고 무화하는 상상하는 의식의 속성을 충실히 따르는 일이다.

3. 상상계로의 도피

위 부르주아 신사의 경우처럼 미술관 방문이 자신의 교양과 사회적 지위를 증명해 주는 계기라 생각하며 그림 감상과 비평을 통해 자신의 존재권리를 보장받는 듯 기쁨을 누리는 이들이 있다. 그들은 예술 체험을 사회적 기호로 만들어 실제세계에서 효용가치를 가진 사물처럼 다룬다. 그런데 이렇게 예술적 체험의 의미를 왜곡해 착취하는 경우가 아니라 순전히 개인적인 위안이나 즐거움을 구하려는 감상 태도 역시 사르트르의 작품에서는 극히 부정적으로 묘사되는 경우가 잦다.

예술에서 위로를 끌어내려는 멍청이들이 있는 것 같다. "네 삼촌이 돌아가시고 쇼팽의 전주곡이 나에게는 정말 구원이었단다" 하고 말하는 비주아 숙모처럼. 연주회장에는, 눈을 감은 채 파리한 얼굴을 수신 안테나로 바꿔 보려고 애쓰는 속상하고 모욕당한 사람들이 넘쳐난다. 자기들이 포착한 부드럽고 기름진 소리가 자기들 안으로 흘러들어서, 젊은 베르테르처럼 자신들의 고통이 음악이 된다고 상상들을 하고 있다. 아름다움이 그들에게 동정적이라고 믿는 게지. 머저리들.[9]

"나는 화가들에게 순수성을 요구하네. 이 그림은 말이지…." 리치가 말했다.
"그림은?"
리치는 도취되어 말했다.
"천사 같지. 우리 미국인들은, 행복한 사람들이나 행복해지려 애쓰는 사람들을 위한 그림을 원해."[10]

전자는 『구토』에서 재즈음악에 매료된 로캉탱이 현실의 상실감에 대한 위로를 얻기 위해 음악을 듣는 이들을 자신의 반대편에 놓고 비웃는 장면이다. 후자는 『자유의 길』 세 번째 권 『상심』에 등장하는 또 다른 미술관 장면이다. 화가였고 스페인내전의 투사였던 고메즈가 망명지인 미국에서 미국인 지인과 현대미술관을 방문했는데, 이 지인은 미국인들은 행복하게 느끼게 만드는 예술을 찾는다고 말한다. 현실의 슬픔에 대한 위로, 또는 현실의 행복을 위한 만족감, 초점화자인 로캉탱과 고메즈의 의식을 통해 이 둘을 모두 조롱하거나 경멸하는 두 작품의 뉘앙스는, 예술작품의 중요한 기능 중 하나인 정서적 위안이나 쾌감을 부정하는 듯 보이게까지 만든다.

위 대목들에서 문제 되는 것은 관람자가 이미 가지고 있는 욕구를 충

---

9 *La Nausée*, *Œuvres romaneques*, p. 205. 이하, 'N, 205'처럼 줄임.

10 *La mort dans l'âme*, *Œuvres romaesques*, p. 1158. 이하, 'MA, 1158'처럼 줄임

족시킬 수 있을 것이라는 기대, 즉 개인적 불행을 치유받거나 행복한 기분을 느낄 수 있다고 믿으며 작품을 감상하는 행위인 것 같다. 즉 작품이라는 아날로공에서 시작해 상상의식을 발동시키는 것이 아니라, 이미 자신의 목적이나 기대를 지닌 상태로 작품을 이용하는 일이다. 그런데 '상상계 내부에서의 만족과 위안'이라는 주제는 우리가 사르트르의 글 안에서 빈번하게 만나는 주제이다. 『말』에서 어린 풀루가 현실의 불안을 잊기 위해 상상세계로 도피하는 장면들은 대표적이다.

이 대목에서는 이미지의 '본질적 빈곤성(pauvreté essentielle)'(*IMr*, 284)이라는 개념에 대한 이해가 필요하다. 상상의식에 의해 구성된 세계는 '준(準) 관찰 현상(phénomène de quasi-observation)'의 지배를 받는다. 이 용어는 지각하는 의식과 상상하는 의식의 구분에서 나온다. 관찰하면서 서서히 지식이 형성되는 지각과 달리 이미지는 처음부터 온전한 전체로서 주어진다는 것이다. 지각에 의해 구성되는 세계에서는 무한한 관계들이 현실에 계속 부과되는 반면, 상상의식을 통해 탈실재화된 세계는 우리가 아는 만큼 또는 의도한 만큼만을 이미지로 구성해 우리에게 건넨다. 이미지는 그것을 상상하는 의식을 넘어설 수 없기 때문이다. 따라서 본질적으로 '빈곤'한 이미지로 구성된 상상세계는 우연성이 아니라 필연성이 지배하는 세계이며, 이 점에서 안심할 수 있는 세계이다. 이렇게 확실하고 안심할 수 있는 이미지들의 세계로 들어가는 상상계로의 '도피'는 사르트르가 설명하는 거의 모든 작가들(자신을 포함한)의 주된 태도였다.[11] 이 이미지와 상상의 세계에 대한 매혹과 경계심은 번갈아 가며, 또는 동시에, 사르트르에게서 지속적으로 드러나는 주제이다.

---

11 형이상학적/실존적 도피의 양상과 상상계로의 도피를 선택한 작가들의 태도를 설명한 글로 지영래, "사르트르의 상상력 이론과 도피로서의 문학", 『프랑스어문교육』 제39집(2012), pp. 525-47 참조.

많은 이들, 특히 이미지의 '풍요로움'을 예찬한 이들에게 맹렬하게 공격당했던 이 개념에 대해 뒤프렌의 비판을 다시 살펴보자. 그는 사르트르가 비실재적인 것과 상상적인 것을 사실상 동일시한 것을 비판하며, 비실재화하는 기능을 상상력의 기능 전체로 간주한 것이 오류였다고 판단한다. 그가 보기에 상상력에는 '비실재화시키는 상상력'과 '실재화시키는 상상력'의 두 가지가 있으며 비실재화는 상상력의 부분적인 기능에 지나지 않는다. 비실재는 그 자체로서만이 아니라 실재에 도달하는 수단으로서도 가치가 있다. 또 상상력은 미적 대상을 볼 때 지각과 협력관계를 유지해야 한다.[12] 뒤프렌은 사르트르의 비실재 미학 논리대로라면 『문학이란 무엇인가』에서 수용자의 변화를 촉구한 사르트르 자신의 주장이 성립할 수 없음을 비판의 논리로 삼는다.[13] 예술작품 자체가 비실재를 겨냥한다면 예술작품의 현실참여는 어불성설이다. 비실재가 어떻게 실재에 대한 의무를 강요받을 수 있겠는가.

그런데 우리는 위에 든 예들에서, 자신의 상상만으로 이루어진 세계에 안도하는 풀루 등과는 달리 예술작품이라는 다른 세계와의 관계 하에서만 존재하는 감상자들에게는 또 다른 요구가 부과됨을 보았다. 집안의 잉여존재로서의 고뇌를 달래 보려고 피아노 소리에 맞추어 상상 속의 결투를 벌이는 풀루의 세계를 그리는 양가적인 시선에 비해, 음악회장에서 '자신들의 고통을 음악으로 바꿔 보려는' 청중들, 곧 작품 안에서 자신이

---

12 "비실재를 위하여 실재를 부정하는 능력만이 상상력이 갖춘 유일한 능력이라고 단정할 경우에는, 실재를 부정할 수 있는 또 다른 방식, 즉 존재를 두드러지게 하기 위해 우리 자신이 무(無) 속으로 진입하는 그런 방식이 있는 것처럼 실재로 복귀하기 위해 실재를 지양하는 방식은 거들떠보지도 않을 위험이 제기된다. [...] 실재를 예견, 인지할 수 있도록 할 뿐만 아니라 실재에 밀착할 수 있도록 하는 기대행위를 통하여 실재를 미리 형태짓는 일 역시 상상력의 본질적인 기능에 해당하는 것이 아닐까?"(『미적 체험의 현상학(중)』, p. 595)

13 『미적 체험의 현상학(상)』, pp. 364-65.

아는 것만을 발견하여 상상계 안의 안전한 느낌에 의존하고 싶어 하는 수용자들은 과도하다 싶게 맹렬히 비판당한다. 예측 가능한 세계에서 느끼는 안도감이 상상행위의 본질 자체이지만, 예술품을 감상하는 행위까지 안전한 세계 속의 체험이어서는 안 된다는 것이다. 곧 자기 안의 상상 세계로 도피하는 일과 예술작품을 경유한 경우는 다르게 취급된다.

이런 논리대로라면 사르트르에게 있어서도 예술작품이 단순히 상상하는 의식의 받침대에만 그치는 것은 아니게 된다. 상상하는 의식을 곧 비실재화라고 묶어 놓은 그의 상상력론에 이론의 여지가 있는 것과는 별도로, 예술작품의 수용 과정이 이에 국한되는 것만은 아니다.

이 부분에서 사르트르는 미적 지각과 예술 수용행위 전체를 구분해야 했을 테고, 그래서 『문학이란 무엇인가』에서는 예술작품에서 아름다움, 즉 비현실을 의미하는 미적 요소와 의사소통의 요소를 분리하는 쪽으로 나간 것 같다. 그러나 그는 작품의 창작과 수용 행위에서 이 두 요소가 어떻게 구분되고 상호작용하는지를 정교하게 탐구하는 대신에, 다소 성급하고 무리한 논리로 예술 일반에서 산문문학만을 분리시켜, 산문문학에 있어 참여의 당위성을 주장했다.[14] 산문의 경우는 비실재를 겨냥한 아날로공이 아니라 직접적인 의미전달의 도구가 된다는 것이다. 그러나 여타 예술장르는 분리, 논외로 하고 오직 '산문문학'만을 대상으로 한다고 주장함에도 불구하고, 『문학이란 무엇인가』는 은연중에 예술 전반에 대한 생각으로 확대되고 구분은 흐려진다. 산문과 여타 예술, 예술언어의 기

---

14 '문학론'의 1장은 다음 문장으로 시작한다. "아니다. 우리는 회화와 조각과 음악도 '역시 참여시키려는' 것이 아니다. 적어도 같은 방법으로 참여시키려는 것은 아니다"(정명환 옮김, 『문학이란 무엇인가』, 민음사, 2000, p. 11). 이하, 원문은 *Qu'est-ce que la littérature?* (Gallimard, coll. Folio essais, 1999), 국역본은 정명환의 것으로 인용하며, 각각 '*QL*, 쪽수', '문학이란, 쪽수'처럼 줄임.

호성과 사물성이 실제로는 완전히 분리되는 것이 아님이 여러 차례 언급되고 있으며, 그의 산문문학론은 천명한 의도와는 어긋나게 예술 일반에 대한 논의로 확장된다.[15] 일례로 여기서 설명하는 작가와 독자 간의 소통 구조는 다른 곳, 예를 들어 『도덕을 위한 노트』에서 예술 전반의 창조자-수용자 간의 '미적 소통' 방식으로 자주 되풀이된다. 이후 그가 미술비평들에서 '예술가의 참여'에 대해 반복해서 역설한 것을 보아도, 실제로 산문과 여타 예술 사이에 유효한 구분이 이루어지고 있지는 않는 듯 보인다.

4. 매개와 전체

『자유의 길』 첫 번째 권 『철들 나이』의 미술관 장면, 고갱을 평하는 부르주아 신사의 예에서, 수용자들이 환원적인 설명에 만족하는 안일함이나 현실적 효용을 얻고자 하는 기대를 벗어나 자유로운 의식을 유지해야 한다는 당위를 보았다. 반면, 이와 같은 수용자 입장의 윤리를 넘어 작품과 작가의 경우를 다루는 "예술은 이러저러한 것이어야 한다"는 주장은 찾아볼 수 없었다. 그런데 세 번째 권 『상심』의 미술관 장면은 고메즈의 입을 통해 예술에 대한 또다른 요구를 제시한다.

---

15 "음조와 색채와 형태는 기호가 아니어서, 외부에 있는 그 어떤 것도 지향하지 않는다. 물론 그것들을 엄밀히 그 자체로만 환원해서 생각한다는 것은 전혀 불가능한 일이며, 가령 순수한 소리라는 개념은 하나의 추상에 불과하다. 메를로퐁티가 『지각의 현상학』에서 잘 지적하고 있는 것처럼, 의미가 전혀 배어 있지 않을 정도로 완전히 순수한 성질이나 감각은 없다"(문학이란, 12); "읽기는 지각과 창조의 종합"(64)이라는 문장의 각주에서 "다른 예술작품들(그림, 교향곡, 조상彫像 따위)을 대하는 사람들의 태도에 관해서도, 정도의 차이는 있지만 같은 말을 할 수 있다"고 언급하는 등.

"그거야, 몬드리안은 질문을 던지지 않으니까." 고메즈가 말했다.

리치는 고개를 젓고 못마땅한 듯 혀를 쯧쯧 찼다.

"무수한 질문을 던지는걸."

"그렇지, 하지만 성가신 질문은 하질 않지." (MA, 1157)

예술은 '성가신 질문들'을 제기하는 것이어야 한다는 고메즈의 말은, 작품이 감상자가 익숙한 세계 속으로 도피하지 못하도록 해야 한다는 주장이다. 이 '질문들'은 작가가, 작품을 거쳐, 보는 이들에게 제기하는 질문일 테고, 보는 이들이 발 딛고 있는 실제세계의 어떤 면모를 문제 삼는 것이기에 '성가신' 질문일 것이다. 이렇게 예술 감상이 근본적으로 안전한 세계가 아니라 관람자에게 새로운 경지를 열어 보여 줄 수 있는 것이려면, 수용자가 이미 갖고 있던 것을 촉발시키는 촉매제일 뿐 아니라 작품 스스로 내포하는 것을 수용자에게 부과한다는 측면도 있어야 한다. 그러려면 작품은 그 안에 상상의식의 받침대인 '본질적으로 빈곤한' 이미지만이 아니라 지각을 통해 수용해야 할 정보와 지식을 담고 있기도 한 사물이 되어야 한다.

이는 지각과 상상력을 단절시켜 둘은 양립 불가능하다고 확언한 『상상계』의 주장[16]과 모순되는 것이 아닌가? 『상상계』 말미에서 사르트르가 예로 든 샤를 8세의 초상화를 생각해 보자. 초상화가 우리에게 '미학적 대상'으로서 나타날 때는 "의식이 세계의 무화를 상정하는 근본적 전향

---

16 상상계와 현실세계 사이의 이분법은 사르트르의 상상력 이론에서 자주 비판받는 지점이다. Cf. Edward S. Casey, "Sartre on Imagination," *The Philosophy of Jean-Paul Sartre* (The Library of living philosophers, 1981), pp. 154-58. 사르트르의 상상력 이론만을 분석한 이 글에서 Casey는 실제적 요소와 상상적 요소가 자주 뒤섞이는 경험세계에서 이와 같은 엄격한 분리는 일어나지 않는다며, 상상과 지각이 자율성을 유지하면서도 서로 창조적으로 합류할 가능성을 열어 두어야 한다고 주장한다.

을 시행하며 스스로를 상상적으로 구성할 때"이며, 미학적 평가의 대상이 되는 아름다운 것은 "그 본성 자체가 우주로부터 고립"된 것이다(*IMr*, 362-63). 그렇지만 우리는 상식적으로 하나의 작품 안에는 당연히 미학적 요소 이외의 것들이 깃든다는 것을 알고 있다. 철학적 개념, 역사적 상황, 당대의 유행, 작가의 전기적, 자서전적 기록 등이 작품 안에 무수히 기입된다. 물론 성공한 예술작품은 이를 미학적으로 잘 통합한 것이겠으나, 수용자 입장에서 이런 정보들에 대한 지식을 이미 가지고 작품이 제시하는 기호들을 해독하는 것은 어쩔 수 없을 것이다. 이때 그림이 우리에게 주는 감동에 이것이 누구의 초상인지, 의복이 어느 시대의 것인지, 화가는 동시대인인지 후세인인지, 왜 이 주제를 택했는지 등에 대한 지식이 개입하지 않는다고 말하기는 어렵다. 상상적인 세계와 실제세계 사이 구분은 모호하다.

　그런데 여기서 '미학적 경험'과 '수용'을 동일시하는 것은 무리인 것 같다. 사르트르 역시 지각하는 의식과 상상하는 의식 모두 무언가를 지향하는 의식으로 보고 두 가지 태도가 동시에 일어날 수는 없다고 말했지만, 둘 사이의 부단한 왕복운동이나 상호작용을 배제한 것은 당연히 아니었다. 샤를 8세의 초상화를 보는 행위를 묘사한 『상상계』의 설명은 초상화가 '미적 대상으로 나타나는 순간'을 설명하기 위해 세계를 무화시키는 한 순간을 설정한 데 국한된 것이었다. 현실을 무화하는 상상의식의 작용에 국한된 미학적 경험의 예시를 수용행위 전체와 동일시할 수는 없을 것이다. 곧 작품 감상에는 아날로공에서 출발한 상상하는 의식만이 아니라 작품이 제공하는 요소를 지각하는 의식 역시 존재하며, 수용행위는 미학적 경험 자체와 동일한 것이 아니라 미학적 경험을 포괄하는 행위 전반을 말하는 것으로 보아야 한다. 그렇다면 '예술작품은 비현실이다', '예술작품은 성가신 문제를 제기해야 한다'는 모순되어 보이는 두 명제는,

전자는 미적 대상으로서의 예술작품을, 후자는 총체적인 수용의 대상으로서의 예술작품을 의미하는 것으로 구분해 이해할 수 있을 것이다.

이 점에 있어서 『상상계』는 예술작품과 관련해 전자의 측면만을 설명했다. 앞서 보았듯 상상력이 지각과 협력해 통일적으로 대상을 조망하게 해 줌을 강조하는 뒤프렌은 이 때문에 사르트르가 비실재화만을 상상력의 기능 전체로 상정한 것을 비판한다. 그런데 '지식(le savoir)은 상상력의 한 측면'이라는 것은 『상상계』가 누누이 강조한 대목이었다. 지각과 마찬가지로 이미지도 구체적 지식을 반드시 전제하며, 이미지는 이 지식의 층을 횡단해야 어딘가로 나아간다.[17] 다시 말해 아날로공을 관통하며 이미지를 만들어 내는 것은 이미 갖고 있던 지식이다. 친구 피에르의 사진을 보며 피에르를 떠올릴 때, 상상 속에서 이미지화된 피에르는 내가 이미 알고 있는 모습을 벗어날 수 없으므로, 눈앞에 살아 움직이는 피에르를 관찰할 때 무한히 새로운 점을 발견할 수 있는 것과 달리 '빈곤'하다. 그런데 사진이 피에르의 모습을 떠올리게 하는 역할이 아니라 그 자체 지각의 대상이 될 때, 피에르의 모습이나 표정이 내가 알지 못하던 새로운 피에르에 대한 정보를 전해 주는 경우에, 피에르는 내가 알고 있는 친구의 모습에 국한되지 않고 또 다른 면모를 지닌 다른 인물로 받아들여지며 상상력을 자극할 수 있고, 새롭게 이미지화될 수 있을 것이다. 물론 이때 만들어진 또 다른 이미지 역시 내가 이미 갖고 있는 이런저런 다른 인물 또는 세계에 대한 지식에서 출발한 것이므로 '이미지의 본질적

---

17 "그렇지만 지각과 이미지는 말이나 이미지 없이 구체적 지식을 전제한다"(*IMr*, 24, note 1; 상상계, 30); "이미지는 그 지향에 의해 정의된다. 지향은 피에르의 이미지를 피에르에 대한 의식으로 만드는 것이다. 지향을 그 기원에서 파악하면, 즉 우리의 자발성에서 지향이 분출할 때 파악해 보면 아무리 헐벗고 가식 없는 지향을 상정하더라도, 이미 어떤 지식을 내포하고 있다. […] 그러므로 지향은 지식을 장전하고 있고, 지식의 층이라고 일컬을 수 있는 의식의 층을 횡단한다"(*IMr*, 115; 상상계, 115-16).

빈곤함'을 벗어나지 못한다고 볼 수는 있다.[18] 문제는 아날로공이 제시하는 정보가 촉발하는 지각작용들이 상상작용과 교대하며 맺는 복잡한 관계이다. 그러나 상상과 지각, 지식(savoir)의 문제를 따져 보려 할 때 『상상계』의 설명은 충분치 않은 것이 사실이다. 공백으로 남아 있는 부분을 추측으로 채워 보자면, 피에르의 얼굴을 떠올리게 하는 아날로공이 단순한 재현에서 멀어지는 것일수록, 곧 창조의 몫이 더해진 것일수록 내가 받을 신선한 충격이 클 가능성도 높아질 것이다. 예술작품이란 이 창조의 몫이 극대화된 형태의 사물이라 말할 수 있겠다.

가설을 정리해 보자. 예술품이 '성가신 질문들'을 제기한다면, 수용자가 자신이 이미 가진 지식을 바탕으로 아날로공에서 도약해 이미지화하는 측면 말고, 기존의 인식을 부정하거나 흔드는 다른 요소를 수용자에게 내보이기 때문일 것이다. 수용자의 경우, 작품을 보며 감지하는 이미지들의 세계가 반드시 자기가 '아는 것'에 국한된 빈곤함이 아닌 이유는, 창조자가 제기한 새로운 문제를 '지각'하면서 그것을 발판으로 새로운 인식에 도달할 수 있기 때문으로 볼 수 있으리라 생각된다.[19] 그렇다면 작품을 볼 때 시작되는 상상의식은 수용자가 이미 가지고 있던 지식과, '아날로공'이 게시하는 지식 곧 창조자가 게시한 지식, 둘 모두를 관통해 지나갈 것이다. 혼자 하는 상상과 달리 작품의 수용자는 인식과 세계의 확장이라는 측면에서 유리한 위치를 점하고 더 큰 과제를 떠맡는 것이기도 할 것

---

18 "우리는 초상화를 마주하고 그것을 관찰한다. 피에르에 대한 상상의식은 꾸준히 풍부해진다. 새로운 디테일이 꾸준히 그 대상에 덧붙여지기 때문이다. 피에르 얼굴에서는 알아내지 못했던 주름을 그의 초상화에서 보게 된 이후부터 나는 주름을 피에르에게 부여하게 된다"(IMr, 51; 상상계, 57).

19 다음과 같은 구절에서도 창조행위가 수용자에게 실재를 전달한다는 생각이 읽힌다. "이처럼 우리의 모든 창조는 타자에게는 발견된 현실(réalité trouvée)이다"(Cahiers pour une morale, Gallimard, 1983, p. 135).

이다.

그런데 이 구도는 앞서 살펴보았듯 뒤프렌이 예술작품을 인간의 영혼이 들어간 '준주체'로서 자신의 의미하는 바를 수용자가 주시하게 한다는 주장에 가까워진다. 그러나 그 자체의 내적 목적이나 관념이 존재하지 않는 '아날로공'으로서의 작품에 뒤프렌처럼 인격성을 부여한다는 것은 모순이 될 것이다. 사르트르에게 작품은 사물에 불과하고, 중요한 것은 사물을 어떤 방식으로든(상상이든 지각이든) 지향하는 자유로운 의식이기 때문이다.

사르트르는 이 대목을 교묘한 논리로 해결한다. 우선 작가 자신 주체성을 작품에 투사한다는 사실은 인정한다. 작품의 의미는 작가의 의도와 무관하지 않다. 그런데 이 의미는 독자가 자신의 주체성을 흘려 넣을 때만 실현된다.[20] 작품 자체는 내재적인 의미가 없는 일반 사물에 지나지 않는다. 곧 창조자와 수용자의 자리를 각각 따로 마련하고, 아날로공이라는 '매개'를 이용해 창조자와 수용자를 만나게 한 것이다.

우리는 『상상계』 결론부에서 도덕과 미학을 혼동해서는 안 된다는 언급을 본다("아름다움은 오직 상상적인 것에만 적용될 수 있을 가치이며 그것은 세계의 무화를 그 본질적 구조 속에 포함하고 있다. 그렇기 때문에 도덕la morale과 미학l'esthétique을 혼동한다는 건 어리석은 일이다. 선(善)의 가치들은 세계-내-존재를 상정하며, 실재 안에서의 행동들을 겨냥하며 무엇보다 실존의 본질적인 부조리에 복종한다." IMr, 371; 상상계, 343). 비실재 세계에서만 가능한 '미'의 가치와 실재를 겨냥하는 '선'의 가치를 구분하는 이 명제는, 『문학이란 무엇인가』에서는

---

20 "창조자인 내게 있어 창조물이 객체이기 위해서는, 타자가 내 작품을 맡아서, 어느 정도로는 그것을 전유하고, 거기에 자신의 주체성을 흘려 넣어야만 한다. 한마디로 타자가 그것을 창조한다고도 말할 수 있는 것이다"(Ibid.). 이 과정에 대해서는 변광배, "사르트르의 참여문학론 (2): 독자를 위한 문학", 『프랑스학 연구』 제62집(2012), pp. 125-50, 특히 pp. 127-30 참조.

정반대로 미적 요청에는 도덕적 요청이 내포된 것이라는 단언으로 변모한다.[21]

사르트르 특유의 단언하는 어조 때문에 대조와 모순이 눈에 더욱 잘 띄는 이 두 대목은 사르트르 논리의 내적 갈등을 예시하기 위해 내세워짐직하다. 그러나 두 번째 문장에서 주목해야 할 것은 'l'impératif'라는 말이다. '미학'이 아닌 '미적 요청'이라는 말로 그는 아름다움 자체가 아니라 예술작품이라는 경로를 거쳐 수용자에게로 향하는 사회적 요청을 문제 삼는다. 아름다움을 담보하는 비실재 자체가 아니라, 그것과 인간이 맺는 관계에 초점이 맞춰지는 것이다. 개인적인 차원에서 공상에 빠지거나 아름다움을 느끼는 행위는 비실재의 세계로 투신한 것이지만, 자신의 상상을 굳이 작품으로 객체화해 누군가 그것을 보아 줄 것을 요구하는 행위는 그 자체 실재세계에서 행해지는 일이다. 그래서 작품은 하나의 '호소'가 된다.[22] 비실재를 지향하는 작품을 직접 현실과 연결시킬 수는 없지만, 창작하는 창조자와 받아들이는 수용자는 실제세계에 발 딛고 현실에 기반해 '아날로공'을 계기로 상상력을 발동하는 만큼 이들과 관련해서는 앙가주망의 가능성이나 의무를 말할 수 있을 것이다.

뒤프렌의 경우 대등한 존재로서 마주하는 것은 '미적 대상'과 '관람자'였다. 미적 대상이 관람자의 실존을 가능하게 하고, 관람자는 미적 대상을 완결한다. 미적 대상과 관람자가 대등한 존재로서 마주하게 하기 위해 창작자의 주관성은 '표현된 세계'의 층위에서 드러나는 것으로 처리된다. 사르트르의 경우 예술작품은 '아날로공'이라는 매개가 되어, 작품의 수용자에 대한, 또는 작품의 창조자에 대한 관계보다는 창조자와 수용자라는

---

21 "문학과 도덕은 전혀 다른 것이지만, 미적(美的) 요청의 밑바닥에는 도덕적 요청이 깔려 있는 것을 우리는 알 수 있다"(문학이란, 71).

22 "예술작품은 호소이기 때문에 가치이다"(같은 곳).

두 주체가 맺는 관계에 집중할 여지를 남긴다. 미적 체험을 '매개'를 둘러 싼 주체들의 호소-응답으로 만든 것이다.

이제까지 본 '참여' 시기의 예술론에서도, 우리는 사회적 측면이 생각 보다 약하다는 인상을 받는다. 예술의 사회, 문화적 개입 문제에 대한 언 급은 별로 찾아볼 수 없고, 공통된 미적 체험을 통해 출현하는 '집단'의 형성 가능성은 스케치가 드러날 뿐 본격적인 관심의 대상이 아니다.[23] 오 직 희망을 거는 것은 상호주관성을 가능하게 하는 미적 체험이다. 곧 그 의 참여문학론은 사적인 미적 체험에 기반을 둔 참여론이다. 그리고 이 때 주체들 사이의 미적 소통을 구성하는 호소와 응답의 과정은 소통 (communication)이라기보다 일치(communion)의 경험에 가깝다. 이는 수용 의 현상과 수용 과정을 추적하려 한 수용미학의 관심과도 다른 것이다. 전통적 작품미학들에서 벗어나 작가-작품-수용자가 균등하게 참여하는 문학사 이해를 추구한 점은 사르트르의 문제의식을 계승한 측면이 있지 만, 수용미학이 미적 '의사소통'의 과정과 기능을 관심의 중심에 놓는 반 면 사르트르의 관심은 소통이 아니다. 단지 상호 호소가 있고, 그 호소의 결과 어떤 일치의 순간이 오기를 희구할 뿐이다.[24] 이 대목은 윤리학을 정초하기 위한 고심의 산물로 읽을 수도 있다. 대타관계의 독성을 제거하 기 위해 '매개'가 필요했고, 그 매개 가운데 가장 유력한 예로 예술작품을

---

23 『사르트르 사전』의 '미학' 항목은 "아도르노와는 반대로, 사르트르의 미학은 예술의 역사적 이거나 사회비평적인 모든 해석과는 단절"되었다며, 근본적으로 사르트르의 미학은 주체와 예술의 관계에 집중하고 그것을 보편화하려 노력했다고 정리한다(*Dictionnaire Sartre*, "Esthétique," par Michel Sicard, p. 165).

24 "이렇듯 작가는 독자들의 자유에 호소하기 위해서 쓰고, 제 작품을 존립시켜 주기를 독자의 자유에 대해서 요청한다. 그러나 작가의 요청은 그것으로 그치는 것이 아니다. 작가는 또한 그가 독자들에게 주었던 신뢰를 자신에게 되돌려주기를 요청한다. 다시 말해서 독자들이 그의 창조적 자유를 인식하고, 동일한 성질의 호소를 통해서 이번에는 거꾸로 그의 자유를 환기시켜 주기를 요청하는 것이다"(문학이란, 75).

든 것이다. 작품을 실현시켜 주기를 바라는 창조자의 자발성과 그에 응답
하는 수용자의 자발성을 이끌어 낼 수 있는 작품을 중심으로 창조자 – 매
개 – 수용자라는 구도 형성이 중요했을 것이다.[25] 이 '일치' 실현 가능성
의 모호함 때문에 어떤 평자는 윤리학에서 미학으로의 '미끄러짐'이 일어
났다고 비판하기도 했다.[26] 우리가 보기에, 그의 미학적 탐구 역시 윤리학
으로 미끄러진 듯 보인다. 전자가 자신의 존재론과 윤리 사이의 모순으로
인한 궁지를 해결하기 위한 것이었다면, 후자는 예술을 실재세계에 참여
시킬 논리를 구성할 필요 때문이었을 것이다.

> 다른 한편으로 미적 대상은 본래 상상적인 것을 통해서 다다르려는 세계이
> 기 때문에, 미적 희열에는, 세계가 가치 – 다시 말해서 인간의 자유 앞에 제시된
> 과업 – 라는 정립적 의식이 따른다. 나는 그것을 인간의 기도의 미적 변용이라
> 고 부르려 한다. 왜냐하면 보통의 경우에는 세계는 우리의 상황의 지평으로
> 서, 우리를 우리 자신과 갈라 놓는 무한한 거리로서, 여건의 종합적 전체로서,
> 장애물과 도구의 미분화된 집합으로서 나타나는 것이며, 우리의 자유에 호소
> 하는 요청으로서는 결코 나타나지 않기 때문이다. (QL, 66: 문학이란, 84-85)

상상적인 것을 통해 아름다움에 다다르는 과정이 『상상계』에서는 '실
재하는 세계의 무화'라는 측면에서 설명되었던 데 반해, 여기서는 자유를
실감하고 실현하게 해 주는 과업으로 나타난다. 차이는 미적 대상이 우리
의 자유에 호소하는 '요청'이 된다는 점이며, 산만한 집합에 불과한 생활

---

25 이에 대한 자세한 논의는 졸고, "사르트르의 시선과 관계의 윤리: 『구토』에서 『자유의 길』
로", 『불어불문학연구』 제94집(2013), pp. 101-41 참조.

26 Raoul Kirchmayr, "Don et générosité, ou les deux chances de l'éthique," *Écrits post-
humes de Sartre, II* (J. Vrin, 2001), p. 129.

세계 속에서 투기를 통해 실현시켜야 할 하나의 절대적인 세계로 있다는 점이다. 곧 하나의 '전체'이다.

> 죽어 있는 군인, 울고 있는 여인, 평온한 마음 위의 반영들. 예술은 낙천적이다. 고통은 아름다움을 만드는 데 소용이 되므로 정당화된다. "나는 평온하지 않다, 나는 내가 본 고통들을 정당화하고 싶지 않다. 파리는…." 그는 갑자기 리치를 향해 돌아섰다.
> "만약 그림이 전체가 아니라면, 장난질일 뿐이야." (*MA*, 1160)

앞서 보았던 고메즈의 말이다. 그는 그림의 아름다움과 세계의 고통, 두 가지를 대립시킨다. 그림에서 그는 고통이 상상작용을 통해 아름다움으로 전환된 것을 본다. 세상의 어떤 고통이라 할지라도 비현실에 속한 하나의 세계로 전체화되면서 아름다움을 느끼게 할 수 있다. 그러나 고메즈는 현실세계의 고통을 끄집어 내어 화폭 위의 고통을 아름다움만으로 보기를 거부한다. 예술이 전체(tout)가 아니면 헛짓이라는 말은 여기서 나온다.

하지만 이 비판적 의식이 비참한 현실 앞에서 예술 따위는 아무것도 아니라는 부정으로 향하거나 고통 자체를 사람들에게 전달하는 충실한 현실 반영을 주장하는 쪽으로 나가지 않는다. 대신 그는 아름다움과 고통 받는 세계 둘 모두를 포괄하는, 또는 그 이상인 어떤 총체성을 예술에 요구한다.

'예술은 전체다' 또는 '전체여야 한다'라는 명제는 사르트르가 자주 입에 올린 것이기도 하다.[27] 당시 '총체성(totalité)'이라는 말은 많은 이들이

---

[27] "만약 문학이 전체가 아니라면, 단 한 시간도 거기 힘을 쏟을 가치가 없습니다"(*Situations, IX*,

주장한 예술의 원리였고, 특히 루카치나 골드만 같은 마르크스주의 이론 가들의 핵심 개념이었다.[28] 이들과는 일정한 차이를 보이는 사르트르의 총체성 개념의 뚜렷한 정의를 찾기는 어려우나, 예술의 창작과 수용에 미학적 고려가 전부는 아니라는 확고한 입장, 그러나 실제세계의 목적을 위해 예술을 도구화하는 데 대한 반대는 분명하다.

예술과 관련해 '전체(tout)'라는 어휘는 크게 두 맥락에서 사용된다.

우선 예술작품 내부의 전체성을 이야기하는 대목이 자주 보인다. 우리는 도입부에서 사르트르의 상상력 이론으로는 다른 사물들과 예술작품의 차이를 말하기가 어렵지 않은가 하는 의구심을 언급했다. 그런데 『상상계』 마지막에 예술작품의 경우를 간략하게 덧붙이면서 사르트르는 수용자의 '지각작용'을 서술하기 위해, 마티스의 붉은색이 주는 쾌감을 자연이 불러일으키는 감각적 쾌감과는 다르다고 설명한다. 미학적인 것은 그것들이 구성하는 '전체 안에서' 파악되기 때문이라는 것이다. 이는 『문학이란 무엇인가』에서 자연물이나 일상 사물과 달리 예술품은 "깊은 합목적성에 의해서 떠받쳐져 있는 것"이라 설명한 대목과 일맥상통한다.[29] 그

<hr />

Gallimard, 1976, p. 15, interview accordée à Madeleine Chapsal).

28 루카치는 개인과 사회, 가치와 현실, 예술과 삶이 괴리된 근대사회에서 예술적 형태를 통해 '삶의 총체성'을 구현할 수 있다는 윤리적, 심미적 해결책을 제시했다. 그의 총체성 개념을 계승하여 인간 현실 속 사고와 행위의 주체로 개인이 아니라 '집단주체(sujet collectif)' 개념을 내세운 골드만은 사르트르의 방법론이 집단을 도외시하고 개인에 초점을 맞춘 전통적인 심리분석을 벗어나지 못했다고 비판했다. 골드만의 사르트르 비판으로는 다음을 참조. Lucien Goldmann, "Jean-Paul Sartre, *Question de méthode*," *Marxisme et sciences humaines* (Gallimard, coll. idées, 1970); "Problèmes philosophiques et politiques dans le théâtre de Jean-Paul Sartre," *Structures mentales et création culturelle* (Union générale d'éditions, coll. 10-18, 1974).

29 자연적 관계가 아니라, 예술품은 사실적이건 형식적인 작품이건 "깊은 합목적성에 의해서 떠받쳐져 있는 것이다. [⋯] 이렇듯 현상적인 인과관계를 거쳐서 우리의 시선은 대상의 깊은 구조로서의 합목적성에 도달하고 또한 합목적성을 넘어서서 그 원천과 원초적 근거로서의

자체로 완결된 하나의 세계를 구성하는 '총체성'으로 예술품은 여타 사물과 구분된다. 그런 의미에서 하나하나의 작품은 "세계 전체의 탈환(une reprise totale du monde)", "존재 전체의 재획득(une récupération de la totalité de l'être)"을 겨냥하는 것이며, 보는 사람의 자유 앞에 이 "전체(totalité)"를 제시한다(QL, 64).

이 '전체'로서의 작품은 그 자체에 국한시켜 말할 수 있는 것도, 고립된 것도 아니다. 사르트르의 미학에서 작품은 반드시 그 작품을 둘러싼 상상의식과의 연관 하에서만 생각할 수 있다. 의식이 상상하기 위해서는, 그 의식이 세계 안의 의식이며 상상 대상을 세계 밖에 위치시킬 수 있어야 한다.[30] 이 과정을 '세계내재성과 세계외재성 양면성을 지닌 상상의식이 비현실의 창조에 도달하는 변증법'으로 정리하는 한 연구[31]의 설명을 수용 과정 전반으로 확대해 볼 수 있다. 상상의식 내부의 변증법은 창조자로부터 수용자에 이르는 전체 구도 안에서 이해된다. 또한 이때 창조자-수용자 역시 고립된 추상적인 존재가 아니라 자기 상황과 역사 속에서 통합되고 보편화되는 동시에 자신의 특수성을 시대 속에서 재생하는 '개별적 보편(universel singulier)'이다.

인간의 자유에 도달한다"(문학이란, 80-81).

30 "이제 의식이 상상하기 위한 본질적 조건은 그것이 '세계 안의 상황에' 있거나 혹은 좀 더 간결하게 그것이 '세계-안에-있어야' 한다고 말할 수 있을 것이다. 이것이 바로 의식의 구체적이고 개별적인 실재로 파악된 세계-내-상황이다. 이것은 그 어떤 비실재적 대상의 구성을 위한 동기부여이고, 비실재적 대상의 본성은 이 동기부여에 의해 한정된다. […] 상상하기 위해서는 의식이 모든 특별한 실재와의 관계에서 자유로워야 하며, 이 자유는 세계의 구성이면서 동시에 무화인 '세계-내-존재'에 의해 규정될 수 있어야 한다. 세계 안에서 의식의 구체적 상황은 매 순간 비실재의 구성에 특별한 동기부여로 소용되어야 한다"(IMr, 356-57; 상상계, 329-30).

31 강충권, "사르트르의 상상력 이론", 『프랑스어문교육』 제9집(2000), pp. 161-74, 특히 pp. 168-71 참조.

『상상계』에서 예술가가 객체화한 이미지와 수용자의 상상의식이 비현실의 세계를 창조하는 과정, 『문학이란 무엇인가』에서 쓰기와 읽기가 정신의 산물을 실현시키는 과정은 이처럼 모두 매개를 통한 거듭되는 변증법을 통해 총체성을 향해 가는 과정으로 그려진다.

결 론

『상상계』가 서술한 비실재 미학이 미학적 태도, 곧 탈-현실화된 상태의 세계하고만 관계 맺는 태도를 논한 현상학적 기술이라면, 진공 상태 속이 아니라 사회적 관계 속의 미적 체험을 제시해 보려 한 것이 『문학이란 무엇인가』가 아닐까 한다. 곧 비실재 미학과 참여미학은 논의 대상의 범주가 다르다. 두 시기 사르트르 주장의 모순을 주장하는 비판들 가운데 적지 않은 수가 이 범주 구분을 고려하지 않은 것으로 보인다. 미적 체험과 총체적 수용행위, 작품의 아름다움과 인간들 사이의 호소로서의 작품은 구분해야 한다. 전자는 순수한 비실재의 산물이지만, 후자는 그렇지 않다. 그럼에도 두 시기 모두를 관통하는 사르트르 미학의 중심축은 존재했다. 예술작품의 실현에는 현실로부터의 물러남이 선행되어야 한다는 점, 그리고 수용행위의 절대적 중요성이다.

앞서 우리는 『상상계』의 결론부에 등장하는 "아름다움은 오직 상상적인 것에만 적용될 수 있을 가치이며 그것은 세계의 무화를 그 본질적 구조 속에 포함하고 있다"라는 문장을 인용했다. 그런데 이 문장에 이어지는 논의와 연결해 보면, 위 문장은 삶 앞에서 미학적 태도를 취하는 것은 "실재와 상상을 줄기차게 혼동하는 일이다"(상상계, 343)라는 주장을 끌어내기 위한 전제였음을 알 수 있다. 사건들이나 실재하는 대상들 앞에서 실재 안에서의 행동을 겨냥하지 않고 미학적 관조의 태도를 취하는 일은 오류일 것이다. 그러나 예술작품은 우회를 거치기는 하지만 세계-내-존재를 상정하는 태도와 세계를 무화시키는 두 태도 모두와 관련을 맺는다. 예술작품을 단지 매개로 취급함으로써 예술 자체의 자리를 축소시키는 듯 보였던 사르트르의 미학은, 역설적으로 예술작품에 특권적 자리를 마련해 두고 있었다.

'앙가주망'에서 '소수문학'으로
─사르트르와 들뢰즈·과타리의 문학 사용법[*]

변광배

> "예술이란 저항하는 것입니다.
> 죽음에 저항하고, 굴종에 저항하고,
> 치욕과 수치심에 저항합니다.
> ─들뢰즈[1]

1. 들어가는 말

이 글의 주된 내용은 "지극히 외로운 상태(d'une extrême solitude)"[2]에 처해 있으며, 빈사 상태에 빠져 있다는 진단을 받은 지 이미 오래인[3] '문학 사용법'에 대한 성찰이다. 보다 구체적으로 이 글에서는 '문학은 무엇

---

* 이 글은 『세계문학비교연구』 제56집(2016)에 같은 제목으로 실린 것이다.

1 Gilles Deleuze, *Pourparlers* (Minuit, 1990), p. 235.

2 Roland Barthes, *Fragments d'un discours amoureux* (Seuil, coll. Tel Quel, 1977), p. 5(이 표현은 원래 '사랑'에 해당하는 것이다).

3 Roland Barthes, *La Préparation du roman, I et II*, cours et séminaires au Collège de France 1978~1980 (Seuil/Imec, 2003), pp. 49, 199.

190

을 할 수 있는가(Que peut la littérature?)'[4]라는 오래된 질문을 다시 들춰내
문학 사용법에 대한 성찰에서 큰 족적을 남긴 것으로 여겨지는 사르트르
와 들뢰즈·과타리의 문학에 대한 사유를 살펴보고자 한다.

　문학 사용법에는 크게 두 종류가 있다고 할 수 있다. 하나는 개인적 차
원에 속하는 것으로, 문학을 통한 교양의 제고, 간접 체험, 도덕적 교훈,
미적 감동, 마음의 치유 등과 무관하지 않다. 다른 하나는 사회적 차원
에 속하는 것으로, 사회의 변혁에서 문학이 담당할 수 있는 역할과 관련
된 것이라 할 수 있다. 이 글에서는 그 어느 때보다 문학을−보다 넓게는
예술을−순치시키려는 요소들이[5] 늘어난 지금, 문학의 두 번째 사용법,
곧 문학의 사회적 역할에 초점을 맞추고, 사르트르가 『문학이란 무엇인
가(Qu'est-ce que la littérature?)』[6]에서 주창한 '앙가주망' 문학론(engagement

---

4　예컨대 Yves Buin의 *Que peut la ittérature?* (Union générale d'éditions, coll. 10/18, 1965)를 생
　각한다.

5　'아버지-신-국가'로 표상되는 모든 것, 곧 들뢰즈·과타리가 '파시즘'적 요소라고 지칭한 모
　든 것을 가리킨다. 나치즘, 공산주의 등과 같은 정치체제, 일상생활과 인간의 내면까지 파
　고드는 권력과 죄책감, 생산적이고 창조적인 욕망의 흐름을 억압하는 초자아(surmoi), 즉 제
　도화된 정신분석학 담론의 중심에 있는 오이디푸스 담론, 자본주의적 편집증 등이 그 예이
　다. 가령 푸코도 들뢰즈·과타리의 『안티오이디푸스』의 영어판 서문에서 이렇게 말하고 있
　다. "대중들의 욕망을 동원하고 매우 효과적으로 이용할 줄 알았던 역사적 파시즘, 히틀러
　나 무솔리니의 파시즘은 물론, 우리 모두의 내부에 있는, 우리의 머리와 우리의 일상 행동
　속에 있는 파시즘, 우리로 하여금 권력을 사랑하게 만들고 우리를 지배하고 착취하는 바로
　그것까지도 욕망하게 만드는 파시즘 말이다"(Gilles Deleuze and Félix Guattari, *Anti-Œdipus:
　Capitalism and Schizophrenia*, University of Minnesota Press, 1983, p. xiii, Preface by Michel
　Foucault; Michel Foucault, *Dits et écrits*, t. III, 1976-1979, Gallimard, 1994, p. 134).

6　단행본 『문학이란 무엇인가』가 처음으로 출간된 것은 갈리마르(Gallimard) 출판사(이데Idées
　총서)에서였고(1964), 그다음에는 폴리오/에세(Folio/Essais) 총서에서였다(1985). '문학이란 무
　엇인가'는 원래 단행본의 제목이기 이전에 같은 출판사에서 출간된 『상황 II(Situations II)』
　(1948)에서 사용된 것이다. 『상황 II』에는 나중에 『문학이란 무엇인가』라는 제목의 단행본
　에 포함될 네 편의 글('서론' 격에 해당하는 짧은 글, "쓴다는 것은 무엇인가Qu'est-ce qu'écrire?", "왜
　쓰는가Pourquoi écrire?", "누구를 위해 쓰는가Pour qui écrit-on?", "1947년 작가의 상황Situation de l'

---

littéraire)[7]과 들뢰즈·과타리가 『카프카: 소수문학을 위하여(Kafka: Pour une littérature mineure)』에서 주창한 '소수문학론'에 주목하고자 한다. 이와 같은 작업을 통해 우리는 인문학, 특히 문학의 위기가 많은 사람들의 입에 회자되고, 문학을 마음대로 '권하지 못하는' 현대사회에서 문학의 역할과 문학의 장래에 대해 숙고하는 기회를 갖고자 한다.

『국가(La République)』에서 플라톤에 의해 추방된 이후, 시인(또는 예술가들)은 그가(또는 그들이) 속한 공동체와 끊임없이 길항관계를 유지해 왔다. 문학(또는 예술)이 지배권력과 지배 이데올로기의 공고화에 앞장선 경우가 비일비재하다는 것은 역사가 증명해 준다. 하지만 문학은 그 본연의 자유와 부정성의 정신을 바탕으로 인간의 그 어떤 정신적 결과물보다(예컨대 철학보다) 지배권력과 지배 이데올로기에 맞서 저항의 기치를 더 높이 들었다고 할 수 있다. 이런 흐름은 20세기에도 계속 이어졌으며, 이 글에서 주목하고자 하는 사르트르, 들뢰즈·과타리도 그 흐름에 적극적으로 동참했다고 할 수 있다.

주지의 사실이지만, 사르트르는 『문학이란 무엇인가』에서 '참여문학론', 곧 문학의 '앙가주망'을, 들뢰즈·과타리는 『카프카: 소수문학을 위하여』에서 '소수문학론'을 제시하고 있다. 그런데 두 문학론은 모두 문학의

écrivain en 1947")과 "『현대』 지 창간사(Présentation des *Temps modernes*)"와 "문학의 국유화(La nationalisation de la littérature)"라는 글이 포함되어 있다. 『상황 II』에 포함되었던 이 여섯 편의 글은 모두 『현대』 지(1945년 창간호~1947년 7월호)에 실렸던 것이다(이 책에 대한 상세한 정보에 대해서는 Michel Contat/Michel Rybalka, *Les Ecrits de Sartre*, Gallimard, 1970, pp. 160–61을 참고할 것). 이 글에서는 『상황 II』에 실린 "문학이란 무엇인가"라는 제목 하에 실린 글들을 참조, 인용하게 될 것이다.

7 이 글의 제목에도 포함되어 있는 '앙가주망'이라는 단어의 의미 중 하나가 '참여'이지만, 여기서는 이 단어를 문학의 '앙가주망', 곧 사르트르에 의해 주창된 '참여문학론'과 같은 의미로 사용하기로 한다.

'사용(usage)'[8]과 인간과 사회 '해방(libération)'[9] 기능과 밀접하게 연결되어 있다. 문학에 대한 논의에서 '문학성(littérarité)'에 대한 관심은 중요하다.[10] 하지만 문학에 대한 논의에서 보다 나은 사회의 건설을 위한 문학의 기여 가능성에 대한 논의 역시 그 못지않게 중요하다. 이런 사실을 염두에 두고 이 글에서는[11] 사르트르의 참여문학론과 들뢰즈·과타리의 소수문학

---

8 Cf. Gilles Deleuze, *Proust et les signes* (PUF, 1976), p. 176: "현대 예술작품은 의미의 문제를 가지고 있지 않다. 사용의 문제만을 가졌을 뿐이다(L'oeuvre d'art moderne n'a pas de problème de sens, elle n'a qu'un problème d'usage)."

9 Cf. 들뢰즈·과타리에 의하면 문학은 건강, 임상, 치료 등과도 무관하지 않다(Gilles Deleuze/Félix Guattari, *Qu'est-ce que la philosophie?*, Minuit, coll. Critique, 1991, p. 163). 물론 여기서 건강, 임상, 치료는 개인, 사회, 세계에 모두 해당된다. 이런 의미에서 들뢰즈·과타리를 '의사', 그것도 "자기 자신과 세계의 의사(médecin de soi-même et du monde)"(Gilles Deleuze, *Critique et clinique*, Minuit, 1993, p. 14), 곧 "문명의 의사(cliniciens de la civilisation)"(Gilles Deleuze, *Logique du sens*, Minuit, coll. Critique, 1969, p. 277)라고 부르는 것은 자연스러워 보인다. 사르트르 역시 문학의 '해방적 기능'을 강조하고 있다(cf. Jean-Paul Sartre, *Situations II*, Gallimard, 1948, p. 23: "다음과 같은 사실을 반복하자. 순수 인식의 영역에서 진보를 준비하는 것만이 중요한 것이 아니다. 우리가 설정하는 더 원대한 목표는 해방이다").

10 가령 들뢰즈·과타리는 현대 문학비평과 연구가 "원형, 자유 연상, 해석, 구조의 발견" 등에 몰두해 있다고 비판하고 있다(Gilles Deleuze/Félix Guattari, *Kafka: Pour une littérature mineure*, Minuit, coll. Critique, 1975, p. 14). 또한 이와 관련하여 예상되는 한 가지 오해는 다음과 같은 것이다. 사르트르나 들뢰즈·과타리가 문학의 '정치성'을 강조하면서 '문학성'을 도외시했다는 오해가 그것이다. 하지만 이들은 이런 오해와는 거리가 멀다. 사르트르는 『현대』지 창간사"를 통해 '참여'가 '문학'을 훼손시켜서는 안 된다는 점을 분명히 하고 있다. 들뢰즈·과타리 역시 문학성이 높은 작가들의 작품을 분석하고 있다.

11 원래 이 글은 "'앙가주망'에서 '디아포라'로: 사르트르, 들뢰즈·과타리, 바르트의 문학 사용법"이라는 제목 하에 기획된 연구의 한 부분이다. 이 연구에 이어서 행해질 다른 한 부분은 들뢰즈·과타리에 의해 주창된 '소수문학'보다도 문학의 사회적 사용법을 더 좁혀 이해하고 있기는 하지만, 그럼에도 여전히 문학의 불온성과 이의 제기 능력을 '디아포라(diaphora)' 개념을 통해 포착하고 있는 바르트의 문학 사용법에 대한 검토가 될 것이다. '디아포라'는 '차이(différence)', '구별(distinction)', '변이체(variance)' 등의 뜻을 가진 그리스어 'διαφορά'에서 유래했다. 바르트는 이 개념을 "하나의 사물을 다른 것과 구별해 주는 것(ce qui distingue une chose d'une autre)"(*La Préparation du Roman*, I et II, p. 81, note 1)으로 단순하고 명료하게 정의하고 있다. 이 개념과 문학 사용법과의 관련성에 대해서는 이 글에 이어지는 다음 연구에서

론을 중심으로 문학의 사회적 사용법을 비교, 검토하게 될 것이다. 그 과정에서 이 두 문학론에서 공통으로 발견되는 정신과 지향점을 위시해 문학의 사회적, 정치적 의미를 종합적으로 천착하는 한편, 그 차이점에도 주목하게 될 것이다.

2. '총체적 혁명'과 문학: 사르트르

1959년 1월에 마들렌 샵살과 가진 한 인터뷰에서 사르트르는 문학에 대해 이렇게 말하고 있다.

> (M. Ch.) 선생님께서는 문학이 여전히 참여 상태에 있다고 생각하시는지요?
>
> (J.-P. S.) 문학이 '전체(tout)'가 아니라면 그건 한 시간의 가치도 없습니다. 내가 '참여'를 통해 말하고자 하는 것이 바로 이겁니다. [···] 문장 하나하나가 인간과 사회의 모든 차원에서 울리지 않는다면, 그건 아무런 의미도 없습니다.[12]

사르트르의 문학 사용법과 관련하여 이 인터뷰 내용은 두 가지 면에서 우리의 관심을 끈다. 하나는 참여문학론이 등장한 지 14년 정도가 지났음에도 그가 이 문학론에 여전히 작지 않은 의미를 부여하고 있다는 점이다. 실제로 사르트르의 참여문학론은 1945년 『현대』 지의 창간과 더불

상세하게 다룰 것이다. 이런 의미에서 이 글에는 바르트의 '디아포라'로서의 문학 개념을 이해하고 그로부터 그의 문학 사용법을 이해하기 위한 준비로서의 의미도 포함되어 있다고 할 수 있다.

12 "Jean-Paul Sartre," interview par Madeleine Chapsal en 1959, in Madeleine Chapsal, *Envoyez la petite musique...* (Grasset, coll. Figures, 1984), p. 95.

어 본격적으로 세인의 관심을 끌기 시작했다고 할 수 있다.[13] 다른 하나는 그가 문학을 '전체'로 보고 있다는 점이다. 이 주장은 특히 주목을 요한다. 그도 그럴 것이 이 주장을 토대로 그의 문학 사용법이 한 사회의 지배권력과 지배 이데올로기에 대한 전면적, 총체적 저항을 지향하고 있다는 사실을 내다볼 수 있기 때문이다.

사르트르의 문학론은 그의 사상과 삶과 마찬가지로 제2차 세계대전을 계기로 급변한다.[14] 전쟁 전에 그는 문학의 종교성(religiosité)에 매달렸다. 『구토(La Nausée)』에서 그는 문학을 통한 작가의 개인적 구원(salut)과 영생(éternité)의 가능성을 모색했다. 요컨대 사르트르는 문학을 종교의 '대용물(ersatz)'로 여겼다. 하지만 사르트르의 문학론은 『현대』지의 창간과 더불어 작가 '개인의 구원'에서 그의 '이웃의 구원'을 강조하는 입장으로 급선회한다. 그리고 이와 같은 변화는 『문학이란 무엇인가』를 통해 참여문학론으로 입체화되고 구체화된다. 여기서는 참여문학의 경전으로 여겨지는 『문학이란 무엇인가』를 중심으로 사르트르의 문학 사용법을 상세하게 살펴보고자 한다.

사르트르에 의해 주창된 참여문학론의 요체는 작가의 '쓰기(écrire)' ─ 여기서 문제가 되는 것은 당연히 '산문가(prosateur)'의 쓰기이다 ─ 를 '드러내기(démontrer)', '폭로하기(dénoncer)', '변화시키기(changer)'와 동의어로 보

---

13 이 잡지의 "창간사"에 참여문학론의 주요 강령이 들어 있다. 참여문학론의 정립 과정과 관련하여 다음 두 개의 글을 소개하도록 하자. 하나는 1946년 9월에 쓰인 "자기 시대를 위하여 쓰기(Ecrire pour son époque)"이고, 다른 하나는 같은 해 11월 1일에 행해진 UNESCO 창립기념 강연문인 "작가의 책임(La réponsabilité de l'écrivain)"이다. 앞의 글은 "작가와 그의 시대(Der Schriftsteller und seine Zeit)"라는 제목으로 『전망(Die Umschau)』(no. 1, September 1946)에 실렸던 것이다. 이 글은 콩타와 리발카의 *Les Ecrits de Sartre* (pp. 670-76)에 "부록(Appendice)"의 일부로 실려 있다. 두 번째 글은 1998년에 베르디에(Verdier) 출판사에서 같은 제목의 단행본으로 출간되었다.

14 Sartre, *Situations X*, p. 175. 이하, 'SX, 175'처럼 줄임.

는 것이다. 사르트르는 작가의 '쓰기'를 무엇보다도 '행동의 한 계기'로 이해한다. "말은 행동의 어떤 특수한 계기이며, 행동을 떠나서는 이해될 수 없다."[15] 사르트르는 한 발자국 더 나아가 "말하는 것은 행동하는 것이다(Parler c'est agir)"(SII, 72)라고까지 주장한다. 어쨌든 사르트르에 의하면 작가의 '쓰기'는 "하나의 기도의 도중에(au cours d'une entreprise)"(71) 있는 것으로 여겨지며, 결국 인간의 실존을 구성하는 "세 주요 범주(les trois grandes catégories)"[16] 중 하나인 "함(Faire)"의 범주에 속하는 것으로 이해된다.

사르트르의 참여문학론의 특징 중 하나는 이와 같이 '행동'으로 여겨지는 작가의 '쓰기'가 결코 중립적이지 않다는 점에 있다. 그러니까 작가의 '쓰기'는 '공정한(impartial)' 행동과는 거리가 멀다. "작가는 사회와 인간 조건에 대한 공정한 그림을 그리는 것을 포기했다"(SII, 73). 그 이유는 무엇일까? 그 답은 '쓰기'가 가진 불온성과 이의 제기(contestation) 능력에 있는 것으로 보인다. 사르트르에 의하면 작가는 글을 쓰면서 그 대상이 되는 세계에 대해 하나의 '태도'를 취하게 된다. 그도 그럴 것이 '글'이란 ─물론 '산문'이다─ "하나의 정신적 태도(une attitude d'esprit)"(70)이기 때문이다. 또한 사르트르는 '쓰기'의 대상이 되는 이 세계는 이 행동으로 인해 이미 "순결(innocence)을 잃는 것"(72)으로 이해한다. 여기서 '쓰기'의 대상이 되는 세계가 순결을 잃는다는 것은, '쓰기'의 주체인 작가가 이 세계에 대해 취하는 태도에 그의 정신과 관련된 모든 것, 이를테면 그만의 고유한 세계관, 가치관, 이데올로기 등이 투영되어 있다는 것을 의미한다고 볼 수 있다. 정확히 이런 이유로 작가는 '쓰기'를 통해 이 세계를 드러

---

15 Sartre, Situations II, p. 73. 이하, 'SII, 73'처럼 줄임.

16 Jean-Paul Sartre, L'Etre et le néant: Essai d'ontologie phénoménologique (Gallimard, coll. Bibliothèque des idées, 1943), p. 664. 또 다른 두 개의 범주는 '가짐(Avoir)'과 '있음(Etre)'이다.

내면서 중립적인 태도를 취하지 못하게 되고, 그 결과 이 세계는 쓰기의 대상이 된 후로는 지금까지와 다른 새로운 차원과 의미를 획득하게 된다고 할 수 있다.

세계와의 관계 속에서 이해되는 작가의 '쓰기'는 다분히 형이상학적, 존재론적 경향이 짙다. 따라서 이 행동이 갖는 불온성과 이의 제기 능력이 곧장 눈에 들어오지 않는다. 하지만 눈을 돌려 우리가 몸담고 있는 사회를 대상으로 이루어지는 '쓰기'에 주목해 보면, 거기에서는 이 두 능력이 쉽게 나타남을 확인할 수 있다. 대부분의 인간사회는 유토피아와 거리가 멀다. 지나친 도식화를 감수한다면, 유토피아가 아닌 사회는 지배계급(부르주아 계급)과 피지배계급(프롤레타리아 계급) 사이의 투쟁으로 표상될 수 있을 것이다. 대부분의 작가는 지배계급 출신이다. 따라서 작가가 성실하고도 비판적인 태도로 '쓰기'에 임하는 경우, 그의 행동은 그의 소속 계급의 이익과 '모순될(contradictoire)' 수밖에 없을 것이다. 그도 그럴 것이 작가는 이 땅에 두 발을 딛고 살아가는 존재, 곧 '상황 속(en situation)'의 인간이고, 그 결과 그의 태도는 불공정할(partial) 것이기 때문이다. "같은 이유로 작가의 의무는 어디에서 오는 것이건 모든 불의에 맞서는 것이다"(*SII*, 306). 이처럼 작가가 '쓰기'를 통해 이 상황에 대해 어떤 태도를 취할 때, 이 태도에는 그 상황의 문제점을 드러내고 고발하는 행동양식이 포함되어 있다고 할 것이다.

이렇게 해서 작가는 '쓰기'를 통해 마침내 자기가 속한 계급에 대해 "불행한 의식(conscience malheureuse)"(129)을 주게 되며, 나아가서는 이 계급에 속한 자들에게 현 상황에 대한 책임을 묻게 된다는 것이 사르트르의 계속되는 주장이다. "우리는 뒤에서 문학의 목적이 무엇일지를 결정하게 될 것이다. 하지만 지금부터라도 이렇게 결론을 내릴 수 있을 것이다. 작가는 세계를, 특히 인간을 다른 인간들에게 드러내기를 선택했다고 말이다. 그것도 그들이 이처럼 드러난 대상 앞에서 전적인 책임을 지게끔 하기 위해서 말이다"(74). 이와 같은 책임 추궁은 단순히 언어적이고 관조적 차원이 아니라 실질적인 행동의 차원, 즉 현 상황에 대한 변화의 촉구로 이어지게 된다. 바로 거기에 사르트르가 내세운 참여문학론을 관통하는 불온성과 이의 제기 능력과 이를 바탕으로 하는 변화의 촉구가 자리하게 된다. 그러니까 작가는 그가 몸담고 있는 사회를 "꽉 껴안고서(embrasser étroitement)"(12) 이 사회의 문제점을 드러내고 고발함과 동시에 그것을 변화시켜야 하는 책무를 걸머지게 되는 것이다. "결국 우리의 의도는 우리를 둘러싸고 있는 사회에 어떤 변화를 일으키도록 힘을 모으려는 데 있다"(16). 결국 작가의 '쓰기'는 하나의 "입장 표명(prise de position)"(300)이며, 그것도 비판적이고 불공정한 입장 표명이며, 따라서 근본적으로 한 사회의 지배 세력에는 더없이 "해로운(nuisible)"(128) 것으로 나타나게 된다.

그런데 사르트르에 의하면 참여 작가에게 부여된 이와 같은 상황을 드러내는 책무, 곧 사회를 변화시키는 책무에 또 하나의 책무가 뒤따른다. 인간이 자기 자신에 대해 가지고 있는 개념을 변화시키는 책무가 그것이다. 사르트르는 이렇게 말하고 있다. "우리는 인간의 사회적 조건과 인간이 스스로에 대해 가지고 있는 개념을 동시에 개조코자 하는 사람들의 편에 서 있다"(16). 부르주아 계급이 지배하는 사회에서 인간은 "완두콩 통조림에 들어 있는 한 알의 완두콩에 불과한 것(un petit pois dans une boîte de petits pois)"(18)으로 여겨진다는 것이 사르트르의 생각이다. 그러니까 인간은 '절대적 존재'로서의 위상, 즉 그가 몸담고 있는 세계를 '전체적으로(totalement)'[17] 파악할 수 있는 능력을 상실한 채, 그저 '전체'를

---

17 사르트르의 저작에서 'tout', 'totalité', 'totalement' 등의 번역어로는 '전체', '전체성', '전

구성하는 하나의 '부분'에 불과한 것으로 이해된다. 요컨대 그는 단순히 사회라는 총체(l'ensemble)에서 다른 인간들과 교환 가능한(interchangeable) 인간, 즉 그들 각자의 특이성과 개별성을 상실해 버린 그저 하나의 도구적이고 기계적인 부품으로 인식되고 만다.

참여 작가는 인간에 대한 이와 같은 인식을 불식시키고, 인간을 '전체'로 보는 이른바 "종합적 인간학(anthropologie synthétique)"의 수립에 기여해야 한다는 것이 사르트르의 주장이다. 물론 이 인간학에서 가장 중요한 요소는 "인간이 자유 이외의 다른 것이 아니다"(SII, 28)라는 사실과 이런 자유를 바탕으로 이루어지는 인간의 모든 행동, 곧 선택에는 '책임'이 뒤따른다는 사실에 대한 각성이다.

> 이와 같이 우리는 분석 정신을 배격하고 현실에 대한 종합적 개념을 지지하려는 것인데, 그 원칙은 하나의 전체란 그것이 어떤 것이든 간에 부분의 총화와는 다르다는 점에 있다. […] 한 인간은 이 땅의 전부이다. 그는 모든 곳에 존재하고 모든 곳에서 행동한다. […] 우리의 잡지『현대』지는 종합적 인간학을 위해서 미력을 바치고자 한다. […] 우리가 스스로 정한 원대한 목표는 일종의 '해방'이다. 인간이란 하나의 전체인 이상 다만 투표권을 부여하고 인간을 구성하는 다른 요소는 불문에 붙이는 일이 있어서는 안 된다. 인간은 총체적으로 해방되어야 한다. (SII, 22-23)

이 단계에서 우리는 1959년 1월에 마들렌 샵살과 가졌던 인터뷰에서 사르트르가 언급한 '전체'로서의 문학과 조우한다. 사르트르가 염두에 두

체적으로'와 '총체', '총체성', '총체적으로'가 모두 가능해 보인다. 여기서는 필요에 따라 때로는 '전부', '전체' 계열로, 때로는 '총체' 계열로 번역했다. 다만, 또 다른 용어인 'l' ensemble'은 '총체'로 번역했다.

었던 '전체'로서의 문학은 한 사회의 구성원들 모두의 '총체적 해방'[18]을 가능케 하는 문학과 동의어로 보인다. 이렇듯 사르트르가 추구하는 문학 사용법은 과격하며, 전면적이고 총체적이다. 그도 그럴 것이 인간의 '총체적 해방'은 한 사회의 지배계급과의 전면적 대결, 곧 '총체적 혁명 (révolution totale)'을 통해서만 획득될 수 있기 때문이다. 실제로 사르트르는 젊은 시절부터 사회의 변화는 '전체적으로(globalement)', '과격한' 방식으로 이루어진다는 확신을 가졌던 것으로 알려져 있다.[19] 문학 역시 그 본연의 "파괴적 힘(puissance destructrice)"(SII, 129)를 발휘해 "소(小)실천(mini-praxis)"[20]로서의 기능을 충실히 실행해야 한다는 것이 그의 견해이다.

하지만 사르트르에게서 문학이 가진 파괴적 힘에 대한 확신은 시간과 더불어 약해진다. 가령 한 사회의 불의 위에 투척되어야 할 '언어 폭탄(bombes verbales)'으로서의 문학[21]이 가진 힘을 강조했던 사르트르는, 위에서 주목했던 인터뷰에서 문학이 가진 최후의 기능을 '의사소통 (communication)'으로 축소시키고 있다.[22] 또한 같은 인터뷰에서 그 자신

---

18 Cf. SII, 28: "총체적 인간, 이런 인간이 바로 우리가 염두에 두고 있는 인간이다. 완전히 참여하고 완전히 해방된 인간."

19 Simone de Beauvoir, La Force de l'âge (Gallimard, coll. Folio, 1960), p. 37: "[…] 사회는 전체적으로, 단번에, 격렬한 변동으로만 바뀔 수 있을 뿐이다"; SX, 218: "나는 하나의 확신을 가졌는데, 그것은 과격한 정치를 해야 한다는 것이다."

20 Jean-Paul Sartre, L'Idiot de la famille. Gustave Flaubert de 1821 à 1857, t. I (Gallimard, coll. Bibliothèque de Philosophie, 1971), p. 1014.

21 Jean-Paul Sartre, Situations IV (Gallimard, 1964), p. 147: "내 편에서는 이와 같은 질서가 존재하고 또 거기에 이 폭탄, 곧 말을 퍼붓는 것을 선호한다"(Cf. Jean-Paul Sartre, Mallarmé: la lucidité et sa face d'ombre, Gallimard, coll. Arcades, 1986, p. 157, note 3).

22 Chapsal, "Jean-Paul Sartre," p. 280: "[J.-P. S.] 나는 많은 문학적 환상을 잃어버렸습니다. 문학이 절대적 가치를 가졌다, 문학이 인간을 구할 수 있거나 혹은 단지 여러 사람들을 변화시킬 수 있다(특별한 상황을 제외하고), 오늘날 이 모든 것들은 시효가 끝난 것으로 보입니다. […] 하지만 내게는 결코 버리지 못할 하나, 단 하나의 확신이 남아 있습니다. 각자에게 쓰기

문학의 역할을 "과대평가(surestimer)"했다고 말하고 있기도 하다.[23] 그리고 이와 같은 입장은 특히 1964년에 『말(Les Mots)』의 출간과 더불어 극명해진다. 굶어 죽어 가는 아프리카의 아이들 앞에서 『구토』는 아무런 역할도 할 수 없다는 고백,[24] 곧 문학의 무기력에 대한 고백이 그 증거이다.

이렇듯 사르트르의 참여문학론에 대한 관심은 점차 줄어[25] 결국 문학의 참여 기능을 대부분 폐기처분하게 된다. 이와 같은 궤적을 따라간 사르트르의 문학 사용법과 관련해 우리는 다음과 같은 점을 지적하고자 한다. 그의 과격한 문학 사용법이 시대의 산물, 곧 시대에 의해 '강요된 담론(discours forcé)'이라는 점이 그것이다. "갓 딴 바나나 맛이 제일 좋은 것 같다. 마찬가지로 정신의 작품은 즉석에서 소비되어야 한다"(*SII*, 122)라는 문장이 보여 주는 것처럼, 그의 참여문학론이 2차 세계대전의 종전과 더불어 본격적으로 가동되었으며, 그 당시 프랑스를 점령했던 '독일'과 대독 협력자들이라는 적, 그리고 '부르주아지'라는 프롤레타리아의 확실한 적대세력이 있는 상황에서 이 참여문학론이 선악 이분법적인 성격, 곧 마니케이즘적(manichéiste) 성격, 따라서 급진적이고 총체적인 성격을 띠게 된 것은 어쩌면 자연스러운 결과였다고 할 수 있다.

란 필요성이라는 것입니다. 쓰기란 가장 고귀한 소통의 필요성입니다."

23 *Ibid*.

24 "Jean-Paul Sartre s'explique sur *Les Mots*," interview par Jacqueline Piatier, *Le Monde*, 18 avril 1964.

25 『문학이란 무엇인가』에서부터 『말』에 이르는 과정에서 사르트르는 아프리카 작가들을 발견함으로써 문학을 통한 참여의 범위를 '시'로까지 확대시킨다. 사르트르의 참여문학론 전반에 대한 연구로는 정명환, 『문학을 찾아서』(민음사, 1994), pp. 11-185를 참고할 것.

3. '분자적 혁명'과 문학: 들뢰즈·과타리

사르트르의 참여문학론은 1960년대에 들어 급격히 퇴조한다. 1960~70
년대 프랑스의 지적 분위기는 구조주의와 누보로망(Nouveau Roman)으
로 요약된다고 할 수 있을 것이다. 구조주의와 누보로망은 각각 사르트
르로 대표되는 실존주의와 참여문학을 주된 공격 대상으로 삼았다. 사물
에 대한 정확하고도 세세한 묘사를 시도해 '대물렌즈' 문학으로 지칭되
기도 하는 누보로망은 사르트르 방식의 직접적 참여를 거절하고 '비참여
(non-engagement)의 참여'를 내세웠다. 그러면서 누보로망은 극단적인 형
식 실험으로 경도되었다. 하지만 그 결과 누보로망에 속한 작품들은 난해
하다는 평가를 받게 되었고, 급기야는 대중들로부터 외면을 받게 되었다.
그로 인해 문학이 점차 현실감을 상실한 것은 어쩌면 당연한 결과였다고
할 수 있다. 이런 분위기에서 특히 1968년 5월혁명으로부터 큰 영향을 받
은 들뢰즈·과타리는 새로운 문학 사용법의 가능성을 제시하기에 이른다.

들뢰즈·과타리의 문학(그리고 예술)에 대한 성찰은 그들의 사유에
서 큰 비중을 차지하고 있다.[26] 들뢰즈의 주요 저서인 『차이와 반복(La
Différence et la répétition)』, 과타리의 주요 저서인 『분자혁명(La Révolution
moléculaire)』, 두 사람이 공저로 펴낸 『앙티오이디푸스(L'Anti-Œdipe)』,
『천 개의 고원(Mille plateaux)』[27], 『철학이란 무엇인가(Qu'est-ce que la

---

26 Deleuze, *Pourparlers*, p. 191: "바로 거기에서 나는 철학이 개념을 통한 철학적 이해뿐만
아니라 비철학적 이해, 즉 지각들과 정서들을 통해 이루어지는 이해 역시 필요로 한다는 사
실을 이해하게 된다." 그런데 들뢰즈·과타리에게서 문학과 예술은 이와 같은 '지각들'과
'정서들'의 복합체로 이해된다(Deleuze/Guattari, *Qu'est-ce que la philosophie?*, p. 154). 특히 들뢰
즈에게서 문학의 중요성에 대해서는 René Schérer, *Regards sur Deleuze* (Kimé, 1998), p.
19를 참고할 것.

27 보그에 따르면 이 저서에서 거론되는 작가의 수는 75명에 달한다고 한다(로널드 보그, 김승숙

philosophie?)』 등과 같은 저서에서는 물론이거니와 들뢰즈의 『프루스트와 기호들(Prouste et les signes)』[28], 『자허마조흐 소개(Présentation de Sacher-Masoch)』, 『의미의 논리(Logique du sens)』, 두 사람의 공저인 『카프카: 소수문학을 위하여』 등에서, 그리고 『대화(Dialogues)』(들뢰즈와 파르네C. Parnet의 대담집), 『중첩(Superpositions)』(들뢰즈와 베네C. Bene의 공저), 들뢰즈의 마지막 저서인 『비평과 진단(Critique et clinique)』 등에서도 문학에 대한 심도 있는 성찰이 이루어지고 있다. 이들은 특히 밀러, 멜빌, 로렌스, 조이스, 케루악, 하디, 스티븐슨, 울프, 조이스 등과 같은 영미 작가들에 관심을 집중시키고 있으며, 베케트, 아르토, 프루스트 등과 같은 프랑스 작가들에 대해서도 큰 관심을 표명하고 있다. 또한 베이컨의 회화론인 『프랜시스 베이컨: 감각의 논리(Francis Bacon: Logique de la sensation)』와 같은 저서에서 들뢰즈는 회화에 대한 논의도 하고 있다. 그리고 음악과 영화에 대한 논의는 각각 『천 개의 고원』(11.1837, "De la ritournelle")과 『시네마 I: 이미지-운동(Cinéma I: L'Image-mouvement)』과 『시네마 II: 이미지-시간(Cinéma II: Image-temps)』에서 이루어지고 있다. 하지만 여기서는 들뢰즈·과타리의 문학 사용법과 관련하여 이와 같은 풍부한 문학과 예술에 대한 성과들[29] 중에서 특히 소수문학론에 대해 살펴보고자 한다.

옮김, 『들뢰즈와 문학』, 동문선, 2006, p. 11).

28 들뢰즈는 특히 고전적 인식론에서 간과하기 쉬운 이른바 '사유를 조건 짓고 있는 임의적 전제들(가령, 선의지bonne volonté나 공통감sens commun 등)', 곧 '사유의 이미지'를 형성하는 '공리들(postulats)'로부터 해방된 '새로운 사유의 이미지'를 위해 우연히 마주치게 되는 '기호'와의 폭력적 마주침을 제시하면서 철학적 사유에서 문학 또는 예술의 역할을 강조하고 있다. 들뢰즈는 '사유의 이미지'에 대한 연구를 '정신론(noologie)'이라는 용어로 부르고 있다(Deleuze, *Pourparlers*, p. 203).

29 한 연구자는 들뢰즈·과타리의 문학과 예술에 대한 관심을 "리좀적 증식(prolifération [⋯] 'rhizomatique')"(Hervé Micolet, "Introduction," in *Deleuze et les écrivains: Littérature et philosophie*, sous la direction de Bruno Gelas et Hervé Miolet, Eds. Cécile Defaut, 2007, p. 12)이라고 표현하고

들뢰즈·과타리의 전체 사유 체계에서 보면 소수문학론은 정치, 사회 철학의 일부로 여겨진다.[30] 그들의 정치, 사회철학의 특징 중 하나는 '분자혁명(révolution moléculaire)'에 있다고 할 수 있다. 그들은 한 사회의 변혁에서 마르크스가 주장했던 것과 같은[31] 급격하고도 총체적인 변혁보다는 부분적, 게릴라적 변혁을 주장한다. 그들이 살던 시대는 마르크스가 살았던 시대에 비해 인간들의 세분화된 욕망을 한 방향으로 ─ 가령 부르주아 계급이나 프롤레타리아 계급의 욕망으로 ─ 집약시키는 일이 불가능했기 때문이다. 요컨대 마르크스가 추구했던 변혁이 '거시적(macro-)', '몰적(molaire)' 성격을 띠는 반면, 그들이 추구했던 변혁은 '미시적(micro-)', '분자적(moléculaire)' 성격을 띤다고 할 수 있다. 들뢰즈·과타리가 소수문학론을 통해 제시하는 "문학기계의 악마적인 힘(puissance diabolique de la machine littéraire)"[32] 역시 이와 같은 미시적, 분자적 사회 변혁과 그 궤를 같이한다. 그 결과 그들이 제안하는 문학 사용법도 분자적, 부분적 성격을 띠는 것으로 보인다. 이제 그들이 주장한 소수문학이라는 문학 사용법에 주목해 보자.

들뢰즈·과타리에 의하면 "소수문학은 소수언어의 문학이라기보다는 소수가 다수언어 속에서 만들어 낸 문학(Une littérature mineure n'est pas celle d'une langue mineure, plutôt celle qu'une minorité fait dans une langue majeure)"(Kafka, 29)으로 정의된다. 여기서 우리의 관심을 끄는 것은 두 가지 요소이다. 하나는 '소수(minorité)'와 '다수(majorité)'의 구별이고, 다른

있기도 하다.

30 들뢰즈·과타리의 미학 전체가 그들의 정치, 사회철학의 일부라고도 할 수 있다.

31 사르트르도 마르크스와 같이 총체적인 변혁을 주장한다.

32 Deleuze/Guattari, *Kafka: Pour une littérature mineure*, p. 52. 이하, '*Kafka*, 52'처럼 줄임.

하나는 "소수가 다수언어 속에서 만들어 낸 문학"이다.

먼저 소수와 다수 개념을 보자. 들뢰즈·과타리에 의하면 한 사회에서 소수와 다수는 단순한 수적 우열에 의해 구별되지 않는다. 그보다는 오히려 이 두 개념을 가르는 기준은 이 사회의 권력관계 또는 담론 생산에서의 우열이다.

'소수'라는 개념은 매우 복합적이다. 소수는 음악, 문학, 언어학을 참조할 뿐만 아니라 법률, 정치도 참조한다. 소수와 다수는 단지 양적으로 대립하는 것이 아니다. 다수는 스스로를 평가하는 기준인 도량형 원기, 즉 표현이나 내용의 상수를 포함하고 있다. 상수 또는 표준을 이성애자-유럽인-표준어 사용자-도시 거주자-성인-남자-백인이라고 상정해 보자. […] 성인 남자 인간은 모기, 아이, 여자, 흑인, 농부, 동성애자 등보다 수적으로 적더라도 다수임이 분명하다. […] 다수는 권력 상태 또는 지배 상태를 전제로 한다. 결코 그 역이 아니다. 다수는 도량형의 원기를 전제한다. 결코 그 역이 아니다.[33]

그다음으로 '소수가 다수언어 속에서 만들어 낸 문학'을 보자. 여기서 다수언어란 일상어와 문학작품에서 지배적 위치를 차지하고 있는 언어이다.[34] 그런데 소수문학의 성립 요건은 바로 소수작가가 다수언어 속에서 창작을 한다는 것이다. 가령 우리나라에서 한 명의 외국인 노동자가 소

---

33 Gilles Deleuze/Félix Guattari, *Mille Plateaux: Capitalisme et schizophrénie 2* (Minuit, coll. Critique, 1980), p. 133. 이하, '*MP*, 133'처럼 줄임.

34 "다수언어란 아주 동질적인 구조를 지닌 언어(표준화된 언어)이며, 불변 요소와 상수 혹은 보편소들에 집중된 언어이고, 음운론적이고 통사론적이며 의미론적인 성격을 지닌 언어일 것이다"(Gilles Deleuze/Carmelo Bene, *Superpositions*, Minuit, 1979, p. 99). 이와 같은 다수언어에 대한 자세한 설명으로는 Catarina Pombo Nabais, *Gilles Deleuze: philosophie et littérature* (L'Harmattan, 2013), p. 217을 볼 것.

설을 쓴다고 가정해 보자. 이 경우에 이 노동자가 접하는 다수언어는 '서울-경기도' 지역에서 사용되는 한글이라고 할 수 있을 것이다. 이 노동자가 소설을 쓰되, 한글을 사용하는 경우 그 소설은 '소수문학'에 속한다고 할 수 있다. 이 노동자가 한글을 다수언어 사용자보다 더 잘 구사할 수 있는 가능성은 배제할 수 없다. 하지만 대부분의 경우 그가 구사하는 한글은 문법, 통사, 어휘, 문장, 의미 등의 면에서 그 나름의 고유한 특징을 가진다는 점은 부인할 수 없다. 물론 이 노동자는 그가 알고 있는 한글만을 동원해서 소설을 쓸 수도 있을 것이다. 하지만 들뢰즈·과타리가 내리고 있는 정의에 입각해 보면, 이런 소설은 엄격한 의미에서 소수문학의 범주에 들지 못한다.

들뢰즈·과타리는 이렇게 정의된 소수문학의 특징으로 세 가지를 제시하고 있다. '높은 계수의 언어의 탈영토화(déterritorialisation)', 소수문학의 '정치성', '발화행위의 집합적 가치'가 그것이다.

> 소수문학의 세 가지 특징은 언어의 탈영토화, 개인적인 것과 정치적인 직접성의 연결, 언표행위의 집합적 배치이다. '소수'라는 말은 어떤 문학을 특징짓는 것이라기보다는, 거대한(혹은 기성의) 문학이라고 불리는 것 안에서 만들어진 모든 문학의 혁명적 조건을 뜻하는 것이라고 말해도 좋을 것이다. (*Kafka*, 33)

소수문학의 첫 번째 특징은 언어의 탈영토화이다. "그런데 첫 번째 특징은 거기서는 언어가 어떤 식으로든 높은 계수의 탈영토화에 의해 변용된다는 사실이다"(29). 그렇다면 언어의 탈영토화에 의한 언어 변용의 의미는 무엇인가? 위에서 일상어는 물론이거니와 문학언어에서도 다수언어가 지배적인 위치를 점하고 있다고 했다. 이 위치는 다수자들의 '욕망'이 '사회신체(socius)' 위에 등록(enregistrement) 또는 기입(inscription)된 결과 나타나는 "홈 패인 공간(espace strié)"으로 이해될 수 있다. 들뢰즈·과타리는 이와 같은 공간화를 '영토화(territorialisation)'로 규정한다. '영토화'란 인간들의 욕망이 등록, 기입되기 이전의 "매끄러운 공간(espace lisse)"[35]이 다수자들의 규칙, 억견(doxa), 공리계(axiomes)[36] 등에 의해 이루어진 구획화—이를 항구적으로 고착시키려고 하는 자들이 '정착적 주체들(les sédentaires)'이고, 그것을 변화시키려고 하는 자들이 '유목적 주체들(les nomades)'이다[37]—를 의미한다. 또한 이런 의미에서 '영토화'는 욕망을 가로지르는 여러 요소들이 갖는 공동 기능의 심급(instance)을 의미하는 '배치(agencement)'와도 무관하지 않다.[38] 이처럼 언어의 탈영토화는 다수자들의 욕망에 따라 이루어진 언어 사용, 곧 언어 '배치'의 변화를 의미하고, 이런 변화가 곧 변용으로 이해된다.

그런데 들뢰즈·과타리는 언어의 탈영토화에 의한 배치의 변화를 지칭하기 위해 기존 언어 속에서 "새로운 언어(une nouvelle langue)", "낯선 언어(une langue étrangère)"를 만들어 내기, 기존 "언어에 구멍을 뚫기(forcer des trous)", 기존 "언어를 더듬거리게 하기(bégayer)"[39] 등과 같은 표현을 사용하기도 한다. 이와 같은 표현들은 소수언어 사용을 통해 다수언어가

---

35 홈 패인 공간'과 '매끄러운 공간'에 대해서는 *MP*, 592-625를 볼 것.

36 '공리(계)'는 보통 다른 명제를 증명하는 데 전제되는 기본적인 원리를 가리킨다. 들뢰즈·과타리에게서 이 개념은 지배권력이나 자본에 의해 자명한 하나의 원리로 상정되는 관계들 또는 규칙이나 코드를 의미한다. '공리계화(axiomatisation)'는 욕망의 다양한 코드나 흐름들을 단일한 공리계로 통일시키는 것을 의미한다.

37 두 유형의 주체에 대해서는 *MP*, pp. 434-527을 볼 것.

38 아르노 빌라니·로베르 싸소(책임편집), 신지영 옮김, 『들뢰즈 개념어 사전』(갈무리, 2012), pp. 161-69.

39 Cf. Deleuze/Bene, *Superpositions*, p. 108: "일반적으로 더듬거리는 것은 언어장애이다. 하지만 언어를 더듬거리게 만드는 것은 전혀 다른 일이다. 그것은 언어에 대해, 언어의 음운론적, 통사적, 의미론적 내적 요소들에 대해 계속되는 변이를 부과하는 것이다."

일정부분 변용된다는 것을 보여 준다.[40] 물론 언어의 탈영토화의 계수에 비례해 그 변용의 폭이 커진다는 것은 분명하다. 그리고 이와 같은 변용은 소수작가의 '스타일(style)'[41]과도 같은 것으로도 여겨진다.

> 글쓰기의 문제: 마르셀 프루스트가 말한 것처럼 작가는 언어 속에서 새로운 언어를, 어느 면에서는 낯선 언어를 만들어 낸다. 작가는 문법적이거나 통사법적인 새로운 힘들을 내어 보인다. 작가는 언어를 그 관습의 밭고랑 밖으로 끌고 가 정신없게 만든다.[42]

> '이면에 숨은 것'을 보거나 듣기 위해 '언어에 구멍을 뚫어야 한다'고 베케트는 말한다.[43]

> 스타일이라고 하는 것은 하나의 배치, 즉 발화행위의 배치입니다. 스타일은 자신의 고유한 언어로 더듬거리는 것입니다.[44]

또한 들뢰즈·과타리에게서 언어의 탈영토화는 '탈주(fuite)', '탈주선(lignes de fuite)'을 긋는 것(이를 통해 언어는 '수목적 구조'의 언어에서 '리좀

---

40 들뢰즈·과타리는 소수문학의 언어는 이 언어의 불변의 상수, 보편적 사용법인 '문법'과는 거리가 먼 것으로 '화용론'의 대상이라고 보고 있다(*MP*, 104).

41 르세르클은 들뢰즈·과타리의 '스타일(문체)'을 이렇게 설명하고 있다. "문체란 언어에 대한 최초의 통사적 취급을 의미하며, 말더듬기나 중얼거림으로 불리고, 침묵으로, 특히 음악 같은 다른 매개를 통해 변방으로 언어를 데리고 가는 능력이다"(장자크 르세르클, 이현숙·하수정 옮김, 『들뢰즈와 언어』, 그린비, 2016, p. 275).

42 Deleuze, *Critique et clinique*, p. 9.

43 *Ibid.*

44 Gilles Deleuze/Claire Parnet, *Dialogues* (Flammarion, coll. Champs Essais, 2008), p. 10.

'rhizome적 구조'의 언어로 변화된다), '정신착란(délire)', '배반(trahison)' 등과도 같은 것으로 이해되기도 한다.

> 떠나기, 탈주하기란 선 하나를 그리는 것입니다. 로렌스에 따르면, 문학에서 가장 지고한 목표는 '떠나기, 떠나기, 탈주하기, … 지평선을 가로지르기, 다른 삶으로 스며들기…'입니다. […] 탈주선이란 탈영토화입니다.[45]

> 탈주는 일종의 정신착란입니다. 정신착란을 일으킨다는 것은(가령 바보 같은 짓이나 말을 하는 것처럼) 바로 [경계를 나타내는 깊게 파인] 홈으로부터 벗어나는 것을 말합니다.[46]

> 배반이란 […] 창조하는 것이니까요.[47]

이렇게 해서 소수문학에서 '쓰기'는 '생성'과 '창조', '되기(devenir)'와 동의어로 여겨지게 된다. 그리고 이와 같은 '되기' 중에서도 특히 '지각 불능하게 되기(devenir-imperceptible)'는 우리의 관심을 끈다. 그도 그럴 것이 다수에 속하는 자들은 소수자들의 행동이 어디로 향하는가를 항상 예측, 감시, 통제하기 마련인데, 소수자들의 '지각 불능하게 되기'는 그런 다수자들의 예측, 감시, 통제로부터의 탈주(이런 탈주에 직면했을 때 다수자들은 '정신착란' 상태에 빠지게 된다)를 보여 주기 때문이다.[48]

---

45 *Ibid.*, p. 56.

46 *Ibid.*

47 *Ibid.*

48 가령 카프카의 「변신」에서 주인공 그레고르 잠자의 '벌레'로의 변신이 그 좋은 예이다. 그리고 벌레로 변신한 잠자가 내는 '소리' 역시 중요하다. 그것은 들뢰즈·과타리가 주목하고 있

글쓰기는 탈주선들과 본질적인 관계를 맺는다고 할 수 있습니다. 글쓰기란 탈주선을 그리는 일입니다. […] 글쓰기란 생성/되기입니다.[49]

글쓰기의 궁극적 목적은 무엇일까요? 여자-되기, 흑인-되기, 동물-되기 등과 같은 마이너리티-되기 너머에는 '지각불가능하게-되기'라는 궁극적인 기획이 있습니다. […] 결국 미지의 것이 된다는 것─이렇게 된 사람은 아주 극소수입니다─은 배반한다는 것입니다.[50]

글은 생성, 변화와 불가분의 것이다. 우리는 글을 쓰면서 여성이 되거나 동물이 되거나 식물이 되기도 한다. 또는 미립자가 되어 지각 불능이 되기도 한다.[51]

이와 같은 소수문학의 첫 번째 특징으로부터 두 번째, 세 번째 특징인 이 문학의 정치성 또는 혁명성과 발화행위의 집합적 가치가 유래한다. "거기서는 모든 것이 정치적이다"(*Kafka*, 30). "세 번째 특징은 모든 것이 집합적인 가치를 갖는다는 것이다"(31). 이 두 특징은 자연스러워 보인다. 그것은 다음과 같은 두 가지 이유에서이다. 우선 언어의 탈영토화에 의한 언어 배치의 변화는 한 사회에서 다수와 소수 사이의 권력관계와 담론

는 "순수한 음성적 질료(pure matière sonore)"(*Kafka*, 11), 곧 인간 언어의 기본적 요소로 '분절(articulation)' 이전의 익명적, 비인칭적 소리를 보여 주는 좋은 예이기 때문이다. 실제로 1960년대에 활동한 구조주의 언어학자들과 정신분석학자들의 주요 관심사 중 하나는 '시니피에에 없는 시니피앙'이었다. 하지만 들뢰즈·과타리는 '순수한 음성적 질료' 개념으로 '시니피에에 없는 시니피앙'을 와해시킨다. 이것은 정신분석학에서 '아버지의 이름'의 도입을 통해 성립되는 은유로서의 '언어'에서 핵심적인 위치를 차지하고 있는 '오이디푸스적 법', 곧 '욕망의 오이디푸스화'에 대한 비판과 무관하지 않다.

49 Deleuze/Parnet, *Dialogues*, p. 54.

50 *Ibid.*, p. 56.

51 Deleuze, *Critique et clinique*, p. 11.

생산의 변화, 곧 언어의 화용론적 사용과 맞물려 있기 때문이다.[52] 그렇기 때문에 소수자들은 소수문학을 통해 항상 기존 언어의 배치 변화를 겨냥한다고 할 수 있다.[53] 다만 이와 같은 변화가 기존 언어에 대한 전면적, 총체적 배치의 변화와는 거리가 멀다는 사실을 지적하자. 소수작가에 의해 시도된 언어의 탈영토화 계수가 아무리 높다고 할지라도,[54] 그의 시도는 거시적, 총체적 효과와는 어느 정도 거리가 있는 것으로 보인다.[55]

그다음으로 들뢰즈·과타리에 의하면 소수작가의 언어행위는 항상 집합적 가치를 갖는 것으로 이해된다. 소수는 개별적 인격을 표현하는 개념이 아니다. 소수는 다수로부터 정치적으로 소외된 집단, 곧 권력과 담론 생산에서 배제된 집단의 정체성을 표시한다. 그렇기 때문에 소수작가의

---

52 *MP*, 105: "화용론은 언어의 정치학이다"; 174: "화용론은… 지배적인 '문법성'이라는 불변적인 것 역시 거부해야 한다. 왜냐하면 언어는 언어학적 사안이기 이전에 정치적 사안이기 때문이다."

53 Cf. Deleuze/Bene, *Superpositions*, p. 101: "하지만 어쨌든 고유하고 계속되는 변이선, 즉 언어의 소수적 사용을 통해 구멍 뚫리지 않고 끌려가지 않을 언어는 없다."

54 소수작가는 다수언어를 "비문법적(agrammatical)"인 상태로까지 밀고 나가려고 한다(Anne Sauvagnargues, "De la littérature mineure à la variation continue," in Micolet, *Deleuze et les écrivains*, p. 287). 이런 사실을 고려하면 언어의 탈영토화 계수가 가장 높은 경우는 기존의 다수언어와는 전혀 다른 새로운 언어를 고안해 내는 경우라고 할 수 있을 것이다.

55 "사실 철학은 시대에 대한 분노와 불가분의 것이지만, 그것이 우리에게 보장하는 평온함과도 분리될 수 없는 것이다. 하지만 철학은 힘(Puissance)이 아니다. 종교들, 국가들, 자본주의, 과학, 법, 여론, 텔레비전 등은 힘이지만, 철학은 아니다. 철학 속에 대규모 논쟁이 있을 수는 있지만(관념론, 실재론 등), 그것은 그저 웃자고 하는 논쟁일 뿐이다. 그렇지만 철학은 여러 힘들에 대항하여 전투 없는 전쟁, 게릴라전을 이끈다. 아무 할 말도 없고, 전해 줄 것도 없다. 그저 협상을 이끌 뿐이다. 여러 힘들이 외적인 것으로 머물지 않고 우리 각자의 내부로 침투하는 것인 만큼, 바로 우리 각자가 스스로와 싸움을 벌이고 협상을 하는 것이다. 끊임없이, 철학 덕분에"(Deleuze, *Pourparlers*, p. 7). 이 인용문에서 '철학'이라는 단어를 '문학'이라는 단어로 바꿔도 무방한 것으로 보인다. 이것은 들뢰즈·과타리의 문학 사용법이 한 사회의 지배권력과 지배 이데올로기와의 싸움에서 전면적, 총체적이라기보다는 부분적, 미시적이라는 사실을 보여 준다고 하겠다.

언어 사용은 집단적일 수밖에 없다. 예를 들어 카프카의 경우를 보자. 그가 말할 때, 그는 혼자가 아니다. 일기, 편지, 단편소설, 장편소설에서 말을 하는 자는 여러 명의 카프카이다. 그가 말할 때, 그는 독일의 식민지 치하에서 신음하던 체코 지식인, 프라하 유대 공동체에 소속될 수 없었던 체코 지식인, 표준 독일어가 아닌 독일어를 사용하는 체코인, 체코어와 이디시어를 구사할 줄 아는 독일어 사용자,[56] 끔찍할 정도로 무서우며 자수성가한 아버지에게 무조건 복종해야 했던 아들, 보험회사에서 근무하는 법학박사이자 화이트칼라, 동생의 죽음에 대한 죄의식 속에 살았던 형 등의 자격으로 말을 하는 것이다. 그로부터 소수작가 카프카의 언어행위가 갖는 집합적 가치가 기인한다.

이와 같은 세 가지 특징을 가진 소수문학을 통해 들뢰즈·과타리가 제시하는 문학 사용법은 근본적으로 사르트르가 참여문학을 통해 제시한 그것과 어느 정도 그 궤를 같이한다고 볼 수 있다.[57] 사르트르가 주창했던 문학을 통해 이루어지는 한 사회의 지배세력과의 전면적, 총체적 저항은 들뢰즈·과타리의 소수문학을 통한 다수언어의 탈영토화, 곧 이 언어의 배치의 변화와 그에 따른 다수와 소수의 권력관계의 변화 추구[58]와 일맥상통한다.[59] 하지만 이 두 문학 사용법 사이에는 결정적인 차이가 놓

---

56 카프카가 처했던 언어적 상황에 대해서는 보그, 『들뢰즈와 문학』, pp. 160-64를 볼 것.

57 Cf. Deleuze/Guattari, *L'Anti-OEdipe: Capitalisme et schizophrénie*, p. 160: "유일한 문학은 자기 꾸러미 속에 폭발물을 장치하여, 위조 화폐를 만들고, 자기의 표현형식인 초자아와 자기의 내용형식인 상품가치를 폭파하는 것이다."

58 보그, 『들뢰즈와 문학』, p. 168.

59 들뢰즈·과타리는 문학이나 예술이 가진 혁명적인 힘을 이렇게 표현하고 있기도 하다. "예술가는 […] 억견(doxa)의 상투적인 생각들에 대항하여 싸운다. […] (작가의) 지면이나 (화가의) 화폭은 미리 존재하며 이미 설정되어 있는 상투성들로 가득 덮여 있다. 그래서 먼저 이것들을 […] 갈기갈기 해체시켜야만 우리에게 비전을 가져다줄 카오스로부터 솟아나는 한 줄기 공기를 흐르게 할 수 있다"(Deleuze/Guattari, *Qu'est-ce que la philosophie?*, p. 192). 그들에 의하면 '억

여 있다. 그것은 사르트르의 참여문학론이 갖는 전면적, 총체적 저항과 들뢰즈·과타리의 소수문학론이 갖는 부분적, 분자적, 게릴라적 저항 사이의 차이이다. 앞에서 지적한 것처럼 들뢰즈·과타리는 마르크스의 급격한 사회변혁, 거시적이고 총체적인 사회변혁을 더 이상 신뢰하지 않는다. 다양하게 분출된 인간들의 욕망을 한 방향으로 통일시키는 것은 거의 불가능하기 때문이다. 정확히 문학을 통한 '몰적 혁명(révolution molaire)'과 '분자적 혁명', '거시적 혁명'과 '미시적 혁명' 사이의 거리가 사르트르의 문학 사용법과 들뢰즈·과타리의 문학 사용법 사이의 차이라고 할 수 있다.

4. 맺는 말

지금까지의 논의를 통해 우리는 『문학이란 무엇인가』에서 전개되고 있는 사르트르의 참여문학론과 『카프카: 소수문학을 위하여』에서 집중적으로 전개되고 있는 들뢰즈·과타리의 소수문학론이라는 두 유형의 문학 사용법에 주목해 보았다. 이 두 유형의 문학 사용법은 그 정신과 지향점에서 공통점을 지니고 있는 것으로 드러났다. 사르트르가 내세운 문학의 '앙가주망'의 궁극적 목표는 억압과 폭력이 없는 사회, 곧 유토피아의 건설에 있다. 물론 이와 같은 목표를 설정함으로써 사르트르가 문학을 지나치게 높이 평가했다는 비판을 받기도 한다. 하지만 참여작가의 '쓰기'가

견'은 '사유의 임의적인 전제' 중 하나인 '양식(bon sens)'에 기반하고 있다(Cf. Deleuze, *Logique du sens*, pp. 92-93). 그런데 '양식'은 다수, 지배계급 체제의 산물로 여겨진다. 따라서 양식에 토대를 두고 이루어지는 억견을 해체시키는 문학과 예술은 다수, 지배계급에 의해 이루어진 '배치'를 변화시키는 혁명적 힘을 수행하게 된다.

한 사회에서 발생하는 모든 불의에 대한 저항을 궁극적인 목표로 한다
는 점은 의심의 여지가 없어 보인다. 이와 마찬가지로 들뢰즈·과타리에
의해 주창된 '소수문학' 역시 한 사회 구성원들의 자발적, 창조적 생성과
'되기'를 방해하는 '파시즘적' 요소에 대한 저항을 통해 궁극적으로는 유
토피아의 건설을 겨냥하고 있는 것으로 보인다. 요컨대 이 두 유형의 문
학 사용법에서는 문학이 갖는 사회적, 정치적 역할이 강조되었다.[60]

이와 같은 공통점에도 불구하고 이 두 유형의 문학 사용법을 가르는
요소들 역시 분명하게 드러났다. 사르트르가 『문학이란 무엇인가』에서
전개하고 있는 문학 사용법은 급진적이고, 과격하며, 총체적이었다. 사르
트르가 참여문학론에서 제시한 문학은 한 사회의 '총체적' 변혁을 가능케
하는 잠재력을 지닌 것으로 이해되었다. 부르주아 계급이 선호했던 '분석
정신'이 아니라 '종합적 인간학'의 대상이 되는 '총체적 인간'의 구현, 부
르주아 계급과 프롤레타리아 계급의 구분을 무너뜨리는 '총체적 혁명'의
도래에 직접적으로 소용이 되는 역할이 문학에게 주어진 것이다. 이에 반
해 들뢰즈·과타리에게서 문학의 역할은 부분적, 미시적, 게릴라적 변혁,
곧 '분자적 혁명'을 가능케 하는 것으로 드러났다.

그렇다면 이 두 유형의 문학 사용법을 가르는 이와 같은 차이는 어디

---

60 이와 같은 공통점이 있다고 해서 사르트르와 들뢰즈·과타리를 한 유파(école)로 규정할 수는
없을 것 같다. 우선 이들 사이에는 한 세대의 차이가 있다. 실제로 사르트르는 1905년에 출
생했고, 들뢰즈는 1925년에, 과타리는 1930년 출생했다. 따라서 이들이 활동하던 시기에는
큰 차이가 있다. 다만 이들 세 사람 사이의 관계에 대해 사르트르의 영향을 지적할 수는 있
을 것으로 보인다. 가령 들뢰즈는 사르트르가 세상을 떠났을 때 "그는 우리들의 스승이었
다"(Gilles Deleuze, L'Ile déserte et autres textes, textes et entretiens 1953-1974, Minuit, coll.
Paradoxe, 2002, p. 109)고 칭하며 경의를 표했고, 과타리는 그의 젊은 시절에 거의 15년 이상
을 사르트르의 저작에 몰두했었다고 고백하고 있다(François Dosse, Gilles Deleuze, Félix
Guattari, Biographie coisée, La Découverte, 2007, p. 42). 이와 같은 사실을 고려하면, 문학에 대
한 성찰, 특히 문학이 갖는 사회적 역할에서 사르트르가 들뢰즈·과타리에게 상당한 정도로
영향을 미쳤다고 할 수 있을 것으로 보인다.

에서 기인하는 것이고, 또 그 의미는 무엇일까? 총체적/부분적, 거시적/미시적, 몰적/분자적 사회변혁 사이의 차이는 단순히 사르트르와 들뢰즈·과타리가 주로 활동했던 시기 상의 차이로만 설명할 수는 없을 것으로 보인다. 오히려 이 차이는 문학이 저항의 대상으로 삼는 '적(ennemi)'의 정체성과 밀접하게 관련되어 있다고 할 수 있다. 사르트르의 참여문학론은 2차대전 직후에 적대국이었던 독일과 이 나라에 협력했던 자들, 그리고 지배계급인 부르주아지 등과 같은 문학이 대항해야 할 '적'의 존재가 뚜렷하던 시기에 정립되었다. 이에 반해 들뢰즈·과타리가 소수문학을 내세우던 시기는 인간들의 욕망의 다양한 분출이라는 현상 앞에서 더욱 음험하고 더욱 교묘한 방식으로 작동하면서 끊임없이 자기보존과 자기증식을 꾀하는 다수의 파시즘적 권력에 맞설 필요성이 강조되던 시기였다고 할 수 있다. 이런 이유로 사르트르의 참여문학론에서는 문학이 2차 세계대전 직후에 볼 수 있었던 선악이분법적 기획, 즉 마니케이즘적 기획, 곧 거시적 성격을 띠기 쉬웠다면, 68혁명 이후 주로 활동했던 들뢰즈·과타리의 소수문학론은 분자적 성격, 곧 분열적 성격을 띠는 방향으로 전개될 수밖에 없었던 것으로 보인다.

그런데 이와 같은 설명은 그대로 이 두 유형의 문학론이 갖는 의의임과 동시에 그 한계를 보여 주는 것이기도 하다. 그도 그럴 것이 사르트르의 경우는 문학에 대해 지나친 부담과 일정한 방향을 부여함으로써 오히려 그의 기대와는 정반대로 문학의 입지를 더 좁혔다고 할 수 있을 것이다. 이에 반해 들뢰즈·과타리의 경우에는 문학에서 행해지는 소수언어의 저항, 곧 소수언어의 탈영토화가 갖는 실천적 함의를 지나치게 낙관적으로 평가했다는 비판에서 자유로울 수 없을 것으로 보인다. 이와 같은 한계에도 불구하고 사르트르의 참여문학론과 들뢰즈·과타리의 소수문학론은 인문학의 위기, 그중에서도 문학의 위기가 줄곧 회자되는 지금, 사회적, 정치적 차원에서 '문학이 여전히 무엇을 할 수 있는가?'에 대한 유의미한 참고점이 되고 있다는 것은 부인할 수 없을 것으로 보인다.

제2부
실제

사르트르 상상력 이론을 통해 본 소설 읽기와 의식의 구조[*]

지영래

서 론

1964년 가을, 한 잡지사가 참여문학과 누보로망을 연계시켜 보려고 주선한 토론회에서, 사르트르는 누보로망 지지자들과 문학의 역할에 대한 격한 논쟁[1]을 벌인다. 보부아르와 함께 참여했던 이 자리에서 장 리카르두를 필두로 한 젊은 누보로망 지지자들은 새로운 인간관과 문학의 독립성을 내세우며 '자동사적'인 글쓰기를 주장하였고, 사르트르는 이에 맞서서 작가의 책임과 문학의 사명 등을 내세워 자신의 참여문학 이론을 방어한다[2]. 『문학이란 무엇인가(Qu'est-ce que la littérature?)』(1948)에서 시인

---

* 이 글은 같은 제목으로 『불어불문학연구』 제100호(2014)에 실린 것이다.

1 참여문학을 옹호하는 세 사람(J.-P. Sartre, S. de Beauvoir, J. Semprun)과 누보로망을 옹호하는 세 사람(J. Ricardou, J.-P. Faye, Y. Berger)이 참가하여 진행된 이 토론회는 이듬해에 단행본으로 출간된다. Yves Buin et les autres, *Que peut la littérature?* (Union Générales d'Édition, coll. L'inédit 10/18, 1965).

2 보부아르는 자신의 회고록에서 이 토론이 성사된 과정과 토론장의 분위기를 전달하고 있다. 그녀의 표현에 따르면 참석했던 토론자들은 "그 누구도 상대방을 설득하지 못했다"(Simone

의 언어를 설명하면서 사르트르가 예로 들었던 'Florence'[3]라는 단어를 트집 삼아 시와 산문의 구분이 터무니없다고 공격을 받았을 때 사르트르는 다음과 같이 응수한다.

내가 'Florence'에 대해 썼던 문장을 사람들이 인용할 때는, (…) 내가 덧붙였던 각주 하나를 잊어버리곤 하는데, 그 각주에서 나는 이 모든 이미지들의 소재가 물론 산문 속에도 존재한다고 했습니다. 그것이 없다면 문체란 있을 수 없을 것입니다. 문체란 바로 그것으로 되어 있는 것이니까요.[4]

토론회 당시 이미 『문학이란 무엇인가』가 발표된 지 20여 년이 지났음에도 불구하고 사르트르는 여전히 시와 산문의 이분법을 통해서 시라는 장르를 문학에서 추방하고 산문을 문학과 동의어로 취급함으로써 히틀러의 전쟁 선언과 프루스트의 소설을 동일선상에 올려놓았다고 비난받고 있는 형국이다. 사르트르의 문학론에 대한 이러한 비난의 시선은 그 후로 다시 50여 년이 지난 오늘날까지도 크게 다르지 않은 듯 보인다. 그러나 실제로 사르트르가 품고 있던 문학관은 이러한 비난을 받는 것이 타당하지 않다고 본다. 비록 그 표현상의 과격함은 부인할 수 없지만, 사르트르가 『문학이란 무엇인가』에서 주장한 시와 산문의 구분은 문학으로 지칭되는 모든 글쓰기 속에 포함되어 있는 두 가지 상반된 태도의 표현이었지 그 자체로 양립 불가능한 두 장르의 표현이 아니었음을 강조할 필요가 있다.

de Beauvoir, *Tout compte fait*, Gallimard, coll. Folio, 1972, pp. 170-71).

3   장폴 사르트르, 정명환 옮김, 『문학이란 무엇인가』(민음사, 1998), p. 21 참조.

4   Yves Buin et les autres, *Que peut la littérature?*, p. 117.

본 연구는 이와 관련된 선행연구[5]의 후속 작업으로서, 사르트르가 제시한 '시'와 '산문'의 구분은 그 출발점에 '기호'와 '이미지'에 대한 근본적인 구분이 전제되며, 기호/이미지의 구분은 인간의 의식구조와 언어활동에 대한 사르트르의 깊은 성찰의 결과로부터 나온 개념임을 보이고자 한다. 우리는 우선 사르트르가 『문학이란 무엇인가』에서 행한 시/산문 구분의 기초가 되는 기호/이미지 구분을 살펴보고, 이어서 사르트르가 후설의 현상학을 이어받아 발전시킨 의식의 개념과 특히 상상의식의 구조 속에서 지식, 운동, 정서의 관계에 대한 심화된 연구를 개괄하고, 끝으로 소설 읽기의 특수성과 독서의식의 구조에 대한 사르트르의 사유를 따라감으로써 그가 생각하는 문학이 섣부른 논쟁자들에게 비난받는 수준과는 많은 차이가 있음을 밝히고자 하는 것이다.

1. 산문과 시, 기호와 이미지

사르트르가 『문학이란 무엇인가』에서 덧붙였다고 주장한 각주의 내용은 다음과 같다.

> 모든 시에는 어떤 산문적인 양상이, 즉 성공의 양상이 내재한다는 사실은 두말 할 나위도 없다. 마찬가지로 가장 무미건조한 산문에조차 항상 다소간의 시가, 즉 어떤 좌절의 양상이 내포되어 있다.[6]

---

5 지영래, 「문학의 문체와 미술의 화풍: 산문적 태도와 시적 태도, 사르트르의 두 미학적 입장」, 『프랑스문화예술연구』 제17집(2006), pp. 333-52.

6 Sartre, *Situations, II* (Gallimard, 1975[1948]), p. 87. 이하, 'SII, 87'처럼 줄임. 또, 『문학이란 무엇인가』의 국역 인용은 정명환 옮김, 앞의 책을 따르며, 쪽수를 밝힐 경우 '국역, 쪽수'로

언어의 본질적인 기능을 타인과의 의사소통으로 규정한 사르트르가 객관적 의미전달이 가능한 산문적 언어를 '성공'의 언어로 보고, 일상적 의미전달이 불가능한 주관적인 시 언어를 '실패'와 '좌절'의 언어로 간주하면서 첨가한 이 각주는, 그만큼 본문에서 그가 주장했던 시와 산문의 구분이 과격했음을 방증하고 있다. 사르트르는 제2차 세계대전이 끝나고 『현대』지를 창간하면서 참여문학론을 주창했고, 그 근거를 제시하는 과정에서 '산문'과 '시'를 글 쓰는 두 가지 다른 기술, 혹은 의식의 존재양식을 표현하는 언어의 두 가지 유형이라고 규정한다. 산문이 단어들을 '이용'하면서 명확하고 분명한 방식으로 '의사소통'을 행하는 글쓰기라면, 시는 단어들을 이용한 의사소통보다는 언어의 바깥에 위치하면서 그 단어들 '속'에서 자신의 재료를 찾아내려는 글쓰기라고 본다.

사르트르에게 있어서, '글을 쓴다'는 행위의 본질은 '드러내는 것'[7]이고, 그러한 드러냄을 위한 글쓰기에 적절한 언어는 '산문'이지 결코 '시'가 아니라고 사르트르는 말한다. 어떠한 기도를 가지고 '드러낸다'는 것은 혼자만의 독백이 아니라 타인에게 '전달'되어야 하고, 따라서 언어의 목적은 '전달'에 있다고 할 수 있는데, 시인은 말을 의사소통의 도구로 사용하기를 거부[8]한 사람이기에 그의 언어는 글을 쓰는 본래의 목적에 부적합하다는 것이다.

줄여 부기한다.

7 모든 사물은 언어로 명명되는 순간 이미 그 이전의 것과는 더 이상 똑같은 것이 아니다. 어떤 특정한 상황이나 누군가의 특정한 행위가 글로써 표현되면 그 상황이나 행위는 더 이상 이전과 동일한 것이 될 수 없다. 따라서 사르트르에 의하면 글을 쓰는 사람은 이 세상에 억압받는 인간이 존재하는 한에는 그 상황을 바꾸기 '위하여' 나 자신과 남들에게 상황을 '드러내고' 또 그래야 한다는 것이다.

8 "시는 말을 '사용하는' 것이 결코 아니다. 그보다 차라리 시는 말을 섬긴다. 시인은 언어를 '이용하기'를 거부하는 사람들이다"(SII, 63; 국역 17).

시와 산문 사이의 이러한 구분을 설명하면서, 사르트르는 시인의 언어는 '기호(les signes)'가 아니라 '사물(les choses)'이라고 표현한다. 그가 '사물'이라고 이름 붙인 것에는 돌이나 나무, 책상이나 연필 등과 같은 일반 사물뿐 아니라, 그림 속 노란색이나 기억 속의 수저 부딪히는 소리 등도 포함된다. "시인이 보기에도 말들은 정념을 '의미'하지 않는다. 감동은 '사물'이 되었고, 이제는 사물과 같은 불투명성을 지닌다"(SII, 69)라고 말할 때와 같이 '물음'이나 '감동'도 사물이다. 이렇게 기호와 사물을 규정한 후 사르트르는 '기호'를 사용하는 예술(즉 문학)과 '사물들'을 사용하는 예술(즉 음악, 미술, 조각)을 구분하여, 문학작가는 기호를 가지고 스스로를 표현하고 그 밖의 예술가들은 사물 위에서 작업을 한다고 말하면서 '기호'와 '사물'을 대립시킨다. 기호와 사물 사이의 이러한 구분에는 사르트르가 『상상계(L'Imaginaire)』(1940)에서 설명하고 있는 '기호'와 '물리적 이미지'[9] 사이의 차이가 밑바탕에 깔려 있다.

우선 기호와 물리적 이미지는 그것을 구성하는 재질적 성격이 근본적으로 다르다. 예를 들어, 내가 한 지하철역에서 안내판 위의 '화장실'이라는 검은 글자를 바라볼 때, 나는 원과 막대기, 요철 모양 등으로 이루어진 조합을 하나의 기호로 구성해서 해독한다. 일단 이해가 되면 그 기호를 이루고 있는 이리저리 꺾인 선들은 더 이상 나의 주의를 끌지 않게 되는데, 왜냐하면 그 선들의 조합으로 이룬 기호를 통해서 그 글자와는 다른 대상을 겨냥하게 되면서 나의 주의는 그 글자기호를 통과해 버리기 때문이다. 그 다른 대상이란 내가 지금 들어가서 급히 용무를 해결해야 하는 공간이고, 그 위생공간과 '화장실'이라는 기호 사이에는 아무런 실질적인

---

9 사르트르가 사용하는 '물리적 이미지(l'image physique)'라는 말은 그의 상상력 이론 속에서 '심적 이미지(l'image mentale)'와 구별되는 용어로, 그림이나 사진, 혹은 거울에 비친 상 등 우리가 일상생활 속에서 '이미지'라는 이름으로 부르는 것으로 일단 이해하면 될 것이다.

연관관계가 없다. 그 연결의 근원은 오직 사회적 규약과 뒤이어 굳어진 습관뿐이다. 반대로 내가 대학교 졸업 앨범에서 친구 민호의 증명사진을 바라볼 때는 사진 속의 그 물리적 이미지가 언젠가 오랜만에 만났던 실물과 닮았기 때문에 어느 정도 실제 민호가 우리에게 영향을 미치듯 작용한다. 그 증명사진 앞에서 나는 지금 이 순간 시내 모처의 사무실에서 일하고 있을 민호를 상상할 수도 있고, 그 사진 속 얼굴을 자세히 들여다보면서 새삼 낯선 점을 지적할 수도 있다. 다시 말해서, 사진에서는 이미 지화된 대상과 이미지의 소재가 유사성이 있는 데 반해, 기호의 굵은 선은 그 대상이 된 실제 사물과 사이에 아무런 연관이 없다.

　이로부터 '기호'와 '물리적 이미지'는 그 기능과 구조가 상이해진다. 우선 기호를 통한 기호작용, 즉 '어의(語義, la signification)'[10]의 전달 과정 속에서는 단어가 하나의 지표일 뿐이다. 단어가 제시되어 어의를 일깨운 후에는 나의 의식이 단어로 다시 되돌아오는 일 없이 곧장 사물로 도달하고, 매개가 되어 준 단어는 잊혀진다. 반대로 물리적 기반을 둔 이미지의 경우에는, 나의 정신은 지속적으로 사진 속의 그 얼굴 이미지로 되돌아온다. 민호의 증명사진을 보게 되면, 나는 이마의 주름이라든지 얼굴의 상처 등 예전에 미처 못 보았던 세부적인 것들을 새롭게 다시 발견하게 되는 경우가 많다. 이와 같이 기호란 그 본성상 자신과 다른 어떤 것을 겨냥하는 역할만 하기 때문에 그것 자체로는 텅 비어 있고 투명한 데 반해서, 모든 이미지는 지각세계의 '사물들처럼' 그 자체로 우리의 의식을 사로잡으며 이미 그 내부가 가득 차 있어서 불투명하다고 말할 수 있다.

　'기호'와 '물리적 이미지' 사이의 이러한 구분은 글 쓰는 작가의 작업

---

10 사르트르에게서 'la signification'은 'le sens'와 구별하여 쓰이는 말이다. 'la signification'
　이 기호작용 측면을 강조한 의미라면 'le sens'는 전하고자 하는 내용적 측면을 강조한 의미
　라고 볼 수 있다. 이 둘을 구분하여 여기서는 '어의'와 '의미'로 옮긴다.

과 음악가나 혹은 미술가, 조각가의 작업을 구분할 수 있는 기초를 제공한다. 즉, 글을 쓰는 작가가 '어의'를 통해서 의사를 전달하고자 '기호'를 가지고 작업을 한다면, 다른 예술가들은 우리를 '의미(le sens)' 쪽으로 인도하는 물리적 이미지를 창조함으로써 '사물'을 가지고 작업을 하는 것이다. 글 쓰는 작가의 작업과 예술가의 작업에 대한 『문학이란 무엇인가』에서의 이 같은 구분은, 거의 같은 시기에 쓰인 「예술가와 의식」(1950)이라는 글에서 좀 더 발전된 형태로 전개된다. 여기서 사르트르는 '기호'적으로 의미작용을 하는 단어들과 '의미'를 만들어 내는 사물들 사이의 본질적 차이를 언급하는데, '이미지', '사물', 그리고 '의미'라는 용어들이 거의 같은 뜻으로 쓰이면서 '기호'와 '어의'에 대립되고 있음을 볼 수 있다.[11] 다만, 『문학이란 무엇인가』에서 「예술가와 의식」이라는 글로 넘어오면서, 글 쓰는 작가의 재료와 다른 예술가의 재료를 대비시켰던 주장이 차츰 언어 속에서 '어의'와 '의미'의 개념적 대립으로 변모해 가는 것을 확인할 수 있고, 다시 2년여 뒤인 1952년에 나온 『주네론』에서는 '어의'와 '의미' 사이의 이러한 구분이 점점 더 세련되어 간다.[12] 그리고 이제 이 구분은 더 이상 문학의 작업 재료로서의 기호와 기타 예술의 작업 재료로서의 사물을 구분하기 위한 것이 아니라 오직 문학에만 관련된 단 하나의 재료인 언어의 상이한 두 가지 용법을 보여 주기 위한 구분으로

---

11 사르트르, 윤정임 옮김, 「예술가와 의식」, 『시대의 초상』(생각의 나무, 2009), pp. 56-57 참조.

12 "사물들은 아무것도 의미하지(signifier) 않는다. 하지만 그 각각은 하나의 의미(sens)를 지니고 있다. '어의(signification)'라는 것은 눈앞에 있는 하나의 대상을 부재하는 다른 대상의 대용품으로 만드는 규약적인 어떤 관계를 말하는 것이고, '의미(sens)'라는 것은 현전하는 한 현실이 그 존재 속에서 다른 현실들의 존재에 참여하고, 더 나아가 점점 그 세계 속에 참여하는 것을 말한다. (…) 의미는 그 본성상 이미 직관적이다. 그것은 손수건을 적시는 향내이고 열려 있는 빈 향수병에서 새어 나오는 향기이다"(Sartre, *Saint Genet, comédien et martyr*, Gallimard, 1952, pp. 340-41).

정착된다. 다시 말해서 언어에는 두 가지 용법이 있는데 하나는 '의미'를 추구하는 말의 '시적인' 사용이고, 다른 하나는 그것의 정상적인 사용, 즉 '어의'를 추구하는 '산문적인' 의사소통이 있다는 것이다. 이러한 견해는, 이미 선행연구에서 밝힌 바와 같이, 『집안의 천치』에 이르기까지의 사르트르 문학비평에 있어서, 점점 적용 범위가 문단 차원이나 작품 전체로 확대되어 '문체(style)'와 관련된 논의로 발전하게 된다.

『문학이란 무엇인가』를 쓸 때부터 이미 사람들이 흔히 비난하는 시/산문의 극단적인 단절과는 거리가 먼 언어관을 지니고 있었던 사르트르는, 위에 언급한 각주에서 항변하고 있듯이, 설명을 좀 더 분명하게 하려는 뜻에서 "순수한 산문과 순수한 시의 양극단"(SII, 87)[13]을 상정했던 것이었음을 다시 한 번 상기할 필요가 있겠다.

이제 우리가 살펴보고자 하는 것은 사르트르의 시/산문 구분의 출발점이 된 기호/이미지의 구분이 겉으로 드러난 것보다 훨씬 섬세하고 복잡한 사유의 결과라는 점이다. 과연 사르트르가 상정하는 인간의 의식은 어떤 식으로 작동하는 것이기에 기호의식은 '비어 있고' 이미지의식은 '가득 차 있다'고 말하는가? 사르트르가 보는 상상하는 의식(이미지의식)의 구조는 어떤 것이며, 또 문자로 이루어진 소설을 읽고 있는 독서의 의식은 어떤 구조로 작동하고 있는 것인가? 사르트르의 이러한 성찰을 따라가면서 우리는 그가 『문학이란 무엇인가』의 각주에서 덧붙인 내용이 단순히 논쟁에서의 방어용으로 급조된 것이 아니라 이미 사르트르의 오랜 사색 속에 녹아 있던 생각임을 보임으로써 그의 문학관에 대한 부당한 비난을 불식해 보려는 것이다.

---

13 "내가 순수한 산문과 순수한 시의 양 극단을 상정했던 것은 설명을 좀 더 분명하게 하기 위한 것이다(c'est pour plus de clarté que j'ai envisagé les cas extrêmes de la pure prose et de la poésie pure)."

2. 지향성과 상상의식

사르트르가 기술하고 있는 '상상의식'의 구조를 살펴보기 위해서는 후설 현상학과의 연결고리를 먼저 언급할 필요가 있다. 사르트르는 의식에 관한 이론을 정립하면서 후설의 현상학에서 많은 것을 물려받는다. 비록 용어의 사용이 정확히 일치하지는 않지만 일견 후설이 제시한 지향성으로서의 의식 구조, 즉 '휠레(질료)-노에시스-노에마'의 구조를 수용하고 있는 듯이 보인다. 후설 현상학에서 의식은 '지향성'으로 규정되고, 지향성을 내포하는 의식의 세 영역을 각각 표상작용, 정서작용, 의지작용으로 구분하고 있다.[14] 의식의 이 세 영역 중 표상의 영역이 다른 두 영역의 토대가 되는데, 표상작용의 가장 일반적인 구조는 '노에시스(noèse)'와 '노에마(noème)'의 상관관계이다. 이때 노에시스라고 지칭된 사고작용은 다시 '감각적 질료(hylé sensuelle)'와 '지향적 형상(morphé intentionnelle)'이라는 두 계기로 구분된다.[15] '감각적 질료'란 우리의 오관이 사물로부터 받아들이는 감각 내용들로서 그 자체는 아무런 지향성의 작용도 포함하지 않은 순수한 질료에 불과하고, '지향적 형상'[16]은 이 감각내용에 의미를 부여하거나 혼을 불어넣어 주는 순전한 사고작용만을 지칭한다. 이 지향적 형상이 감각적 질료를 지향적 체험으로 만들고 지향성의 특수한 작용을 부여한다. '노에마'는 감각적 질료(휠레)와 지향적 형상을 포함하는 '노에시스'의 상관자로 구성된 의미체이고, 이는 실재하는 대상과 엄격히 구

---

14 신오현, 「지향성에 관한 연구」, 이영호 편, 『후설』(고려대학교 출판부, 1990), pp. 98-99 참조.

15 Cf. Edmund Husserl, *Idées directrices pour une phénoménologie*, trad. Paul Ricoeur (Gallimard, 1950), pp. 287-94.

16 후설은 '지향적 형상'을 '순수 노에시스'로 지칭하기도 한다. W. 마르쿠스, 이길우 옮김, 『현상학』(서광사, 1989), p. 87 참조.

별된다. 예를 들어 노에마로서의 나무는 객관적으로 실재하는 나무에 불가분적으로 속하기는 하지만, 실재하는 나무처럼 불에 타거나 화학적, 생물학적 요소로 분해되지 않는다.[17]

사르트르가, 상상하는 의식의 구조를 설명하기 위해, 화가가 그린 그림에서 포착한 '색감이나 정서'[18]를 '상상의식의 지향성'을 작동시켜 어떤 아름다운 '미적 대상'을 떠올린다고 했을 때 우리는 휠레-노에시스-노에마의 구조를 그대로 적용시킬 수 있을 것 같다. 그러나 사르트르는 후설의 체계를 그대로 받아들이지 않는다. 특히 상상의식과 관련[19]하여서는 '지향성'에 대한 설명을 제외한 후설의 다른 논의들이 매우 불충분하고, 그가 제시한 체계는 지각과 상상의 차이를 설명할 수 없는 난점이 있다고 『상상력』의 후반부에서 주장한다. 사르트르가 제기하고 있는 후설의 이론에서 문제점을 정리하면 다음과 같다.

일단 후설의 현상학에서 선험적 환원(판단중지)이 이루어지고 나면, 의식과 세계의 실재성 문제는 판단이 유보되고, 현상으로서의 의식만이 다루어지며 의식에 주어진 것만을 탐구하게 된다. 이는 의식을 '지향성'으로, 세계'에 대한' 의식, 즉 세계에 대해 의미를 구성하는 의식으로 다룬다는 말이고, 주체와 대상, 사유와 존재 간의 새로운 관계를 정립하는 것이다. 다시 말해서 의식과 세계의 구분 대신 이제는 "의식적 종합의 실재적 구성요소들의 총체(질료와 그것을 활성화시키는 여러 지향적 행위들)와 이 의

---

17 Husserl, *Idées directrices pour une phénoménologie*, p. 308.

18 사르트르는 이를 '아날로공 (analogon)'이라는 용어로 표현한다. 후설에게서의 '휠레' 개념의 다른 이름으로 볼 수 있을 것이다.

19 사르트르가 후설을 비판하는 부분은 크게 두 가지로 볼 수 있다. 하나는 『상상력』과 『상상계』에서 다루는 상상의식과 관련된 부분이고, 또 다른 하나는 『존재와 무』에서 주로 다루는 부분으로, 여기서는 후설이 제시한 '순수자아'의 개념이 의식을 완전히 비우지 못한 오류로 본다.

식에 깃든 '의미'를 구별"[20]한다. 예전처럼 꽃이 핀 나무의 '세계'와 그것을 바라보는 '의식'을 구분하는 대신, 이제는 시각적인 감각적 질료(휠레)와 그것을 지각하려고 지향하는 의식작용(노에시스)을 합한 부분과 그러한 의식의 상관물인 '지각된-꽃-핀-나무'라는 의미(노에마)로 구분된다. 이때 지각하는 의식작용의 상관물로 형성되는 '지각된-꽃-핀-나무'라는 노에마는 세계 속에 붙탈 수 있고 껴안을 수 있는 실재 존재로서의 나무와는 다르다. 현상학에선 이미 나무가 실제로 존재하느냐 않느냐의 질문은 유보시킨 상태이기 때문에, 노에마로서의 '지각된-꽃-핀-나무'는 의식작용의 상관물로서 구성되어 "이 노에마적 의미는 그 자체로는 전혀 실재하는 것이 아니다"(*IMn*, 153). 그렇다면 이러한 현상학적 환원 상태의 의식에서는 노에시스의 지향적 행위가 실제로 눈앞에 있는 꽃나무를 지각하는 경우나 허구적인 전설의 켄타우로스를 상상하는 경우나 그 상관물로 형성되는 노에마('지각된-꽃-핀-나무'와 '상상된-켄타우로스')가 둘 다 비실재적인 것은 동일하게 된다. 그 차이를 후설은 설명해 주고 있지 못하다. 과연 지각과 상상의 차이는 어디서 유래하는가? 물론 후설도 이에 대한 설명을 시도한다. 즉 모든 것이 지향성에서, 노에시스적 행위의 차이에서 유래하는 것이고 이미지의 노에마와 지각된 사물의 노에마가 다르다고 말하고 있다. 그러나 똑같은 하나의 인상적 소재(휠레)에 대한 두 가지 해석의 문제라는 그의 설명은 외부 이미지(images externes), 예를 들어 그림, 사진, 판화 등의 경우엔 적용 가능하지만, 그 인상적 소재가 심적 이미지(images mentales)[21]가 되면 문제가 생긴다.

---

20 Sartre, *L'Imagination* (PUF, coll. Quadrige, 1989[1936]), p. 153. 이하, '*IMn*, 153'처럼 줄임.

21 'image mentale'은 '정신 이미지' 혹은 '심상'으로 옮길 수도 있겠지만 '심적 이미지'로 통일하여 옮긴다. 사르트르가 'image psychique'라는 표현을 사용하지 않기 때문에 혼동의 여지는 없을 듯하다.

더구나 지각과 상상의 문제가 같은 소재에 대한 두 가지 해석으로 이해될 수 있는 외부 이미지의 경우에 한정해 보더라도, 왜 나의 의식이 이 때는 지각을 하고 다른 때는 상상을 하는지 설명해 주어야 하는데 후설의 설명은 불충분하다. 다만 그가 실마리를 남겨 놓기는 했다. 후설은 '피리를 부는 켄타우로스'라는 허구나 수학에서의 덧셈 연산과 같은 경우는 "필연적으로 자발적인 의식(une conscience nécessairement spontanée)"(*IMn*, 157)인 데 반해서, 감각적 직관의 의식(=지각)이나 경험적 의식(=회상)은 '수동적인 종합'이라고 구분한다. 사르트르는, 허구-이미지와 지각 사이의 차이는 지향적 종합의 구조 차이에서 온다는 이러한 설명 자체는 동의하지만, 그것으로 충분하지 못하다고 보고 이 문제를 한 단계 더 심화시켜 분석해 보고자 한다. 그가 던지는 질문은 다음과 같다. 즉 상상과 같은 능동적 종합의 행위는 주어진 인상적 소재의 질적인 변형을 초래하는가, 아니면 단지 결합하는 방식만을 바꿀 뿐인가? 후자의 해결법, 즉 상상은 재생된 감각 인상들을 그대로 결합 방식만 바꾸어 종합하는 것으로 파악할 수도 있지만, 이것은 회상-이미지와 허구-이미지를 갈라놓고, 이 둘 사이의 수많은 중간 형태들의 존재를 간과한 것이기에 사르트르로서는 받아들일 수 없다. 따라서 사르트르가 밝히고 싶은 부분은 상상행위 속에서 그 인상적 소재의 '질적인 변형'이 있다는 사실이다. 이것이 『상상계』에서 길게 다루어질 부분이다.

3. 상상하는 의식의 구조

사르트르는 『상상력』의 말미(*IMn*, 158-59)에서 『상상계』에서 수행하려는 작업을 밝히고 있는데, (1) 심적 이미지와 물질 이미지(image matérielle)

를 구분하고, (2) 이미지를 기호와 구분하며, (3) 심적 이미지의 고유한 휠레(질료)를 연구하는 것이다. 이 중에서 역시 가장 까다로운 부분은 세 번째, 심적 이미지의 고유한 질료를 규명하는 문제이다. 그 까다로움의 상당부분은 사르트르가 사용하는 "심적 이미지"라는 용어 자체에서 유래하는 혼란 때문이기도 하다. 사르트르 자신도 『상상계』에서 '이미지'의 정의를 시도하면서 '이미지'와 '심적 이미지' 사이에 예상되는 이러한 혼동을 경고한다.

> 이미지라는 말은 의식이 대상과 맺는 관계를 지칭할 뿐이다. 다시 말해 그것은 대상이 의식에 나타나는 방식, 혹은 의식이 스스로에게 대상을 부여하는 방식이다. 사실 심적 이미지라는 표현이 혼동을 일으킨다.[22]

'심적 이미지'라는 표현이 혼동을 일으키는 이유는, 우리가 사진이나 그림과 같이 물질적 소재에서 출발하여 이미지(상상의식)를 떠올리는 경우에는 우리가 상상하는 행위를 그쳤을 때에도 물리적 잔재가 남게 되는 데 반해서, 물질적 요소가 전혀 없는 심적인 소재를 통해 이미지를 떠올릴 때에는 상상하는 행위를 중단하는 동시에 그 심적인 내용도 같이 사라져 버리기 때문이다. 즉 '심적 이미지'라는 표현은 '심적 이미지를 통한 상상의식'이라는 표현과 동의어로 사용되어도 무방하고, 사르트르가 사실 그렇게 사용하고 있다.

'이미지'를 '의식'이라고 정의[23]한 사르트르는, 『상상계』의 제1부와 제

---

22 Sartre, *L'Imaginaire* (Gallimard, coll. Folio essais, 1986[1940]), p. 21. 이하, '*IMr*, 21'처럼 줄임.

23 사르트르의 『상상계』(1940)는 『상상력』(1936)의 결론인 "이미지는 의식이다"(*IMn*, 162; *IMr*, 17)라는 명제로부터 시작한다. '이미지'를 '사물'이 아닌 상상하는 '의식'으로 이해해야 한다는 점이 사르트르의 『상상력』에서 가장 핵심 포인트였고 이것을 이해시키기 위해 책 한 권을

2부에서 물질 이미지와 심적 이미지를 구분하고 그 각각을 기반으로 한 상상의식의 특성을 기술하고 있다. "이미지는 하나의 행위이지 하나의 사물이 아니다"(*IMn*, 162)라고 선언하면서 이미지의 외연을 확장시킨 사르트르는 기존에 일반적으로 '이미지'라고 불리던 '물질적 이미지'부터 '심적 이미지'까지 하나씩 살핀다. 보다 정확히 말하자면, 외부에 존재하는 어떤 대상을 '부재하는 것' 혹은 '존재하지 않는 것'으로 정립하려는 한 의식이 그것을 직접 떠올릴 수가 없어서 '아날로공'이라 명명한 어떤 소재를 사용하는데 그 소재들을 물질적인 것에서부터 심적인 것까지 종류별로 하나씩 살피는 것이다. 그리하여 상상하는 의식의 단계가 올라갈수록 물질적 소재가 점점 빈약해지지만, 동시에 물질 이미지를 포함한 각 단계마다 심적 이미지를 구성하는 요소들, 즉 지식(savoir), 정서성(affectivité), 운동(mouvement)이 다양한 질적 변화를 거쳐 통합되어 있음(*IMr*, 258)을 확인한다. 사르트르가 기술하고 있는 각 구성 요소들의 특징을 간단히 살펴보자(*IMr*, 115-64).

(1) 지식: 이미지는 우선 그 지향(intention)에 의해 정의되고, 아무리 헐벗은 지향을 상정하더라도 이미 어떤 '지식'을 내포한다. 지향은 지식을 장전하고 있고, 지식의 층이라고 일컬을 수 있는 의식층을 횡단한다. 그 결과 상상의식에서는 '지식'과 '지향'을 추상으로만 구별할 수 있게 된다. 지식은 자유로운 상태에서 상상의식의 지향적 구조 상태로 이행하면서 "지식의 강등(dégradation du savoir)"(*IMr*, 100, 108, 118, 134)이라고 부를 수 있는 어떤 변질을 겪게 된다. 심지어 지식은 이미지가 구성되기도 전에

할애했다고 볼 수 있다. 『상상계』에서 사르트르가 '이미지'와 '사유(pensée)'를 구분할 때에도 이러한 이해를 전제로 논의를 전개하고 있다. "이미지는 사유의 현시나 사유의 표현 매체 역할을 하지 않는다. 이미지는 사유와 결코 이질적이지 않기 때문이다"(*IMr*, 187) 등의 표현이 그것이다.

변형을 감수하기도 한다.

(2) 정서성: 모든 지각은 정서적 반응을 동반한다. 이미지는 정서적 상태와는 근본적으로 이질적인 심리적 형성이지만, 대부분의 정서적 상태는 이미지를 동반하고, 이미지는 욕망의 대상을 표상한다. 이미지가 지식이 강등될 때 향해 가는 '하위 극단'으로 주어진다면, 이미지는 또한 정서성이 자기인식을 추구할 때 향해 가는 '상위 극한'으로 제시된다. 이미지는 "정서성과 지식의 종합"(*IMr*, 143)이다. 그러나 한편에 지식이 있고 다른 한편에 감정이 있는 것이 아니라, 의식은 그 자체로 투명하며, 전적으로 지식이면서 동시에 전적으로 정서성이어야 한다. 인지정서적 의식(conscience cognitive-affective)이 이미지의식의 심오한 구조이다.

(3) 운동: 근육 운동의 내면 감각이 이미지 구성에 중요한 역할을 한다. 운동이 시각이 아닌 다른 감각에 의해 주어질 때 그것을 파악하는 의식은 지각적 구조가 아닌 상상적 구조를 띤다. 완전한 이미지는 정서적 아날로공과 운동감각적 아날로공을 포함한다. 이 두 소재는 중복되는 것이 아니다. 정서적 대체물은 초월적이지만 외재적은 아니고, 운동감각적 대체물은 초월적이면서 동시에 외재적이다.

이제 이 세 가지 요소, '지식', '정서성', '운동'의 관계에 초점을 맞춰서 상상의식의 구조를 살펴보자.

사르트르에 의하면, 어떤 동일한 하나의 대상에 대해 주어질 수 있는 의식의 세 가지 유형은 ① 이미지, ② 개념(=지식), ③ 지각, 즉 상상하는 의식, 구상하는 의식, 지각하는 의식이다.[24] 이때 구상하는 의식, 즉 지식이 상상하거나 지각하는 의식과 맺게 되는 관계를 살펴보면, 지각의식이

---

24 "지각하기, 구상하기, 상상하기, 이것들이 어떤 하나의 동일 대상이 우리에게 주어질 수 있는 세 가지 의식 유형이다"(*IMr*, 22-23).

나 이미지의식 속에는 언제나 지식이 스며들어 있어도, 거꾸로 지식 속에 지각의식이나 이미지의식이 들어 있다고 말할 수는 없다. 지각을 하거나 상상할 때 우리의 지향(=의식)은 "지식의 층(couche du savoir)"(*IMr*, 115)을 통과한다. 두 경우의 차이가 있다면, 지각에서 지식은 천천히 형성되는데, 이미지에서 지식은 즉각적이다.[25] '지각'과 '상상' 속에 항상 '지식'이 깔려 있다는 점에서는 '지식'을 더 상위의 의식활동으로 볼 수도 있겠으나, 사르트르는 '지각'과 '상상'이 다른 의식활동의 부분으로 들어갈 수 없는 충만한 의식활동이라는 점에서 인간 의식활동의 가장 대표적인 두 가지 태도로 간주하고 있다.[26]

사르트르는 사람의 얼굴을 상상하는 경우를 예제로 삼아 상상의식의 여러 단계를 하나씩 설명하고 있는데, 상상의식의 아날로공에 해당하는 그 물질적·심적 내용물을 (1) 인물화의 경우, (2) 흉내 내기의 경우, (3) 도식적 그림의 경우, (4) 불꽃이나 벽에 묻은 얼룩, 사람 형상의 바위의 경우, (5) 반수(半睡) 상태에서 떠오른 영상의 경우, (6) 심적 이미지의 경우 순으로 검토한다.

(1), (2)의 경우, 지각의 대상과 거의 유사한 사진이나 초상화를 지나 실재 대상과 관련된 지각의 요소(표상적·직관적 요소)가 현저히 감소하는 팬터마임과 같은 흉내 내기부터는 상상의식에 나타나는 것이 지각작용에서 보이는 것과 전혀 유사하지 않다. 이때부터 이미지의 소재 속에 "본질적

---

25 그렇다면 이론상으로 극단적인 지점에서는 지식 없는 지각도 있을 수 있겠다. 대신 지식 없는 상상은 이론상 불가능한 것이다.

26 "이미지와 지각은 (…) 의식의 두 가지 환원불가능한 태도를 대표한다"(*IMr*, 231). 지각의식이 사물 대상을 앞에 두고 한 치의 공백도 없이 다 채워진다면, 이미지의식도 그 지향하는 성격만 다를 뿐 가득 차 있어서 다른 어떤 의식의 개입도 용납하지 않는다는 점에서 유사하다.

인 빈곤성(pauvreté essentielle)"(cf. *IMr*, 26)[27]이 나타나기 시작하는 "준관찰 현상(phénomène quasi-observation)"(cf. *IMr*, 28)에 진입하게 된다. 예를 들어 내가 팬터마임을 보고 어떤 정치인을 떠올린다면, 우선 중심이 되는 지향에 의해 나의 의식은 상상적으로 되어, 내가 그 정치인에 대해 지니고 있던 지식을 지금 눈앞에 제공된 직관적 소재 속에서 실현하는 것이 된다. 직관적 소재는 매우 빈약할 수도 있는데, 이때 주의해야 할 것은 내가 팬터마임을 하는 배우의 세부적인 부분을 '지각'해 버리면 상상의식은 날아가 버리게 되므로, 나는 거꾸로 나의 '지식'으로부터 직관을 한정할 수 있도록 해야 한다. 말하자면 "심적 이미지의 본질적 특성인 준관찰 현상" (*IMr*, 62)을 십분 이용해야 한다. 내가 배우의 얼굴에서 정치인의 툭 튀어나온 입을 알아보는 경우, 이때 '지각한 것'은 바로 내가 '알고 있는 것'이다. 그러나 지식만으로는 아직 부족하다. 새로운 요소로 정서성도 필요하다. 원칙적으로 모든 지각은 정서적 반응을 동반하는 것이고, 또 모든 감정(sentiment)도 의식으로서 그 대상을 특정한 방식으로 겨냥하는 것이라서 '무엇인가에 대한 감정'이다. 이러한 정서적 의미에 의해 기호들이 모아져서 지각의 직관적 요소들을 대신하면서 지향하는 대상을 구현하게 된다.

(3)의 도식적 그림(dessin schématique)은 이미지와 기호의 중간 형태를 띠는데, 이를 통해 이미지를 떠올리는 과정에서는 직관적 요소(=지각)가 현저히 줄어들고 의식활동의 역할이 상당부분 증가한다. 도식적 형상의 해석은 지식에 달려 있다. 대부분의 경우 하나의 형상을 확인하기 위해서는 눈으로 윤곽을 따라가는 안구 운동이 필요하다. 일상의 지각의 경우에도 어떤 형태를 포착하기 위해서는 안구 운동이 필요하지만 이때 운동감각은 인

---

27 내가 이미 알고 있는 지식 외에 더 이상 새로운 정보가 추가되지 않는 상태.

지되지 않은 채 사라진다. 그러나 도식적 그림은 우리의 안구 운동을 인도하는 하나의 규칙처럼 등장한다. 순수한 방향 지시와 같은 규칙과 달리, 도식적 그림은 지식이 운동 반응을 관장하여 이미지를 떠오르게 하는데, 이는 지식의 직접적 개입이 아닌 운동을 매개로 한 지식의 실현이다. 예를 들어 기호의 상태로 주어진 ✒ 🤚 ○○ 에 어떤 의미를 부여하고자

🤚 ○○ 와 같이 배치하게 되면, 당장 나의 지식이 안구 운동을 유발하여 특정한 인물의 이미지를 떠올리게 되고, 기호 상태에서는 텅 비어 있던 공간이 이미지 상태에서는 하나의 가득 찬 공간으로 변하는 것을 확인할 수 있다. 이때 운동에 의해 지식이 구현되어 이미지로 된 대상이 떠올랐다고 할 때, 지식과 운동을 구별할 수 있는 것은 아니다. 우리가 말을 하면서 말하고자 하는 생각을 인지하듯이, 지식도 그것을 운동으로 실현하면서 인지된다. 지식과 운동이 두 개의 실재로서 있는 것이 아니라 하나의 "상징적 운동(mouvement symbolique)"(IMr, 75)이 있는 것이다. 이때 지식은 스스로에 대해서 이미지의 형태로밖에 의식하지 못한다. "이미지의 식은 급이 낮아진 지식의식이다"(IMr, 75).

한 단계 더 나아가 (4)의 경우, 벽의 얼룩이나 하늘의 구름 같은 것을 보고 어떤 형상을 떠올린다면 우선 단초가 될 윤곽을 만드는 의미 없는 운동(안구 운동 등)이 있고, 여기에 지식이 통합되면서 갑자기 상징적인 운동으로 변모한다. 상징적 운동의 개입으로 지식이 얼룩 위에서 구현되면서 이미지를 창조하게 된다. 상상의식의 소재가 지각의 소재에서 점점 더 멀어질수록, 그리하여 그 속에 지식이 점점 더 스며들수록, 상상의식이 지향하는 원래 대상과의 유사성은 줄어든다. 그러면 새로운 현상이 나타나는데 바로 "등가 현상(phénomène d'équivalence)"이다.

등가 현상이라는 하나의 새로운 현상이 나타난다. 직관적 소재는 대상의 소재와의 등가 관계를 위해 선택된다. 운동은 형상과 등가의 것으로 실체화될 것이고, 빛의 광도는 색채와 등가적인 것이 된다. (*IMr*, 107)

(5), (6)으로까지 상상하는 의식의 단계가 올라갈수록 소재가 점점 빈약해지고 지식이 점점 더 중요해지며, 그렇게 되면 직관의 영역에서 지식이 직관 자체를 대신하게 될 정도가 되는 것이다. 동시에 상상적 지향은 이미지의 소재의 영향을 차츰 덜 받게 되고, 지식이 중요해질수록 상상적 지향은 더 자발성을 확보한다. 그리고 지식의 측면에서는 원래 상태 그대로는 직관의 결함들을 채울 수가 없어서, 지식은 "강등(une dégradation)"(*IMr*, 108)을 겪어야 한다. 이 말은 지식이 '순수 사유'의 영역에서 물질의 영역으로 넘어간다는 것이고, 투명하던 상태가 점점 이미지의 불투명성으로 변질된다는 것이다. 사르트르는 '순수 이해(compréhension pure)'와 '이미지화된 이해(compréhension imagé)'를 구분(*IMr*, 196)하기도 하고, '순수 지식(savoir pur)'과 '이미지 지식(savoir imageant)'을 구분(*IMr*, 131)하기도 한다. 이미지로(서) 사유한다는 말은 결국 인간의 의식이 무엇인가를 눈앞에 보고 있는 듯이 사유한다는 것이고, 이는 결국 순수 관념의 영역에서 불순한 물질의 영역으로 하강한 것과 마찬가지인 것이다.

사유가 직관적이고자 할 때, 즉 대상의 보임에 근거하여 사유를 확언하고자 할 때, 사유는 이미지화된 형태를 취한다. 이 경우 사유는 대상을 보거나 혹은 더 잘되면 그것을 소유하기 위해 자기 앞에 대상이 출두하도록 시도하는 것이다. (*IMr*, 235)

상상의식 속에서의 이러한 지식의 강등을 보여 주는 좋은 예시로서 사르트르는 소설을 읽는 독서행위를 언급한다. 소설책을 펼쳐 든 우리의 의식 구조는 어떤 모습인가? 그리고 소설 읽기 행위 속에서 기호와 이미지의 관계는 어떤 것인가?

4. 독서의식의 특수성

기호로 된 문자를 읽는다는 것은 그 자체로는 의식이 대상을 정립(poser)하는 것이 아니다. 정립행위라는 것은 확인(affirmation)을 동반하는데, 문자를 해독하는 기호의식은 그 자체로는 정립적이지 않다. 내가 유학 간 친구를 이미지로 떠올린다면 이미 나의 의식의 대상은 부재하는 것으로든 다른 곳에 존재하는 것으로든 혹은 존재하지 않는 것으로든 정립이 된 상태지만, 표지판 위에서 '화장실'이라는 기호를 읽는 것은 그 자체로는 "비어 있는" 의식이다.[28] 이미지를 떠올리는 경우엔 비록 상상의식의 지향 대상이 실제로 존재하는 것이 아니더라도 그 대상이 직접 제공되지만, 기호의 경우엔 그 대상이 주어지지 않은 채로 비어 있다가 지각과 연동된 다른 의식작용을 통해 채워진다. 내가 유학 간 친구를 머릿속으로 떠올리고 있을 때, 그 친구가 방문을 열고 나타난다면 이미 충만한 상태였던 이미지는 사라져 버리고 지각이 그 자리를 대신 차지해 버리는데, 표지판을 읽는 기호의식은 그 자체의 파괴됨 없이 지각을 통해서 스스로를 채우면서 기호작용(signification)을 완수한다.

이미지와 기호는 모두 하나의 의식이다. 상상의식(conscience imageante)과 기호의식(conscience significative)이다. 따라서 이 두 의식이 실재세계

---

28 "기호의식은, 본성상 비어 있어서, 사라지지 않고 채워질 수 있다"(*IMr*, 55).

의 사물 대상들처럼 외적인 연관관계 속에서 하나가 다른 하나의 원인이거나 결과일 수는 없다. 두 의식 사이의 관계는 결코 수동성일 수 없으며, "그 자체로 투명한 지향적 종합의 한복판에서 이루어지는 내적 동화와 이화"(*IMr*, 57)의 관계이다. 따라서 독서행위와 같이 기호를 통해서 상상 세계로 넘어가는 경우, 그것을 기호의식에 이미지들이 외부에서 보충되어 채워졌다는 식으로 보아서는 안 되고, 기호가 이미지의식을 동기화(motiver)하는 데 사용되었다고 보아야 하며, 이때 관건이 되는 것은 어떻게 동일한 문자가 기호적인 소재 상태에서 표상적 소재 상태로 이행하는지를 보여 주는 것이다. 사르트르가 강조하고자 하는 것은 이 과정에서 상상의식을 이루는 노에시스적 요소, 특히 지식의 본성이 변질된다는 사실을 강조하려는 것이다. '지식의 강등'이라는 개념을 통해서 이미지를 사물화하였던 기존 철학자들과 심리학자들의 오류의 원인을 파악하고, 이를 수정하여 이미지를 온전한 의식의 한 형태로 굳건히 지켜 내려는 것이다.

사르트르에 의하면,[29] "독서의식은 나름의 구조를 가진 특유한 의식"(*IMr*, 128)이다. 소설을 읽는 것은 단순히 간판 위에서 문자를 해독하는 것과는 차원이 다르다. 소설을 이루는 기호는 지각을 통해 채워지는 단순 의미작용 차원에서의 매개 역할이 아니라, 기호의식에서 상상의식으로 넘어가는 출입문과 같은 역할을 한다. 길 위의 어떤 안내문이라든지 혹은 전체 맥락에서 뚝 떼어낸 문장을 읽을 경우에는 우리는 진위를 판단하지 않은 채 단지 의미작용의식(conscience de signification)만을 만들어 낸다. 또 전문 학술서적을 읽는 경우에는, 우리의 지향이 문장을 구성하는 기호에 매 순간 집착하게 되어, 우리의 지식과 우리의 사유가 단어들 속에서만 전개되는 의식을 형성하게 된다. 따라서 전문 학술서적을 펼쳤을 경우

---

29 소설 독서와 관련된 이하 내용은 *IMr*, 128-35 참조.

에 우리가 마주하는 것은 "의미작용의 객관적 영역"이라 할 수 있다. 하지만 그 책이 소설인 경우엔, 의미작용의 객관적 영역이 "비실재적 세계"로 바뀐다(*IMr*, 128). 소설책을 펴는 독자가 취하는 의식 태도는 마치 극장의 막이 올라가는 것을 보는 관객의 태도에 비유할 수 있는데, 관객이 무대 위에서 하나의 세계를 기다리듯 소설책을 펴는 독자도 하나의 세계를 발견할 준비를 한다. 관객이 기다리는 세계는 지각의 세계도 아니고, 심적 세계도 아니다. 연극을 관람한다는 것은 배우들에 기대어 '햄릿'을 보려는 것이고, 마분지로 된 인공 바위에 기대어 '중세의 묘지'를 보려는 것이다. 그와 마찬가지로 소설을 읽는다는 것은 "기호에 **기대어** 비실재적 세계와의 접촉을 실현하는 일"(*IMr*, 128)이다. 마치 책 속의 기호들이 비실재적 세계로 넘어가는 문턱과 같은 구실을 하는 것이다. 그렇다면 똑같은 형태의 기호가 학술서적 속에서 읽힐 때와 소설책 속에서 읽힐 때 어떤 차이가 있는 것인가?

우리가 어떤 학술보고서에서 "서울시 건물소유주조합"이라는 문장을 읽을 때와 한 장편소설 속에서 "그는 건물 3층에서 급히 뛰어 내려갔다"라는 문장을 읽었을 때, 달라지는 것은 '건물'이라는 단어의 지식에 대한 내용 자체가 아니라 그것이 알려지는 방식이다. 학술보고서 속에서는 지식의 내용이 의식에 의해 어떤 '규칙(une règle)'으로 겨냥되었다면, 소설 속에서는 그것이 하나의 '대상(un objet)'으로 겨냥된다. 내가 소설 속에서 무도회에 할애된 장면을 읽는다고 할 때, 그 장면 속에는 문장에 직접 언급되는 사람들이 있고, 그와 동시에 명명되진 않았지만 후면에 있으면서 그 세계의 두께를 이루고 있는 초대된 수많은 다른 사람들도 있다. 이 구체적인, 그러나 비실재적인 존재들은 나의 사유의 대상들이고 내가 단어에 의해 인도되어 실행한 어떤 종합(des synthèses)의 상관물이다. 그런데 소설을 읽는 나에게 이 종합 자체는 '기호적 종합(synthèses signifiantes)'

이 아니라 '지각적 종합(synthèses perceptives)'의 방식으로 실행된다. 다시 말해서 의식의 요소를 이루는 지식이 '순수 지식' 상태에서 '상상적 지식(savoir imageant)'으로 바뀌는 것이고, 이것은 지식이 개념적으로 주어지는 대신 "이미지에 대한 기대"(*IMr*, 132)로 자신을 드러내는 것이다. 순수 지식에서 상상적 지식으로의 전환, 이것을 사르트르는 "지식의 강등"(*IMr*, 100, 108, 118, 134)으로 표현하였고, "사유의 열등한 형태"(*IMr*, 220)로 보고 있다.

소설의 문장은 이러한 상상적 지식으로 젖어 있다. 소설을 읽는 독자가 단어들에 기대어 파악하는 것은 바로 상상적 지식이지 단순한 의미작용이 아니다. 그로부터 기호의 역할에 묘한 변형이 일어난다. 미셸 뷔토르가 소설의 시적인 감흥을 소개하면서 인용한 『죄와 벌』의 한 구절[30]을 읽어 보자.

청년이 들어간 크지 않은 방은 노란 벽지와 제라늄 화분, 창에 드리워진 모직 커튼으로 꾸며져 있었는데, 때마침 방 안은 지는 햇살을 받아 환했다. '그때도 이렇게 해가 비치겠지…!' 뜻밖에도 라스꼴리니꼬프의 머릿속에는 이런 생각이 스쳐갔다. 그는 가능한 한 아파트 안의 구조와 방 안에 있는 모든 것들을 빠른 시선으로 둘러보며 기억해 두려고 애썼다. 그러나 방에는 특별한 것이라곤 하나도 없었다. 가구는 노란색 나무로 만들어져 있었는데, 모두 몹시 낡은 것들이었다. 나무 등받이가 구부러진 큼직한 소파와 그 앞에 놓인 타원형 탁자, 창과 창 사이의 벽에 붙은 거울 달린 화장대, 걸상들, 그리고 독일 귀부인이 손에 새를 들고 있는 싸구려 그림들이 표구된 두세 개의 노란 액자들, 이것이 전부였다.[31]

---

30 Michel Butor, *Répertoire II* (Éd. de Minuit, 1964), pp. 7-8, 21.

31 표도르 미하일로비치 도스또예프스끼, 홍대화 옮김, 『죄와 벌(상)』(열린책들, 2000), p. 17.

이 구절을 읽으면 나는 실제로 지금 앉아서 독서하고 있는 눈앞의 현실공간이 나에게서 멀어지면서 사라지는 것을 경험한다. 기호로 표현된 문장들이 나의 현재 공간을 지우면서 눈앞에 비현실의 세계를 하나 창조하여, 나도 뷔토르처럼, "그 젊은 남자와 동시에 노란 벽지로 도배한 방으로 들어서는 것"[32]이다. 이때 내가 읽고 있는 '아파트'라든지 '방'이라든지 '걸상'이라는 기호들은 단순한 의미작용에 의한 어의 수준이 아니다. 나는 그 '아파트'를 라스꼴리니꼬프라는 이름이 주는 인상으로부터 어느 이국 땅의 한 아파트로 파악하고, '걸상'은 바로 그 아파트에 딸린 여러 방들 중, 노란 벽지가 발린 크지 않은 방 '속'의 (직접 언급되어 있진 않지만 함께 상상되는) 다른 잡다한 물건들 중 하나로 파악한다. 한마디로 나는 그것들을 기호가 아닌 "사물의 방식으로 생각한다(Je le pense à la façon des choses)"(IMr, 129). 소설 독자에게 단어들이란 비록 기호의 역할을 간직하고는 있지만, 상상적 지식이 직관적 요소를 너무도 강하게 요구하기 때문에 기호의 역할을 제대로 하지 못한다. 소설 속에서 "상상적 지식은 기호를 데생처럼 이용"(IMr, 133)하여 기호로 하여금 대상을 표상하는 역할을 하도록 함으로써, 단어의 외관이 대상의 외관을 표상하게 되는 실재적인 전염이 일어나는 것이다. 따라서 사르트르가 『문학이란 무엇인가』에서 사용한 표현을 그대로 빌려서 바꾸어 보자면, 소설가의 언어도 '기호'가 아닌 '사물'인 것이다.

---

32 Butor, *Répertoire II*, p. 8.

결 론

지금까지 우리는 사르트르가 『상상계』에서 기술하고 있는 상상의식의 구조를, 기호와 이미지 사이의 관계와 '지식의 강등'이라는 측면에 초점을 맞추어 살펴보았다. 특히 소설을 읽는 의식에서 두드러지게 나타나는, 지식이 이미지화된 상태로 전달되고 이해되는 '상상적 지식'에 대한 기술은, 사르트르가 후에 『문학이란 무엇인가』에서 주장하게 될 시/산문의 표면적인 구분의 내용과는 사뭇 다르다는 사실을 확인하였다. 이를 통해서 우리는 다시 한 번 사르트르가 『문학이란 무엇인가』에서 전개한 시와 산문의 구분은 당시 시대적인 상황에서 나온 극단적인 표현의 한 방식이었으며, 비록 표현상의 부족함이 있었더라도 그 본래의 의도는 모든 문학 예술의 양극에 위치한 두 가지 미학적 태도를 구별하기 위한 개념이었음을 강조하고자 한다. 그리고 '시/산문' 구분의 근저에 있는 '기호/이미지'의 구분도 단순한 상식적 구분이 아니라 사르트르가 오랫동안 몰두한 철학적 사색의 결과로서, 후설의 현상학으로부터 시작한 치밀하고 복잡한 의식 개념에서 나온 개념임도 살펴보았다.

1975년에 있었던 만년의 인터뷰에서 사르트르는 우리가 옹호한 이러한 입장을 자신의 입으로 다시 한 번 확인해 준다. "산문과 시의 구별을 아직도 주장하고 있는가"라는 질문자의 물음에 사르트르는 이렇게 답변한다.

그것은 그 자체로 존재하는 구별입니다. 산문과 시는 다른 목적과 다른 방법을 가지고 있습니다. (…) 극한까지 몰고 가 보면 산문과 시는 문학이라는 전체적 개념 속에서 양극이라고 생각합니다. 게다가 나는 『문학이란 무엇인가』에서 그 구별을 했습니다. (…) 그 구별을 어떻게 이용할 것인가를 알 필요가

있는데, 대부분의 비평가들은 그러지를 못하고 있습니다.[33]

시와 산문의 구분이 모든 예술, 특히 언어의 예술인 문학을 바라보는 미학적 태도의 양극점을 강조한 것이기에, 더 이상 어떤 작품이 시인가 산문인가를 구별하는 문제가 중요한 것이 아니라 그 작품 속에 시적인 요소와 산문적인 요소가 얼마나 어떤 비율로 섞여 있느냐의 문제가 더 중요할 것이고, 그것이 바로 문학에서의 문체의 문제가 될 것이다.

서론에서 언급한 누보로망 작가들과의 토론이 마련된 1964년은, 프랑스 지성계에 있어서는 구조주의가 그 절정에 다다랐던 시기이고, 사르트르 개인으로서는 노벨 문학상의 수상을 거절하고 오래전부터 몰두하던 플로베르에 관한 전기비평을 한창 집필하고 있을 시기였다. 당시 집필 중이던 『집안의 천치』는, 사르트르가 후에 『상상계』의 후속편[34]이라고 밝힐 만큼, 지금 우리가 살펴본 내용들과 유사한 논의들이 플로베르라는 한 작가의 생애와 연결되어 거침없이 전개된다. 『집안의 천치』에서 사르트르는 『문학이란 무엇인가』로 대변되던 참여 작가의 모습이 아닌 『구토』 시절의 순수 작가의 모습으로, 플로베르의 언어를 감상하고, 기호에서의 이미지를 이야기하며, 문학에서의 문체를 분석한다. 이러한 사르트르에게 그 토론회에 참석했던 젊은 누보로망 작가들은, 플로베르와 프루스트의 소설이 구현하고 있는 시적 아름다움을 사르트르는 문학에서 추방했다고 힐난하였으니, 그 비판을 눈앞에서 들어야 했던 사르트르로서는 답답할 수밖에 없었을 것 같다. 소설이라는 것이 어떤 것이고, 문학의 '문학성'이

---

33 "An interview with Jean-Paul Sartre," in P. A. Schilpp, ed., *The Philosophy of Jean-Paul Sartre* (Open Court, 1981), pp. 16-17.

34 J.-P. Sartre, *Situations, IX* (Gallimard, 1972), p. 118: "플로베르 연구는, 나에게 있어서, 내 초기 저작들 중 하나인 『상상계』의 후속편이라고 보면 됩니다."

라는 것이 어디에서 연유하는지를 그 누구보다도 잘 알고 있었을 사르트르였기에 더욱 그렇다.

사르트르의 연극미학
—디드로, 브레히트와 나눈 가상의 대화[*]

장근상

    1942년과 43년중 사르트르는 샤를 뒬랭의 '연극예술학교'에서 연극사 강의를 하게 된다. 당시 〈카르텔〉의 주역이던 연출가 뒬랭을 1932년 시몬 졸리베가 사르트르와 보부아르에게 소개해 준 덕분이다. '아틀리에 극단'의 배우들을 위한 강의였다. 연극사 강의는 우선 그리스 비극을 다루었고 이를 위해 사르트르는 헤겔의 『미학 강의』를 참고했을 것이다. 그래서인지 소포클레스의 『오이디푸스』, 『안티고네』를 인용하면 으레 '권리들 간 투쟁의 재현'이라는 헤겔의 비극에 대한 정의를 거론한다.

    그런데 미셸 콩타와 미셸 시카르는 사르트르의 연극론 정의에 대한 필요성을 언급한다. 1960년 3월 소르본 대학에서 「서사극과 드라마극」의 제하로 강연한 내용이 그나마 그의 연극론에 대한 일별을 가능케 한다고 할 수는 있다. 하지만 그가 1947년 『문학이란 무엇인가』에서 종합한 자신의 문학론에 견주어 볼 때, 이에 상응하는 연극론 종합서는 별도로 시도하지 않았기 때문이다. 주로 강연이나 인터뷰를 통해 연극에 대한 견해

---

[*] 이 글은 같은 제목으로 『불어불문학연구』 제95집(2013)에 실린 것이다.

를 표명할 기회가 있었다고 해도, 그가 손수 이론적으로 체계화한 저술은 없다. 아마도 그 이유는 연극이 텍스트의 문학성을 넘어서는 대중적인 재현예술이라는 점에서 다른 예술장르보다 월등히 사회참여에 최적화된 장르로 여겨졌기 때문이라 가정해 볼 수 있다. 그래서 연극술에 대한 자신의 생각을 체계화할 필요를 그다지 느끼지 않았으리라는 게 이 두 전문가의 추측이고, 동시에 우리의 아쉬움이다.[1]

서 론

잘 알려진 바와 같이 몰리에르는 자신이 대본을 쓰고 직접 연출과 연기도 하며 마지막 작품 『상상병 환자』(1673)의 아르강 역할을 연기하는 도중 무대에서 삶과 연극인생을 마감한다. 그가 생전에 이끌던 순회극단이 차례로 마레관 극단(1673), 부르고뉴관의 극단(1680)을 합병하게 되면서 몰리에르는 그 자신 코메디 프랑세즈의 전신이 된다. 이처럼 작가, 연출가, 극단 대표, 배우 등 대부분의 역할을 수행하였기 때문에 몰리에르의 연극은 실행의 간소함과 직접성이라는 장점을 가지게 되는데, 이로써 그의 극작품은 무대지시문의 최소화라는 특징을 가지게 된다고 볼 수 있다. 그런데, 물론 이와 비슷한 수준은 아니더라도, 우리에게는 사르트르의 첫 연극 체험도 어느 정도 몰리에르의 경우를 연상하게 한다. 1940년 포로수용소에서 성탄절을 앞두고 그는 대본을 쓰고 직접 무대에서 연기까지 한다. 온통 몰리에르 식인 이 첫 경험은 그에게 일종의 행운이었다고 한다.

---

1 J.-P. Sartre, *Un théâtre de situations* (Gallimard, 1973), pp. 13-15. 이하, 'TS, 13-15'처럼 줄임.

1941년 수용소를 벗어나 파리로 돌아온 그에게 이 경험은 연극을 저항과 사회참여의 수단으로 택하게 한다. 그렇기 때문에 그는 연극의 양식이나 기법에 대한 관심보다는 연극에 대한 정의로부터 출발하여, 그가 이 장르에 부여하려는 사회적 기능에 따른 일종의 역사적 패러디의 시각에서 연극을 바라본 듯하다. 그 이유는 우선 포로수용소 시절의 예수 탄생극 『바리오나』(1940)의 집필과 공연이, 무신론자인 자신의 입장 전환이 아니라 동료 사제들의 권고 때문이었다고 해명하지만, 그의 즐거운 경험 고백을 고려하면 이미 16세기에 금지된 성사극의 잔영이 이 예수 탄생극에 조금도 비치지 않는다고 우리가 단언하기도 어렵기 때문이다.[2] 그리고 클로델에 의해 현대판 성사극이 시도되었기도 하고 사르트르는 역사극 『악마와 선신』(1951)의 공연 기간에 이루어진 인터뷰 등에서 클로델과 이 희곡이 가지는 종교적인 다른 입장을 해명하는 기회도 갖기 때문이다(TS, 277). 그다음 두 번째는 신화극 『파리떼』(1943)에서, 시공간 설정은 에우리피데스나 소포클레스 비극 그대로 따르더라도 행위(action)와 메시지는 의도적으로 '현대화(modernisme)'와 '시대착오(anachronisme voulu)' 등의 그 당시 유행하던 기법으로 이루어지기 때문이다. 또한 마지막으로 당대의 이데올로기와 계급의식을 다룬 『더러운 손』(1948)의 일부 연극기법이 바로크적 '테아트룸 문디(theatrum mundi)'에 대한 패러디로 볼 수 있는 일면이 있다든가 하는 점, 등 때문이다.[3]

또한 몰리에르 이후 프랑스 연극은 부르주아 관객을 접대하는 최적의

---

2 *Bariona, ou le jeu de la douleur et de l'espoir*, in Sartre, *Théâtre complet* (Gallimard, 2005), pp. 1113-79.

3 제시카는 짧은 극중극 몇 장면과 남편 위고와의 역할놀이를 통해, 샤를 뒬랭이 1921년, 1944년 두 차례나 공연한 적이 있는 칼데론의 『인생은 꿈이다』 식의 삶과 이야기(혹은 연극)간의 혼란을 직접 연기한다. 자세한 내용은 필자의 「*Les Mains sales*의 메타연극성」, 『불어불문학연구』 제91집(2012)을 참조하시오.

통로로 길들여진다. 무대의 등장인물도 그 당시 프롱드의 난(1649~53)을 거치며 본격적으로 퇴조 일로에 접어든 '전사 귀족'보다는, 생기 넘치는 소위 '법복 귀족'과 삼부회에 소집되어 갓 파리로 올라오게 될 지방의원, 즉 '제3신분' 등 부르주아 일반이다.[4] 하지만 사르트르가 파리 해방 이후, 예컨대 『더러운 손』에서 겨냥하는 관객은 더 이상 몰리에르의 관객이 아니다. 19세기 이래 이미 만기가 되어 생기를 잃은 부르주아 관객일 뿐이지만 그는 의외로 강하게 대립한다. 예컨대 1954년 파리에 온 브레히트 연극을 처음 접하고 난 뒤, 그의 연극관은 명백한 변화가 있었다고 볼 수 있다. 물론 서사극이 부르주아극, 혹은 시민극(drame bourgeois)을 대체하는 장르임에는 분명하지만 그는 결국 서사극에는 만족하지 못한다. 그래서 감동보다는 심판을 요구하는 서사극과는 다르게 개인적 감동을 매개로 하는 신형 드라마연극을 구상하게 되는데, 우리는 바로 이 과정의 추적이 그의 연극 전반을 해석하는 지름길이 될 수 있다고 생각한다.

이처럼 그의 연극에 대한 언급은 자신의 극작품의 공연에 즈음한 입장 표명이나 해명보다는 전통 프랑스 연극과 동시대 연극 일반의 경향에 대한 분석이 태반이다. 그 예가 "신화의 연마"라는 제하로 1946년 뉴욕에서 이루어진 강연이다. 미국 청중들을 상대로 20세기 프랑스 연극 전반에 자신의 최신작을 포함시켜 설명하는데, 요컨대 라신의 주인공에서 보는 불변적인 심리나 성격 묘사의 전통보다는 코르네유 연극의 바로크적 전통에 방점을 찍는 듯하다. 무대에서 구현해야 하는 건 운명이나 '성격'이 아니라 주인공이 그의 신분과 상황 속에서 선택할 수 있는 가능성, 다시 말해 일종의 '형성이 진행 중인 성격'의 묘사이고 그것이 바로 프랑스

---

4 이 시기 평민 신분의 법관들도 20년만 지나면 자동적으로 귀족이 되는 특권을 획득한다. 그래도 전통 귀족들과는 복식에서 구별되었다. 이영림, 『루이 14세는 없다』(푸른역사, 2009), 160쪽.

현대극의 특징이라고 정의하기 때문이다. 이처럼 그에게 코르네유는 규범과 '진실 같음(vraisemblable)의 횡포'에 대해 끝까지 굴복하지 않는 반항의 대명사로 보인다.[5]

따라서 파리 점령 당시에 쓰인 그의 초기 연극은 소포클레스의 크레온과 안티고네 간의 갈등을 통해 제시되는 '권력'에 대한 의문, 그리고 반성의 성격을 가진다. 당시 권력의 주체는 점령자와 그 대리자이다. 각각 독일군과 비시 정부였고, 해방 후에는 적어도 그에게는 부르주아와 드골 정권이었다고 생각해 볼 수 있다. 예컨대 『파리떼』로 연극계에 진입할 때는 시사적 소재나 역사보다는 신화적 소재를 택하면서, 그리고 명시적인 메시지 제시 대신 이를 백지상태인 오레스트 자신의 자유와 책임에 대한 추론 과정과 의식화 장면으로 대체하면서 점령군의 검열을 피할 수 있었다. 하지만 해방 이후 그의 연극은 권력과 폭력의 세상을 대한다. 전쟁 후 더욱 공고진 권력을 행사하는 관객, 부르주아지를 겨냥하게 된다. 비록 자신의 태생 계층이지만 부르주아지에 대한 그의 반감은 뿌리가 깊다. 참전 이전 『구토』(1938)에서 부르주아의 소위 '진실 같음'이라는 속성을 삶의 재현 형태, 즉 '이야기'의 속성에 비견하고 통렬히 공격한 바 있다. 17세기 이래 이 개념은 근대 프랑스 예술의 메세나, 즉 부르주아지의 세계관이기도 하기 때문이다.

이에 우리는 사르트르가 그다지 뚜렷이 표명하지 않은 연극관을 가능한 한 종합적으로 정리해 보려 한다. 주로 1960년 사르트르가 파리학생 연극협회의 후원으로 소르본에서 강연한 「서사극과 드라마극」의 긴 내용을 대상으로 한다. 이 당시 그는 자서전(1963)과 나머지 정치평론 등을 앞두고 있었을 뿐이고 『트로이 여인들』의 각색(1965)을 제외하고는 이미 연

---

5 '진실 같음'의 개념에 관해서는 각주 17번을 참고하시오.

극적인 활동을 거의 중단하여서, 이 강연은 연극에 관한 그의 종합적인 견해를 소개한다고 볼 수 있기 때문이다. 무려 2시간 15분 동안 이루어진 강연은 "경운기로 밭을 갈듯 청중의 정신을 경작하며" "마치 생 토마(Saint Thomas)를 연상시키는 훌륭한" 강연이었다는 평을 받는다.[6] 요컨대 그 당시 베케트나 이오네스코 등이 여전히 대표하고 있던 150여 년 전통의 '부르주아극'은 당연히 젖혀 두고, 브레히트의 '서사극'도 개인을 사회적 일부로만 바라보는 그 '준(準) 객관성'을 문제시하면서, 이에 대신하여 그는 메시지를 개인적 감동이 매개하는 '새로운 드라마극'이라는 주관성의 장르를 새삼스레 제안하는데(TS, 105), 우리는 부르주아극과 서사극에 대해 설명하며 사르트르가 모색하는 중간 형태의 정체와 이 선택의 과정을 당시의 상황과 관련하여 파악하려 한다.

1. 연극과 이미지[7]

사르트르는 부르주아의 드라마극이 더 이상 선택될 수 없는 이유로 우선 소통의 문제를 제기한다. 부르주아가 그들의 재력으로 극장을 점령하고 실질적인 경영권을 장악하면서 연극과 연극평론 또한 그들의 눈치를

---

6 *Les Écrits de Sartre* (Gallimard, 1970), p. 355. 생 토마, 즉 토마스 아퀴나스는 13세기 이탈리아 출신 신학자로, 파리에서 공부하고 도미니크 수도회에 소속되어 주로 파리와 나폴리 등지에서 철학보다는 신학의 견지에서 강의했다.

7 이미지 개념에 대해 혼란이 있을 수 있다. 사르트르는 『상상력(L'Imagination)』을 1936년 출간하였다(국역 지영래, 기파랑, 2008). 그리고 『상상계(L'Imaginaire)』는 1940년 출간한다(국역 윤정임, 기파랑, 2010). 이 당시 그의 입장에서 이미지는 하나의 의식이다. 즉 '상상하는 의식(conscience imageante)'이다. 하지만 1960년 설명하는 연극의 이미지는 사르트르가 정리한 바에 의하면 차라리 베르그손 등 기존의 실재론적 이미지관에 더 가깝게 생각된다.

보아야 했기 때문이다. 그들은 지가를 올려 노동자들이 파리를 떠나게 했고 도심에는 부르주아의 사무실, 건물 그리고 극장들만 남게 되었다. 사르트르에게 이는 그리스 비극작가 테스피스(Thespis)의 유랑극 수레 이래 연극이 가지는 소통 정신의 위반을 의미한다(TS, 106).[8]

그에게 이 연극적 소통이란 심리치료연극에서 그 예를 찾을 수 있듯이 '이미지'와 '참여'의 혼합이고 전이(transfert)(의사⇄환자)와 반전이(contre-transfert)(의사⇆환자)의 야릇한 관계이다(TS, 109). 이같이 재현을 이루는 이중 연기 혹은 이중의 작업 자체가 자발적 참여를 유도하고 바로 이때 연기자의 직업성이라든가 이미지의 역할연기라는 사실도 묻게 된다. 이를 인식하여 오히려 이 이중성을 겨냥하는 연극도 있을 수 있는데, 여기서 사르트르는 묻는다. 서사극이건 드라마극이건, 왜 사람들은 그들의 이미지들에 둘러싸여 사는가? 그들이 의지가 있다면 아주 쉽게 이미지를 걷어 낼 수 있는데도 말이다. 초상화이건 무대이건 공원 조각상이건, 영화관에서 우리는 하루 온종일 우리의 이미지를 보고 또 보니 말이다. 사르트르는 그 이유가 우선 우리의 주체가 누군가에 의해서 끊임없이 객관화, 즉 소실되기 때문이며, 그다음 객체성에서 회복한다지만 고작 이미지만을 보게 될 뿐, 결국 실재적 대상이 되는 데 실패하기 때문이라고 말한다(TS, 114, 116).

내가 거울을 본다. 하지만 거울 속 내 얼굴은 내가 가닿을 수 없는 어떤 것이다. 그건 실재이지만 하나의 반영(허상)이다. 그리고 내가 알아본 나의 반영은 하나의 이미지(비실재상)이다. 그 반대로 나에 의해 아직 인지

---

8 기원전 6세기경 테스피스는 이동극단을 인솔하며 도시마다 비극을 선보인다. 비극적 행위, 긴 대사, 가면, (합창대 소속이 아닌) 독립된 주인공을 처음으로 고안하고, 극중극을 연상시키는 연기 실험도 시도한 전설적인 연극인이다.

되지 못한 나의 반영은 그대로 하나의 대상(실재상)일 뿐 아니라, 말 그대로 객관성 그 자체이기 때문에(TS, 115), 이 순간은 비로소 나를 내 대상으로 '판단'할 수 있는 기회를 제공한다.

회색 물체가 방금 거울에 나타났다. 다가가 쳐다보자 난 더 이상 그 물체를 떠날 수 없다. 그건 내 얼굴의 반영이다. 가끔 한가한 날 내 얼굴을 이렇게 응시하는데 이 얼굴에서 난 어떤 것도 이해할 수 없다. (…) 난 못생겼다고 생각한다. 사람들이 그렇게 말한다. (…) 고모가 내가 어렸을 적 말했다. "너무 오래 거울을 보면 너 원숭이를 보게 된단다."⁹

따라서 스스로에게 깊은 관심을 가진 내가 나의 얼굴을 인지한다는 건 거울 속의 '나'라는 물체에 대해 일종의 '공유'적 시각을 가진다는 말이다. 우리가 말하는 걸 스스로 듣는 방식과 그냥 말하기만 하는 방식이 정확히 일치하지 않듯이, 스스로를 본다는 것도 그냥 보는 행위와 다르다. 그러므로 우리는 차라리 스스로를 보지 못한다고 해야 정확하다.¹⁰ 따라서 우리는 자신을 제대로 심판할 수 없고, 거울 속 나의 모습은 내가 닿지

---

9 La Nausée, in Œuvres romanesques (Gallimard, 1981), pp. 22-23. 이하 'N, 22-23'처럼 줄이며, 국역은 인용자의 것임.

10 이 시각(vue)의 문제는 『구토』의 전반에서도 다루어지는데, 특히 모험이란 주제와 관련하여 그 '모험의 느낌'을 주며 인간을 미망 속에 빠트린다는 '시간의 불가역성' 부분이 우리의 기억에 남아 있을 것이다. 한 여자가 내 앞에 있는 이 순간 그도 나도 늙어 가고 있고 나는 마치 그 순간을 포착하는 듯 착각을 한다(N, 69). 창밖에서 어느 검은 옷차림의 노파가 골목길을 힘겹게 걸어가는 장면도 마찬가지이다. 우리는 과거, 현재, 미래가 마치 한 시야에 펼쳐지며 미래가 현재로 실현되는 순간을 보는 듯한 환상에 빠진다. 이때 사르트르는 동사 '보다(voir)'를 모두 이탤릭체로 바꾸며 시각 자체의 함정을 강조한다(39). 또한 마지막 부분, 공원의 마로니에 뿌리 장면에서도 '보다'는 모두 강조되며 로캉탱은 인간의 시각을 통틀어 '광학적 환영(illusion optique)'이라고 정의한다(155).

못하는 곳, 경험세계와 실재의 바깥에 있는, 하지만 실재성을 가진 하나의 이미지이다. 사르트르가 예로 드는 앤틱 헤이(Antic Hay)의 초상화 앞에서도 마찬가지이듯이, 내 반영 즉 이미지를 잡으려 하면 나의 초상화를 찢거나 거울을 깨트려야 하는 헛된 시도밖에는 더 이상 할 게 없다(TS, 115).[11] 이처럼 나의 초상화는 나로부터 떨어져 있는 것이지만 아직 나의 것은 맞다. 내 반영이 가지는 이 침투 불가성은 결국 '부재' 속에 용해되고, 나는 그 앞에서 내가 어쩌지 못하는 실재성, 즉 나의 이미지를 만난다.[12]

2. 부르주아극과 무위無爲

제스처는 행위(action)의 이미지이다(TS, 119).[13] 연극에서 물론 행위도 실

---

11 Aldous Huxley, *Antic Hay* (1923)는 마르셀 프루스트나 제임스 조이스에 영향을 받아 전통 소설의 플롯, 즉 '행위'를 거부한다. 이 소설에서는 1차대전 직후 런던의 보헤미안들을 통하여 확실성이나 진실이 사라진 시대, 그리고 오로지 현재에 가두어진 영혼이 그와 다른 계층의 사람들에게 어떤 책임감을 가질 수 있는지 묻는다.

12 다른 강연에서 사르트르는 '실재성(réalité)'을 설명하며 『구토』에서도 인용한 바 있는 LP판의 예를 든다. 판을 부숴도 깨트릴 수 없는 심포니의 실재성은 내 마음에 들지 않는 내 초상화를 찢어도 지울 수 없는 내 이미지의 실재성과 같이 '대상성'의 외부에 있다. 연극의 관객도 파국에 내몰린 주인공을 눈앞에 두고 외부에 머물러 있을 수밖에 없다. "Théâtre et cinéma," *Un théâtre de situations*, p. 88.

13 행위와 줄거리(intrigue)는 투샤르의 정의처럼 서로 구별해야 한다. "행위는 유기적인 움직임이다. 그에 따라 비극의 '상황', 그리고 희극의 '성격'은 시작부터 결말까지 생성, 진행, 소멸하게 되는 것이다. 그에 비해 줄거리는 사건들의 개별적 엉클어짐일 뿐이다. 그럼에도 그 가운데에 진행되는 게 바로 행위이다. 간단하건 복잡하건 행위는 항상 하나이다. 행위란 생성, 진행, 소멸을 조정하는 일반적 움직임이다. 그러니까 줄거리란 행위의 잔가지들일 뿐이다"(Pierre-Aimé Touchard, *Dionysos, Apologie pour le théâtre*, Seuil, 1968, pp. 42, 79, cité par Bernard Valdin, "Intrigue et tableau," *Littérature*, vol. 9, 1973, p. 48). 그러므로 행위는 '형태'가 없다. 줄거리만이 관객에게 하나의 체계(schéma)로 인식될 뿐이다(p. 54).

제로는 제스처일 수 있다. 그래서 연극 전반이 제스처라고도 할 수 있다. 제스처가 그 자체에 목적이 없는 행위라고 해도, 적어도 다른 것을 보여 주려는 의도가 있는 행위, 큰 움직임(grand mouvement)[14]이기 때문이다. 그러니까 만약에 두 사람이 불화 상태에 있을 때 누군가가 그중 한 사람 에게 "제스처를 해 봐요"라고 충고하면, 그건 상대가 그에게 화해를 청할 빌미를 제공하는 제스처를 하라는 의도이다(TS, 118). 그런데 제스처는 그 런 행위의 저의만 가지는 게 아니고 행위의 이미지도 가진다. 예컨대 물 을 마시는 제스처는 컵에 물이 실제로 들어 있건 아니건 간에 배우가 재 현하는 극중 인물이 물을 마시고 있는 행위를 지시하기 때문이다. 연극에 서 제스처는 반드시 행위를 의미하고 또한 연극은 하나의 이미지이므로 제스처는 행위의 이미지, 즉 움직임을 통한 행위의 재생(reproduction)이 라고 할 수 있다(Ibid.).

그런데 이 연극의 행위는 1810년경 부르주아지가 본격적으로 연극을 통제하기 시작한 이래 20세기 전반까지도 간과되고 왜곡되어 있다.[15] 시

---

14 '움직임(mouvement)'은 1910년대 영화의 영향을 받은 연출가들에게 주요 관심사로 떠오른 개념이다. 입센(Ibsen), 스트린드베리(Strindberg), 메테를랭크(Maeterlinck), 체호프(Tchekhov), 그리고 피란델로(Pirandello)의 희곡에서 확인하듯이 그들은 1880년대부터 드라마에서 아리 스토텔레스적 행위(action)가 와해되기 시작하고 드라마는 결국 위기에 봉착하였다고 보았 는데, '움직임'은 이 행위가 사라진 자리에 그들이 그 대신 동원하는 이질적인 여러 예술형 태들을 주도하고 조화시키는, 요컨대 행위의 대체적 개념과 원리라고 정의할 수 있다. Joseph Danan, "Mouvement," in J.-P. Sarrazac, dir., *Lexique du drame moderne et contemporain* (Circé, 2010), p. 136; J.-P. Sarrazac, *Critique du théâtre 2* (Circé, 2015), p. 22.

15 참고로 사르트르는 '부르주아극'을 혁명 후, 1810년경 정착하게 된 광의의 장르로 정의하고 있다. 이 부르주아극을 드라마극으로 간주하는 브레히트와 같은 시각에서 사르트르는 이를 부르주아 일상을 다룬, 부르주아 관객을 대상으로 하는 연극으로 지칭한다(TS, 105). 같은 선 상에서 게오르크 루카치는 부르주아극을 계급투쟁을 의식한 첫 번째 사례로 꼽고, 아르놀트 하우저는 이 장르를 사회적 갈등을 주제로 삼고 공개적으로 계급투쟁에 종사하는 첫 번째 장르로 분류한다(Peter Szondi, "Tableau et coup de théâtre," *Poétique*, n° 9, Seuil, 1972, p. 1). 다른

민, 즉 부르주아 관객이 진정한 행위를 원하지 않기 때문이다. 그들에게 행위란 연기하는 인간의 행위가 아니라 작가의 행위에 그친다. 사르트르에 의하면 행위는 작가에 의한 줄거리의 무대실행적 구성이다. 그리고 연극에 행위가 있어야 한다는 말도 처음 설정된 전제들로부터 결과들이 간명하게 도출되어야 한다는 말이다(TS, 123).

하지만 부르주아 관객은 그런 행위의 자리를 '정념(passion)'[16]이나 불변의 '성격'으로 대체하길 원했다. 또한 무대에 자신의 이미지가 재현되기를 바라기 때문에, 극의 행위가 그 무엇보다도 인물의 행위임을 존중하지 않았다. 그리고 연극을 오로지 자신의 '나르시시즘'적 이미지를 확인하는 장치로 삼으려 했다.[17] 다시 말해 행위를 커다란 사건이나 소란 혹은 정

한편 디드로가 셰익스피어를 번역하면서 일정기간 '진지한 장르'와 '드라마' 등으로 개념화한 새로운 미학적 시도에 한정하여 부르주아극 전반을 정의하는 시각이 있다. 사르트르가 '부르주아극'과 '드라마극'을 뚜렷이 구분하지 않아 생길 수 있는 오해를 고려하면 이도 또한 일리가 있다 하겠다. 즉, 김도훈은 게프(Félix Gaiffe)와 사라자크를 따라 『사생아』(1757)가 뒤늦게 공연되지만 실패로 막을 내린 1771년은 사실상 부르주아극이 종말을 고하는 해"이며 그에 멜로드라마의 부정적 이미지까지 떠안아 전반적으로 부정적 이미지를 가지게 되었다고 보고 있다(김도훈, 「디드로의 『사생아에 관한 대담』 연구」, 『불어불문학연구』 제42집, 2000, 36쪽; Jean-Pierre Sarrazac, "Le Drame selon les moralistes et les philosophes," Le Théâtre en France, t. 1, A. Colin, 1992, p. 310).

16 'passion'의 역어 선정에 논란이 있다. 일상적으로 통용되는 '열정'에 가까운 개념은 절대 아니다. 'ethos'가 윤리가 아니고 일종의 성격을 말한다면 차라리 'pathos'는 오히려 '정치적 신념'에 더 가깝다는 의견도 있다. 크레온의 정념을 그 예로 꼽을 수 있다. 하지만 혼란을 피하기 위하여 우리는 이런 전제 하에 국내에 이미 정착되었다고 보이는 역어, '정념'을 그대로 수용한다.

17 사르트르는 여기서 '진실 같음'이라는, 17세기 비극을 비롯한 프랑스 정규극(théâtre régulier)의 중요한 개념을 거론하지는 않는다. 하지만 이 개념의 존재는 연극에 대한 부르주아 관객의 아집을 설명하는 데에 암시되어 있다. 1637년부터 한동안 프랑스 연극계와 학술원을 한껏 달궜던 일명 '르시드 논쟁'의 한 중심을 이루던 개념이다. 아리스토텔레스를 따라 비록어느 행위가 진실이라도 기괴한 진실이라면 그 '진실' 그대로를 재현해서는 안 되고 상식과 여론에 따라 수정된 '진실 같음'의 형태로 재현해야 한다는 교양인과 부르주아 계급의 관점이므로 그 시대를 이해하는 열쇠, 즉 속성이 된다. 혁명이 진정되고 부르주아극이 자리 잡기

념의 대립으로 왜곡하면서 마치 거울을 보듯 무대에서 자신의 모습을 보고, 가능한 한 타인의 시각을 멀리하면서 '순수한 공유'로서의 이미지가 동일하게 무대에 지속되기를 원했다. 혹여 타인의 대상이 된다면 결코 원하는 이미지 그대로를 바랄 수 없기 때문이다. 이같이 개인적으로는 자신을 직시하고, 집단적으로는 서로 상반된 의견으로 충돌하는 변증법적인 체계로 도전하기보다는, 외재성이 배제되고 오로지 주관성의 이미지만으로 정제된 세계에 남으려는 애착을 가진다.

그런데 부르주아 관객이 원하는 이 정념으로는 '행위'에 가닿을 수 없다. 정념은 성격의 불변성을 전제하고, 게다가 시작과 결말 가운데 한 순간 솟아오르다 꺼지는 포말과 같이 어떤 진동과 변화도 남기지 않기 때문이다. 사르트르는 그가 부르주아들의 연극으로 분류하는 몇 편을 거론하며 공통점을 정리한다. 요컨대 이 정념의 연극은 사건을 혈통, 성격, 심리와 같이 주어진 원인들(causes)로 설명하려 할 뿐이고, 상황이나 갈등의 극복, 즉 행위의 결과(fins)를 가지고 설명하길 거부하는 결정론적 의지의 표명이다(TS, 124). 따라서 정치적, 도덕적인 이유로 부르주아 계급을 벗어나려는 어떤 개인적인 선택과 시도에도 기회조차 주지 않는다. 이 연극의 목적은 연극의 행위로부터 그 결과와, 따라서 그 의미를 제거하며, 행위의 힘을 인간 이해에 도움이 되지 않는 불투명한 정념으로 대체하려는 것이다. 사르트르에게 있어 행위를 정념으로 대체한다는 건 인간에게서 의지와 행위를, 실천적 의미와 기투(projets)를 제거하며, 인간을 항상 유년시절로 회귀하게 하면서 인간의 모든 행위 자체를 부정하는 결과로 이

시작한 1810년경 이는 당연한 미학적 원칙이 된다(TS, 105). 그리고 문제의 'le vrai-semblable'의 번역어로 기존의 '진실다움'이나 '사실임직함' 등의 표현을 필자가 어떠한 이유로 '진실 같음'으로 옮기는지에 대해서는 졸고, 「사르트르의 '진실 같음'」, 『불어불문학연구』 제86집(2011)과 『사르트르의 『구토』 읽기』(세창미디어, 2015), 9쪽 참고.

끈다는 말이다(126). 어쩌면 사르트르에게 부르주아는 인간의 보편적 외양이다. 자신도 소속된 계급인 만큼이나 자신만만하게 그는 그들의 외양에 대해 적대적이다. 예컨대 현대 부르주아극에서 재현하는 '우정'이라는 관념을 굳이 예를 들어 정리하는 이유는 이 부르주아지 간의 우정이란 곧 진실(vérité)의 외양임을 말하기 위해서이다(126-27). 그 우정의 정체는 고작해야 비슷한 또래들 간의 비열, 시기, 질투의 혼합에 불과하기 때문이다.

　이러한 부르주아극의 범주에 사르트르는 또한 일종의 표현주의적 부르주아극도 거론한다. 바로 브레히트가 서사극의 개념을 구상하는 동기를 제공한 그런 장르이다. 그 전형적인 예로 그는 독일 표현주의자들을 비롯하여 클로델을 꼽는다. 운이 없게도 그들은 시대적으로 애매하였다. 사상적 수단이 아직 없어서 자신들이 대면한 갈등을 제대로 정의하지 못하고 다만 "사회 전반을 삼켜 버리는 특이한 갈등"으로 다루었는데 따라서 극작품 자체를 하나의 "모순된 행위"로 상정하였다. 하지만 이는 이전에 앙드레 지드가 말하던, 그런 의미를 가진 개인과 세계의 갈등이었고 (127), 또한 그즈음 사르트르가 'universel singulier'로 정의하는 인간과 역사의 변증법을 가리키는 것이었다. 이처럼 사르트르가 표현주의로 분류 혹은 마감하는 부르주아극은 갈등을 대면하는 행위는커녕 극복의 시도 한 번 없이 결말은 항상 지루하게 세상에 의해 삼켜지는 인간의 느낌, 즉 허무주의 식 표현 일색이었다. 사르트르에게 바로 베케트의 작품이 그러했는데 그 탁월함에도 불구하고 인상과 표현에서 더 나아가지 않았다 (128). 즉, 부르주아극은 이 무위(inaction)의 연극이다(129). 그리고 베케트의 미학 또한 이 무위적 반경에 있다. 그런데 18세기 초중반 태동한 부르주아극과 당시 이와 공생적이던 회화의 지침은 지금부터 살펴보듯이 잘 짜이고, 잘 재현된 '경(景, tableau)'을 통해 "이야기를 이미지로, 시간을 공간으로 전환"하려는 것이었다.[18] 그리고 구조의 인과적 필연성으로 현실 재구성이라는 환상과 허구적 단일성을 확보하며 형태적으로는 고전주의 미학을 따랐다고 볼 수 있다. 이처럼 진실을 추구한다지만 환상주의(illusionnisme)를 견지한다는 점에서 사르트르가 부르주아극을 '무위'의 형태로 분류하는 이유를 우리는 찾을 수 있을 것이다. 이 관점에서 18세기 중반 새로 조명된 연극의 회화적 개념, '경'이 사르트르의 희곡 전반에 걸쳐 구분단위(découpage)로 등장하는 사실이 이채롭다.

3. 막acte과 경tableau[19]

시공간을 구분하는 연극의 단위 설정(découpage)[20]에 있어 드라마극이

---

18 Pierre Frantz, *L'Esthétique du tableau dans le théâtre du XVIII siècle* (PUF, 1998), p. 165.

19 국내에서 극 구분단위 'tableau'의 역어 선택이 다소 혼란스럽다. 대표적으로 불한사전은 'scène'과 'tableau'를 모두 '장(場)'으로 옮긴다. 김도훈과 김태훈 그리고 이영목도 'tableau'를 극 단위의 명칭이 아니라 디드로의 미학 개념적인 측면을 고려하여 각각 '장면'과 '그림 장면', 그리고 '그림'으로 옮긴다. 하지만 이는 모두 'scène'의 역어 '장'과 구분되지 못한다. 이에 우리는 의미 그대로인 '화(畵)'도 고려하였고 더 나아가 송(宋)·원(元)·명(明)을 거쳐 완성된 『삼국지』의 도원결의 편, 적벽대전 편 등에서 가장 긴요한 고비라는 뜻으로 쓰인 '대목'까지 고려하였다. 하지만 '대목'과 같은 의미이면서도, '소상팔경(瀟湘八景)', '관동팔경(關東八景)' 등으로 우리에게 더 친숙하고 보다 더 회화적 단위인 '경(景)'이 이들보다 더 일목요연하다고 판단된다. 그래서 '경'으로 tableau의 미학적 개념과 구분단위 명칭을 함께 지칭하려 한다. 구분단위 명칭으로는 '장면'과 '그림'이 모두 적당하지 않기 때문이다. 김도훈, 「디드로의 『사생아에 관한 대담』 연구」, 11쪽; 김태훈, 「디드로 드라마론의 현대성」, 『불어불문학연구』 제55집(2003), 136쪽; 이영목, 「메르시에의 『파리그림』의 '그림' 개념」, 『불어불문학연구』 제78집(2009), 127쪽.

20 고전극 미학은 '행위의 단일성'만 말하지 않고 이야기의 분석(décomposition)도 다루는데, 이를 다음 단계로 나눈다. '도입부, 행위의 상승, 절정, 전락, 재앙'의 단계가 그것이고, 갈등도 '위기, 정착, 반전, 결말'로 세분화된다. P. Pavis, *Dictionnaire du théâtre* (Éd. sociales, 1980), p. 103.

나 서사극 형태에 기존의 '막(acte)'을 아예 '경'으로 대체하거나, 막과 장 (scène)의 중간 단위로 '경'을 추가하는 현대 작가들이 있다. 클로델로부 터 시작하여 살라크루, 쥘 로맹, 사르트르, 카뮈, 주네의 연극에서 드러나 는 현상이다. 미셸 리우르는 이런 경향을 '행위'의 전통적인 위상과 개념 을 분해하고, 형태적으로는 막과 장의 연속성을 단위별 자율성으로 변환 시키는 의도로 분석한다. 그들은 이를 통하여 '경'에 관객의 주의를 고정 시키고 연극적 환상을 조정하거나 일소하려 한다. 특히 브레히트와 주네 는 '경'에 플래카드까지 내걸며 논지를 알려주고 의도를 정의한다.[21] 한편 사르트르도 대부분의 희곡에서 '경'이라는 단위를 차용하며 이에 대한 관 심을 고수한다.[22] 하지만 그 이유에 대해서 이들은 별도로 언급하지 않는 다. 다만 리우르가 이들의 의도를 다음과 같이 파악한다. 드라마 형태에 서 '막' 안의 모든 장면들은 각기 다음 장면을 예고하는 선적인 진행을 따 른다. '반전(反轉, coup de théâtre 혹은 péripétie)'도 그중 한 단계일 뿐이다.[23] 따라서 행위는 유기적이고 점진적으로 증폭한다. 이에 서사 형태는 대립 한다. '막' 대신 '경'으로, 즉 '막'을 모두 제각자이고 여담(餘談)적(discursif) 으로 진행하는 '조립된 장면(montage)'들로 대체하며 따라서 시간과 공간 을 분해하여 드라마극 형태를 와해시킨다. 그래서 연극적 환상이라는 드 라마극의 기만술로부터 관객을 해방시키고 그다음 비판적이고 체계적인 성찰을 유도한다.[24]

  '경'을 가장 활발히 시도하고 이론화한 선구자는 18세기의 디드로이

---

21 Michel Lioure, *Le Drame de Diderot à Ionesco* (A. Colin, 1973), pp. 193-94; 김찬자 옮김, 『프랑스 희곡사』(신아사, 1992), 218쪽.

22 사르트르의 희곡 전 작품의 구분 형태에 대한 자세한 언급은 이 글의 결론 부분으로 미룬다.

23 Jacques Scherer, *La dramaturgie classique en France* (A. G. Nizet, 1977), pp. 83-90.

24 Lioure, *Le Drame de Diderot à Ionesco*, p. 194.

다.[25] 17세기 전반 '르시드 논쟁' 등을 통하여 우세를 점한 '진실 같음'의 위상에 비해 그는 상대적으로 위축된 '진실'과 '자연'의 지위 회복을 시도하였는데 이와 관련하여 진실의 사실적 재현에 적합한 '경'에 주목한 것으로 보인다.[26] '경'의 선택은 막과 장이 인물들의 등장과 퇴장에 따라 전환된다거나, 막간도 또한 사건들로 채워져야 한다는 단일성과 필연성의 고전극 미학을 거부하는 형태상의 시도이며, 또한 관객이 예감하건 예감

---

25 P. Frantz, *L'Esthétique du tableau...*, p. 152. 『사생아』(1757)의 첫 공연은 에양(Ayen, 혹은 아장Agen) 공작의 살롱에서 이루어졌는데, 이때 그의 첫 '경'들이 선을 보였다(p. 42). 하지만 순서에서는 라모트(Houdar de La Motte)가 앞섰다. 라모트는 1723년에 벌써 오페라 모델을 따라 비극의 도입부에 에스파냐 궁전 장면의 '경'을 도입하였고(p. 158), 그리고 리우르에 따르면 라모트는 또한 비극 『오이디푸스(Œdipe)』(1730)에서 프랑스 최초로 산문을 시도한 작가이기도 하다(Lioure, *Ibid.*, pp. 18, 33).

26 "'경'과 '진실'은 디드로 미학의 두 키워드이다"(Szondi, "Tableau et coup de théâtre," p. 2). 그런데 호라티우스가 『피소 3부자에게 보내는 서간문(Epistula ad Pisones)』(일명 『시학』)에서 소개한 "ut pictura poesis"라는 개념은 우리 선조들이 즐기던 문인화의 주요한 개념, 서화동원(書畫同源)에 버금간다고 볼 수 있다. 회화와 문학이 같은 규칙에 따르고 같은 감상 기준을 가진다는 의미이므로 약간의 좌표 이동으로 우리는 나름대로 '화문동원(畫文同源)'이라 옮길 수 있을 것이다. 그런데 디드로의 미학을 이 개념으로 해석하는 시각이 있다. 사실 『사생아』와 『가장』(1758)을 통해 구상한 극미학 이론을 바탕으로 디드로는 1759년과 1781년 사이 8편의 글로 미술평론가(salonnier)로도 활동하는데 하지만 그는 회화(pictura)에는 여전히 문학(poesis)으로 연역할 수 없는 어떤 게 있다는 점에 주목한다. "내 상상 속 (문학적) 이미지는 일시적인 그림자에 불과하다. (그러나) 그림은 사물을 내 눈 앞에 고정시킨다. 이 다른 두 모방 간에 차이란 바로 그럴 수 있는(peut être) 것과 그런(est) 것의 차이일 것이다." 아마도 그가 담화(discours) 대신에 '경'으로 '진실'에 더 가까이 접근할 수 있다고 생각한 것도 바로 그 때문일 것이다. Annie Mavrakis, "Ce n'est pas de la poésie; ce n'est que de la peinture: Diderot aux prises avec l'*ut pictura poesis*," *Poétique*, n° 153 (fev. 2008, Seuil), pp. 64-65.

또한 『농아에 관한 서한』(1751)에서 이미 디드로는 '경'을 일종의 '상형문자(hiéroglyphe)'로 정면 접근하며 예술의 본질을 정의하려 한다. 라신(Racine) 식의 '활사(活寫, hypotypose)'라고 할 수 있는 『페드르』의 마지막 긴 (테라멘의 보고) 장면에 주목하는데, 은밀하고 신성한 이 시각적 '암호(chiffre)'는 소리와 의미를 시(poésie)에 하나로 묶고, 이미지와 음악을 하나의 기호로 통합한다. 그러므로 이 상형문자는 번역할 수 없다. P. Frantz, "Le rêve épique de Diderot," *L'Épique: fins et confins* (PUFC, 2000), p. 177.

하지 못하건 '반전'이라는 행위의 중요한 순간을 어떤 감동의 상태나 상황의 이미지, 즉 '경'으로 대체하면서 "더 이상 극적 재현 체계가 아니라 회화적 수사학을 통하여 어떤 에피소드의 순간에서 그 의미를 포착하게 하려는" 문제 상의 시도였으리라 우리는 생각한다.[27]

이처럼 '경'이라는 용어 사용은 말 그대로 극미학 전반이 변화한다는 지표이다. 디드로는 자신의 극작품 『사생아』와 『가장』에서 '경'을 '장'이나 '막'과는 다른 순간들, 다른 장면들을 지시하기 위해 사용하였다.[28] 물론 엄격한 디드로가 「사생아에 대한 대담」(1757)에서 내린 정의에 따르면 "무대의 등장인물들의 배치(disposition)가 정말 자연스럽고(naturelle) 진실해서(vraie), 화가가 이를 충실하게 재현한 그림이 내 마음에 든다면 그 배치가 바로 '경'이다."

그에 비해 '반전'은 행위 중에 발생하고 순식간에 인물들의 상태를 변화시키는, 예견하지 못한 사고"[29]라고 디드로는 정의하는데 이는 또한 이

---

27 Catherine Naugrette, *L'Esthétique théâtrale*, 김덕희 외 옮김, 『프랑스 연극 미학』(연극과 인간, 2007), 234쪽; Frantz, *L'Esthétique du tableau*, p. 2; Pavis, *Dictionnaire du théâtre*, p. 96.

28 『사생아』의 도르발은 친구 클레르빌의 약혼녀 로잘리를 사랑하게 된다. 그리고 로잘리도 마침 자신에게 사랑 고백을 하여 도르발은 난처해졌고 친구에게 죄책감을 가진다. 한편 클레르빌의 동생 콩스탕스는 혼자 도르발을 사랑한다. 이에 도르발은 초인간적 노력으로 관대하고 덕망스럽게 클레르빌을 위해 자신을 모든 것을 희생하고 이에 따라 로잘리도 설득하려 한다. 하지만 마지막 장면에 로잘리의 아빠 리지몽이 귀환하여 도르발이 자신의 아들이라는 사실을 인정하며 모든 문제를 해결한다. 결국 몰리에르적 데위스 엑스 마키나(deus ex machina)의 후속이다. 클레르빌은 로잘리와, 도르발은 콩스탕스와 결혼하게 된다. 이런 인지 장면은 몰리에르가 즐기던 기법인데 디드로는 몰리에르와는 다르게 줄거리보다 감정, 감동에 '진실 같음'을 치중하며 비판을 피한다. 4년 후 그뢰즈는 이 감동적인 마지막 장면을 연상하게 하는 〈마을의 약혼녀〉(1761)를 그리는데, 이 그림을 본 디드로는 "비장하고 부드러운 감동"에 동의하며 "12명의 가족이 물결치듯 서로 연결되어 하나의 피라미드형을 구성한다"고 평가한다(Diderot, *Salon de 1761*). Michel et Jeanne Charpentier, *Littérature*, 18e siècle (Nathan, 1987), hors-texte couleur X.

29 Frantz, *L'Esthétique du tableau*, p. 153에서 재인용. 하지만 다른 한편 '반전'은 디드로의

를 행위 결과의 전복으로 보는 아리스토텔레스의 시각과 다르지 않다고 하겠다. 그만큼 디드로의 관심이 '경'에 치우치긴 했지만, 무대의 시간에 관해서는 전통극과 다르지 않은 그의 극작품에서 '극적 사건' 즉 '반전' 의 존재를 간과할 수 없다.[30] 그렇다고 '경'의 개념이 단순히 침묵의 장면 만이 아니다. 디드로는 등장인물의 침묵 연기에 꼭 필요할 회화적 공간과 느린 흐름의 '완경(緩景, tableau-stase)'에 그치지 않고, '경'을 마찬가지로 회화적이지만 이에 더해 행위와 감동으로 꽉 찬 상태로 절정의 순간을 대면하는 '절경(絶景, tableau-comble)'까지 확장한다.[31] 그리고 장막이 내리 기 직전, 이 장면에서 '경'의 가치는 무대지시문에 의해 지지된다.[32] 그러 나 19세기 후반에 이르면 '경'의 의미는 "주어진 어느 배경에서 진행되는

정의대로 '예상치 못한 사고'인 만큼 부르주아적 세계관에 합당하지 않다. 막스 베버의 시각 대로 자본주의의 계기가 된 17세기의 '이성'에 기초하지도 않고, 연극적 픽션의 속성('진실 같음') 또한 아닌, '진실 같지 않음(invraisemblable)'의 영역에 속하기 때문이다. 부르주아지는 이를 오로지 무대 위에서만 경험할 뿐이다. Szondi, "Tableau et coup de théâtre, pp. 5-6; Frantz, L'Esthétique du tableau, p. 186. 이는 또한 『구토』의 로캉탱이 박물관에서 확인하는 부르주아지의 진면목이기도 하다. 졸고, 「사르트르의 '진실 같음'」, 3, 4장, 253-61쪽.

30 Frantz, Ibid., p. 153. 디드로는 말한다. "『사생아』의 2막은 '경'으로 시작되다가 '반전'으로 끝난다."

31 Ibid., p. 155. 이는 P. 프란츠가 제시하는 신조어이다. 로캉탱의 여자친구 아니(Anny)가 말하는 '완전한 순간'과 이 '절경'의 개념은 같다. 아니는 미슐레의 『프랑스사』의 대형판본에 있는 16세기 삽화 중에 그녀가 좋아하던 〈기즈 공작의 암살〉을 설명한다. "그의 주검을 목격한 사람들은 모두 놀라고 분노하여 손바닥을 앞으로 내밀고 고개를 젖히고 있어. 정말 멋지지. 마치 합창대 같아. 재미있고 일화적인 디테일들도 잊지 않고 묘사하지. 엉덩방아 찧는 시종들, 줄행랑치는 강아지들, 옥좌 밑 계단에 주저앉은 광대들이 그래. 그런데 이 모든 디테일은 아주 위엄스럽게, 그러면서 아주 서툰 척 처리되어 나머지 부분들과 완벽한 조화를 이루는 거야. 난 그렇게 엄격한 통일성을 이룬 그림은 본 적이 없어"(N, 174).

32 『사생아』의 마지막 장면, 함께 모인 자식들을 보고 노인은 기쁨을 참지 못한다. 그들에게 손을 얹고 서로 껴안게 한다. 『가장』의 마지막 장면, 아버지는 네 자식을 끌어안으며 말한다. "아름다운 여자와 덕 있는 남자는 자연에서 가장 감동적인 두 존재로구나." P. Szondi, "Denis Diderot, Théorie et pratique," Diderot et le théâtre (Paris, Comédie-Française, 1984), pp. 44-45, cité par Frantz, L'Esthétique du tableau, p. 171.

'장'들 전체"로 일반화되고, "행위에 연루된 일단의 인물들이 활발하건 침묵하건 간에 막의 끝에서 조형적(plastique)이거나 회화적(pittoresque)인 효과"를 가진 장면이라면 '경'으로 정의되기도 한다.[33]

다른 한편 마르셀 파뇰은 셰익스피어와 뮈세 그리고 쥘 로맹이 '경'을 차용한 이유에 대해서 생각을 피력한다. '경'의 바뀜, 즉 장막을 열 번, 스무 번 오르내리는 기교로 관객을 극행위의 정점에 붙잡아 두려 했다는 것이다.[34] 장막을 올리고 내리는 시점을 막의 단위로 하는지 '경'의 단위로 하는지는 작가의 선택에 달려 있는 듯 보이지만 일반적으로는 막의 단위로 이루어진 듯하다. 이런 중단에 따른 관객의 긴장 이완의 위험을 제거하기 위해 『닫힌 방』의 사르트르는 단막극을 선택하기도 한다. '경'의 선택은 인물의 등·퇴장의 이유, 행선지 등 세부사항에 대한 세밀한 궁리가 필요없다는 장점을 가지므로, 작가에 따라서 행위로 직행할 수 있는 '경'을 선택하기도 한다는 것이다. 하지만 소설의 독자가 불가피하게 소설을 손에서 내려놓아야 하는 순간이 있듯이 '경'의 구분으로 인해 행위를 조각 내어 관객의 주의가 분산될 것을 우려한 클로델은 『정오의 분할』의 연출을 앞두고 '경'을 지체 없이 실행해 달라고 연출가에게 요구하기도 한다.[35] 여하튼 디드로는 "관객이 극장에 있는 것이 마치 여러 풍경(tableaux)들이 계속 줄을 잇는 한 배경(toile) 앞에 있는 것과 같다"며, '경'을 "하나의 시각에 닫힌 단일체"로 정의한다.[36] 하지만 이는 마찬가지

---

33 Frantz, *L'Esthétique du tableau*, p. 155.

34 Pierre Larthomas, *Le Langage dramatique* (PUF, 1980), p. 120.

35 *Ibid.*, pp. 131-32.

36 디드로에 이어 이 시대의 미학적 전환에 깊게 연루되어 있던 메르시에는 "차후 '스크린(écrans) 위의 읽기'가 있게 될 것이고 결국 이미지가 글(écrit)을 대체하게" 되리라며, 미래 영화의 몽타주 기법과 본격적인 연출(mise-en-scène)에 해당하는 '경'과 '장'을 예로 드는데 결

로 '경'을 차용하되 이를 "하나의 전형적인 단편"으로 생각한 브레히트 (1898~1956)와 차이를 보인다.[37]

이처럼 '경'의 정의만을 두고 브레히트를 디드로와 직접 연결할 수는 없다고 생각된다.[38] 그보다는 새로운 연극론으로 옮겨 가기 위해 브레히트가 아리스토텔레스 이래 '드라마극'의 원칙을 고수하고 있는 20세기의 연극과 결별해야 했기 때문에, 헤겔을 따라 드라마를 '극형식'으로 분류하고 차별화하는데, 바로 이 포괄적인 차별에서 비로소 프랑스 드라마의 이론가 디드로와 상관적인 비교가 가능해진다고 우리는 생각한다. 헤겔에 따르면 "극행동은 투쟁과 마찰로 이루어진 사회 속에서 진행되며, 그 것을 거부하고 그에 저항하는 갖가지 상황들, 정념들, 성격들을 상대한다. 이 투쟁과 마찰 역시 여러 행동들과 반응을 불러일으키고 그들을 평온한 상태로 되돌려 놓는 순간까지 눈앞에 보이는 것은 서로 부딪치고 서로 규정짓는 투쟁의 상황들과 살아 있는 성격의 형태로 나타나는 개별화된 목표들뿐이기" 때문이다.[39]

하지만 디드로는 화가에게는 극작가와 다르게 '완벽한 순간'이라는 단하나의 순간밖에 없다면서, 그뢰즈의 풍속화를 연극의 배경으로 장치하는 '회화적 미학'뿐만 아니라, 연극적 환상의 절정을 위해 '팬터마임'을

국 이는 다음 세기 영화의 등장에 대한 예고로 볼 수 있다. Louis-Sébastien Mercier, *Tableau de Paris*, t. II (éd. de 1783), p. 78, cité par Jean-Claude Bonnet, "Diderot a inventé le cinéma," *Recherches sur Diderot et sur l'Encyclopédie* (C.N.R.S., 1995), vol. 18, pp. 28-30.

37 Pavis, *Dictionnaire du théâtre*, pp. 393-94.

38 하지만 P. 프란츠는 다른 의견이다. "브레히트는 '경'의 미학에서 비-아리스토텔레스 극미학의 초안과 같은 내용을 찾았을 수 있겠다. '경'은 그 설치만으로도 '행위'를 등록해 주는 미학이고 연속된 장면에서만 가능한 행위의 단일성을 개의치 않아도 되게 해 주는 미학이니까"(Frantz, *L'Esthétique du tableau*, p. 188).

39 노그레트, 『프랑스 연극 미학』, 328쪽에서 재인용.

복원하고 불완전한 배우를 '가면'으로 대신하여 '완전한 순간'과 '제4의 벽'의 개념을 실행할 것을 제안한다.[40] 다른 한편 브레히트는 미메시스, 카타르시스, 그리고 감정이입에 근거한 아리스토텔레스의 시학뿐 아니라 그 시학을 계속 참고하고 언급하는 헤겔의 고전주의적 형식과도 결별해야 했다.[41]

그로부터 전통의 드라마 형식에 브레히트가 자신의 서사 형식을 대립시키는 도표가 여러 의미를 가지는데,[42] 그 내용을 전제로 하여 스촌디(Szondi)는 헤겔의 드라마 원칙을 요약한다. 즉, 고전주의 드라마는 결정된 구조에 복종하는 형식이며, 형식이 우연성을 배제하고 반대로 인과성을 요구하는 것도 헤겔이 드라마의 절대성을 수용했기 때문이라는 것이다.[43] 하지만 브레히트도 또한 자신의 서사 형식이 교훈을 위주로 한다는 비판을 의식하고 호라티우스의 쾌감(plaire)과 유용함(instruire)의 원칙을 인용한다. "아무리 교훈적이라도 연극은 연극이고 좋은 연극이라면 분명

---

40 '제4의 벽'이란 무대와 객석을 엄연히 구별하는, 보이지 않는 벽을 구축하여야 한다는 것이다. 배우들은 이 벽에 의해 보호를 받는 듯 객석을 전혀 의식하지 않기를, 관객은 마치 염탐꾼이 자물쇠 구멍을 통해 들여다보듯 무대에 몰입하기를 유도하는 개념이다. Denis Diderot, *Discours sur la poésie dramatique*, p. 453, cité par Bonnet, "Diderot a inventé le cinéma," p. 29. 하지만 결국에는 무대와 객석을 구분하지 않는 동일시 효과에 관객은 이끌리고 급기야는 무대의 행위에 대한 직접 반응과 참여도 불사하게 된다. 그 '벽'이 깨졌을 때라야 관객이 극행위의 존재를 이해하도록 풀어 준다는 것이다. 이후 낭만주의 연극, 사실주의 연극, 자연주의 연극, '자유극장'의 창설자인 앙드레 앙투완도 이를 애호하게 된다. Tadeusz Kowzan, *Théâtre miroir* (L'harmattan, 2006), p. 204; Pavis, *Dictionnaire du théâtre*, p. 313; 김도훈, 「디드로의 연극미학과 회화론」, 『불어불문학연구』 제48집(2001), 66쪽.

41 노그레트, 『프랑스 연극 미학』, 327-28쪽.

42 『마하고니 시의 흥망성쇠』(1930)의 주석에서 브레히트는 드라마극과 서사극을 도표로 분류한다.

43 김형기 외, 『포스트드라마연극의 미학』(푸른사상, 2011), 20쪽.

히 재미있기 마련이다"라고 말하지만 이는 연극의 두 기능에 대한 단순한 언급의 수준을 넘지 못한다.[44]

4. 행위와 정념

하지만 사르트르에 의하면 연극이란 무릇 등장인물의 행위를 재현하는 예술이고, 연극에서 말하는 이미지 또한 인물들의 행위의 이미지가 된다. 조각이 몸의 형태(forme)를 재현한다면 연극은 몸의 행위(acte)를 재현한다. 그래서 연극이 되찾아야 하는 건, 사르트르에 의하면 젊음과 아름다움에 대한 자부심을 뽐내는 자족적인 인간이 아니라 활동하는 인간, 노동하는 인간, 난관에 봉착하는 인간, 그리고 이러한 행위들에 대한 규칙을 대면하는 인간이다(TS, 119-20).

그런데 이 행위는 그가 오래전 『구토』에서 다뤘던 '모험'과 '이야기'의 구조를 상기시킨다. 첫째, 전제로부터 결과가 도출되어야 하고, 둘째, 미래를 다소라도 예측 가능한 반경에 위치시키고, 셋째, 시작과 갈등과 결말이 자연스럽게 존재해야 한다고 사르트르는 정의하기 때문이다(TS, 123). 이는 또한 1958년 앙리 구이에가 내린 행위의 정의를 떠올리게 한다. "행위란 사건들과 상황들을 소묘한다. 붓을 들기만 해도 이미지 작업은 시작되어 벌써 이야기가 흐르고 존재의 위상을 갖춘다."[45] 그리고 안개 낀 산책길 저 멀리에 있는 전혀 예측할 수 없는 물체에 비유된다.[46] 가

---

44 P. Szondi, *Théorie du drame moderne* (L'Âge d'homme, 1983), 노그레트, 『프랑스 연극 미학』, 331쪽에서 재인용.

45 Henri Gouhier, *L'Œuvre théâtrale* (Flammarion, 1958), p. 76.

46 *Ibid.*, pp. 66-70. 구이에는 베르그손이 막 발동한 생각의 체계를 '역동적 체계(schema

까이 다가가면서 서서히 그 정체를 식별하게 되는 것처럼 작품에서도 발단이라는 일종의 전제로부터 시작하여 앎이라는 결말에 이르는 행위의 과정을 암시와 호기심, 그리고 긴장과 갈등이 매개한다.[47] 이와 유사하게 청춘의 뒤안길에 선『구토』의 두 주인공은 각자 삶으로부터 혼돈과 미망을 지우며, "모험은 없다", "완벽한 순간은 없다"고 이야기와 연극의 세계를 벗어나는 것이다. 이로부터 사르트르가 생각하는 연극의 본령을 다시 정리할 수 있다. 연극은 미망이며 이미지이다. 즉 행위의 이미지이다. 그러므로 연극은 하나의 반면교사의 작업이다. 아니(Anny)가 연극배우의 길을 포기한 것은 시중의 연극이 개인의 가능성과 희망을 고작 삶의 비체계성 또한 무위의 이야기성을 통해 재현할 수밖에 없다는 실망스런 확인 때문이다. 사르트르에게 클로델과 베케트의 표현주의 연극이 여전히 아쉬운 것도 이 때문이고, 정념을 표현 수준에 머무르게 한 부르주아극이 못마땅한 것도 마찬가지이다.

그렇다면 사르트르가 무위와 표현주의라고 분류한 연극과 다른, 이른바 행위연극을 과연 어떻게 정의할 수 있을까? 부르주아극과 같은 무위연극이 자포자기, 자유방임, 실패와 악행을 의미한다면 사르트르는 행위(연극)에는 어떤 시도(tentative)가 있다고 가정한다(TS, 130). 연극의 행위가 행위의 이야기, 연극화를 말한다면 진정한 연극에 행위에 의해 주어지지 않은 어떠한 것도 존재할 수 없다. 만약에 영화가 세상에 비쳐진 인간을

---

dynamitique)'라고 규정한 바에 힘입어 이를 그대로 원용하는 것이다. 베르그손 역시 프루스트의 묘사에 맞장구쳤을 것이다. '잠든 인간(un homme qui dort)'이 잠에서 깨어나지만 아직 가수상태(torpeur)이다. 짧은 여명의 순간, 먼 곳에서 기적 소리가 들리자 몸을 휘감고 있는 시공간 감각을 하나씩 일깨운다. M. Proust, *Du côté de chez Swann* (Gallimard, 1987), p. 5.

47 우리는 이에 적합한 예로 우선『파리떼』에서 엘렉트라의 원망에 봉착한 오레스트가 겪는 좌절과 자각의 순간을 떠올리는데, 마치 급속한 자가발전(自家發電)과 같은 의식화 과정이다. *Les Mouches*, in Sartre, *Théâtre complet*, pp. 36-41(제2막 1경 4장).

보여 준다면 연극은 행위를 하는 인간의 이미지를 보여 준다고 볼 수 있다. 예컨대 어떤 사람이 물에 빠지는 장면을 영화에서는 한 사람과 그를 삼켜 버리는 강물을 통해 구성한다면, 연극에서는 강물에 대한 직접적 연출 없이 배우의 간단한 수영 행위와 제스처만으로도 무대를 범람하는 훌륭한 강물을 만들어 잠재적 환상의 무대와 반영 체계로 관객을 안내할 수 있기 때문이다(*Ibid.*). 이같이 연극에서 무대장식과 부속물은 사실 필요없다. 오로지 제스처만으로도 강물과 같은 오브제, 즉 세상을 상대하는 행위를 만들어 낼 수 있는 것이다.

그러나 진짜 문제는 내부에 있다. 오브제가 행위를 만들어 내는 영화와 다르게, 연극에서는 오브제가 나중에, 즉 행위에 의해서 나중에 태어날 수 있으므로, 연극이란 바로 오브제와 행위 그리고 인간 사이의 모순과 변증법을 보여 주어야 하는 것이다. 그 모순을 발생시키는 행위(action)와 작업(travail)을 무대 위에 다뤄야 한다. 이는 물론 실현하기 어려운 과제이지만 그보다는 속성상 부르주아극이 외면하는 부분이다. 그래서 오히려 사르트르가 강조할 만한 연극의 존재이유이기도 하다. 그의 시각에 의하면 브레히트의 서사극도 모순과 변증법을 무대에 소개할 뿐 행위와 작업의 과정으로 연결시키지 못하는데, 사르트르는 이를 위해 언어의 역할에 초점을 맞춘다(133).

그것은 우선, 언어가 행위여야 하기 때문이다. 언어 그 자체가 바로 행위의 순간이어서 이때 행위적 목적으로 명령, 금지, 변명, 설득, 변호하고, 결정을 선언해야 한다. 따라서 연극언어는 결코 서술적(descriptif)이 아닌 행위적(actif) 언어라야 한다. 다시 말해 언어는 행위 그 자체처럼 다시 돌이킬 수 없는 언어여야 한다. 진정한 행위는 (아래 각주 48번의 안티고네와 각주 49번의 마라처럼) 점차 '과격해지는' 언어를 통해 그 실현이 가능하다. 중도에 되돌아가거나 중단할 수 없는 극의 체계(schéma)를 따라, 행위적 목적을 터트리고 대결시켜서 행위를 이루어야 하지 어느 배우나 주인공의 일순 서술적 말(mots)이나 문장(phrases)으로 무대의 행위체계를 벗어나서는 안 된다. 그 연극에서 우선 행위가 무엇인지, 그 의미가 무엇인지를 찾아가며 꾸준하게 과격해지는 필연의 영역에 머물러야 한다(134).

사르트르는 연극에서 행위뿐 아니라 정념도 마찬가지의 비중을 차지하지 않을까 하는 청중의 가상 질문을 예상해 이에 답하는 형식으로 행위 개념을 보완한다. 즉 사랑이나 질투와 같은 정념은 모두 상대에 대한 주체의 권리의식을 포함한다는 것이다. 내게 권리의식이 없다면 상대가 나를 좋아하지 않는다고, 속이고 떠난다고, 그리고 그 때문에 내가 불행해진다고 해도, 내게 정념까지는 없으리라는 설명이다. 요컨대 정념이란 그 주체가 자신을 합리화하는, 즉 내가 느끼는 감정이 나의 당연한 가치이자 권리라는, 믿음 자체이다. 그래서 정념을 가진 자는 사실 자신의 권리를 합리적으로 규명한다. 그 예로 사르트르는 단연 안티고네를 꼽으며 그녀만큼 정념에 빠진 주인공은 없다고 한다. 불굴의 단호함으로 모든 양보를 거절한 채 죽음에 이르기까지 과격해지며 자신의 권리를 수호하기 때문이다. 안티고네의 정념에 외삼촌 크레온도 급기야 정념으로 마주서자 두 정념이 대결하는 국면으로 하나의 이야기, 하나의 이중행위(action double)가 구성된다(TS, 136-38).[48]

---

48 결국 안티고네가 죽자 그녀의 약혼자이자 크레온의 아들인 하이몬은 세워 놓은 창에 몸을 덮치며 자살하고, 크레온의 아내 에우리디케도 아들을 따른다. 이야기는 안티고네의 조부, 테바이 왕 라이오스가 소년 크리시포스를 납치해 겁탈했을 때 그를 총애하던 아버지 펠롭스가 라이오스를 저주했기 때문에 시작되었다. 이 저주의 신탁에 따라 라이오스가 아버지인 줄 모른 채 죽고 스핑크스의 수수께끼를 풀고 테바이의 왕이 된 오이디푸스는 자기를 버렸던 어머니 이오카스테와 결혼하여 두 아들 폴리네이케스, 에테오클레스와 두 딸 안티고네, 이스메네를 낳는다. 하지만 갑자기 역병이 돌게 되고 그 원인으로 지목된 라이오스의 살해자를 추적하는 과정에서 저주의 진상이 모두에게 알려지고, 이오카스테는 자살하고 오이디푸스는 자신의 두 눈을 찌르고 방랑 끝에 죽는다. 아버지를 내내 동반하였던 안티고네가

또한 사르트르가 이런 그리스 비극의 주인공들에게서 흥미로워 하는 것은 인물들이 각자 하나씩의 모순만을 가진다는 점이다. 현대의 주인공들이 가정 편에서 국가의 문제로 갈등을 겪거나, 반대로 시민의 입장에서 가정의 문제로 힘들어 하는 데 비해, 안티고네는 가문이라는, 크레온은 국가라는 모순을 각기 하나씩 대변한다는 점으로 차별화된다는 점이다. 따라서 현대에는 행위에 대한 새로운 정의가 필요하다고 사르트르는 강조한다. 첫째, 내적인 모순들이 있어야 그 행위의 동력이 나오며, 처음의 모순들은 행위와 그 결과에 의미를 부여한다. 둘째, 행위는 이 모순들로부터 벗어나 이들을 반영하고 조명하지만 그 행위 또한 모순적이어야 한다. 셋째, 여러 요소들의 동시적 주장에 따라, 즉 행위의 모순에서 새로운 모순들이 만들어진다(139-40).

이 새로운 정의를 뒷받침하는 예로 사르트르는 브레히트의 주인공 갈릴레오 갈릴레이와 교황이 엮는 모순의 연극을 꼽는다. 과학을 찬미하면서 과학을 배신하는 두 사람은 똑같이 말하자면 이중행위를 펼치는데, 결국 인간이 세상을 변화시키면서 자신도 또한 변하는 그런 공식이더라도 브레히트는 인간이 세상을 바꾸는 모습보다는 세상에 의해 바뀌는 인간의 경우를 더 많이 보인다고 사르트르는 생각한다. 인간이 세상을 변화시킨다는 사실은 우선 전제일 뿐이다. 왜냐하면 그것이 어느 행위건 간에 사물들 또한 그전의 모습 그대로가 아니기 때문이다(140-41).

또한 프랑스혁명을 예로 들며 연극의 행위를 설명한다. 『변증법적 이

혼자 테바이로 돌아오며 새로운 갈등은 시작된다. 가족의 또 다른 주검들을 마주하기 때문이다. 서로 전투를 벌이다 오빠들이 죽었다. 그런데 에테오클레스와 달리 폴리네이케스를 두고 크레온은 매장 금지령을 내렸는데 안티고네가 여동생의 만류를 무릅쓰고 무덤을 만들며, 자기의 당연한 혈통의 의무로 크레온이 주장하는 국가의 권리에 대립한다. 천병희 옮김, 『소포클레스 비극』(단국대학교 출판부, 1998).

성비판』(1960)에서 혁명시대에 관해서는 경제사회적 사실들의 인용에 그친 데 비해 이 강연에서는 그는 혁명의 주역을 행위연극의 모델로서 소개한다. 사르트르는 우선 혁명이 초기의 왕당파 부르주아지를 모두 공화파로 변모시켰다고 전제한다. 그리고 그 모델을 "어느 호기심 많은 왕당파"라고 짧게 언급하는데, 이 인물이 1783년까지 루이 16세의 동생 아르투아 백작(후일 샤를 10세) 밑에서 일한 의사이자 화학자인 마라(Marat)[49]인지, 아니면 첫 의회 연설로 단숨에 유명해진 청년 생쥐스트(Saint-Just)인지 확실히 말해 주지 않는다.[50] 하지만 우리는 사르트르의 서술대로 그가 왕의 처형을 표결에 부치게 한 왕당파라는 점에서 전자일 거라 가정한다 (TS, 142). 여하간 이 역사적 사실의 인용이 그의 연극관에 관련된 내용일 터, 그건 마라가 마치 혁명이라는 연극무대의 주인공이 된 듯, 자신의 선택을 당연한 권리로 믿어 의심하지 않고 끝까지 가기로 한 결정을 실천, 즉 '행위'를 하기 때문일 것이다. 바로 1792년 8월 10일 튈르리사건[51] 직후 그는 의회에서 루이 16세의 처형을 24시간 이내 표결에 부칠 것을 정

---

49 Jean-Paul Marat (1743~1793), 의사, 화학자, 신문사 주간, 정치인으로 같은 산악파 (Montagnard)인 로베스피에르나 생쥐스트와 다르게 법에 따라 루이 16세를 재판에 회부해야 그의 죄상을 제대로 밝힐 수 있다는 의견으로 차이를 보였다. 1793년 자코뱅의 의장으로 선출되자마자 봉기와 쿠데타를 선동하는 회람이 그의 서명으로 유포되었고 국민공회의 요구대로 표결을 거쳐 그는 체포되었다. 하지만 20일 뒤 재판은 그의 손을 들어 줘 석방되는 역사적 순간을 맞는다. 하지만 지롱드파의 여전사 샤를로트 코르데에 의해 자택 욕조에서 결국 살해되고 마지막 증인인 화가 다비드는 이 장면을 그림으로 남긴다.

50 사르트르는 생쥐스트의 유명한 말, "Nul ne gouverne innocemment"에서 영감을 얻어 『더러운 손』을 집필하였다고 설명한다. 외드레르는 위고에게 묻는다. "넌 정치를 순백하게 할 수 있다고 생각하니?" Les Mains sales, p. 331.

51 '튈르리사건'이란 혁명이 그대로 무마될까 두려워 계속 시위 중이던 파리의 노동자, 빈민, 영세상인, 일명 상퀼로트들이 당시 루이 16세가 머물던 튈르리 궁전을 습격한 사건으로, 많은 희생자들이 발생했다. 이제 이들이 파리코뮌의 실권자로 나타난다. 노명식, 『프랑스혁명에서 파리코뮌까지』(책과함께, 2011), 127쪽.

식으로 요구한다. 이미 자코뱅파의 중심인물이 된 마라는 자신의 엄청난 변모에 분명 놀랐을 것이다. 브레히트의 주인공 갈릴레오가 과학과 인간 간의 모순의 역학을 그대로 재현할 뿐이라면, 루이 16세를 콩코르드 광장으로 데려간 혁명 투사 마라는 스스로를 '연극적 행위'의 대리인으로 역할 규정을 하고 끝까지 실행하였다는 의미이다.

사르트르는 이러한 예를 끝으로 연극의 근간을 이루는 '행위'의 요체를 설명한다. 그것은

1) 우선 실제 사실에 대한 인정, 그에 따른 행위의 과격화이다. 그리고

2) 일단 존재가 인정된 모순들이라면 멈추지 않고 끝까지 내달으며 폭발하게 되는 연극적 동력이다. 정념들을 있는 그대로 제시하는 표현적인 제스처가 아니다. 우선 인물들과 그들의 행위를 내보이면 그로부터 갈등이 형성되고 갈등은 사회적 모순을 반영한다.

3) 이 행위는 끝에 이르러서 당사자를 제거하고 과격화 중에 '성공'을 거둔다. 하지만 이와 다르게 부르주아극은 관객으로 하여금 행위란 모두 실패로 끝나는 것으로 잘못 인식하게 한다. 이에 따라 '인물'의 정의도 다시 조율되어야 한다. 긍정적으로는 그의 상황과 행위에 의해, 부정적으로는 행위에 대한 저항에 의해 정의되는데, 바로 그 저항이 그를 위치시키고 그 저항은 역시 정념 상태에서만 체험된다고 볼 수 있다(*Ibid.*).

다음으로 사르트르는 연극을 주인공의 심리와 뉘앙스로 파악하려는 태도에 일침을 가한다. 안티고네의 동생 이스메네를 두고 평론가들이 간혹 감동적이다, 매혹적이다, 우아하다, 등등으로 평하는 태도를 문제 삼는다. 우리는 동생에 대해 오직 그녀가 언니만큼 멀리 가기를 원치 않았다는 사실만 알면 충분하다. 그것만으로도 그녀의 저항이 어느 정도였는지 알 수 있기 때문이다. 그러므로 심리분석은 연극에 필요없고 오히려 시간 낭비이다. 연극은 그보다는 사람들을 어떤 기획(entreprise)에 밀어

넣는 것이다. 어떤 입장, 어떤 상황이 주인공에 닥칠 수 있는지를, 중심행
위와 관련하여 그 상황을 마련한 이전의 이유들, 모순들에 따라 정확히
한정해 줄 필요가 있다(143). 이런 시각에서 사르트르는 드디어 서사극과
드라마극의 차이를 정의한다.

5. 서사극과 드라마극

한마디로 드라마극은 작가가 자신의 이름으로 말하며 자신만의 해석
으로 줄거리를 이야기하는데, 서사극은 논증적(démonstratif)이고 자신의
이름으로 말하지 않는다. 그래서 서사극은 그 앞에서 작가와 관객을 지운
다(TS, 147). 이 표현은 서사극에 개인의 주체성이 존중되지 않는다는 지적
이다. 다른 한편 드라마극의 최대 결점은 그 역시 부르주아극에서 유래한
다는 점이다. 똑같이 개인주의와 개인적 추구에 의해 만들어진 수단들에
서 나왔다는 점이다.[52] 그리고 자칫 객관성을 놓치기라도 하는 순간에도
정신적 내용이 직관적이고 감정적으로 파악될 수 있기 때문에 언제라도
다시 부르주아극 쪽으로 회귀할 수 있다는 점이다(TS, 149-50). 그런 이유
로 사르트르는 아주 길게 브레히트의 연극을 설명한다.

우선 사르트르는 드라마극과 서사극의 공통점으로 브레히트의 개념
'게스투스(gestus sociale)'를 꼽는다.[53] 개인주의를 대표하는 드라마극에서

---

52 구이에는 드라마극의 키워드로 '죽음'을 제안한다. 죽음이 그 신비와 비장미를 간직한 채 결
말을 장식한다거나 적어도 위협한다면 드라마 형태에 적합한 분위기를 조성할 것이라 말한
다. 그 예로 위고의 『에르나니』, 클로델의 『인질』, 몽테를랑의 『죽은 여왕』을 꼽는다.
Gouhier, *Le théâtre et l'existence* (Aubier, 1952), p. 76; Lioure, *Le drame de Diderot à
Ionesco*, p. 8.

53 어떤 사람이 들고 있던 빵을 개에게 빼앗기는 광경 자체는 의미가 없다. 하지만 그가 성에서

도 서사극처럼 어떤 개인의 행동이 어느 상황에서 신분과 권력 등등과 같은 사회적 의미를 가지게 된다면 그 행동은 사회적 제스처가 되고, 그 때부터 개인적 반경을 벗어나 사회에 대한 담론으로 읽히게 된다. 사르트르에 의하면 『억척어멈과 그 자식들』의 엄마 자신이 전쟁으로 고통을 받고 전쟁 덕에 생계를 이어 가는 하나의 "살아 있는 모순"이고 그녀의 침묵의 입막음과 표정이 차라리 전쟁 자체이다.[54] 이런 사회적 의미와 상호

일하는 노예이고 성의 경비병이 카드놀이를 하는 중에 정찰견이 그 불쌍한 사람의 빵을 뺏는다면, 그리고 경비병이 이를 수수방관한다면 전자의 절박함과 후자의 반지빠른 자세는 게스투스를 이룬다(TS, 146). 무엇보다 인간 사이의 행동일 것이며 사회역사적 의미를 가지며 마침내 전형적이게 되는 행위, 즉 게스투스는 브레히트의 연극론에서 결정적 요소가 된다(노그레트, 『프랑스 연극 미학』, p. 348). 브레히트는 1920년대 초 채플린의 소극 『알코올과 사랑』을 보며 깨닫는다. 그건 이 영화의 심각함, 가치없는 객관성 그리고 슬픔이 아니라 관객들의 끊임없이 이어지는 웃음이 오히려 영화의 중요한 일부를 이룬다는 점이다(노그레트, p. 339).

54 고통의 침묵과 표정이 하나의 '활경(活景, tableau vivant)'을 이룬다. 활경은 "인상이나 그림을 암시하는 표현적 포즈로 그 자리에 굳어 버린 배우들을 연출하기"이고 "행위나 성격보다는 상황과 사회적 신분을 환기"하는 데 더 적합하다. 또한 "내면의 움직임, 표현의 배아"를 담고 있다고 설명된다. Pavis, Dictionnaire du théâtre, pp. 394-95.

그리고 바로 이것이 게스투스의 표현방식으로 이용된다. 현대의 일상극에서는 주로 끝 장면에 도입되며 "주변의 영향력에 사로잡힌 개인"을 상징하기도 한다. 바르트(R. Barthes) 또한 브레히트의 이런 서사적 장면은 '경(tableau)'이고, 다른 표현으로는 '차려진 장면(scènes mises, 혹은 pré-mise en scène)'이라 할 수 있다고 한다. Frantz, L'Esthétique du tableau, p. 65.

하지만 '활경'에 그 무엇보다도 중요한 건 디드로의 『사생아』의 마지막 장면처럼 가족 구성원 모두가 무대에 다시 모여 이루는 감동의 순간이다. 발터 벤야민도 이런 감동과 '경'의 친화성에 대해 언급한 적이 있다. "감상성(sentimentalité)이란 어떻게라도 어디든 착지하려는 나랫짓과 같은 격한 감정이다"(Szondi, "Tableau et coup de théâtre," p. 3). 디드로는 많은 인물들을 이 장면에 소개한다. 중요한 인물들 주위로 나머지 구성원들이 있다. 하인들, 하녀들, 친구들이다. 이런 선택은 상징적이다. '진실 같은' 식으로 가족의 삶과 상황(condition)을 묘사할 뿐 아니라 이 모두가 마지막 감동과 화해의 장면에 동참한다는 사실이 관건인 것이다. 또한 무대에 각자 적합한 위치가 중요하다. 감춰졌던 진실을 인정하려는 아버지 리지몽은 무대 한가운데서 클레르빌과 하인들의 부축을 받고 있다. 무대 한쪽에는 로잘리가, 그 조금 뒤에는 콩스탕스가 있고, 다른 쪽에는 사생아 도르발이 있다. 이렇게 무대 전면에 아버지 - 아들 - 딸의 '피라미드형' 삼위일체로 인지 장면을 준비하고 있다. 그리고 몰리에르나 마리보와 다르게 디드로는 무대지시문(didascalie)의 역할에 주목함을 우리는 이미 지적한 바 있

관계는 우리 주위에 모종의 체계가 존재하고 우리 개인들 또한 그 체계에 연루되어 있음을 말해 주므로, 당연히 이 체계는 더 큰, 예컨대 오늘날의 자본주의 사회, 식민자본의 세계 등과 같은 상위 시스템의 모순과 궤변(sophisme)에 의해 해석되어야 한다고 그는 말한다(TS, 145).

하지만 서사극에 이러한 마르크시즘을 묘사하며 입증한다는 브레히트의 자부심에는 사르트르가 의문을 품게 되고, 서사극도 드라마극도 대안으로 주장하지 못하는 딜레마에 봉착하는 것이다. 마르크시즘에 대한 수많은 해석들 중에 과연 어느 해석을 정당하다고 확신할 수 있는지, 또한 연극에는 가장 기본적인 성찰밖에는 담을 수 없다고 보는데 굳이 생소화(distanciation)까지 동원할 필요가 있는지 등등, 사르트르는 여간해 브레히트 연극의 명분과 형식에 동의하지 않는다(147).[55]

그래서 그가 생각한 두 연극의 차이는 작가의 태도에서 나온다. 즉 드

다. 이 마지막 장면의 상징성을 '팬터마임'으로 표현하기 위함이다. 리지몽이 손을 하늘로 쳐든 다음 팔을 자식들을 향해 펼치자 도르발과 로잘리는 서로 부둥켜안는다. 거의 부동에 가까운 이러한 이미지는 가족애의 행복을 의미한다(M. et Jeanne Charpentier, *Littérature*, 18e siècle, Nathan, p. 394).

55 '생소화'는 브레히트의 전유물이 아니다. 고대로부터 모든 무대예술은 우리를 에워싼 실재에 대하여 환상을 만들어 낸다. 그런데 어떤 작가, 연출가는 이 환상을 깨트리고 제2의 환상을 소개하려 한다. 브레히트는 드라마극의 전유물이라고 할 수 있는 이 기법을 다만 개념화했을 뿐이다. 이에는 프롤로그, 에필로그, 합창대, 변사, 돈호법 등의 형태가 동원된다. 프롤로그, 에필로그는 독백이건 대화이건 합창대의 현대적 변형이다. Kowzan, *Théâtre miroir*, p. 206.

돈호법(頓呼法, apostrophe)은 20세기 전반 작가들(기트리, 살라크루, 특히 지로두)이 즐기던 기법으로 '관객에게 직접 말 건네기(adresse au public)'이며 '방백(aparté)'과 다르다. 방백은 무대의 다른 등장인물 앞에서 한 등장인물이 상대가 듣지 못한다고 간주되는 말을 통해 관객에게 현재의 상황에 대한 자기 생각을 건네기이다. 하지만 돈호법으로는 한 배우가 관객에게 건네는 말을 다른 배우들도 같이 듣는다. 특히 『앙피트리옹 38』(1929)의 결말에서 지로두는 주피터로 하여금 느닷없이 관객을 '여러분(vous)'으로 호칭하게 하며 제1 환상을 깨는 대신 조용히 배우들과 같이 퇴장하며 알크멘과 앙피트리옹의 아름다운 합방을 기원하자는 제2의 환상을 주문한다. J. Giraudoux, *Amphitryon 38* (Livre de poche, 1978).

라마극에서 작가는 자신의 이름으로 말하고 그 자신의 해석대로 이야기를 풀어 간다. 그에 반해 서사극에서는 작가뿐 아니라 관객도 지워진다. 서사극이 마르크스주의를 입증하려고 자신의 생각을 말하지 않기 때문이다. 사르트르는 집요하게 브레히트에게 질문을 던진다. 예컨대 브레히트는 그가 옹호하는 동독 사회의 자체모순에 대해서도, 나태한 공무원의 죄상에 대해서도 부르주아지를 단죄하듯, 외부의 눈으로 정당하게 보았을 것인가(148)?

물론 그의 연극에서 그러한 공무원도 그의 목적, 즉 완성해야 하는 혁명을 감안해 다뤄질 것이라면서도, 어느 사회집단의 목표에 동의하지 않는 경우에는 일종의 '생소화'와 외부의 시선이 생겨나는 법인데, 오히려 그 반대의 경우가 훨씬 더 어렵다고 설명한다. 왜냐하면 이 경우 연극은 주인공의 잘못과 체제의 모순을 '이해하려는' 시각으로 전환하기 때문이다. 바로 이 시각이 드라마극의 것이다. 하지만 서사극에서는 일반적으로 이해하지 못한 것을 설명한다. 이것이 바로 사르트르가 서사극에서 발견하는 결점이다. 마르크시즘 틀에서 브레히트는 결코 주체성과 객체성의 문제를 해결하지 못하였다. 서사극에서는 주체성에 합당한 지위를 부여하지 못한다(149). 서사 형태의 주장대로 자신이 속한 사회를 외부의 시선으로 묘사할 수 없다. 묘사는 오로지 내부로부터 가능한 것이다(311).

그럼에도 사르트르는 서사극과 드라마극이 그렇게 뚜렷이 구분되는 것이 아니며, 오히려 불완전한 형태의 두 연극이 협력하여 부르주아극에 대항하여야 한다는 결론을 내린다. 서사극의 착시적인 구호대로 그렇게 객관적인 시각으로 그 대상인 사회를 조명할 수 없듯이 인간을 대상으로 하여도 미진하기는 마찬가지라는 것이다. 드라마극도 마찬가지라고 지적한다. 객관성을 추가하지 않으면 지나치게 '공감(sympathie)'의 직관적이고 감정적인 허점을 보완할 수 없다는 지적이다. 그래서 그는 두 형태의 연극 그 중간에 해결책이 있다는 선에서 자신의 결론을 그친다.

결 론

훨씬 후에 알튀세는 연극의 목적이 오직 해설이 되는 데 있건 그 반대로 아리스토텔레스와 르네상스 이래 이 세상에 변하지 않는 예술의 문제의식을 움직이는 데 있건, 브레히트가 옳았다고 그의 손을 들어 준다. 브레히트의 극작품은 그 미완성 자체에 의해 새로운 의식 생성의 장이 되고, 극이 끝나고 이어지는 삶에서도 새로운 배우와 관객을 생산한다고 주장한다.[56] 감정이입과 그에 따른 비실재적인 환영을 무대에서 거두어 내려 했으며, 극적 환영이 실재를 벗어나려는 관객의 욕망에 기생하고 세상을 직시하는 객관성을 저해한다고 보기 때문이다. 이에 대해 사르트르가 그저 브레히트에 대립하기만 하는 것은 아니다. 다만 서사극에 감동이라는 개인적인 영역을 추가할 수 있는 가능성을 모색할 뿐이다. 이 강연보다 6개월 전 이미 1959년 9월에 이상적인 건 "보여 주고(montrer) 감동시키기(émouvoir)"라고 정리한 바 있다(TS, 102).[57] 이는 호라티우스 이래 몰리에르의 연극 또한 추구한 '달래고(plaire) 가르치기(instruire)'의 전략에서 한층 현대화하기는 하였지만 영화 장르의 대두와 함께 쇠락하는 연극의 위상을 보여 주는 단면이기도 하다. '억척어멈(용감 엄마)'을 연기한 브레히트의 아내 헬렌 바이겔이 이미 관객의 눈물을 자아낸 예를 상기시키

---

56 L. Althusser, *Pour Marx* (La découverte, 1996), 노그레트, 『프랑스 연극 미학』, 360쪽에서 재인용.

57 『알토나의 유폐자들』의 일부분을 처음으로 *France-Observateur*에 선을 보인 시기이기도 하다. *Les Écrits de Sartre*, p. 323.

며 사르트르는, 서사극과 드라마극의 이런 유형의 협력에 브레히트도 반대하지 않았을 것이라고 말한다(*Ibid.*). 그래서 관객의 '동화와 공유'를 요구하는 영화와 다르게 아마도 사르트르가 주장하는 서사와 드라마가 서로 협력하는 새로운 연극이란 관객의 '공유 없는 동화', 혹은 '생소화한 공유'의 형태가 아니었을까 생각한다.

하지만 행위를 연극에서 가장 중요한 속성으로 간주하고 또한 같은 시각에서 부르주아극을 질타한 사르트르가 부르주아극에서 시작된 '경'이라는 연극 단위를 어떤 의도에서 차용해 왔는지에 대해서 우리는 다시 생각해 봐야 한다. 더욱이나 스촌디에 따르면 디드로의 드라마와 그 형식과 관련하여 주로 '경'이 거론되는 이유가 18세기 전반부 이론적인 전환기에 부르주아적인 삶의 재현을 무대에 새로 받아들이기에 적합한 새로운 구조의 정착으로 이해되기 때문이다.[58]

사실 경의 채택으로 인물의 등장과 퇴장 등 사소한 요소와 치밀한 구성 조건에 구애받지 않고 곧바로 이전 행위를 진행시킬 수 있으며, 그것도 막이 바뀔 경우에만 장막을 내리고 올릴 경우, 같은 막 도중에는 '경'이 바뀔지라도 적어도 이전의 '경'과 다름없는 수준으로 행위를 진행할 수 있기, 즉 장면이 바뀌어도 관객의 긴장은 계속 유지될 것이 전제되는 듯 보인다. 그리고 '경'이 부르주아극에만 있는 고유한 형태라고 주장할 근거는 없고 현대극에서도 '경'이 자취를 감추지 않았고 더욱 서사극의 새로운 실험으로 제 존재가치를 일신한다고 볼 수도 있다. 다른 한편 라모트나 디드로에게 있어 희곡은 소설이란 장르의 개발과 맞물려 그 미학이 구축된 듯하다. 예컨대 연극에 있어 '경'을 소설의 '서술' 부분으로 볼 수 있다거나, '경'이 도입부의 조건을 상징적 이미지로 즉 간략하게 처리

---

58 Frantz, *L'Esthétique du tableau*, p. 3.

할 수 있다는 장점이 매력이었을 것이다.

같은 맥락에서 희곡의 구분단위, 막과 경의 선택을 기준으로 그리고 '행위' 위주의 원칙으로 쉽게 재단하기보다, 그리고 '경과 장의 서사극'에서 자리를 감춘 이야기성, 즉 개인성의 증발을 아쉬워하기보다 '막과 경과 장'의 어우러진 단위를 구상한다고 가정하면, 사르트르는 과연 어떠한 형태를 추구했을까? 이러한 의문에 사르트르의 희곡 10편 중 『바리오나』(1940년, 7경), 『무덤 없는 주검』(1946년, 4경), 『존경하는 창부』(1946년, 2경), 『더러운 손』(1948년, 7경), 『네크라소브』(1956년, 8경) 등 다섯 편은 오로지 '경과 장'만으로, 『파리떼』(1943년, 전체 3막 중 제2막만 2경), 『악마와 신』(1951년, 3막 11경), 『킨』(1953년, 5막 6경) 등 세 편은 '막과 경과 장'의 조화로, 즉 모두 8편에서 '경'의 존재를 확인할 수 있다는 사실은 시사적이다.[59] 하지만 디드로와는 많이 다른 개념으로, 즉 19세기 후반부터 정착하게 되는, "주어진 어느 배경에서 진행되는 '장'들 전체"라는 구분단위의 의미로 '경'을 도입한 듯하다. "행위에 연루된 일단의 인물들이 활발하건 침묵하건 간에 막의 끝에서 조형적이거나 회화적인 효과"를 가진 장면을 '경'으로 별도로 마련하는 브레히트, 심지어 주네의 '경' 활용법과도 다소 차이를 보인다.[60]

그에 반해 브레히트의 미학을 의도적으로 차용한 『알토나의 유폐자들』(1959년, 5막)은 드라마극 형태에 서사극 형태를 융합한 사르트르의 처음이자 마지막 시도로 볼 수 있다. 미셸 콩타도 우리와 같은 의견이다.

---

59 참고로 『트로이 여인들』(1965)은 막이나 경이 없이 오로지 11장과 마지막 장 모두 12장만으로 이루어져 있고, 『닫힌 방』(1944)은 "가차 없는 지옥의 전구 불빛"과 "단절 없이 계속되어야 하는 존재의 고문" 때문에 단막극이 불가피했다고 본다.

60 예컨대 『킨』의 경우 제1막(제1경 5장), 2막(제2경 4장), 3막(제3경 7장), 4막(제4경 11장, 제5경 2장), 5막(제6경 11장)처럼 제4막을 제외한 나머지 제1, 2, 3, 5막은 각기 1경씩을 하위단위로 가지는데, 이렇다면 '막'과 '경'의 구분이 일견 의미가 없는 듯하다.

제2부 실제

"이 드라마극에서 관객은 마치 이상한 부족을 상대하듯이 자신을 관찰하게 된다. 그러나 결국 그 부족이 바로 자기 자신이라는 점을 깨닫게 된다. 그러니까 이 드라마극은 절반은 '생소화', 나머지 절반은 '감정이입'이라는 패를 염두에 두고 있다."[61]

첫째, '막'과 '장'만의 구분단위는 고전극을 위시한 전통적 비극의 형태이다.

둘째, 영화의 플래시백 기법을 이용한 회상 장면은 프란츠의 과거 행적을 간접모방(diégésis)이 아닌 직접모방(mimésis)으로 재현한다.[62] 게다가 '생소화'가 명시되어 있다.[63]

셋째, 그동안 예외 없이 선택하던 '경'을 이번에는 제외한 사실은 고전주의 비극 형태만이 아니고 4번의 '막간'의 존재까지 부활시키는, 이야기성의 복귀를 의미한다.[64]

---

61 Préface de Sartre, *Théâtre complet*, p. xxxvii. 사르트르는 브레히트 전공자 도르트(B. Dort)와의 인터뷰에서 더 구체적으로 설명한다. 이 작품에서는 "생소화가 (표현주의자들에게 소중한) 감정이입을 망치지 말고 둘이 평형을 이루어야 한다. (장교로 참전하였던 주인공이) 전쟁에서 귀환한다는 게 무슨 의미인지, 고문자였다는 게 무언지를 이해하기 위해 먼저 관객이 문제의 주인공에 동화할 수 있어야 하고, 자신을 스스로 증오할 수 있어야 한다"(*TS*, 305).

62 '간접모방'의 적합한 예는 이미 각주 26번에서도 거론한 바 있는 『페드르』의 마지막 긴 '활사' 장면일 것이다. 이폴리트의 처참한 최후 장면을 테라멘이 테제에게 보고하는데 하늘도 대지도 파도도 그를 태운 말도 모두 목격자로 이 전방위적인(panoramique) 간접모방에 동원된다. 뒤마르세에 따르면 이처럼 '경'은 생각과 상상 속에 있지만 눈앞에는 없는 실재 대상이다. 복사물이나 재현 장면이 아니라 차라리 원본이고 대상 자체이다. Du Marsais, *Traité des tropes* (1977), Frantz, *L'Esthétique du tableau*, p. 9에서 재인용.

63 *Les Séquestrés d'Atona*, 제1막 2장의 중간 무대지시문에서 "회상 장면에서 연기자의 어조와 연기는 과격한 순간에도 일종의 물러섬(recul)과 생소화(distanciation)를 지녀야 한다"고 지시한다. Sartre, *Théâtre complet*, p. 880.

64 '막간(幕間, entracte)'은 단순히 대기실과 장막 뒤에서 배우와 진행요원들이 다음 막을 준비하고, 관객이 잠시 긴장을 푸는 편의적인, 그리고 극적으로는 그저 '죽은 시간'만이 아니다. 장막 뒤, 무대 밖의 시공간에서는 여전히 행위의 중요한 부분이 진행되어야 한다. 주로 무대

넷째, 더욱이나 2년 정도 후인 1961년 6월에 가진 케네스 타이넌(K. Tynan)과의 인터뷰에서 사르트르는 영화에 의해 위협받고 있는 연극의 현실을 진단하면서, 연극을 수호할 수 있는 장르는 비극이라고 제안한다 (TS, 154). 즉, 비극의 신화 형태와 비실재성으로 연극의 본령인 진실(vérité) 추구가 가능하다고 설명한다. 이와 같은 새로운 극형식의 모색과 집필 당시의 연극관으로 볼 때 『알토나의 유폐자들』은 아버지와 아들, 두 주인공의 자살이라는 결말의 성격과 형태만을 가지고도 서사극과 드라마극의 합금이라는 의미뿐 아니라, 분명히 비극의 부활을 염두에 둔 선택으로 해석될 수 있다. 1964년 로마에서 각색한 『트로이 여인들』도 같은 맥락에서 이해할 만하다.

그렇다고 해도 부르주아극 이래 현대극에 이르기까지 중요한 논점이었던 '경'이 사르트르가 제안하는 새로운 드라마극, 새로운 서사극에서도 여전히 적절하게 중재의 역할을 담당하리라는 기대는 있다. 『알토나의 유폐자들』에서 사르트르는 우리의 의문에 뚜렷한 답변을 유보한다. '경'으로 암시되는 드라마극을 어떤 취지로 계속해 왔다고 전제하지 않았기 때문에 물론 답변할 필요도 없겠다. 디드로는 물론이고 브레히트와 사르트르는 서로 조우한 적도 없다. 하지만 서로의 존재를 알지 못하던 시기부터 두 극작가가 내용상으로는 게스투스, 형식상으로는 '경'을 두루 모색하고 실험한 것은 혹시 서로에게 미래의 협력을 예고하는 제스처가 아니었을까? 동독 작가 사후 프랑스 작가 사르트르가 『알토나의 유폐자들』에서 보인 융합의 시도는 분명한 의미를 가질 수 있기 때문이다.

장피에르 사라자크는 『꿈의 놀이 그리고 다른 우화들(Jeux de rêves et

에서 보여 주기 힘든 장면들, 공간 이동, 결투나 전투, 그리고 시해(matricide, parricide) 장면이 막간의 주요 대상이 된다.

autres détours)』(2004)에서 보이듯이 이러한 사르트르의 견해를 지지하며 방법적 탐구를 계속하고 있다. 일단 실재의 진실(서사)과 상상력의 진실(드라마) 간의 인위적인 대립을 배제하고 두 진실을 동시에 '서사-드라마적(épico-dramatique)' 카테고리를 통해 접근하자는 것이다. 그는 『드라마의 미래(Avenir du drame)』(1999)에서도 이를 '랩소디(rhapsodie)'라는 개념으로 제시한 바 있다. 관객의 감정이입 과정과 (이야기의 재현일 뿐이라는 사실에 대한) 관객의 순간적 자각 간의 교대, 즉 메타연극적 심급을 접목하며 조율하는 이른바 '랍소드', 즉 자유분방하게 이것저것 여러 형태를 수용하는 음유시인의 광시곡적 미학이다.[65] 하지만 사르트르도 『알토나의 유폐자들』의 단 한 번 시도에 그쳤듯이 여전히 '서사-드라마적' 방법이 관건이다. 사라자크는 예컨대 무대실행 단계에서 관객을 직접 연루시키는 '광학(optique)에 대한 질문'이 관객을 객석의 어둠에서 이끌어 내서 그들 자신의 시선에 대한 질문으로 그들을 행위적이게 할 수 있다고 한다. 무대적 '광학의 질문'을 제안하는 이유는 "환상과 실재, 무대실재와 드라마실재, 객석과 무대뿐만 아니라 자연성(naturalité)과 이야기성(historicité)을 뒤섞으면", 물론 사라자크의 이에 대한 직접적인 언급은 없지만, 사르트르의 시도대로 두 대립항들이 더 이상 차별되지 않기 때문이다.[66]

하지만 베를린자유대학 교수 시절, 스촌디의 제자인 레만의 포스트드라마적 시각에서 보면 브레히트의 연극과 부조리연극은 여전히 "허구 텍스트 세계의 우위(primat)를 고수하기 때문에 드라마극 전통을 지키려는 보수적 대리자"로 간주되며,[67] "드라마극이 내부파열(implosion)할 수밖

65 Nicolas Doutey, "Le regard et le présent: dramaturgies de la scène," *Critique, Le théâtre sans illusion*, n° 699-700 (2005), pp. 629, 633, 637에서 재인용.

66 *Ibid.*, p. 636.

67 Hans-Thies Lehmann, *Le théâtre postdramatique*, cité par Romain Jobez, "La double

에 없음도 오로지 연극적 환영주의 탓"이다. 하여간 브레히트는 "이야기를 연극의 핵심으로 파악하고 변증법적으로 잘 짜인 이야기를 통하여 관객의 의식과 태도 변화를 유도하는 정치적이고 이성적인 연극을 추구하였다"고 요약된다. 그리고 레만은 스촌디를 따라, 드라마 장르란 독일에서는 레싱, 프랑스에서는 디드로로부터 브레히트까지 걸쳐진 시기에 해당하며 역사적으로 이미 정리된 장르로 규정한다.[68] 이에 포스트드라마는 "연출 실행이 연출의 외양적 실재의 위상을 문제시하기 때문에, 연극의 형태 자체를 연극 내용의 주제"로 삼는다.[69] 그리고 "몸을 관찰하는 행위와 과정을 연극의 대상"으로 보며 "진실을 비담론적 신체유희로 대체"하는데,[70] 따라서 사르트르가 연극의 가장 중요한 기준으로 삼던 '행위'의 행방이 묘연해졌다. 아마도 극세행위(micro-action)로 조각난(émiettée) 움직임(mouvement)[71]의 수준으로 절하되었다고 볼 수 있다.[72] 이러한 포스트드라마의 무소불위에 브레히트는 묵묵부답이다. 사르트르도 다를 바 없다.

---

séquence du spectateur," *Ibid.*, p. 577.

68 *Ibid.*, p. 576.

69 *Ibid.*, p. 577.

70 김형기 외, 『포스트드라마연극의 미학』, 28-30쪽.

71 각주 14, '움직임' 참고.

72 Christian Biet, Entretiens avec Joseph Danan, "Le dramaturge, ce spectre qui hante le théâtre," *Critique, Le théâtre sans illusion*, n° 699-700, pp. 624-25.

사르트르와 회화
—틴토레토를 중심으로[*]

윤정임

1. 글을 시작하며

사르트르에게 비평은 철학과 문학의 글쓰기가 함께 어우러진 장르로, 소설을 포기한 이후 자신의 상상력을 쏟아 낸 공간이었다. 그의 비평적 성찰은 문학에 국한되지 않았고 회화, 음악, 영화로 확장되어 나타났다. 특히 회화와 조각 같은 조형예술에 대해서는 좀 더 적극적이고 지속적인 관심을 표명했다.

회화에 대한 그의 생각은 『상상계』와 『문학이란 무엇인가』에서 이론적으로 드러나기도 하고 『구토』와 『자유의 길』 같은 소설에서 작중 인물의 입을 빌려 구체화되기도 한다. 『구토』에서 로캉탱이 부빌 박물관의 초상화를 마주하는 장면은 흔히 '시선과 타자' 혹은 '부르주아 혐오'라는 주제로 해석되지만, '공식 초상화'[1]에 대한 반감으로 읽히기도 한다. 『자유의

---

* 이 글은 같은 제목으로 『프랑스문화예술연구』 제57집(2016)에 실린 것이다.

1 공식 초상화에 관한 글은 『구토』와 비슷한 무렵인 1939년에 발표되었다. "Portraits

길』 제3부인 『상심』에서는 화가 고메즈를 등장시켜, 전쟁과 격변의 시기에 회화가 할 수 있는 일에 대한 무력감을 드러내고 있다. "만약 그림이 전체가 아니라면 장난질일 뿐"[2]이라는 고메즈의 과격한 발언에서는 『구토』의 무용론을 내세우며 소설 쓰기를 그만 두었던 작가의 모습이 겹쳐지기도 한다.

회화에 대한 사르트르의 관심은 동시대 화가들에 대한 평론을 통해 보다 적극적으로 나타나기 시작한다. 그는 현대회화에 분명한 호의를 내보였고 여러 화가들과 친분을 맺었으며 기회가 될 때마다 그들의 작품에 대해 밀도 있는 평론을 작성해 나갔다. 이렇게 해서 마송(A. Masson), 자코메티(A. Giacometti), 콜더(A. Calder), 르베이롤(P. Rebeyrolle), 볼스(Wols), 라푸자드(R. Rapoujade)에 관한 일련의 미술비평이 전시회의 발문이나 당시의 관심사에 따라 작성되었다.

그런데 베네치아공국(公國) 시절의 화가인 틴토레토(Le Tintoret)에 대한 사르트르의 관심은 여러 면에서 예외적으로 보인다. 우선 틴토레토는 16세기의 화가이므로 친분관계나 동시대성에서 당연히 벗어나 있다. 또한 그에 대한 관심이 꽤 오랜 동안 이어지고 있다는 점도 주목할 만하다. 1933년에 처음 시작된[3] 이 16세기 화가와의 만남은 해마다 찾아가던 휴양지인 베네치아라는 공간과 연결되면서 사르트르의 머릿속에 늘 자리하게 된다. 지속적인 관심의 결과로, 일회적이고 단편적이며 흔히 상황의 부산물[4]로 작성되었던 다른 평론들과 달리, 틴토레토에 대해서만은 여러

---

officiels," in *Les Écrits de Sartre* (Gallimard, 1970), pp. 557-59.

2 *La Mort dans l'âme, Œuvres romanesques* (Gallimard, coll. Bibliothèque de la Pléiade, 1995), p. 1160.

3 S. de Beauvoir, *La Force de l'âge I* (Gallimard, coll. folio, 1960), p. 179.

4 이러한 성격 때문에 사르트르의 회화론을 체계화하기 어렵다고 하는데, 적어도 틴토레토에

편의 글이 남게 된다.

사르트르가 틴토레토에 관해 쓴 글을 작성 시기별로 정돈하면 다음과
같다.

	제목	작성시기	출간	최초 게재지 (재수록 지면)	비고
(1)	베네치아의 유폐자 (Le séquestré de Venise)	1951	1957	*Les Temps Modernes* (*Situations, IV*)	
(2)	기만당한 노인 (Un vieillard mystifié)	1952 ~1961	2005	*Sartre catalogue de la* *BNF*	글 (1)의 일부
(3)	성자 마르코와 그 분신 (Saint Marc et son double)	1952 ~1961	1981	*Sartre et les arts,* *Revue Obliques*	
(4)	성자 조르주와 용 (Saint George et le dragon)	1952 ~1966	1966	*L'Arc* (*Situations, IX*)	
(5)	틴토레토의 완결된 작품들 (Les produits finis du Tintoret)	1952 ~1966	1981	*Magazine littéraire*	글 (4)의 후속편

출간 연도에서 볼 수 있듯이, 생전에 발표된 것은 (1)과 (4) 두 편뿐이
고 나머지 세 편은 미완성의 유고이다. 대부분의 글은 1951년부터 구상
되어 1966년까지 간헐적으로 작성되었는데 이 시기는 『변증법적 이성비
판』과 『집안의 천치』의 집필 기간과 겹쳐진다. 실제로 그는 당시에 몰두
하던 "무거운 책들"의 압박에서 벗어나고자, 휴가지인 베네치아를 찾아
가 "휴식처럼" 틴토레토에 관한 글을 썼다고 한다.[5]

위의 목록에, 베네치아를 대상으로 쓰인 「내 창가에서 본 베네치아」[6]와

대해서만은 이 단점들이 어느 정도 극복되고 있다. Sophie Astier-Vezon, *Sartre et la*
peinture (L'Harmattan, 2013), p. 16.

5 M. Sicard, "Approche du Tintoret," © Michel Sicard 2005, www.michel-sicard.fr, p. 2.

6 "Venise de ma fenêtre," *Situations, IV* (Gallimard, 1964). 이하, 이 책의 인용은 '*SIV*, 쪽수'
로 표시.

『알브마를의 여왕, 마지막 여행자』[7]까지 덧붙이면 틴토레토에 대한 사르트르의 글 목록은 더 늘어날 것이다. 사르트르에게 베네치아는 틴토레토와 불가분의 관계로 묶여 있었고[8] 단순한 배경이 아니라 화가와 한 몸을 이루는 중요한 '인물'처럼 다가왔다.

이렇게 많은 글을 마주하노라면, 사르트르가 혹시 이 화가를 중심으로 모종의 미학을 작정했던 건 아닐까, 하는 생각까지 든다. 실제로 그는 헤겔 식의 미학까지는 아니더라도 틴토레토의 회화로부터 "미에 관한 성찰"을 펼쳐 내고 싶다는 소망을 피력하기도 했다.[9]

틴토레토를 처음 발견했다는 1933년은 『상상계』, 『존재와 무』, 『구토』의 단초들이 어렴풋하게나마 그 윤곽을 잡아 가던 시기이다. 그리고 틴토레토에 관한 중요한 글들이 작성되던 1957년 즈음은 그가 한창 『변증법적 이성비판』과 『집안의 천치』에 몰두하던 시기였다.[10] 다시 말해 틴토레토는 사르트르의 중요한 작품이 형성되던 순간에 늘 함께하던 화가였다. 그러므로 이 화가에 대한 글을 통해 사르트르의 사유의 궤적을 재추적하는 일 또한 가능할 것이다. 이는 곧 사르트르의 사상이 어떤 단절을 보이기보다는 흐름을 보여 준다는 것, 나아가 비실재 미학과 참여미학의 이분법을 해소할 어떤 실마리가 이 화가를 대면한 글에서 찾아질 수 있다는 추정을 가능하게 한다. 우리는 산발적이고 미완성인 상태로나마 우리 앞에 놓인 틴토레토론을 중심으로 사르트르 회화미학의 일면을 그려 보고

---

7 *La reine Albemarle ou le dernier touriste* (Gallimard, 1991).

8 "틴토레토가 베네치아를 그리지 않는다 해도, 그는 바로 베네치아다." S. de Beauvoir, "Entretiens avec Jean-Paul Sartre," *La cérémonie des adieux* (Gallimard, 1981), p. 291.

9 M. Sicard, *Essais sur Sartre* (Galilée, 1989), p. 231.

10 다루어진 주제들의 유사성과 집단의 역사를 연루시킨 방법론 등으로 틴토레토 연구를 플로베르 연구의 '회화적 버전'으로 보기도 한다. Astier-Vezon, *Sartre et la peinturet*, p. 25.

그 의미를 찾아볼 것이다.

2. '의미하지 않는' 예술의 '의의'

상상의식의 존재론을 탐색하고 있는 『상상계』에서 그림(회화)은 '비실재'를 그려 보여 주는 아날로공의 한 종류로 소개되고 있다. 상상한다는 것은 지각과 달리 세계의 무화를 전제로 하는 의식행위이며 그 과정에 여러 아날로공이 매체로 등장한다. 이를테면 회화는 화폭 위의 물감 자국과 터치라는 '물적 소여'를 기반으로 그 너머의 세계, 즉 비실재를 겨냥하는 아날로공이다. 사르트르는 한 폭의 그림을 마주한 우리의 의식에서 지각의식과 상상의식을 구별해 낸다.

줄기차게 확언해야 하는 사실은, 실재하는 것은 붓질의 결과, 화폭의 두터운 물감층, 표면의 우툴두툴함, 물감 위를 스쳐간 니스라는 것이다. 그러나 이 모든 것은 미학적 평가의 대상이 결코 아니다. … 아날로공을 통해 드러나는 것은 새로운 사물들의 비실재적 총체, 내가 한 번도 본 적이 없고 앞으로도 절대 볼 수 없을 대상들의 비실재적 총체이다.[11]

『상상계』에서 회화는 아날로공, 즉 그 물질성을 매개로 상상의식이 발동하는 예술로 묘사된다. 회화의 아날로공은 의식의 무화가 일어나는 '문턱'으로서 상상의식을 일으키는 '부차적인' 역할을 하는 듯이 보인다. 상상의식이 어떻게 작동되는가를 설명하는 일이 이 책의 주목적이었던 만

---

11 *L'imaginaire* (Gallimard, coll. Bibliothèque des idées, 1940), p. 240. 이하, '*IMr*, 240'처럼 줄임.

큼, 예술작품이 실제로 어떻게 받아들여지는가의 문제는 아직 본격적으로 건드리지 않고 있다. 그럼에도 마지막 결론 부분에서 예술의 수용이 어떻게 이루어지는가를 잠깐 언급하는데, 이때 예로 든 것이 바로 한 폭의 그림이다. 우리가 아름답다고 생각하는 것은 "그림 속에는 결코 존재하지 않으며 세상 어디에도 없는 대상이지만 화폭을 통해 드러나며 화폭을 독점하고 있다"면서 사르트르는 이렇게 말한다.

> 그러므로 그림은 그려진 대상인 비실재가 이따금(관람자가 상상적 태도를 취할 때마다) 찾아드는 물질적 사물로 이해해야 한다. (*IMr*, 240)

"관람자가 상상적 태도를 취할 때"란 곧 그림을 대하는 수용자의 태도를 말한다. 작품이 예술로 받아들여지는 것은 전적으로 관람자의 태도, 즉 수용의 문제에 직결된다. 여기서 우리는 "예술작품은 호소이기 때문에 가치이다"[12]라는 『문학이란』의 중요한 발언을 떠올리게 된다.

『상상계』가 예술작품의 존재론에 관한 성찰에 몰두하고 있다면, 『문학이란』은 작품을 매개로 이루어지는 창작자와 관람자의 소통의 문제로 중심이 이동한다. 사르트르가 『문학이란』에서 누누이 강조하는 예술의 가치는 작품 자체에 있는 것이 아니라 그것이 불러일으키는 것, 즉 작품을 사이에 두고 벌어지는 소통 혹은 합일의 순간에 있다.

작품의 수용을 중심으로 문학의 의의를 검토하고 있는 『문학이란』에서 예술작품에 대한 사르트르의 생각은 분명해진다. 언어라는 기호를 사용하는 문학에서 시와 산문은 각기 그 언어를 통해 그 너머의 무엇을 겨

---

12 정명환 옮김, 『문학이란 무엇인가』(민음사, 2000), p. 71. 이하, 이 책은 『문학이란』으로 줄여 쓰고, 출처를 밝힐 때는 '문학이란, 71'처럼 줄임. 원문 인용은 *Situations II, Qu'est-ce que la littérature?* (Gallimard, 1948)를 따르며 '*SII*, 쪽수'로 줄임.

냥하는, 즉 의미화(=의미작용, signification)하는 산문과, 언어의 물성 자체로 의의(sens)가 감지되는 운문으로 대별된다.[13] 사르트르에게 시는 '의미화'하지 않는 예술이다. 언어를 통해 그 너머의 무엇인가를 지칭하고 언어기호 자체는 사라져 버리는 산문과 달리, 시에서는 언어의 물성이 중요한 가치가 되며 이미 그것 자체로부터 의의가 느껴지는 예술이기 때문이다. 이처럼 '의미화하지 않는 예술'에 그는 회화와 음악을 함께 분류해 넣는다.

숱한 논쟁과 반발을 불러일으킨 시와 산문의 구별[14]에서 회화에 대한 사르트르의 언급에 좀 더 주목할 필요가 있다. 이 발언을 기점으로 회화에 대한 그의 생각이 『상상계』에 연결되면서 동시에 좀 더 구체화되기 때문이다.

> 가령 틴토레토는 골고다의 상공에 노랗게 찢긴 자리를 만들어 놓았는데 그가 그렇게 한 것은 고뇌를 '의미하기' 위해서도 고뇌를 '환기하기' 위해서도 아니다. … 그것은 사물화된 고뇌, 하늘의 노랗게 찢긴 자리로 되어 버린 고뇌이다. (문학이란, 14)

틴토레토의 그림에 나타난 "노랗게 찢긴 자리"를 "사물화된 고뇌"로 본다는 것은 회화의 물질성에 주목하는 것이다. 물질로서의 그것은 "그 불침투성과 그 연장과 그 맹목적인 영속성과 그 외면성과 다른 사물들과

---

13 의미화와 의의의 구별은 사르트르에게 매우 중요하다. 시나 회화 같은 '의미하지 않는 예술'에서 감지되는 의의는 단순한 의미작용이 아니다. 그것은 매체 자체로부터 이끌어지는 전체성이라고 할 수 있으며, 예술이 겨냥하는 궁극적인 것이다.

14 『문학이란』의 시와 산문의 구별은 언어 자체에 대한 것이 아니라 그것을 대하는 태도의 차이, 즉 시적 태도와 산문적 태도라는 두 미학적 입장의 대립으로 이해해야 할 것이다. 지영래, 「사르트르의 언어와 문체, 그리고 번역」, 『프랑스문화예술연구』 제35집(2011), 455쪽.

의 그 무한한 관계"로 인해 "전혀 해독할 수 없게 되어 버린 고뇌"이다. 그것은 표현할 수 없는 것을 표현한 "실재하지 않은 어떤 것"이다(*Ibid.*). 화가는 고뇌를 그린 것이 아니라, "사물화된 고뇌"를 그린 것이고 그것은 오로지 감상자 각자에 의해서만 순간적으로 느껴질 뿐, 절대로 실재하는 것이 아니다.

> 화가의 자비심이나 분노는 다른 대상들을 만들어 낼 수도 있으리라는 것을 나는 의심치 않는다. 그러나 그 경우에도 감정은 여전히 대상 속으로 녹아들어 이름 없는 것이 되고 말 것이며, 우리 눈앞에 남는 것은 오직 정체불명의 영혼이 깃들인 사물들뿐일 것이다. (문학이란, 16-17)

회화는 시처럼 그 물질성으로부터, 즉 아날로공으로부터 "관람자가 상상적 태도를 지닐 때마다" 그 의의를 "가끔씩" 드러내게 된다. 그림의 의의는 전적으로 관람자의 태도에 달린 것이며, 그것을 도와주는 것은 바로 화폭 위에 나타난 회화의 물질성, 즉 아날로공이다. 사르트르가 『문학이란』에서 설명하고 있는 '의미하지 않는 예술'로서의 회화는 결국 이 예술을 경시하려는 것이 아니라 그것의 특징을 제대로 포착하여, 그 내향성으로 향하게 하고, 그림 자체 즉 회화의 물질성에서 그것의 의의를 간파하려는 것이다.

『상상계』와 『문학이란』에 나타난 사르트르의 회화론은 상충하거나 모순되는 것이 아니라, 그의 비실재 미학이 수용자의 관점을 거쳐 회화미학의 전체적인 모습으로 나아가는 듯하다. 그리고 이러한 생각은 그의 틴토레토 연구에서 구체화된다.

3. 사르트르의 틴토레토

사르트르의 틴토레토 연구는 두 단계로 나누어 볼 수 있는데 그 첫 단계에서는 실존적 정신분석의 틀 안에서 화가를 설명하고 있다. 틴토레토와 베네치아를 일종의 상호 침투 관계로 보고, 베네치아라는 역사적 공간속에서 화가의 '기획'을 '자유'의 관점으로 읽어 내는 것이다. 이것이 "베네치아의 유폐자"의 내용이다. 두 번째 단계는 틴토레토의 그림에 집중하여 회화미학을 설명하는 일이다. 화폭의 이미지들로부터 화가의 '기획'과 '이단성'을 해석해 내는 이 작업의 결과는 「성자 마르코와 그의 분신」과 「성자 조르주와 용」에 중점적으로 나타난다.

(1) 「베네치아의 유폐자」[15]: 도시와 화가

염색공이던 부친의 직업 때문에 '틴토레토'라고 불렸던 야코보 로부스티 틴토레토(Jacobo Robusti le Tintoret)[16]의 출생 연도는 1518년 혹은 1519년으로 불분명하다. 틴토레토의 집안은 원래 베네치아에서 170킬로미터 떨어진 브레샤(Brescia)에 있었다. 하지만 틴토레토가 태어나 자란 곳은 베네치아의 수상가옥이었고 부친은 그곳의 염색공이었다. 틴토레토는 만토바에서 열린 어떤 기념식에 참석하기 위해 단 한 번 베네치아를 벗어났던 것을 제외하면 평생을 이 도시에 붙박여 지냈고, 이런 그의 모습 때문에 사르트르로부터 '베네치아의 유폐자'라는 별명을 얻게 된다.[17]

---

15 Sartre, "Le séquestré de Venise," *Situations IV* (Gallimard, 1964). 이하, 이 글은 'SV, 쪽수'로 줄여 인용.

16 사르트르는 틴토레토를 '로부스티' 혹은 '야코포'라는 이름으로도 지칭한다.

17 베네치아가 사방으로 뱃길이 열려 있던 도시였고 특히나 외국 문물의 교류가 활발했던 당시

일찌감치 아들의 재능을 알아본 아버지는 어린 틴토레토에게 데생을 가르쳤고, 곧이어 당시의 대 화가 티치아노의 화실에 견습생으로 들여보낸다. 그러나 그는 곧 티치아노의 눈밖에 나게 되어 스승의 화실에서 쫓겨나고,[18] 그 후 부친이 마련해 준 아틀리에에서 독자적인 화가의 길을 개척하기 시작한다.

틴토레토의 작품세계에 대한 미술사의 설명은 '르네상스와 바로크 사이를 이어 주는 화가이자 이탈리아 마니에리슴의 대가'로 모아지고, 그의 회화는 미켈란젤로의 데생과 티치아노의 색채가 결합되었다는 평가를 받는다. 무엇보다 틴토레토는 쉬지 않고 수많은 대작들을 만들어 낸 '광포한 열정'의 화가로 유명하고, 대형 캔버스 안에 인물과 서사의 움직임을 자유자재로 표현해 낸 '공간 활용법의 대가'로 꼽힌다.[19]

「베네치아의 유폐자」에 나타나는 틴토레토의 개인사와 회화적 특징도 큰 틀에서 보면 위의 내용을 크게 벗어나지 않는다. 틴토레토의 생애에 대한 대부분의 저서들은 리돌피의 『틴토레토라 불리는 야코포 로부스티의 생애』[20]에 근거하기 때문이다. 리돌피의 저서와 함께 사르트르가 참조했던 자료는 1954년 『현대(Les Temps modernes)』지에 실렸던 쥘 비유맹의 「틴토레토의 미학적 인격」[21]이다. 풍부한 독일 서지에 바탕한 비유맹의 글은 틴토레토의 작품에 정신분석학적으로 접근하고 있었다. 사르트르는 비유맹의 글에서 적잖은 도움을 받긴 했으나, 글의 지향점은 달랐

의 상황을 생각하면 이 화가의 은둔은 분명 예외적이다.

18 틴토레토의 재능을 알아본 티치아노가 질투와 경계심으로 그를 내쫓았다는 '전설'이 나돌긴 하는데, 사르트르도 지적하듯이 불확실한 추측일 뿐이다.

19 Eliane Reynold de Seresin, *Tintoret et la fureur de peindre* (50 Minutes, 2015), pp. 11-12.

20 Carlo Ridolfi, *La Vita di Giacopo Robusti detto il Tintoretto* (Venise, 1642).

21 Jules Villemin, "La personnalité esthétique du Tintoret," *Les Temps modernes*, 1954.

다. 틴토레토의 삶과 작품에 정신분석학적으로 접근한 비유맹과 달리 사르트르의 분석은 실존적 정신분석의 핵심인 '자유'의 개념에 집중하고 있기 때문이다.[22]

사르트르가 이 글에서 시종일관 강조하는 것은 틴토레토와 베네치아의 상호 침투 관계이다. 그에게 틴토레토는 곧 베네치아였다.[23] 사르트르는 화가와 그의 도시를 하나로 묶고, 그 둘 속에 동일하게 서려 있는 증오와 원한을 읽어 낸다. "베네치아의 목소리는 바로 그의 목소리"(SV, 291)이고 "틴토레토의 그림은 무엇보다 한 인간과 한 도시의 정열적 결합"(335)이며 "그 도시와 화가는 단 하나의 동일한 얼굴"(345-46)이다.

틴토레토는 "온전한 서민계급 출신도, 전적인 부르주아 태생도 아니었으며"(307) 오히려 그의 부친은 유복한 장인계급에 속했다. 하찮은 염색공이지만 자신은 이곳 태생이고, 베네치아는 "피로 맺어진 고향"(308)이었다. 그는 '서열의 바깥'이라는 자신의 위치를 정확히 알고 있었다. 염색공이라는 자신의 계급을 감추기는커녕 광고하듯 버젓이 이름으로 사용한 것을 보면 출신성분에 대한 정확한 인식을 넘어 그 안에서 살아남는 방법을 자발적으로 모색하고 있었다. "예술로 베네치아 순수 혈통의 특권을 정복하기 위한(308)" 그의 "근면하고 거의 악마적인 폭력(309)"에서 사르트르는 화가의 '자유'와 '기획'을 읽어 낸다.

티치아노나 베로네제 같은 대가들은 귀족계급에 속한 '공식예술가'의 자리를 당당히 차지하고 있었다. 틴토레토는 자신의 천재성에도 불구하

---

22 비유맹의 분석은 당시 베네치아의 상황과 화풍이 틴토레토를 구속했다는 '영향론'에 집중하는 반면, 사르트르는 틴토레토의 자유의지에 입각한 '선택'에 무게를 둔다. Sicard, "Approche du Tintoret," p. 6.

23 "틴토레토는 베네치아를 통해 자기발전을 이루어 낸 사람이었기에 나에게 흥미롭게 보였다. …. 설령 그가 베네치아를 그려내지 않는다 해도 틴토레토라는 화가는 베네치아를 드러낸다." Beauvoir, "Entretiens avec J.-P. Sartre," in Cérémonie des adieux, p. 291.

고(아니, 그것 때문에) 대가인 티치아노에게 버림받았다(고 생각했다). 당연히 마음 깊이 원한이 맺혔을 것이고 상처를 씻어내기 위해 누구보다도 치열하게 자기 화단을 가꾸었을 것이다. 그리고 필요하다면 술수와 모략도 서슴지 않는 입지전적인 인물이 되어 간다.

> 나는 틴토레토의 열정은 실천적 열정, 근심하며 신랄히 비난하고, 탐욕스럽고도 성급한 열정이라고 말하겠다. 그의 가당치도 않은 술책들을 곰곰이 생각해 볼수록, 그것이 원한 맺힌 마음속에 태어났던 것임을 더욱더 확신하게 된다. 뱀들의 따리처럼 뒤엉켜 있는 마음! 거기에 모든 것이 있다. (…) 기회주의와 고뇌, 이것이 가장 거대한 두 마리 뱀이다. (SV, 303)

사르트르가 틴토레토의 그림에 관심을 가졌던 이유는 그의 그림 속에 베네치아공국이 억압한 진실의 모든 기호가 담겨 있었기 때문이었다. 베네치아는 해상 절대권을 잃기 시작했고, 귀족계급은 몰락의 길로, 프티부르주아는 부의 축적으로 들어섰다. 틴토레토의 고객은 "야심 많은 프티부르주아"였다. 그는 그들과 깊은 친연성을 느꼈고 "노동에 대한 그들의 취향과 도덕성 그리고 실용감각"을 높이 샀다(323).

사르트르는 "몰락해 가는 귀족공화국 안에서 부르주아의 청교도주의를 구현시킨" 화가의 운명에서 그의 "기회주의"를 읽어 낸다. 보잘것없는 출신의 화가는 자신을 고용한 부자들의 아첨에 이끌려 작품 거래를 시작한다. 직접 주문을 수주하게 되고 거래를 가로채기도 하며 때로는 교활한 책략도 서슴지 않는다. 그는 장인다운 재능을 발휘하며 놀라운 속도로 마니에리슴이 두드러진 서정적 스타일의 수많은 대작들을 만들어 낸다.

문제는 주문자들의 조건을 만족시키면서도 자기만의 그림을 그려 나가는 일이었다. 예술이 없었다면 그는 아무것도 아니고 그저 하찮은 염색공일 따름이니까. "예술은 그를 태생적 조건으로부터 그리고 그를 지탱하는 환경으로부터 벗어나게 하는 힘이고 그의 존엄성"(SV, 324)이었다. 이것이 바로 사르트르가 말하는 틴토레토의 "고뇌"였다. 이 고뇌를 통해 탄생한 수많은 작품들은 스쿠올라의 천장을 뒤덮었고 베네치아 사람들의 불쾌감을 자아낸다. "전복된 도시에서 태어난" 그는 "베네치아의 불안을 들이마셨고 오로지 그것밖에 그릴 줄 몰랐기" 때문이다. 야코포의 불행은 "스스로를 인지하기를 거부한 한 시대의 증인이 되는 일에 자기도 모르게 헌신"(342)했다는 데에 있다.

> 틴토레토는 모든 사람을 불쾌하게 했다. 귀족들은 그가 부르주아의 청교도주의와 몽상적 동요를 드러내 주었기 때문에 불쾌해 했다. 장인들은 그가 동업조합의 질서를 파괴하고, 명백한 직업적 연대 밑에 들끓고 있는 경계심과 증오심을 드러내 보여 주었기 때문에 불쾌해 했다. 애국적 시민들은 회화의 불안과 신의 부재로 인해 모든 일이 일어날 수 있다는 것, 심지어 베네치아의 죽음도 일어날 수 있는, 부조리하고 우연으로 가득한 세계의 발견을 그의 붓끝이 보여 주었기에 불쾌해 했다. (SV, 342)

부패가 기승을 부리던 도시의 어둠과 세기말의 혼돈, 썩어 가는 베네치아의 물빛이 도시의 광채를 퇴색시키는데도 귀족과 부르주아가 뒤엉킨 도시는 자신에게 아첨하며 도시를 아름답게만 치장한 티치아노와 베로네제 같은 화가들만을 사랑했다. 틴토레토는 사랑받을 수 없었다. 그는 베네치아의 위선적 질서와 흔들리기 시작하는 명성을 폭로함으로써 자신의 실존을 증명하고 도시를 배반했으며 급기야 "베네치아와 세상의 장례를 집도"했기 때문이다(345). 어떻게?

사르트르가 틴토레토에 매료되었던 첫 번째 이유가 그의 그림 속에 베네치아의 어두운 역사와 몰락해 가는 귀족국가의 암울함이 드러나기 때문이었다면, 두 번째 이유는 그것을 화폭 위에 구체화시킨 그의 화면 구성력과 운동성에 있었다. 사르트르는 틴토레토를 "그림 안에서 삼차원을 연구"하여 평면적인 이차원의 화폭을 삼차원의 상상력으로 구성해 낸 화가[24]로 칭송하며 공간과 시간을 표현해 낸 그의 방식에 각별한 관심을 갖기 시작한다.

　구성방식, 곧 작품의 형식에 대한 분석은 회화의 물질성인 아날로공에 접근하는 일이다. 사르트르는 틴토레토의 공간 구성력을 연극이나 영화의 미장센에 해당하는 연출력으로 평가하였고, 마치 "조각하듯 그림을 그린 화가"[25]에게서 단순한 종교화를 넘어, 시대의 이데올로기를 배반하는 대담한 표현을 읽어 낸다. 이러한 화면 구성력을 설명하기 위해 사르트르는 '중력'과 '시간성'의 표현에 집중한다.

(2) 「성자 마르코와 그의 분신」[26] : 인간조건과 중력

　1961년, 사르트르는 틴토레토 연구의 두 번째 단계로 들어선다. 「베네치아의 유폐자」의 실존적 분석에 뒤이어 이번에는 틴토레토의 미학을 강조하는 글을 계획한다. 크게 세 부분으로 구분된 계획서에는 중력, 시간, 공간을 중심으로 한 틴토레토의 미학이 구상되어 있다.[27] 그는 틴토레토

---

24 Beauvoir, "Entretiens avec J.-P. Sartre," p. 291.

25 이것은 틴토레토와 동시대의 화가들이 그를 비난하며 했던 지적이다. S. Aster-Vezon, "Sartre et la peinture," *Sens public, Revue Web* (janvier 2009), p. 5.

26 Sartre, "Saint Marc et son double," *Revue Obliques*, 'Sartre et les arts' (Paris: Editions Borderies, 1980). 이하, 'MD, 쪽수'로 줄임.

27 Sicard, "Approche du Tintoret," p. 16.

그림 1 Le Tintoret, *Saint Marc et le Miracle*

의 그림에서 추락, 중력, 균형 잡힌 불균형, 원자료 등의 테마를 집중적으로 찾아내어 "물질주의자(matérialiste)" 화가[28]의 강박을 조명한다.

「베네치아의 유폐자」의 뒤를 이은 「성자 마르코와 그의 분신」은 틴토레토의 그림을 분석한 사르트르의 첫 결과물이다. 미완의 유고로 발표된 이 글에서 그는 19점의 틴토레토 작품을 분석하는데, 그중 〈성자 마르코의 기적〉[29]이 첫 번째 분석 대상이 되어 논의의 중심에 서게 된다. 이 그

---

28 "이 신자는 물질이라는 단 하나의 절대만을 용인한다. 그는 끊임없이 물질을 만져야 한다. 절대를 떠난다는 것은 그것을 잃는 일이다"(MD, 174).

29 제작연도는 1547~48년이고 베네치아 아카데미아 미술관에 소장된 이 그림의 제목은 〈성자 마르코의 기적〉, 〈노예를 해방하는 성 마르코〉, 〈노예를 구하는 성자 마르코〉 등으로 혼용된다. 사르트르도 「베네치아의 유폐자」에서는 〈노예를 구하는 성자 마르코〉로, 이 글에서는 〈노예의 기적〉으로 부르고 있다. 본 연구에서는 〈성자 마르코의 기적〉으로 통일하고 이 작품

림은 틴토레토의 이름을 널리 알린 대표작으로 "동시대인들을 어리둥절하게 하고 분노하게" 했고 대중들을 그로부터 돌아서게 할 정도로 스캔들을 불러일으킨다(SV, 295).

작품(그림 1)의 인물 배치와 색상은 좌우, 상하가 대칭을 이루고 있다. 날아오른 성자와 바닥에 누워 있는 노예는 대조적인 위치와 자세로 화폭의 중심을 차지하며 그림 전체의 분위기를 압도한다. 둘러선 사람들도 적절하게 균형을 이루며 좌우 양쪽으로 양분되어 엇비슷한 위치를 차지하고 있다. 이처럼 잘 지켜진 대칭 구도에도 불구하고 그림은 안정감을 주기보다는 힘찬 움직임과 함께 묘한 긴장감을 일으킨다.

사르트르는 틴토레토의 그림이 불러일으키는 불안과 긴장감을 티치아노의 그림(그림 2)과 비교하여 설명한다. 티치아노에 대한 사르트르의 반감은 오래전부터 여러 차례에 걸쳐 직간접적으로 표명되었다. 우선 보부아르의 회고에도 드러나듯이 사르트르는 이 베네치아 화단의 '공인된' 대가에 대해 단호한 거부감을 드러냈다. 그가 「공식초상화」에서 그려 낸 부정적인 화가의 모습[30] 또한 질서에 순응하는 '귀족 화가' 티치아노의 모습을 떠올리게 한다. 「베네치아의 유폐자」에서도 티치아노에 대비되는 틴토레토의 모습을 "햇빛(티치아노) 아래 두더지"로 비유하기도 했다.

정적이고 안정감 있게 표현된 티치아노의 성자 마르코와는 달리 틴토레토의 그림 속 성자는 온통 불안과 긴장이 두드러진다. 티치아노의 그림은 신의 질서 아래 이루어진 성자의 기적이 사후(事後)의 장면처럼 평이하

에 대한 '중력'의 분석만을 다루기로 한다.

30 "공식초상화는 사실이 아니라 순수 권력을 그리며, 인물의 약점이나 장점을 알고자 하지 않으며 오직 공덕만을 배려한다. (…) 차분한 권력, 고요함, 엄격함, 정의 등을 화폭 위에 고정시켜야 한다. (…) 공식초상화의 기능은 군주와 부하들의 결합을 실현하는 일이다. (…) 공식초상화는 종교적 대상이다"(Sartre, "Portraits officiels," in Les Ecrits de Sartre, p. 558).

그림 2 Titien, *Saint Marc avec les saints Côme, Damiens, Roch & Sébastien*

게 묘사되어 있다. 반면에 이 그림에는 '거꾸로 매달린' 성자의 자세에서 부터 불안정한 느낌이 조성되고 질서의 전복이 감지된다. 틴토레토에게 "기적이란 저 높은 곳의 불꽃놀이에 불과할 뿐"(MD, 176)이고, 모든 것이 부유하는 베네치아에서 성자 마르코는 그저 "추락"할 따름이다. 틴토레 토의 그림은 티치아노의 종교화에 나타난 규칙인 "절대적 수직성, 인물 들과 그 조직의 위계"(MD, 177)를 뒤집어 버린다. 완전한 전복이 일어나는 것이다.

그것은 총독을 위로하거나 쇠약해 가는 왕권을 강화하는 문제가 아니다. 이 모든 혼란의 목표는 오직 노예를 구하는 데 있다. 단지 성자의 몸이 자유낙하

하고 있는 중인 것이다. (…) 틴토레토는 [티치아노와] 완전히 반대되는 일을 했다. 그는 성자를 전복시켰고 그의 몸을 거꾸로 뒤집어 놓았다. (MD, 175-76)

다이빙 하듯 뒤집혀진 성자의 자세에서 힘의 제어란 불가능하고 오직 물질의 법칙에 복종하는 모습만 보인다. 희생자(노예)와 구원자(성자)를 똑같이 화폭의 중심에 위치시킨 점에서부터 둘 사이에 어떤 위계도 드러내지 않고 있음이 분명히 드러난다. 게다가 빛의 처리에서도 또 다른 대립이 일어난다. 하늘로부터 내려오는 빛과 바닥으로부터 올라오는 빛이라는 두 개의 중심이 보이는 것이다. 성자의 후면에 비춰지는 빛은 오히려 성자를 어둠의 덩어리처럼 보이게 하는 반면, 화면 왼쪽 아래에서 나온 또 다른 빛은 바닥에 누워 있는 노예를 환하게 비춰 준다. 이 같은 빛의 효과를 통해 '인간이란 그 가장 낮은 자세에서도 신의 창조물'이라는 것과 '성자도 중력의 법칙을 벗어날 수 없다'는 것을 동시에 보여 준다. 그림 속 다른 사람들의 시선도 하늘에 떠 있는 성자가 아니라 바닥에 쓰러진 고통받는 노예에 쏠려 있다. "어둠 속에서 추락하는 그림자"(MD, 176)로 처리된 성자의 모습은 완전한 수동성과 중력의 산물일 뿐이다.

중력의 이미지는 사르트르가 틴토레토의 그림에서 특별히 주목하는 지점이다. "중력은 하나의 기호, 너무나 인간적인 나약함에 대한 약호"(179)이고, 피할 수 없는 인간의 조건과 운명을 나타내면서 신의 은총을 표현하기에 적합한 소재이다. 티치아노를 비롯한 16세기의 회화에서 하늘에 떠 있는 '은총을 받은 인물들'이 자주 등장하는 이유가 바로 여기에 있다. 땅 위의 인간들은 절대 하늘에 떠 있을 수 없다. 오직 신의 은총에 의해서만 중력에서 벗어나 하늘을 부유한다.

우리는 중력이라는 존재자의 어두운 심연이, 자연이 초자연과 조우하는 바로 그 장소라는 걸 이미 알고 있다. … 하늘의 신은 우리를 추방하고 그 무게가 우리를 짓누른다. 성자 마르코를 보라. 그것은 어둠의 지붕이다. 그 묵직한 덩어리가 이교도들을 부수어 버린다. (MD, 177)

사르트르는 이 화가가 "코페르니쿠스가 죽은 지 5년 만에, 갈릴레이가 태어나기도 전에 중력의 법칙을 예상"한 듯이 보인다며(177) 그의 그림에 나타나는 "끊임없이 추락하고 고통받는 신체들"을 주목한다. 성자들은 티치아노의 그림에서처럼 날아다니거나 부유하지 않는다. 틴토레토는 근육들과 비틀린 신체의 기형을 한껏 강조한다. 바닥에 쓰러져 있지 않을 때면, 몸이 기울어져 있거나 곧 넘어져 균형이 무너질 자세이다. 티치아노 그림 속의 안정감 있는 비상이나 공중부양은 없다. 그의 그림에서는 모든 것이 무게를 드러내며 중력의 법칙을 받아들인다. 종교적 인물들조차 중력이라는 '너무도 인간적인 조건' 때문에 고통받고 있는 모습으로 나타난다. 이제 틴토레토는 중력을 통해 인간적 나약함을 표현한 화가라는 특징을 부여받게 된다.[31]

뒤집어진 성자의 모습은 중력으로 인한 실추를 예견하게 하고 그것은 곧 성자의 위업을 드러내기보다 어쩔 수 없는 인간의 운명을 강조하는 그림이 되어 버린다. 게다가 뒤집어진 것은 단지 성자의 몸만이 아니다. 모든 것, 즉 베네치아의 영광과 신들의 질서까지 전복되는 듯한 불안감을 느끼게 하기 때문이다. 성자와 노예와 기적이라는 익숙한 테마를 들여와 그 모든 것을 전복시키고 있는 화폭, 이것이 바로 틴토레토의 "간계"이고 베네치아 사람들이 이 그림에 그토록 분노했던 이유라는 것이다.

---

31 Astier-Vezon, "Sartre et la peinture," p. 6.

(3) 「성자 조르주와 용」[32]: '평민' 틴토레토와 시간성

1966년, 『라르크(L'Arc)』 지는 사르트르 특집호를 기획하고[33] 「성자 조르주와 용」을 게재한다. 베르나르 팽고(Bernard Pingaud)는 독자의 이해를 돕기 위해 짧은 해설을 덧붙이면서, 화가란 의미작용이 아닌 의의를 다루는 예술가이며, 의의란 "화폭 위의 형태와 색채" 안에 있다는 『문학이란』의 발언을 상기시킨다.[34]

「성자 조르주와 용」에서 다루고 있는 틴토레토의 그림은 런던의 내셔널갤러리에 있는 〈성자 조르주와 용〉(그림 3)이다. 앞의 「성자 마르코와 그의 분신」과 비교해 볼 때, 이 글에서는 오로지 한 작품에 집중하고 있고, 특히 그림에 표현된 시간성에 주목한다. 앞서의 분석이 티치아노와의 비교로 이루어졌다면, 여기에서는 같은 소재를 다룬 카르파초의 〈용을 물리치는 성자 조르주(Saint Georges tracassant le dragon)〉(1502)(그림 4)와의 비교를 통해 틴토레토 회화의 특징을 이끌어 낸다.

카르파초의 그림에서는 누가 보아도 성자 조르주의 무훈이 잘 드러난다. 전면 중앙에 배치된 성자와 괴물(용)의 싸움은 이 그림의 거의 전부라 할 만큼 큰 부분을 차지한다. 성자가 타고 있는 말은 용맹해 보이고, 괴물의 아가리를 겨냥한 긴 칼은 성자의 손 안에 단단하게 쥐어져 있다. 후경 왼쪽에 자리한 도시는 단단한 성벽과 곧은 나무들로 흔들림 없는 세상을

---

32 Sartre, "Saint Georges et le dragon," *Situations IX* (Gallimard, 1972). 이하, 'GD, 쪽수'로 줄임.

33 편집자인 베르나르 팽고는 구조주의의 대세에 밀려나고 있던 사르트르 사상의 의의를 짚어 주기 위해 'Sartre aujourd'hui'라는 특집을 마련했고 그 일환으로 "Saint Georges et le dragon"을 싣는다. *L'Arc*, n° 30 (1966), pp. 1-4.

34 *Ibid*., pp. 35-36.

그림 3 Le Tintoret, *Saint Georges
et le dragon*

그림 4 Carpaccio, *Saint George tracassant le dragon*

표현해 주며, 오른쪽 끝에 위치한 공주는 성자의 활약을 지켜보며 안심하는 자세로 서 있다. 두 손을 모으고 있는 공주의 표정은 평온해 보인다.

카르파초의 그림에서 신의 섭리를 전하는 성자와 악마의 앞잡이는 맞서 싸운다. 이 싸움을 통해 화가는 하늘과 지옥을 연루시켰다. 아름다운 희생물은 하나의 구실로만 등장시켰을 뿐이다. 신이 사탄을 물리쳐야 하고 기독교 정신이 우상에 승리해야 한다. 그것이 이 전설의 의미이기 때문이다. 야수는 죽고 도시는 기독교인의 종교 안에서 온전하게 보존된다. 카르파초의 '성자 조르주'는 "신의 질서에 복무하는 힘"을 보여 주도록 제작되었고 그렇게 그려진 그림에서 성자의 '스타일과 행위와 손'은 일직선으로 이어지도록 그려져 있다. 이러한 방식에서 사르트르는 "귀족적인 카르파초"(GD, 209)의 모습을 읽어 낸다.

그런데 틴토레토는 바로 이와 같은 카르파초 방식을 "거부하기 위해서" 성자 조르주의 전설을 다시 채택하고 있다. 전설 속의 성자는 드라마의 주인공이자 모험의 주체인데, 그것이야말로 "틴토레토가 개인적으로 적대시"하는 모습이다. 이 화가는 "'행위'라는 그 무례함으로 파토스의 세계를 교란시키는 성자를 화폭에서 추방"(GD, 203)하고 있다는 것이다.

그리하여 틴토레토의 그림에서 화폭의 맨 앞을 차지하는 것은 도망치는 공주의 모습이다. 펄럭이는 분홍빛 치맛자락과 공포에 휩싸인 표정이 크게 부각된 이 그림에서 우리는 성자의 무훈에 앞서 공주의 공포를, 그것도 아주 크고 화려하게 묘사된 모습으로 마주하게 된다.

오른쪽에 한 여자가 유리 같은 경계면에 몸을 바짝 붙인 모습으로 드러난다. 밑에서 위를 촬영하듯이 포착된 장면은 그녀의 모습을 우리에게 강요한다. 그것은 화폭의 시작점이라 무시하거나 그냥 지나칠 수 없다. 우리는 우선 거기에 펼쳐진 모든 가시적 특징들—빛과 형태, 색채, 모사—을 주시한다. 대상

자체에서 밀도, 그 아름다운 금빛 살의 무게를 상상하게 될 것이다. (…) 치마 아래로는 아름다운 두 다리가 달아나려 하고 무릎은 땅에 부딪히게 될 것이다. (…) 이 두려운 모습 뒤편에 제멋대로 나뒹구는 망토의 불룩한 주름을 그려 낸다. (GD, 203)

사르트르는 그림의 첫 부분을 장식한 이 '패주'의 장면에서 "호사스럽게 그려진 두려움"에 주목한다. 게다가 "도주, 추락, 정체, 기절이 한꺼번에" 일어나고, 젊은 여인은 길 잃은 사람처럼 앞으로 곧장 달려 나간다. 우리에게 보이는 것은 "두려움에 무질서하게 휘둘려 버린 몸의 수동적 자포자기 상태이다"(203) 이렇게 두드러지게 우리 앞에 펼쳐진 두려움은 곧이어 공주를 위험에 빠트린 상황으로 시선을 옮기게 하고, 과연 그림의 중간 부분에 괴물과 대치하는 성자 조르주의 모습이 나타난다.

그러나 그의 활약상은 뭔가 모호하게 그려져 있다. 말 위에 몸을 굽히고 있는 성자의 자세는 무엇인가에 열중하는 모습인 것 같기는 하다. 하지만 고개를 숙인 데다 얼굴이 반쯤은 가려져 있어 표정을 읽을 수 없다. 게다가 칼을 쥔 오른손은 말에 가려 보이지 않는다. 어떻게 보아도 카르파초 그림에서처럼 성공적인 위업의 장면은 연출되고 있지 않다. 오히려 옆에 나뒹구는 시체의 모습에 실패의 느낌만 강화된다. 이러한 장면 구성에 대해 사르트르는 귀족적인 카르파초와 달리 틴토레토가 "다루기 힘든 무기를 들고 사투를 벌이는 장인들의 땀" 자체에 집중하고 있기 때문이라고 설명한다. 그의 그림에서 성자는 땀을 흘리며 전력투구하는 "착한 노동자"로 부각된다는 것이다. 그리고 이러한 틴토레토의 취향을 "평민적(plébéien)"이라고 규정한다.

틴토레토의 취향은 평민적이다. 그가 가장 좋아하는 것은 다루기 어려운 재료를 손에 쥐고 있는 장인들의 땀이다. 나는 그가 그들의 수고와 분업의 드라마를 보여 주었다고 말했었다. 그는 생각지도 못한 채 자신의 병사를 열심히 일하고 땀 흘리는 착한 노동자로 만들게 될 것이다. (209)

「베네치아의 유폐자」에서 사르트르는 틴토레토가 "화가라는 장인의 작업에서 신체적 노력과 수공의 창조"만을 높이 평가하고 있으며, 화가를 "최고의 노동자"로 인식하고 있었다는 점을 강조하고 있다(SV, 319). 수공업자이자 장인인 화가는 여기에서도 신의 은총 덕분에 저절로 얻어지는 성자의 기적이 아니라, "땀 흘려 일하는" 무사의 모습을 그려 내는 일에 몰두하고 있다는 것이다.

결국 카르파초가 성공적으로 그려 낸 '성자의 위업'은 틴토레토의 그림에서 애매하게 처리되고 있다. 고의적으로 왼쪽으로 기울어지는 그림을 구성함으로서 우리의 시선이 성자의 왼쪽 모습을 보게 하고 창을 들고 괴물을 향하는 성자의 오른쪽 모습은 숨겨 버린 것이다. 우리 앞에 드러나는 모습은 사투를 벌이는 것으로 '짐작되는' 성자 조르주일 뿐이다. 그 실제의 모습이 어떠했는가는 우리의 상상에 맡긴다. 이런 모호한 처리로 인해 우리의 시선은 다른 곳으로 향하게 되는데 그 순간 눈에 뜨이는 곳이 위쪽의 도시이다.

그러나 튼튼하게 버티고 서 있어야 할 도시는 안개 속에 흐릿한 모습으로 후면으로 밀려나 있다. 그 위에 언뜻 비치는 하늘은 암울하다. 카르파초의 그림에 나타나는 굳건한 도시와 성령의 세계는 어디에도 보이지 않는다. 카르파초의 그림이 세상의 질서를 고수하는 '보수적 시각'을 드러내고 있다면, 틴토레토의 조르주는 세상의 혼란과 그 앞에서 흔들리는 인간적 두려움과 갈등에 초점을 맞추고 있다.

사르트르는 틴토레토의 그림에 성자, 괴물, 공포에 사로잡힌 공주, 도시, 이 모든 것이 등장하지만 그것들이 일직선으로, 순차적으로 그려지지 않고 있음에 주목한다. 카르파초의 그림에서는 '괴물이 나타났고 기사는 하늘의 도움을 받아 괴물을 물리치고 도시는 굳건히 버텨 주고 공주는 안심한다'는 선적인 질서의 이야기가 그려져 있다. 틴토레토의 그림은 이야기의 소재는 모두 그대로 들여오되, 그것들을 화폭의 좌우상하를 충분히 활용하여 배치하고 있다. 화폭에서 우리의 눈은 맨 아래에 도망치는 공주와 맨 위의 하늘에 있는 신의 모습으로, 그리고 오른쪽 끝의 공주에서 왼쪽 끝의 흐릿하게 서 있는 도시의 성곽까지, 그리고 그 가운데에 쓰러져 나뒹구는 시체와 아가리를 벌린 용과 그 용을 물리치려는 말 탄 기사까지 훑어 가게 된다. 이 모든 이야기가 일직선으로 진행되는 것이 아니라, 상하좌우로 "구부러진 흐름" 안에 이어지도록, 그리하여 이 모든 사건들이 "구부러지는 순간성" 안에 들어서도록 배치하고 있다. 카르파초의 일방통행적인 선적인 시간성에 대립하는 틴토레토의 이 같은 순간성 표현은 "지속의 두께(épaissement de la durée)"(GD, 220)로 나타나게 된다.

여기에서 바로크적 시간이 탄생한다. 뒤이은 세기가 다시 늦추고 싶어 하게 될 그리고 결국에는 터져 버릴 그 무거운 시간 말이다. 요컨대 로부스티는 순간성을 그려내지만 구부러지는 그 순간성이 우리에게는 지속으로 동일시된다. (220)

사르트르에 따르면 로부스티는 "자기가 본 그대로, 자기 같은 인간이 볼 수 있는 그대로를 그렸던"[35] 화가이다. 주문자들이 원하는 것을 그려

---

35 Sartre, "Les Produits finis du Tintoret," *Magazine littéraire*, n° 176 (1981), p. 28.

야 했던 16세기에 화가 자신의 시각을 그림 속에 드러낸다는 일은 하나의 '결단'이다. 틴토레토는 공식 화가들과 달리 "화가 자신의 사회적 관점을 화폭에 반영"했고 자기의 이웃들인 염색공, 목수, 유리공, 직조공과 같은 장인들과 공유하는 시각을 화폭 위에 드러냈다. 그러나 "교활한"[36] 화가였던 만큼, 작품 주문자의 심기와 종교적 신념을 거스르면 안 되었다. 전설의 소재를 그대로 가져와 선배의 그림에서처럼 신의 질서와 성자의 활약을 그리되, 교묘하게 뒤틀린 모습으로, 뒤집힌 시각으로 흔들리고 모호한 세상의 질서를 그려 낸 것이다. "너무도 교활하여 아무것도 결정하지 않은 채로 익명의 힘을 보여 준" 이 "머뭇거리는 왈츠"[37]는 바로 틴토레토의 책략이고 그의 화폭의 비밀이다.

> 화폭의 그 비밀. 이러한 부재를 좀 더 멀리, 모든 다른 추방들 곁에, 흐릿해진 성벽들 곁에, 도망치는 하늘 곁으로 추방하는 것. 아무것도 결정하지 않는 것. 그 보이지 않는 사건에 이름과 본질을 고객 스스로 부과하도록 남겨 두는 일. 비어 있음에 의한 덩어리의 매혹, 신에 의해 병사에게 허용된 클리나멘, 인간과 창조자 사이에 탄생한 갈등 혹은 드라마. (GD, 225)

4. 글을 마치며

사르트르는 "예술에서 개인이 가장 중요하다"고 생각했다. 예술의 생명은 "탈총체화된 개인이 총체화인 작품으로 이행"하는 데 있기 때문이

---

36 협잡꾼(faisan)', '사기꾼(escroc)', '교활한 사람(malin)'은 사르트르가 틴토레토에게 줄곧 부여하는 형용어들이다.

37 Sartre, "Les Produits finis du Tintoret," p. 30.

다.[38] 그러므로 예술작품의 이해는 '탈총체화된 개인'인 화가(예술가)에 대한 이해가 우선시된다. 그로부터 "작가에서 작품으로, 작품에서 다시 작가로 이어지는 끊임없는 왕복운동"이 뒤따르는 것이다. 작가와 작품을 오가는 이 "전진-후행의 방법론(méthode progressive-régressive)"은 그의 모든 비평에서 발견되며 틴토레토론의 경우도 예외가 아니다.

회화란 시처럼 '의의'를 포착하는 예술이고, 그 의의는 회화의 물질성 곧 아날로공으로부터 파악된다. 이 생각대로 그는 틴토레토의 화폭에서 구성 방식과 숨겨진 의도, 중력과 시간성의 표현을 찾아내고 이 베네치아의 이단아(탈총체화한 개인)가 어떻게 자기만의 '총체화'를 이루어 나가는가를 분석해 내고 있다.

사르트르의 분석을 읽다 보면, 예술작품의 해석에 적지 않은 '지식(savoir)'이 작동하는 것을 보게 된다.

상상의식이 발동할 때 끼어드는 '기존의 앎'에 대해서는 이미 『상상계』에서 충분히 논의되었다(Imr, 79-92). 문제는 이 기존의 지식이란 것이 어느 방향으로 향하는가인데, 그 방향 설정에 그림 자체가 가장 큰 역할을 한다. 어떤 그림이 우리에게 의미롭게 혹은 충격적으로 다가온다면, 우선 그것은 그림 때문이다. 예술가의 의지가 작용하여 나타난 그림이라는 아날로공은 우리의 시선을 잡는다. 그리고 우리는 왜 그것이 우리의 시선을 잡고 있는가를 자신이 가진 '앎'을 바탕으로 해석해 나간다. 그러니까 모든 예술의 감상에는 그림의 물질성(아날로공)이 우선적으로 작동하며 그다음에는 그것에 걸려드는 관람자의 시선과 그 걸려듦을 해명하는 과정이 이어지는 것이다.

---

38 "예술의 생애는 언제나 탈총체화된 개인으로부터 총체화 과정인 작품으로의 이행을 나타낸다. (…) 탈총체화된 개인인 예술가는 하나의 대상을 재총체화함으로써 스스로를 재총체화하는 것이다"(Sicard, "Penser l'art," in *Essais sur Sartre*, p. 233).

결국 『상상계』의 비실재 미학의 논리는 『문학이란』의 '호소'와 '고매한 정신'이라는 '자유'에 바탕한 해석과 연결되었을 때 비로소 예술에 대한 온전한 이해에 이를 수 있다.[39] 물론 이 이해는 결코 절대적이지도, 지속적이지도 않다. 무릇 모든 의식은 초월적이며, 더더구나 상상의식의 무화작용은 곧이어 다른 것으로 초월될 신기루 같은 것이니까. 이것을 글로 표현해 내는 일, 사르트르가 했듯이 하나의 비평으로 마감해 내는 일은 그 달아나 버리는 순간의 감상을 언어로 붙잡아 내는 일이고, 제대로만 된다면 그 글 안에 모든 것이 다 들어가 있게 된다.

사르트르는 자신의 해석에 가해질 비판을 의식하며 간혹 이렇게 방어한다. "틴토레토의 생각이 그렇지 않다고? 그럴 수 있다. 하지만 그가 그려낸 것이 그러하다"(GD 219-20), 혹은 "이 모든 게 그의 화폭에 새겨져 있다"(225)는 말로써 해석자의 위치를 정당화한다. 화가는 그림을 그려 보여 우리를 이끌어 가지만, 그것의 아름다움은 결국 관람자의 눈을 통해 나오는 것이다.

> 졸렬한 화가는 전형을 추구하고 전형적인 아랍 사람을, 어린아이를 또는 여자를 그린다. 한편 훌륭한 화가는 전형적인 아랍 사람이나 전형적인 프롤레타리아는 현실계에도 또 캔버스 상에도 존재하지 않는다는 것을 알고 있다. 그는 오직 한 노동자를, 어떤 한 노동자를 제시할 따름이다. 그렇다면 '한' 노동자에 대해 무슨 생각을 할 수 있는가? 서로 모순되는 수없이 많은 생각이 있을 수 있다. 그리고 그 모든 생각과 모든 느낌이 캔버스 상에 엉겨붙어서 깊은 미분화 상태를 이루고 있는 것이다. 그중의 어떤 것을 선택하느냐는 각자의

---

39 이에 대해서는 변광배, 「사르트르의 참여문학론(II) : 독자를 위한 문학」, 『프랑스학 연구』 62집(2012) 와 오은하, 「사르트르 비실재 미학과 참여문학의 교차」, 『불어불문학연구』 98집(2014)(이 책 제1부에 전재)에 좀 더 자세히 다루어져 있다.

자유이다. (문학이란, 15-16)

사르트르가 틴토레토에 쏟아부은 관심에는 틴토레토에게서 보이는 자기 모습의 일면이 있었음[40]을 부인할 수 없다. 그가 써 낸 모든 비평서에서 사르트르 자신이 보인다는 점은 여러 차례 지적되어 왔지만, 틴토레토의 경우는 문학가가 아니라 화가였다는 점, 게다가 회화는 사르트르가 실제로 경험해 보지 않은 유일한 예술장르였다는 점에서 이 동일화가 좀 더 부담 없이 이루어졌던 듯이 보인다. 과도한 열정, 대중의 악의, 수많은 작품의 양산과 그 어마어마한 크기…. 틴토레토에게서 사르트르의 '분신 (alter ego)' 같은 페르소나를 읽어 내는 일이 결코 무리한 시도는 아닐 것이다.

그러나 사르트르의 틴토레토론이 우리에게 불러일으키는 흥미는 무엇보다 틴토레토라는 화가와 그의 작품에서 비롯한다. 사르트르가 『성자 주네』에서 비평에 대한 해묵은 논쟁을 마무리 지으며 일갈했듯이,[41] 잊지 말아야 할 것은 그럼에도 불구하고 '비평 대상'이고 모든 비평의 일차적인 의미는 바로 '그것'에서 출발하므로.

---

40 A. Buisine, *Laideurs de Sartre* (Presses universitaires de Lille, 1986), p. 121; P. Campion, "Sartre à Venise, Le séquestré du Tintoret," *Les Temps Modernes*, n° 667 (jan-mars 2012), p. 28.

41 Sartre, *Saint Genet, comédien et martyr* (Gallimard, 1952), pp. 622-23의 각주.

『구토』의 재즈음악
―음악이라는 미학적 해결책[*]

오은하

들어가며

　하도 다양한 영역에 손댄 사르트르이다 보니, 그가 언급하지 않은 분야는 그 부재가 더 의미심장하다는 평가를 받곤 한다. 음악이 대표적이다. 사르트르의 희곡에 관해 말할 때는 그의 연극론을, 소설에 대해 말할 때는 문학론과 소설기법에 관한 비평들을, 작품에 등장한 회화를 주제로 삼을 때는 그의 이미지론을 우회할 수 없는 사르트르 연구의 패턴을 생각해 볼 때, 음악 분야는 그가 이론적 언급을 덧붙이지 않은 희귀한 분야로 남아 있다. 소설, 시, 연극에 대한 관심이야 당연하다 하더라도, 회화와 조각에 바쳐진 글에 비해서도 음악에 대한 언급은 매우 드물다. 그가 이끌던 잡지 『현대(Les Temps modernes)』지에 참여했던 동료라는 인연으로 현대음악가 라이보비츠(René Leibowitz)의 책에 서문을 썼고, 말년의 한 인터뷰에서 음악에 대한 여러 질문에 답한 적이 있는 정도이다. 음악의

---

*　이 글은 같은 제목으로 『불어불문학연구』 제102집(2015)에 실린 것이다.

참여 문제에 집중한 앞의 글 「예술가와 그의 의식」은 음악이라는 장르의 특성에 대해서는 충분히 언급하지 않은 일반론이며, 아름다움(la beauté)과 감성(l'affectif)이라는 단어로 음악을 설명하는 인터뷰의 답변은 별반 독창적인 내용을 담고 있지 않다. 자서전 『말』 등에 드러나는 음악에 대한 깊은 정서적 애착을 생각하면 의아하게도, 사르트르에게서 '음악론' 또는 '음악미학'이라 이름 붙일 이론은 발전되지 않았다.[1]

반면 『구토』에서 음악의 중요성은 결정적이다. 『구토』의 재즈음악 장면은 『말』에 등장하는 음악에 결부된 낭만주의적인 회고와 향수의 정서와는 다른 적극적 기능을 맡은 듯 보인다. 로캉탱의 구역에 거듭 치료약처럼 기능하다가 결말 부분에서는 미약하나마 '구원의 가능성'으로까지 발전된 재즈음악을 묘사하는 대목은, 그 대목을 해석하는 방식에 따라 『구토』 전체에 대한 해석이 달라질 만큼 중요한 장면이다.

구토와 관련한 음악 체험은 세 차례 등장한다. 첫 번째는 랑데부 데 슈미노(Rendez-vous des Cheminots) 카페에서 본격적인 구토 증상을 느끼다가 흘러나오는 음악 소리("Some of These Days")에 진정되는 장면이다. 두 번째는 바 드 라 마린(Bar de la Marine) 술집에서 구토와 유사한 증상을 겪다가 역시 들려오는 음악으로 진정되는 장면이다. 이때 흐르는 제목 미상

---

1 여러 평자들은 사르트르가 음악에 조심스러운 태도를 보이는 것이 어머니와 너무 깊숙이 결부되어 있기 때문으로 본다. 음악에 대한 사르트르적 상상은 향수(nostalgie)에 연결되어 있으며, 이는 언제나 그의 어머니와 연결된다는 해석(François Noudelmann, *Le toucher des philosophes: Sartre, Nietzsche et Barthes au piano*, Gallimard, 2008, p. 36), 『말』에서 피아노를 연주하는 어머니 곁에서 아이가 온갖 영웅담을 상상하는 장면을 예로 들어 음악을 오이디푸스적 판타즘과 연결시키는 해석(André Green, "Des mouches aux Mots," *La Déliaison: Psychanalyse, anthropologie et littérature*, Les Belles lettres, 1992, pp. 364-65)이 있다. 음악 속으로의 퇴행(régression dans la musique)을 자궁회귀 욕망으로 보기도 하고(Jean-Louis Pautrot, *La musique oubliée*: La Nausée, L'Ecume des jours, À la recherche du temps perdu, Moderato Cantabile, Genève: Droz, 1994, pp. 64-74), 아예 『구토』의 재즈음악이 어머니를 지칭하는 것이라 말하기도 한다(Josette Pacaly, *Sartre au miroir*, Klincksieck, 1980, p. 183).

의 곡은 앞선 장면과 비슷한 인상을 주는 여가수의 목소리로 묘사된다.[2] 마지막은 부빌(Bouville) 시를 떠나기로 결심하고 마지막으로 음악을 청해 듣는 장면으로, 부빌 시에서 겪은 체험에 대한 최종 결산의 성격이 강하다. 미래에 대한 모든 기대나 희망을 버리고 환멸과 우울 상태에 빠져 있던 로캉탱은 다시 한 번 "Some of These Days"를 들으며 기대하지 않았던 구원의 희망을 예감한다.[3] 이처럼 작품 안에서 재즈음악은 여러 층위의 효용을 갖는다. 일차적으로는 구역을 진정시키는 효과가 있고, 더 나가 일시적으로나마 대타관계를 구원하고, 급기야 '존재한다는 원죄(péché d'exister)'를 씻어 주는 구원의 모델처럼 제시되기도 한다.[4]

우리는 앞선 연구[5]에서 사르트르의 비실재 미학과 참여미학의 범주 차이와 상호 보완 양상을 살펴보았다. 그에게 예술작품은 비실재 세계에 속한 것이면서도 현실로 다시 돌아온 감상자의 변화를 유발할 수 있는 가능성을 지닌 특별한 존재였다. 그런데 사르트르의 예술론은 비실재 미학에 기반을 둔 예술론을 펼 때는 미술(회화와 조각)에 초점을 맞추고, 참여미학을 주창할 때는 문학을 앞세운다. 『구토』의 재즈음악의 위치는 어디

---

2 이 곡은 거슈윈 작곡의 〈내가 사랑하는 남자(The Man I Love)〉(1924)로 추정된다. Thomas Christopher Bunting, "The 'Adventure' question," thesis presented to Cornell University (1987), p. 386. 장근상, 「『구토』와 부르주아지」, 『불어불문학연구』 100(2014), p. 577에서 재인용.

3 우리가 중점적으로 분석하려는 이 세 장면은 다음과 같다. 2월 2일 금요일 오후 다섯 시 반의 기록 가운데 pp. 36-44; 2월 19일 월요일 가운데 pp. 142-49; 부빌에서의 마지막 날, pp. 243-50(La Nausée, Gallimard, coll. Folio, 1997. 이하, 'N, 쪽수'로 줄임).

4 사르트르 자신 구토의 서평의뢰서에서 로캉탱이 재즈음악을 통해 "스스로를 받아들일 실낱같은 기회("Prière d'insérer," Œuvres Romanesques, Gallimard, coll. Bibliothèque de la Pléiade, 1995, p. 1695)를 발견했다며, 완화된 어조이긴 하지만 가능성을 시사한 바 있다.

5 오은하, 「사르트르 비실재 미학과 참여미학의 교차」, 『불어불문학연구』 98(2014), pp. 71-100(이 책 제1부에 전재).

인가? 사르트르의 예술관을 예증하기 위한 하나의 모델? 만일 그렇다면 『구토』 집필 당시 골몰하던 비실재 미학의 예시인가, 이후 참여미학으로 연결되는 예술의 '효용'의 예시로 생각된 것인가? 아니면 그가 이론화시키지 않은 음악미학에 값할 만한 새로운 성찰을 소설 안에서 발견할 수 있을까?

우리는 우선 『구토』의 세 장면을 자세히 살펴보며 재즈음악에 부여된 성격을 정리하고, 재즈음악이 작품 내에서 하는 역할이 다른 예술장르들과 구별되는 음악의 독특성을 드러내는지를 탐구하려 한다.

1. 필연성

구역에 이어 재즈음악을 들으며 진정되는 첫 번째 장면은 이렇게 묘사된다.

> 또 다른 행복이 있다. 바깥에는, 강철로 된 띠가, 음악의 엄밀한 지속이 있다. 그것은 우리의 시간을 이쪽에서 저쪽으로 관통하고, 거부하고, 날카롭고 뾰족한 작은 끝부분으로 찢는다. 또 다른 시간이 있다. […] 어떤 것도 이 강철 리본을 부식시키지 못한다. 열리는 문도, 불어 들어와 내 무릎 위를 스치는 찬바람도, 딸을 데리고 들어오는 수의사도. 음악은 이 희미한 형태들을 꿰뚫고 가로지른다. […]
>
> 몇 초가 지나면 흑인 여가수가 노래할 것이다. 피할 수 없는 일인 듯 보인다. 이 음악의 필연성은 그토록 강하다. 아무것도, 세계가 좌초된 이 시간으로부터 온 어떤 것도 음악을 중단시킬 수 없다. 음악은 순서에 따라 스스로 그칠 것이다. (N, 41)

이와 같은 서술에서 제일 먼저 느껴지는 것은 일상의 시간, 즉 '우리의 시간(notre temps)'과 음악이 느끼게 하는 '또 다른 시간(autre temps)'과의 대비이다. 부빌 시에서 로캉탱이 한 일은 그때까지 매달리던 역사서 쓰기를 서서히 포기하며 부빌 시 시민들의 무미하고 시든 일상을 혐오와 연민을 갖고 관찰하는 일이었다. 카페에서, 식당에서 무의미하게 소요하는 한때, 모처럼 맞은 일요일 나들이의 권태 등 그들이 영위하는 늘어진 시간에 대한 깊은 혐오에 빠져 있는 로캉탱에게, 음악은 이와 대조되는 전혀 다른 시간을 예감하게 한다. 피할 수 없는(inévitable) 필연성(nécessité)으로 하나의 목표를 향해 절정으로 치닫는 완결된 세계, 결정된 엄밀한 순서(ordre)에 의해 진행되고 현실의 어떤 것도 방해할 수 없는 또 다른 세계를 이루는 면모이다.[6]

음악의 시간이 파괴할 수 없는 완결된 세계를 펼친다는 것은, 물론 현실에서 일어나는 일이 아니다.

> 그럼에도 나는 불안했다. 아주 사소한 일만 생겨도 레코드는 멈출 것이다. 용수철 하나가 부러진다든가, 주인 사촌인 아돌프가 변덕을 부린다든가. 이 단단함이 이토록 연약하다는 것은 얼마나 기이하고, 얼마나 감동적인가. 아무 것도 그것을 멈출 수 없는 동시에 어떤 것도 그것을 없앨 수 있다. (N, 41)

---

6 사르트르가 현대음악 가운데서도 존 케이지와 같은 음악가들을 싫어한다고 인터뷰에서 말했던 이유를 이런 맥락에서 이해할 수 있을 것이다. 사르트르는 자기 세대에게 음악은 '음(音)의 예술(l'art des sons)'이었는데 요즘 세대에게는 '소리의 예술(l'art des bruits)'인 듯하다며 후자에 대한 거부감을 표했다. sons 아닌 bruits는 외부세계와 섞일 것이고, 그 경우 '상상적인 것에만 적용할 수 있는 가치인' 아름다움과 멀어지게 할 것이다. 사르트르는 음악에 대해 이야기할 때 일관되게 무질서, 구조의 부재, 우연 등의 요소에 반감을 표한다("Questions sur la musique moderne," Entretien avec Jean-Yves Bosseur et Michel Sicard, *Obliques*, 'Sartre et les arts,' n° 24-25, 1981, p. 244).

음악을 이루는 물질적 요소들(레코드판, 녹음된 목소리, 악기 소리)과 작품 자체는 구분된다. 『구토』(1938)보다 2년 뒤에 출간된 『상상계』는 이 구분을 설명한다.

7번 교향곡은 전혀 **시간** 안에 있지 않다. 그러므로 그것은 전적으로 실재를 벗어난다. [⋯] 그렇지만 그것의 출현은 실재에 의존한다. 지휘자가 갑자기 실신한다거나, 연주장 안에 화재 경보가 울린다면 악단은 돌연 연주를 중단한다. 그 순간 우리는 그 7번 교향곡을 중단된 것으로 파악할 것이라고 결론지으면 안 된다. 그게 아니라, 우리는 교향곡의 **연주**가 중지된 것으로 생각할 것이다. 7번 교향곡의 연주는 그 교향곡의 **아날로공**이라는 점이 분명하게 보이지 않는가? [⋯] 그러므로 그 교향곡은 영원한 다른 곳, 영원한 부재로 주어진다. [⋯] 그것은 단지―이를테면 본질처럼―시간과 공간의 바깥에 있는 게 아니다. 그것은 실재의 바깥, 실존의 바깥에 있다. 나는 그것을 전혀 실재적으로 듣지 않으며, 상상적인 것 안에서 듣고 있다. 바로 이것이 우리가 연극이나 음악의 '세계'로부터 일상적인 관심사로 이행하면서 언제나 겪게 되는 엄청난 어려움을 설명해 준다. 사실을 말하자면, 한 세계에서 다른 세계로의 이행은 없으며, 상상적 태도에서 실재화하는 태도로의 이행이 있는 것이다. 미학적 관조는 유발된 꿈(rêve provoqué)이며 실재로의 이행은 진정한 깨어남이다.[7]

연주회에서 듣는 7번 교향곡의 바로 '그' 연주, 로캉탱이 듣고 있는 레코드에서 흘러나오는 멜로디는 상황에 따라 언제라도 중단될 수 있다. 그

---

7 *L'imaginaire* (Gallimard, coll. Folio essais, 2000), pp. 370-71; 윤정임 역, 『사르트르의 상상계』 (기파랑 에크리, 2010), pp. 341-42. 이하, 『상상계』의 원문 인용은 'IMr, 370-71'처럼 줄임.

러나 오케스트라가 연주를 멈춘다고 해서 7번 교향곡 자체가 사라지는 것은 아니다. 각각의 '아날로공(analogon)'으로서의 연주가 손상되더라도, 그것을 넘어 우리가 떠올릴 수 있는 음악은 손댈 수 없는 채 남아 있다는 것이다. 멜로디는 "실재의 바깥, 실존의 바깥"에 있으며 우리는 그 음악을 "실재적으로 듣지 않으며, 상상적인 것 안에서 듣는다." 음악을 들으면서 상상적 태도를 통해 실재의 바깥으로 도약한다. 이를 『구토』에 적용시키면 로캉탱이 음악을 들으며 구역에서 벗어난 직접적 이유는 실재세계의 지각에서 비실재 세계의 지각으로 '태도 전환'을 한 데 있었다는 사실이 분명해진다.

위 예문에서 상상적 태도를 통해 이행한 다른 차원의 세계에서 일상의 시간으로 돌아오는 태도 전환의 어려움의 예로 연극과 음악을 든 것은 이들이 회화 등과는 다른 시간예술이기 때문일 것이다. 시간성은 몰입을 강하게 하고, 현실과 비현실 사이의 아슬아슬한 경계에 대한 느낌을 증가시킨다. 영화도 이에 속한다. 젊은 시절 영화를 옹호할 때 사르트르가 사용한 논거는 영화에서 보이는 시간의 불가역성(irréversibilité du temps)에 집중되었다.

과학은 우리에게 시간의 불가역성을 가르쳐주었다. 만일 우리가 어떤 행동을 할 때마다 그러한 시간성을 느끼게 된다면 견딜 수 없을 것이다. 움직임의 예술들은 사물들 안에 표현된 시간의 불가역성을, 여전히 두렵긴 하지만 아름다운 그것을 우리 바깥에서 재현하는 것을 목적으로 삼는다. 멜로디 안에는 무언가 치명적인 것이 있다. 멜로디를 이루는 음표들은 서로를 밀어붙이며 긴밀하게 서로를 제어한다. 마찬가지로 우리의 비극은 파국을 향해 가도록 강요된 행진처럼 나타난다. 거기서는 어떤 것도 뒤로 되돌아올 수 없다. 이 운행에서 각각의 어구, 각각의 단어는 조금 더 멀리 심연으로 끌고 간다. 어떤 머뭇

거림도 지연도 없다. 한 순간 휴식을 허용하는 헛된 문장도 없고, 모든 인물들
은, 그들이 무엇을 말하고 무엇을 하든 그들의 끝을 향해 나아간다.[8]

이 글에서 사르트르가 '움직임의 예술들'이라 부르는 예술의 완결성의
모델이 되는 것은 음악이다. 『구토』에서도 역시 비실재 산물인 예술작품
가운데서도 필연적 시간의 모델은 그림도 연극도 아닌 음악으로 설정된
다.

그런데 『상상계』에서 아날로공론은 주로 회화를 중심으로 펼쳐진다.
음악에 대한 본격적인 논의는 찾아볼 수 없다. 샤를 8세의 초상화와 베토
벤의 7번 교향곡을 접근시켜 두 경우 모두를 아날로공의 예로 든 위 예문
에서처럼 아날로공론을 설명하기 위해 회화의 옆에 음악이 나란히 예시
로 사용되는 경우가 몇 차례 있을 뿐이다. 실재하는 물감 자국과 캔버스
라는 질료의 세계에서 → 비실재 세계로 들어갔다가 → 다시 실재로 돌아
오는 과정과 비슷하게, 청자는 일상에서 음악을 들으면서 → 상상적 태도
를 취했다가 → 꿈에서 깨어나듯 다시 실제세계로 귀환하는 것이다.

그런데 '이미지'를 설명하기에는 설득력이 있는 '아날로공' 개념이 음
악에 적용될 때는 의문의 여지가 있다. 샤를 8세 초상화는 단 하나의 작
품, 단일한 아날로공인 데 비해 7번 교향곡은 연주될 때마다 매번 새로
운, 무수히 많은 아날로공을 생산해 낼 수 있는 어떤 가능성인 것 같다.
그런데 물질적으로 완결된 상태의 화폭을 바라보는 회화와 달리 잠재태
인 음악은 연주되는 매 순간이 다른 작품이 아닌가? 우리가 7번 교향곡
을 들을 때 매 연주가 하나의 아날로공이 된다면, 그 뒤에 있는 7번 교향
곡이라는 원본, 연주가 중단되어도 우리가 머릿속으로 떠올리는 선율은

---

8 "L'art cinématographique" (1931), *Les Écrits de Sartre* (Gallimard, 1980), p. 549.

무엇일까? 악보가 환기시키는 이상적인 연주? 그러면 각각의 연주라는 아날로공은 우연한 존재이며 그 뒤에 어떤 본질을 상정한 것이 되어 모순적이다. 사르트르 스스로도 연주라는 아날로공 뒤의 음악이 본질처럼 다른 세계에 존재하는 것이 아니라고 말한다. 음악에 대한 더 이상의 언급이 없기에 완벽한 해명은 어렵다. 다만 추정해 볼 수 있는 것은, 중단된 연주가 음악 자체의 중단이 아니라는 사실을 받아들이도록 하는 것은 예전에 들은 연주들의 '기억'일 것이라는 사실이다. 예전에 들었던 각각의 연주들은 기억 속에서 하나의 선율로 통합되거나 각 연주에 대한 기억으로 남거나 간에 새로운 연주를 들을 때 배경지식으로 작동할 것이다. 비실재로 도약하게 만드는 아날로공을 구성하는 데 기억이라는 요소가 담당하는 몫은 '음악'과 관련될 때 훨씬 커지는 것 같다. 음악과 시간성의 결합은 이처럼 미래와의 관계뿐 아니라 과거와의 관계에서도 필수적이다.

로캉탱이 재즈음악을 듣는 장면에도 기억의 문제가 끼어든다. 그는 재즈음악을 들으며 어느 순간 자기가 기대하는 후렴구가 오기를 숨죽여 기다리고, 이미 알고 있는 어떤 것의 도래에 희열을 느낀다.[9] 이 청취는 발견(découvert)이 아니라 알아봄(reconnaissance)의 경험이다. 로캉탱의 감격은 기억이 있어야 나올 수 있는 지적 반응이다. 그림을 볼 때도 이미 알고 있고 기대하던 어떤 형상을 알아보면서 기쁨을 느끼는 것이 감상의 많은

---

9 "곧 후렴구가 나올 것이다. 내가 특히 좋아하는 부분이고, 바다 앞의 절벽처럼 앞으로 몸을 던지는 격렬한 방식이다. […] 마지막 화음이 사라졌다. 뒤이은 짧은 침묵 동안, 나는 그게 왔다는, 무언가가 일어났다는 강한 느낌을 받았다.
　침묵.
　'머지 않아
　사랑하는 그대는 내가 없어 외로우리!'
　일어난 일이란, 구역이 사라졌다는 것이다"(*N*, 40-41).

부분을 차지한다. 그러나 그림은 단번에 주어지고 그것을 보는 순서와 지속시간은 관람자에게 달려 있는 반면, 음악은 결정된 순서와 속도를 따를 것을 요구한다. 감상자는 기다려야 한다. 로캉탱의 기다림과 뒤이은 기쁨에서도 이제 곧 도래하도록 예정된, 필연적으로 오고야 말 어떤 것에 대한 기대와, 마침내 그것이 왔을 때 느끼는 만족감과 안도감이 느껴진다. 이는 사실 일상의 시간에서도 자주 있는 일이다. 우연한 현실의 시간을 살면서도 사람들은 습관이나 전통 등의 힘을 빌려 다음 순간을 예측하고 그것이 도래할 때 안도한다. 그러나 그 기대는 언제든 배반당할 수 있는 극히 허약한 것이다. 로캉탱은 사람들의 그런 믿음을 비웃거나 가련하게 생각했다. 이들의 믿음과 로캉탱의 기대가 다른 것은, 일상의 시간에서 음반이 손상되거나 누군가 들어와 전축을 꺼 버리더라도 그것이 진짜 중단된 것은 아니라는 사실, 결코 없어지지 않는 질서가 버티고 있다는 사실을 알고 있다는 점이다. 곧 음악이 파괴될 수 없는 비실재의 산물이기 때문이다. 특히 음악의 파괴 불가능성은 다른 예술 분야보다 더 견고해 보인다. 화폭이 불타 없어질 경우 적어도 물질적 아날로공은 소실되지만, 연주의 중단은 훨씬 덜 치명적이다. 시간성에 이어, 음악의 비물질성이 비실재적 성격을 강화한다.

또 하나, 이미지를 기반으로 하는 다른 예술은 아무리 지우려 해도 재현 흔적이 남고, 무의미를 지향할 때도 의미작용에 부분적으로는 의존할 수밖에 없다. 그에 비해 음악의 재료인 소리는 추상적이며, 음악은 의미작용을 하지 않는 예술이다.[10] 따라서 일상과는 단절된 순수한 발명품, 비실재와 추상의 세계에 속하는 느낌을 가장 잘 전달할 수 있을 것이다.

---

10 "음악은 의미하지 않는 예술이다. [⋯] 우리는 음악의 선율이 어떤 대상도 지칭하지 않음을 잘 알고 있다. 그것은 스스로가 대상이다"("L'Artiste et sa conscience," *Situations IV*, Gallimard, 1964, pp. 26-27).

2. 강철 띠

구역의 진정이 실재에서 비실재로의 '태도 전환'과 그로 인해 또 다른 시간, 또 다른 세계를 예감하게 해 줌으로써 일어났으며, 음악은 비실재로서의 예술작품을 가장 잘 구현한 장르임을 보았다. 그런데 실재세계를 벗어나 그 자체의 질서를 가지는 음악의 '완결성'의 이미지를 전달하기 위해 『구토』에서 사용한 것은 기하학적 인상을 주는 어휘들, 강철의 이미지 등이다. 음악은 "금속성의 투명함(transparence métallique)"이며,[11] '강철 띠' 등 광물성의 은유적 표현을 사용해 단단하고 완결된, 안심할 수 있는 이미지로 그려진다. 이는 필연성(la nécessité)의 이미지가 된다.

존재자들의 우연성과 음악의 필연성의 대비는 대립적인 의미장을 낳는다. 재즈음악을 묘사하는 어휘들은 언제나 한편으로는 단단하고 강하며 투명하고 정교한 성질, 다른 한편으로는 돌진하는 운동성과 속력에 집중된다. 이 엄밀한 세계의 맞은편에는 무르고 퍼진 실재와 우연성의 세계, "끈적한 물웅덩이(flaque visqueuse)"(N, 40)처럼 분명치 않은 형태로 번져 가는 지리멸렬한 움직임이 있다. 구역을 일으키는 존재들의 우연성과 가장 거리가 먼, 확실하고 안정적이며 예측 가능한 세계를 예감하게 해 주는 음악의 특징을 표현하기 위해 이런 대비가 효과적이라 판단할 수 있다.

그러나 단지 안정성, 단단함, 응집력 등으로 포괄되지 않는 면모도 있다. 구역을 일으키는 요소들인 자연물, 인간의 육체성, 특히 생리작용과 성적 작용 등을 묘사하는 데 사용되는 어휘들은 한결같이 유기체의 구역질 나고 흐물흐물한 성격을 표현한다. "가득 차고, 무겁고, 무른(dense et lourde et douce)" 존재들의 세계와 대비되는, 음악이 보여 주는 또 다른 세

---

11 "선율은 우리의 비천한 시간을 벽에 짓이기면서 그 금속적인 투명함으로 실내를 가득 채웠다"(N, 29).

계는 "젊고, 가차없고, 고요한(jeune, impitoyable et sereine)", 엄밀성(rigueur)
의 세계이다(149). 이 대비에는 가치평가가 분명히 드러난다.

두 세계의 대비에 그치지 않고 음악은 일상의 시간을 "벽에 몰아붙여
짓누르고", "관통하고", "찢는" 것으로 묘사된다. 물론 이는 『상상계』에서
말하듯 지각의 수동성을 '상상의 능동성'으로 뚫고 나가는 모습을 형상화
한 것이라 볼 수 있다.[12] 그러나 우연성의 시간을 꿰뚫고 가로지르는 도
구처럼 그려지는 음악의 돌파 또는 관통이라는 이미지는 조금 다른 느낌
을 전한다. 무수한 평자들은 여기서 '여성적' 세계에 대한 강한 거부감과
음악에 결부된 남근적 이미지를 논한다.[13]

우리가 주목하고자 하는 것은 이런 묘사에서 세계에 대한 상상적 폭력
이 읽힌다는 점이다. 상상을 통한 폭력성의 우회적 발산은 사르트르의 세
계에서 익숙한 주제이다. 대표적으로 「한 지도자의 어린 시절」의 주인공
뤼시앵은 "물렁물렁한 살"을 한 "무기력한 군중 속으로 강철 쐐기처럼 파
고드는" 상상을 한다.[14] 뤼시앵의 실제세계에서의 망상은 로캉탱의 비실
재 세계에 대한 기대와는 물론 전적으로 다른 것이지만, 자신과 세계의
나약함에 대한 두려움과 그만큼 더 커지는 상상적 폭력의 쾌감이라는 측
면에서는 통하는 면이 있다. 이후 사르트르 자신이 자조적인 아이러니를
섞어 자신의 펜을 "강철 주둥이(un bec d'acier)"로, 상상 속에서 칼을 휘

---

12 "지각의식은 수동성으로 나타난다. 반면에 이미지의식은 스스로에게 상상하는 의식으로 주
 어진다. 즉 대상을 이미지로 만들어 내고 보존하는 자발성으로 주어진다. 대상이 무로 주어
 진다는 사실로 인해 그것은 규정될 수 없는 일종의 보완물이다"(*IMr*, 35).

13 작품을 통해 작가를 정신분석하고자 하는 여러 연구들을 여기서 언급하지는 않을 것이다.
 다만 음악과 관련해 정신분석적 연구들이 강조하는 '남근적 창조' 판타즘은 작품에 분명히
 드러난다. 한 연구자는 음악을 로캉탱이 자신과 동일시하는 남성성 자체라 본다(Michelle
 Coquillat, *La Poétique du mâle*, Gallimard, 1982, pp. 456-57).

14 "L'Enfance d'un chef," *Œuvres Romanesques*, p. 384.

둘러 악당들을 무찌르며 느꼈던 어린 시절의 공상을 "강철 검(劍)의 행복(bonheur d'acier)"이라 부르며 자신의 여정을 돌이키기도 한 것을 우리는 알고 있다.[15]

상상적 세계가 제공하는 안전함 안에서 안도감을 느끼는 데 그치지 않고 실제세계에 대한 공격성을 드러낸 이유는 무엇이었을까? 우선 로캉탱이 무엇에 대해 공격성을 느끼는지 살펴보아야 한다. 그 대표적인 것은 살(chair)과 성적 욕망이다.

로캉탱에게 '구토'를 일으키는 것은, 그 순간만을 놓고 보자면, 그저 있던 모든 것들이 자기 존재를 과시하는 착란의 순간 덮쳐 오는 존재의 우연성에 대한 강한 실감이다. 구겨지고 더러워진 종이가, 조약돌이, 나무뿌리가, 또는 문 손잡이가, 자신의 손이며 얼굴이, 통제를 벗어나는 순간 엄습하는 두렵거나 혐오스러운 감각이 구역을 일으킨다. 일차적으로 '구역'은 이 감각과 함께 자기 몸의 각 기관이 반란을 일으키는 육체와의 불화라는 현상으로 나타난다.

그런데 그 감각을 촉발한 이면의 상황은 그 순간에서 조금 더 뒤로 물러나 구역이 일어나는 전후 맥락을 살펴보아야 짐작된다. 세 번 반복되는 '구역-음악으로 치유'의 전후 사정을 살펴보자. 처음으로 본격적인 구토 증세를 겪다가 재즈음악을 듣고 회복하는 중요한 장면에서, 그 시작은 카페 여주인과의 정사를 기대하고 갔다가 부재로 좌절된 에피소드였다. 두 번째 장면에서 로캉탱은 강간살해당한 소녀에 대한 신문 잡보 기사를 읽고 강간 환상과 함께 거의 착란에 가깝게 위기를 겪다가 술집으로 들어가 흘러나오는 여가수의 목소리를 듣고 가라앉는다. 결말부에서는 아니

---

15 Les mots *et autres écrits autobiographiques* (Gallimard, coll. Bibliothèque de la Pléiad, 2010), pp. 76, 62.

와의 짧은 재회와 결별 이후, 모든 기대를 잃고 환멸에 빠졌다가 음악이 거기서 벗어나게 해 주는 구도이다. 구역이 일어나기 전에는 매번 성적 욕망 또는 합일의 욕망이 좌절된 경험이 있었다.

이는 우선 성적 욕망과 그 좌절이 육체의 연약함과 자연 지배를 일깨우는 가장 직접적이고 강렬한 체험이기 때문일 것이다. 살과 자연, 특히 식물적인 것(le végétal)은 로캉탱에게 존재의 우연성을 일깨우는 두 요소였다. 또 한편에는 기대의 좌절이 가져오는 "격렬한 실망"이 있다. 자신이 의도하거나 바라는 대로 흘러가지 않는 세상, 특히 관계 앞에서 좌절할 때 구역이 치민다. 철저히 개인적인 삶을 사는 로캉탱이지만, 자신을 좌절시킨 상대에 대한 감정이 읽히지 않는 것은 아니다. 음악은 이렇게 로캉탱의 통제를 벗어나는 것들을 벽으로 밀어붙여 납작하게 만들거나 찢고 뚫어 버리는 듯한 느낌을 준다.

그 이후 음악은 로캉탱에게 "일종의 기쁨(une espèce de joie)"(N, 209)이라 표현되는 육체적 기쁨을 주는 것으로 묘사된다.

> 지금 일어난 일은, 구역이 사라졌다는 것이다. 고요 속에서 목소리가 높아질 때, 내 몸이 단단해지는 느낌이 들었고 구역은 사라졌다. 한 순간에. 이렇게 온통 단단하고 온통 달아 올라 번쩍거리게 되는 것이 거의 고통스러울 지경이었다. 그때 음악의 시간이 팽창하고, 소용돌이치듯 부풀어 올랐다. 음악은 우리들의 초라한 시간을 벽으로 밀어붙여 짓이기면서 실내를 자신의 금속적 투명함으로 채웠다. 나는 음악 안에 있다. […] 특히 바뀐 것은, 내 동작들이다. 내 팔의 움직임은 장중한 주선율처럼 펼쳐져, 흑인 여가수의 노래를 따라 미끄러졌다. 마치 내가 춤을 추고 있는 듯했다. (N, 41-42)

이 장면을 묘사하는 어휘에서, 음악을 듣는 경험이 '성적 행위의 대용물이거나 성적 체험 자체'임을 읽어 내기란 어렵지 않다.[16] 육체가 견디기 힘들 만큼 단단해진다는 표현은 성적 흥분과 고양 상태를 나타낸다. 자신이 "음악 안에" 있게 된다는 표현에서는 완벽한 용해 혹은 합일의 감격이 느껴진다.[17]

이런 만족은 실재의 끈끈함을 벗어나 가능해진다. 정사(情事)가 위생적 목적을 위한 단순 배출로 설명된 것에서도 볼 수 있듯, 육체관계는 로캉탱에게 아무것도 아니다.[18] 세계와 육체는 기쁨(joie)을 얻는 데 방해가 되며, 그것을 뛰어넘어야 만족이 가능해진다. 기하학과 광물의 이미지는 현실의 끈끈함을 벗어난 세계를 그리기 위해 필요했다.

이런 기쁨을 줄 수 있는 것이 음악이었던 이유와 관련해 중요한 한 가지는, 리듬과 그로 인한 신체적 변화이다. 음악 안에서 일상적인 팔 동작도 춤추는 듯 바뀌었다는 로캉탱의 느낌이 이를 보여 준다. 위 인용문에서 보이는 로캉탱의 반응은 감성적 경험이라기보다 육체적 경험처럼 묘사된다. 그리고 음악에서 신체와 가장 강하게 연관된 요소는 리듬이다.[19] 재즈

---

16 Sylvie Vanbaelen, "Anny, Syrinx de Roquentin: Musique et érotique dans *La Nausée* de Jean-Paul Sartre," *Romanic Review*, vol. 90, n° 3 (mai 1999), p. 401.

17 『구토』에서 음악의 위치와 기능에 초점을 맞춘 두 연구가 이 지점에 집중한다(Pautrot, *La musique oubliée*, pp. 35-76; Vanbaelen, *Ibid.*, pp. 397-407). 두 연구자는 음악 속에 표현된 것이 각각 어머니, 아니와의 합일 욕망이라 해석한다.

18 "나는 그녀에게 돈을 내지 않는다. 합의 하에 관계하는 거니까. 그녀도 즐거움을 얻는다. (그녀에게는 매일 남자가 필요하고 나 말고도 여러 명이 있다.) 그리고 나도, 원인을 잘 알고 있는 어떤 우울감들을 이런 식으로 정화하는 것이다. 하지만 우리는 거의 말을 주고받지 않는다. 해봐야 무엇하겠는가?"(*N*, 21)

19 "이들 [리듬]도식들이 아주 빈번하게 춤에서 차용된다는 사실은 이들 도식들의 유기적 성격을 어느 정도 나타내고 있다. 이들 도식이 신체의 조형적인 쓰임새에 부응할 경우 확실히 이들 도식은 신체 내에서 일정한 반향을 불러일으킴에 틀림없다. 대상의 운동이 우리 내부에서 행해지는 그만큼 우리는 이 운동을 한결 잘 감득하게 된다. 박자를 따라가는 일은 정신의 행진일 뿐만 아니라 신체가 연루된 행위이며, 신체가 이렇게 가담되는 데서 리듬은 보

음악을 처음으로 묘사할 때 로캉탱이 제일 먼저 느끼는 것도 멜로디가 아닌 "무수한 작은 진동들"로, 음악의 선율이나 의미가 아니라 리듬이었다.[20]

그런데 위에서 보는 로캉탱의 변화한 육체는 자유롭게 리듬을 타며 춤을 추는 몸이 아니다. 오히려 엄격한 음악의 리듬이 규율하는 몸, 리듬 안에 들어가 리듬 자체로 변모하는 몸이다. 음악을 들으며 로캉탱은 자신의 몸이 "정밀기계(machine de précision)"가 된 듯 느낀다.[21] 로캉탱에게 음악이 주는 즐거움은 흔히 생각하듯 감정이나 신체를 자유롭게 풀어 주거나 밀착해 깊이 느끼거나 하는 데 있는 것이 아니라, 엄격하게 규제된 질서 속에 들어가 통제 상황과 하나가 되는 데 있다.

『구토』 이후 뉴욕의 재즈바를 방문하고서 쓴 사르트르의 글에서도 우리는 이런 생각의 반향을 본다.

> 그들은 연주한다. 음악을 듣는다. 아무도 꿈꾸지 않는다. 쇼팽은 꿈꾸게 하고, 앙드레 클라보도 그렇다. 닉스 바의 재즈는 아니다. 재즈는 매혹하고, 사람들은 그것만 생각한다. 위로라고는 조금도 없다. 배신당했으면, 위안 없이, 배신당한 채 떠난다. […] 음악은 건조하고, 거칠고, 무자비하다. 기쁘지도, 슬프지도 않고, 비인간적이다. […] 군중들은 모두 절도 있게 소리 지르고, 더 이상 재즈를 듣는 것도 아닌 채, 무대 위에서 절도 있게 땀 흘리는 사람들을 쳐다본다. […] 악사들은 당신의 가장 나은 부분에, 가장 건조하고, 가장 자유롭고, 우울도 상투어도 원치 않고 순간의 눈부신 광채만을 원하는 부분에 호소한다. 그들은 당신을 부르고, 당신을 달래지 않는다. […] 만약 당신이 단단하

다 매혹적인 성격을 부여받는다"(미켈 뒤프렌, 김채현 옮김, 『미적 체험의 현상학(중)』, 이화여자대학교 출판부, 1991, p. 452).

20 "이 순간, 재즈음악이 울린다. 멜로디는 없고, 음표들뿐, 무수한 진동들만이 있다"(N, 40).

21 "나는 감동했고, 내 몸이 쉬고 있는 정밀기계처럼 느껴졌다"(N, 43).

고, 젊고, 생기있다면, 리듬이 당신을 움켜잡고 뒤흔들 것이다.[22]

이 글에서 재즈음악을 묘사하는 어휘, 두 개의 대비되는 가치를 그리는 방식은 『구토』의 로캉탱이 말하는 것과 대단히 유사하다.[23] 돋움 활자로 표시한 어구는 재즈음악을 묘사하며, 밑줄 친 표현은 이와 대비되는 부정적 가치를 가리킨다. 꿈꾸게 하고, 위로하고, 감정을 표현하는, 흔히 인정되는 '음악의 사회적 기능'은 모두 재즈음악의 반대편, 타기해야 할 쪽에 있다. '박자에 맞춰(en mesure)', 즉 절도 있게 고통스러워 해야 한다. 단단하고 순수한 채 리듬의 요구를 받아들여야지, 얼러 주기를 바라서는 안 된다.

음악에서 위로를 얻으려는 이들에 대한 조롱은 『구토』에서도 쇼팽의 음악이나 그런 음악이 흘러나오는 연주회장을 표적으로 한다.

　　예술에서 위로를 끌어내려는 멍청이들이 있는 것 같다. "네 삼촌이 돌아가시고 쇼팽의 전주곡이 나에게는 정말 구원이었단다" 하고 말하는 비주아 숙모처럼. 연주회장에는, 눈을 감은 채 파리한 얼굴을 수신 안테나로 바꿔 보려고 애쓰는 속상하고 모욕당한 사람들이 넘쳐난다. 자기들이 포착한 부드럽고 기름진 소리가 자기들 안으로 흘러들어서, 젊은 베르테르처럼 자신들의 고통이 음악이 된다고 상상들을 하고 있다. 아름다움이 그들에게 동정적이라고 믿는

---

22 "Nick's Bar, New York City" (1947), *Les Écrits de Sartre*, p. 681. 강조(돋움)와 밑줄 모두 인용자.

23 Cf. "네 번의 색소폰 소리. 음표들은 오고 가면서, 이렇게 말하는 것 같다. '우리들처럼 해야 해, 절도 있게 괴로워하는 거지.' 그래, 그거다! 당연히, 나는 이런 방식으로, 절도 있게, 자기만족 없이, 자기연민도 없이, 건조한 순수함으로 괴로워하고 싶다. [⋯] 두텁고 또 두터운 존재들을 가로질러, 음악은 가느다랗고 단단하게 펼쳐지고, 그것을 잡으려고 할 때면 존재하는 것들만을 만나고, 의미가 벗겨진 존재하는 것들에 부딪치게 된다"(*N*, 245. 강조, 밑줄 인용자).

게지. 머저리들. (N, 244)

　로캉탱이 조롱하는 것은 연주회의 의례성이다. 잔뜩 차려입고 기대하고 몰입할 준비가 된 상태로 음악회나 연극을 보러 가서 기대한 만큼의 위안을 얻는 부르주아들의 '감상'은 해방적 계기가 아니라고 생각한다. 효용을 미리 계산하고 현실세계에 발 딛은 채 예술을 향락하고자 하는 것이 아니라 비실재 세계로 도약해야 한다는 것이다. 혼잡한 카페라는 일상적이고 대중적인 공간, 카드놀이 하는 노동자들 곁에서 기대 없이 들은 흔하고 이미 알고 있던 멜로디가 갑자기 새로운 질서를 예감하도록 만드는 구도는, 준비된 감동이 아니라 의외의 의식 전환 체험을 그리기에 적절하다. 하필 '재즈음악'이었던 이유의 일부는 이런 맥락에서 찾을 수 있을 것이다.

3. 창조

　이제까지 설명한 음악의 치유적 성격이 훼손될 수 없는 완결성 및 이 완결성이 듣는 이에게 부과하는 필연성의 느낌에 기반을 둔다면, 이 완결성이나 필연성은 창조의 산물이라는 데서 온다. 예술작품은 수용자가 비실재의 세계로 넘어가게 하는 디딤판 중 하나이지만, 디딤판이 되는 여타 사물들과는 구분된다. 그 자체로 "깊은 합목적성에 의해서 떠받쳐져 있는" 것, 왜냐하면 창조행위를 통해 "세계 전체의 탈환"을 목적으로 만들어진 것이기 때문이다.[24] 예술작품이 창조자의 주관성을 간직한 '준주체

---

24 정명환 옮김, 『문학이란 무엇인가』(민음사, 2000), pp. 80, 82. 이하, '문학이란, 80, 82'처럼 줄임.

(quasi-sujet)'라는 뒤프렌과는 다른 맥락에서, 작품은 그 완결성을 있게 한 창작자를 전제한다.[25]

로캉탱의 생각이 귀결되는 것도, 이 필연적 질서를 만들어 낸 창조자이다.

> 그래, 여러 해 만에 처음으로 어떤 사람이 내 마음을 움직였다. 나는 그자에 대해 뭔가를 알고 싶었다. 그가 어떤 걱정을 했는지, 여자가 있었는지 혼자 살았는지를 알았으면 했다. 휴머니즘에서는 전혀 아니다. 정반대다. 오히려 그가 이걸 만들었기 때문이다. 그를 만나고 싶은 건 아니고, 게다가 이미 죽었겠지. 단지 그 사람에 대해 몇몇 사실들을 알게 되고, 이 레코드를 들으면서 가끔씩 그를 생각할 수 있게 되었으면 하는 것이다. (N, 248)

고립을 선택해 어떤 사회적 관계도 맺지 않고 살던 로캉탱은, 그나마 관계를 맺던 카페 여주인과 독학자에 대해서도 경멸 섞인 관찰을 할 뿐이었다.[26] 그가 자발적으로 선택한 고립이지만, 고독감이 느껴지지 않는 것은 아니다. 특히 아니와의 단절로 좌절감을 겪은 후 부빌 시를 떠나려고 결심하는 마지막 장면에서 직접 토로되지 않는 외로움은 더 짙게 느껴진다. 이때 듣는 음악은 창조자인 작곡가와 가수에게로 생각을 돌리게 만들고, 소통 가능성의 느낌, 다른 이들과 연결된 느낌을 갖도록 했다.

안개 속 부빌 시 카페에 앉아 듣는 음악이 카페 손님들과 부빌 시민들을 넘어 뉴욕의 고층건물 안에 있는 누군가에 대한 관심을 낳듯, 작품이

---

25 이에 대해 우리는 이 책의 「사르트르 비실재 미학과 참여미학의 교차」에서 탐구한 바 있다.

26 "나는 혼자서, 완전히 혼자서 산다. 아무에게도 말을 걸지 않고서. 아무도 초대하지 않고, 아무 것도 주지 않는다. 독학자는 중요하지 않다. 물론 '랑데부 데 슈미노' 여사장 프랑수아즈가 있다. 하지만 내가 그녀에게 말이나 했던가?"(N, 21)

라는 매개는 세계의 확장을 경험하도록 하고 다른 세계 사람들에 대한 연대감을 느끼도록 한다. 비실재의 세계 경험은, 또 다른 실재세계로 관심을 확대시킬 수 있다.

로캉탱이 창작자로 상상한 것은 가난한 유대인 작곡가와 흑인 여가수였고, 이는 사실과는 다르다. 이런 설정을 통해 창조자의 가난과 비주류성이라는 이미지가 재즈음악에 결부된다. 부르주아들의 의례적 예술 감상 대상과 다른 '대중적' 장르에 대한 호감은 폄하당하던 장르였던 영화를 적극 옹호하던 젊은 시절 이래 사르트르에게 일관되었다.[27] 같은 집단적 감상의 계기임에도 음악회에 대한 반감과 영화에 대한 열광이 나뉘는 이유를 사회문화적 의미와 떼어 생각할 수는 없을 것이다. 영화와 재즈음악은 모두 대중문화, 노동계급, 신대륙(비유럽 세계)에서 온 새로운 분야로 여겨졌다. 재즈음악을 만들고 즐기는 이들의 사회적, 계급적 이미지는 고전음악을 즐기는 유럽 부르주아들의 이미지와 대척적이다. 사르트르는 전자와의 소통 가능성을 자주 논의의 중심에 둔다. 「예술가와 그의 의식」에서 라이보비츠가 주장하는 현대음악의 정치적 참여 가능성에 질문을 던질 때도, '주제가 아니라 음악적 구조의 급진적 혁신을 통한 참여'를 외치는 음악의 지나친 난해성이 노동 대중과 멀어지는 결과를 낳는 것이 아니냐며 의구심을 표명하는 식이다.[28]

비실재로 도약하는 미적 지각의 층위는 이 대목에서 현실세계의 사회적 조건까지를 고려한 예술 수용행위 전체로 차원이 달라진다. 이질적인

---

27 "L'art cinématographique," pp. 546-52. 이 글은 아나톨 프랑스가 "영화는 최악의 민중적 이상을 현실화한다. […] 세계의 끝은 아니지만 문명의 끝"이라고 폄하한 말을 인용하며, 당시 지배적 견해였던 이런 비판을 거슬러 영화에 관한 변론을 펼친다.

28 "짧게 말해 현대음악은 엘리트를 요구하고 노동 대중은 음악을 요구합니다. 이 갈등을 어떻게 풀어야 할까요?"("L'Artiste et sa conscience," p. 25)

듯 보이는 두 차원은, 작품을 딛고 실재하는 세계에서 비실재로 도약함으로써 그전과는 달라진 채 실재세계로 돌아오는 어떤 주체를 전제한다면 연결될 수 있다. 창조자와 수용자 사이의 직접적 관계를 통해 무언가를 전달하겠노라는 것이 아니라, 작품이라는 매개를 통한 간접적 관계를 꿈꾸되 관계 자체에 대한 기대는 버리지 않는 것이다.

그러나 연대를 통한 새로운 관계의 가능성에 대한 꿈은 주변 사람들과의 자연스러운 관계를 끊어 버리는 일이기도 하다. 함께 있는 사람들을 침묵하게 만들고, 옆자리 사람들을 떠나 비실재 세계로 들어가게 하는 음악의 효과를 생각해 보자. 곁에 있는 부빌 시민들과는 철저하게 선을 긋고 존재하지 않는 상상 속 인물들에게로 향하는 로캉탱의 감격은 실은 사회성(socialité)을 파괴하고 창조 원리만을 내세우는 것일 수 있다.[29] 이 점에서 로캉탱의 모든 체험이 철저하게 고립된 영역에서만 일어나고 현실을 떠난 차원에서 해소되었다는 비판도 타당할 것이다. 재즈음악은 그 외연의 대중적·집단적 이미지와 달리 로캉탱에게는 개인적이며 관념적으로만 수용되었다.

사르트르는 인터뷰에서 반복해서 아름다움(la beauté)과 감성(l'affectif)[30]이라는 단어로 음악을 설명하지만, 적어도 우리가 생각하는 '아름다움', '감성'과 로캉탱이 느끼는 것은 조금 다르다. 로캉탱에게 감성적 반응은 일반적으로 '정서적인 것(l'affectif)'이라 여기는 모든 것을 타파한 후 남는 추상의 세계, 기하학적 세계가 주는 아름다움으로 시작되고, 그런 건조하

---

29 Pautrot, *La musique oubliée*, p. 57.

30 "음악은 감성적 세계를 제공해야 할까요? 아니면 순수 구조물로서, 인간적 감정들에는 고개를 돌려야 할까요? [⋯] 개인적으로 나는 음악이란 구성물이라 생각하지만, 구성된 모든 요소들이 일상적인 인간 세계에 관한 무언가를, 특히 감성을 나타낸다고 생각합니다" ("Questions sur la musique moderne," p. 247).

제2부 실제

고 완결된 세계가 누군가의 '창작물'이라는 사실을 떠올리면서 비로소 이런 세계를 창조할 수 있었던 이들을 향한 감정의 동요가 일어난다. 그리고 이는 작품이라는 매개를 통해 가능하다. 존재에 의미를 부여하는 것은 창작행위이며, 다른 한편 수용행위를 통해 존재 의미를 느낄 수 있다. '음악'을 통해 그 음악을 만든 작곡가, 가수, 그리고 청자의 세계 사이에 일어나는 듯한 공감과 합일의 순간처럼.

이런 과정을 통해 음악은 우연성의 시간을 잠시 떠날 수 있도록 해 주고, 좌절된 욕망의 대체물이 되어 주며, 실재에서 불가능한 공감과 합일을 상상적으로나마 이루게 해 준다. 그러나 음악이 제시하는 해결책 세 가지는 모두 도피로 귀결되는 것이었다. 현재라는 시간에서, 육체와 감정을 포함한 자연에서, 사회생활에서. 그리고 『구토』는 로캉탱의 떠남으로 완결된다.

상상력 자체가 현실에서 도피하는 힘인 사르트르의 체계 안에서, 정의상 비실재의 산물인 예술이 현실적 해결책이 될 수 없는 것은 자명하다. 이는 모든 '치유'의 성격이기도 할 것이다. 그 자체가 현실을 바꿔 주지는 않으며, 힘을 회복해 다음 단계로 나가는 일은 다른 차원의 문제다. 실재하는 세계에서는 어찌해 볼 수 없는 우연성의 시간, 좌절된 욕망, 갈등적 대타관계 등을 음악 '안에서', 상상계에서만 구현할 수 있는 '아름다움'이라는 미학적 가치 안에서 해소하려는 꿈이 존재한다. 동시에 이때 느끼는 지고의 순간은 찰나의 도피에 지나지 않는다. 구토의 일차적 진정을 위해서는 이 잠깐의 느낌도 효과적이었지만, 구역은 계속 다시 시작된다. 장기적인 해결책으로 로캉탱이 기획한 것은 창조라는 계기를 통해 이를 수용해 줄 이들의 또 다른 현실과 관계를 맺는 일이다.[31]

---

31 "한 권의 책. 한 권의 소설. 그 소설을 읽고 '앙투안 로캉탱이 이걸 썼지. 카페를 어슬렁거린

이렇게 해서 "강철같이 아름답고 단단한" 예술작품의 창조라는 '기획'은 제시되었지만, 로캉탱의 이후 행보를 우리는 알 수 없다. 이 결말에서 '도피'에 집중해 로캉탱이 부빌 시에서 겪은 재즈음악의 체험 자체를 강조하며 완결된 것으로 보느냐, 아니면 로캉탱의 기획에 주목해 그의 변모와 결심에 비중을 두느냐. 이에 따라 『구토』 해석이 달라질 것이고, 사르트르 미학을 보는 두 가지 관점이 갈릴 것이다.

1) '미학적 해결책'은 현실적-이론적으로 해결할 수 없는 문제를 상상적-예술적인 차원으로 미끄러뜨리는 '도피'이며, 그 자체로 의미가 있을 뿐 현실과 관계 맺지 않는다.

2) 중요한 것은 상상적-예술적 경험의 순간이 열어 보이는 다른 세계에 대한 예감이며, 이는 도달할 수는 없지만 그것이 없이는 현실적-이론적 해결의 노력도 있을 수 없는 준거이다. 이 가상의 목표, 유토피아는 수용자를 통해 현실적 힘을 발휘한다.

1)번의 견해를 따른다면, '참여문학'의 아이콘 사르트르는 실상 늘 상상적 세계의 아름다움에 끌리고 있었으며 결국 말년에 비실재 미학의 순교자 플로베르에게 귀의했다는 결론에 이른다. 이후 독자들에게 현실적 영향을 끼치고자 끊임없이 새로운 기획을 선언하는 사르트르의 행보는 로캉탱의 도피를 반복하는 것으로 읽을 수 있다.

2)번 견해를 주장하는 사람이라면, 『구토』 이후 『문학이란 무엇인가』의 사르트르의 주장은 예술작품은 "전체"를 획득하여 보는 사람의 자유

빨간머리 작자가' 하고 말할 사람들이 있을 것이다. 그들은 내 삶에 대해서 내가 이 흑인 여가수의 삶을 생각하듯 생각하겠지. 귀중하고 반쯤은 전설적인 어떤 것인 양"(N, 250).

앞에 제시해야 한다는 데 집중되었다는 점을 강조할 것이다.[32] 음악 역시 예외가 아니다. 그는 음악을 통해서도 바흐처럼 "자기 시대의 문제를 그 전체성 안에서" 표현할 수 있는 시대가 있었다 말하며 오늘날 그것은 불가능한지 묻고, 의미화(signification)가 아닌 의미(sens)를 통한 음악의 참여라는 주장을 펼쳤다.[33] 이 '의미'가 무엇인지를 명료하게 밝힐 수는 없지만, 아마 '전체성의 예감'이 아닐까 한다. 이런 주장의 바탕에는 경험적 실재의 세계에서 가장 멀리 벗어나는 계기가 포함될 때 비로소 전체적인 사회를 제시할 수 있다는 믿음이 있다.

나가며

예술적 체험의 중요성을 예증하는 데 '음악'이 앞세워진 이유를 정리해 보자. 창조와 그에 관련된 연대감은 모든 예술작품에 다 해당되는 일일 것이고, 그래서 로캉탱은 소설 창작을 다짐했다. 그런데 로캉탱의 생각이 창조자에게까지 생각이 미치도록 강력하게 추동한 힘은 필연적 시간을 느끼게 하며 물질세계에서 가장 멀리 떠난 추상성을 구현하는 음악이라는 형식이었다. 이런 힘을 가졌다는 이유로 음악은 예술 창조와 수용 행위의 위력을 보여 줄 수 있는 이상적인 모델이 된다.

그런데 음악에 부여된 필연성과 추상성의 구현, 인간이 창조한 질서라

---

32 "이렇듯 창조적 행위는 몇몇 대상들을 생산하거나 재생산함으로써 세계 전체의 탈환을 겨냥하는 것이다. 하나하나의 그림과 책은 존재 전체의 재획득이다. 그것은 저마다 보는 사람의 자유 앞에 이 전체를 제시한다"(문학이란, 82).

33 「르네 라이보비치의 『예술가와 그의 의식』 서문」, 윤정임 옮김, 『시대의 초상』(생각의 나무, 2009), pp. 44-64.

는 특징은 가장 비자연적, 인공적인 인간 지배의 산물이라는 느낌을 주는 데서 오는 것이 아닌가 하는 의문이 뒤따른다. 이 대목에서 우리는 음악 미학을 이야기할 때 빠뜨릴 수 없는 인물인 아도르노의 '자연미' 개념을 떠올리게 된다. 그는 사르트르와 비슷한 시기 예술과 사회와의 관계 문제를 누구보다 집요하게 파고들었으며, 직접적인 영향 관계를 주고받지 않았지만 음악 안에서 모순된 사회가 전체로서 표현될 수 있다는 견해를 사르트르와 공유하는 듯 보인다. 그러나 방식은 판이하다. 아도르노에게 음악은 시각(視覺)에 내재한 자연 지배의 경향을 벗어나 주체에 의한 자연의 대상화, 지배를 벗어날 수 있는 가능성이기에 중요해진다. 외적인 어떤 대상을 모방한 것이 아니라 자연미 그 자체, 자연미의 불규정성과 다의성을 모방한 것이기 때문이다. 아도르노 식으로 말하자면 로캉탱의 치유는 구역이라는 '이디오진크라지',[34] 통제할 수 없는 자연의 힘에 대한 감각을 다시 통제 가능한 형식 속으로 밀어 넣은 듯한 안도감에서 나온 것은 아닌가 하는 의구심을 가질 수 있다.

본격적 음악미학이 존재하지 않는 사르트르의 몇몇 언급을 아도르노의 음악미학과 같은 층위에서 비교할 수 없음은 자명하나, 아도르노의 음악론은 여러 모로 사르트르와 흥미로운 대조를 이룬다. 아도르노는 사회적 모순관계를 사람들이 체험하고 자각하게 하는 것은 음악에 내재하는 '구조'라 생각한 반면, 사르트르는 의미(sens)라는 모호한 표현으로나마 내용의 중요성에 집중했다. 재즈음악에 대한 아도르노의 반감과 현대음

---

34 특정 대상에 대한 과민한 거부반응을 의미한다. 아도르노는 계몽화된 인간이 계몽 이전을 연상시키는 대상에 대해 이디오진크라지(Idiosynkrasie)를 느낀다고 말한다. "이디오진크라지가 불러일으키는 모티프들은 궁극적인 근원을 회상하도록 만든다. 그 모티프들은 생물이 탄생하던 저 원시 상태의 순간들을 다시 만들어 낸다. 그것은 소리만 들어도 머리가 곤두서고 심장의 고동이 멈추는 위험의 표지다"(Th. W. 아도르노·M. 호르크하이머, 김유동 옮김, 『계몽의 변증법』, 문학과지성사, 2001, p. 270).

악에 대한 사르트르의 몰이해 또는 비이해는 흥미로운 조응을 보인다. 아도르노가 음악에 요구하는 '진리내용'은 사르트르에게는 전혀 중요하지 않은 듯, 『구토』의 재즈음악은 비실재로 도약하기 위한 디딤돌이기만 하면 되는 것처럼 보이기도 한다. 이 문제들에 천착해 보는 것은 위에 언급한 두 갈래 평가와 관련해 사르트르 예술론을 다른 각도에서, 보다 깊이 이해하는 계기가 될 것이다. 다음 연구 주제로 남긴다.

시간의 관점에서 본
사르트르 『구토』의 미학[*]

지영래

서 론

사르트르가 발자크, 플로베르, 프루스트로 이어지는 프랑스 현대소
설사의 거대한 산맥에서 마지막 봉우리를 이룬다고 평가한 미셸 레몽
(Michel Raimond)은, 그의 『구토(La Nausée)』가 어떤 의미에서 "소설의 종
말"[1]을 고하고 있다고 보았다. 엄밀한 의미에서 『구토』는 소설이 아니라
형이상학적 고민으로 가득 찬 하나의 철학서에 더 가까우며, 독자들은 그
속에서 "소설적인 것의 죽음"[2]을 목도하게 된다고 조심스레 말한다. 데
카르트의 『방법서설』에 대한 패러디로 읽힐 만큼 짙은 철학적 색채를
띠고 있는 『구토』이지만, 1938년 갈리마르 출판사에서 출간될 당시 이

---

*   이 글은 같은 제목으로 『불어불문학연구』 제106집(2016)에 실린 것을 부분적으로 수정한 것
    이다.

1   Michel Raimond, *Le Roman depuis la révolution* (Armand Colin, coll. Collection U, 1967), p.
    211.

2   *Ibid.*, p. 209.

작품의 표지에는 엄연히 "소설"이라는 문구가 명시[3]되어 있었다. 자신의 사상들을 예술작품이나 소설과 같은 "아름다운 형식으로만 표현"[4]하겠다고 꿈꾸었던 사르트르에게 철학적 사색과 문학적 글쓰기는 분리될 수 있는 성질의 것이 아니었다. 특히 『구토』를 쓸 무렵의 사르트르는 "내가 믿었던 철학, 내가 도달할 진리들이 내 소설 속에서 표현되기를"[5] 원했다. 우리는 사르트르가 『구토』를 통해 구현한 이러한 철학과 문학의 융합을 시간이라는 주제를 통해 접근하고자 한다. 탁월한 문학적인 주제임과 동시에 철학적인 주제인 '시간'의 측면에서 이 소설을 재정리해 보고 그 속에 구현된 사르트르의 비실재 미학의 한 측면을 살펴보려는 것이다.

우리는 『구토』에서 논의할 수 있는 시간의 문제를 다음 세 가지 단계로 살펴보고자 한다. 우선 소설 『구토』의 스토리 상 전개된 시간을 분석한다. 사르트르가 1938년 초판본을 낼 때 구성한 소설 속의 시간과, 사르트르의 연구자들이 1981년 『구토』의 결정본을 편집할 때 변경한 시간 지표들 사이의 관계를 살펴보고 그 속에서 중첩되고 있는 현실의 시간과 허구의 시간, 그리고 독서의 시간 사이의 연관관계를 짚어 볼 것이다.

이어서 작품 『구토』의 주제인 존재의 우연성 개념을 시간과 관련하여 다시 정리해 볼 것이다. 실존과 존재의 관계, 우연성과 필연성, 역사 서술과 허구, 일기와 소설, 삶의 시간과 이야기의 시간 사이의 관계 등을 '모

---

3 『구토』의 모든 판본에서 표지의 "소설"이라는 문구가 사라진 것은 1960년경부터이다. 사르트르는 1950년경부터 『구토』를 소설로 간주하지 않았다(Jean-Paul Sartre, *Œuvres romanesques*, Gallimard, coll. Bibliothèque de la Pléiade, 1981, p. 1718 참조).

4 Claudine Chonez, "Jean-Paul Sartre, romancier philosophe," *Marianne*, 23 (novembre 1938). Sartre, *Œuvres romanesques*, p. 1696에서 재인용. 이하, 'OR, 1696' 처럼 줄임.

5 Simone de Beauvoir, *La Cérémonie des adieux* suivi de *Entretiens avec Jean-Paul Sartre* (Gallimard, 1981), p. 184.

험', '음악'의 테마와 함께 생각해 볼 것이다.

끝으로 사르트르가 『구토』를 통해 드러내 보이고 싶었던 그의 철학적 사색 속에서 시간성 개념 자체를 고찰해 보고자 한다. 과연 'existence'는 실존인가, 아니면 현존인가? 죽음과 시간의 관계는 어떤 것인가? 사르트르의 실존주의에서 시간성이란 어떤 의미를 지니고 있는가? 'être(존재)'와 대비되는 'existence(실존 혹은 현존)'의 개념을 그의 현상학적 관점에서 다시 검토해 보고 이것이 사르트르의 비실재 미학과 연결되는 지점을 짚어 보고자 한다.

1. 서술의 시간과 사건의 시간

일반적으로 한 편의 소설을 시간과 관련하여 분석하는 것은 세 가지 측면에서 가능하다고 뷔토르는 이야기했다. 시간이란 '작품 속 모험의 시간', '저자의 서술 시간', '독자의 독서 시간'을 고려해야 한다는 것이다.[6]

우리가 소설 『구토』에 대한 시간 분석을 시도할 때 이 세 가지 요소가 동시에 드러나면서 중첩되는 흥미로운 사건과 마주하게 되는데, 그것은 바로 저자인 사르트르가 살아 있었던 시기에 기획되어 진행된 플레야드판 편집과 관련된 내용들이다.

『구토』는 일기 형식으로 된 소설이다. "편집자 주"와 "날짜 없는 쪽지"라는 소제목이 달린 초반부를 넘기면 곧 "일기"라는 부제와 더불어 1932년 1월 말부터 2월 말까지의 사건을 날짜별로 기록한 형식으로 구성되어 있다. 모두 22일분의 일기를 시간의 지표로 구분할 수 있는데, 그중 첫

---

6 Michel Butor, *Répertoire II* (Éditions de Minuit, coll. Critique, 1964), p. 94.

이틀을 제외하면 모두 요일로만 날짜가 기록되어 있다. 그리하여 1938년 출간된 초판본에는 "1932년 1월 29일 월요일"[7]부터 시작하여, "1월 30일 화요일", 그리고 이후 날짜는 모두 "목요일 아침", "금요일, 3시", "월요일" 등등과 같은 식으로 진행되고, 이를 하나씩 따라가면서 날짜를 계산해 보면 첫 시작 날짜에서 31일째가 되는 2월 28일("수요일: 부빌에서의 마지막 날")(N, 201)에 주인공 로캉탱(Roquentin)이 그동안 머물렀던 도시 부빌(Bouville)을 떠나게 된다.

1981년 간행된 플레야드 판 『구토』를 읽을 때 독자의 주의를 끄는 부분 중의 하나가 바로 일기의 첫 시작 날짜를 기존 40여 년간 간행되어 왔던 원본의 날짜와 다르게 수정한 부분이다. 플레야드 판본의 편집자들은 『구토』의 수고본과 원본에 기록된 "1932년 1월 29일 월요일"이 실제 1932년도의 달력과 일치하지 않고 작품 속 사건의 진행과도 불일치하는 부분이 있어서 사르트르의 동의를 얻어 "1932년 1월 25일 월요일"로 수정하였다고 밝히고 있다.[8] 사실상 원본의 날짜보다 플레야드 판에 수정된 날짜로 계산하였을 때 소설 속의 사건들이 더 일관성이 확보되는 것이 사실이다. 특히 소설 속의 시간을 가늠해 볼 수 있는 몇 안 되는 지표들 가운데 "사순절 전 화요일(Mardi gras)"의 일기에 언급되는, 로캉탱의 옛 애인 아니(Anny)가 "2월 20일"(N, 84; OR, 74)에 파리에서 만나자는 편지가 날짜를 수정하게 된 결정적인 단서로 보인다. 다음의 표에서 보듯이 두 판본을 비교하여 소설 속의 날짜를 계산해 보면, 플레야드 판에서의 로캉탱이 원본의 로캉탱보다 나흘 먼저 2월 24일에 부빌을 떠나게 된다. 이렇게 되면 "아무리 늦어도 3월 1일에는 내가 완전히 파리에 정착하게 될 것

---

7 Jean-Paul Sartre, *La Nausée* (Gallimard, 1938; imprimé en 1942), p. 17. 이하, 'N, 17' 처럼 줄임.

8 Michel Contat et Michel Rybalka, "Notes et variantes de *La Nausée*," OR, 1724.

이다"(*N*, 172; *OR*, 160)라고 밝혔던 문장을 고려해 볼 때 다소 빠른 감이 없지 않지만, 그 경우가 아니와의 약속 날짜가 불일치하는 경우보다는 덜 거북한 것이 사실이다.

Éd. originale (1938)	Pléiade (1981)	사 건
[Début jan. 1932]	[Début jan. 1932]	날짜 없는 쪽지. 조약돌 체험
Lundi 29 janvier 1932	Lundi 25 janvier 1932	일기 시작, 로캉탱의 위기 증세. 과거 행적
Mardi 30 janvier	Mardi 26 janvier	마블리 카페. 오래된 종이를 집는다
Jeudi matin, à la Bibliothèque [1er février]	Jeudi matin, à la Bibliothèque [28 janvier]	뤼시 이야기
≈		
Mardi gras [13 février]	Mardi gras [9 février]	아니 편지. 2월 20일 파리에서 보자는 약속. 카페 정경
≈	≈	
Samedi [24 février]	Samedi [20 février]	파리. 로캉탱과 아니의 대화
≈	≈	
Mercredi: Mon dernier jour à Bouville [28 février]	Mercredi: Mon dernier jour à Bouville [24 février]	부빌에서의 마지막 날

플레야드 판 편집자 미셸 콩타는 당시의 정황을 정리하면서 현실의 날짜와 로캉탱 일기의 날짜 사이의 불일치가, 『구토』의 원고 집필이 "1932년부터 1936년까지의 4년 동안에 걸쳐 진행되는데, 사르트르가 1934년 원고를 다시 옮겨 적는 과정에서 미리 정해 놓은 시작 연도 1932년을 당해 연도의 날짜로 맞춰놓은 사실"[9]에서 기인한다고 설명한다. 하지만 한

---

9 Michel Contat, "Sur *La Nausée*," *Pour Sartre* (PUF, 2008), p. 61.

편의 소설 속 날짜를 현실의 날짜에 어긋난다는 이유로 굳이 바꾸었어야
했는지에 대해서는 다소 지나치다는 반론이 있음을 인정하면서, 같은 문
제를 심층적으로 다룬 드니 올리에(Denis Hollier)의 분석을 언급한다.

올리에는 『구토』의 주인공 로캉탱이 취하고 있는 일기라는 글쓰기 방
식과 독자의 문제에 주목하면서, 작품 속에서 시간적으로 일관되지 못하
거나 상식적으로 이해하기 어려운 사항들의 목록[10]을 조목조목 제시하
였다. 예를 들어, "날짜 없는 쪽지"의 저녁 10시 30분에 작성된 일기에
서 보면, 로캉탱은 전철역에서 "10시 45분"에 지나갈 "마지막 전차"를 기
다리는 일군의 행인들을 창문으로 지켜보는데, 15분이 지난 후 그 '마지
막' 전차가 지나가지만, 로캉탱은 바로 이어지는 문장에서 "그것은 막차
바로 앞 전철이다. 막차는 한 시간 후에 지나갈 것이다"(OR, 7)라고 태연
히 쓰고 있다거나, 혹은 소설이 전개되고 있는 시점이 1932년 2월임에도
불구하고 로캉탱은 『부빌 신문』에서 이미 지방 단체들의 1932년 결산 보
도를 읽고 있기도 하고(OR, 190-91), 로캉탱이 부빌을 떠나는 마지막 날에
는 석양의 풍경이 오후 2시부터 시작되어 저녁 6시 이후에도 여전히 해
가 지고 있다(OR, 189-210).[11] 올리에에 의하면, 이와 같은 시간 지표의 불
일치는 세부적인 사항에 별로 신경 쓰지 않았던 사르트르가 "부주의로
발화 시간과 발화된 시간을 접합시킴으로써"[12] 생겨난 것이고, 그 "누더

---

10 Denis Hollier, *Politique de la prose, Jean-Paul Sartre et l'an quarante* (Gallimard, 1982),
   pp. 123-26.

11 "오후 두 시 경 나는 도서관으로 향했다. (…) 석양이 열람자용 탁자와 출입문, 책들의 등을
   갈색으로 물들이고 있었다"(190); "네 시 반에 독학자가 들어왔다"(191); "석양이 한 순간 그
   의 굽은 등을 비추었고, 곧이어 그는 사라졌다. (…) 한 시간 후. 어둑하다, 해가 지고 있다.
   두 시간 후면 기차가 떠난다"(199); "밤이 되었다"(210).

12 Hollier, *Politique de la prose*, pp. 122-23.

기 같고 분해된 타임라인"[13]은 작품 속 재즈음악의 이미지를 연상시키며, 결론적으로 "『구토』의 현재는 시간 부재의 시제"[14]라는 것이다. 올리에가 사르트르의 글쓰기에서 지적하고 있는 이 "넘어설 수 없는 절대적 현재 (un présent absolu, indépassable)"[15]의 개념은 의미심장하다. 사르트르가 『구토』에서 그려 보이는 이 무시간적 현재란 무엇인가? 로캉탱이 이야기의 시간과는 본질적으로 다른 삶의 시간을 깨달아 가는 과정을 그린 이 소설을 통해 사르트르가 드러내고 싶은 시간은 어떤 시간인가? 우선 로캉탱이 발견한 존재의 우연성에 대해 살펴보도록 하자.

2. 삶의 시간과 이야기의 시간

『구토』의 주제는 주인공이 인간 실존의 참모습을 발견해 나가는 과정이다. 그 과정에서 그가 발견하는 것은 바로 존재의 '우연성'이다. 연구자들은 사르트르에게 있어서 '우연성' 개념의 발견이 작가가 어린 시절 지니고 있던 '관념적' 세계관에 대한 승리로 평가한다.

그것은 가장 개인적인 발견이면서 또한 가장 역설적인 것이기도 하다. 자기 어린 시절에 대한 승리, 즉 사르트르가 오랫동안 진짜 삶(위인들의 전기에서 보이는 목적론적 시간, 사물이 관념에 의해 정의되는 백과사전들 속의 플라톤주의, 존재에 내적 필연성을 부여하는 힘에 대한 낭만주의적 개념, 예술에 의한 구원, 진보라는 세속적 신

---

13 *Ibid.*, p.126.

14 *Ibid.*, p.128.

15 *Ibid.*, p.138.

화, …)이라고 간주해 왔던 관념성들의 세계를 형성하는 데 필요한 것들을 아름다움과 혼동하던 어떤 세계관에 대한 승리이다.[16]

『구토』 속에서 우연성에 대한 발견은 힘겹게 이루어진다. 이야기가 시작되면서 주인공은 원인을 알 수 없는 구토감(현기증)에 시달리고, 그 이유를 찾아가는 과정이 탐정소설과 같은 구조로 그려진다. 주인공 로캉탱은 롤르봉이라는 한 역사적 인물에 대한 전기를 쓰기 위해 부빌이라는 도시에 머물고 있다. 그러던 어느 날 마치 "어떤 병에 걸리듯"(OR, 8) 소리 없이 찾아온 일종의 두려움 섞인 현기증의 정체를 밝히기 위해 그는 매일 매일 그날 있었던 사건들을 일기 형식으로 써 나간다. 그리고 그 현기증의 정체를 알아차리고 나자 한 편의 소설을 쓰고자 마음먹으며 그 도시를 떠나는 장면으로 마무리된다.

『구토』 속에서 존재의 우연성 개념은 필연성과의 대조를 통해 부각된다. 우연성과 필연성의 차이는 살아가기와 이야기하기, 혹은 삶의 시간과 이야기의 시간의 차이이며, 이는 재즈음악, 역사 서술, 진실임직함, 완벽한 순간, 예술의 구원 등의 주제로 변형되어 묘사되고 있다. 여기에 존재와 현존(실존)의 대조[17]가 함께 변주되면서 다소 복잡하게 전개된다. 다음은 작품의 클라이맥스라 할 수 있는 공원에서의 장면이다.

그 순간은 경이로웠다. 나는 거기에, 꼼짝 못 하고 얼어붙어서, 무서운 황홀감에 사로잡힌 채로 있었다. 그런데, 바로 이 황홀감 한가운데에서 무엇인가 새로운 것이 나타났다. 내가 '구토'를 이해하고 그것을 소유했던 것이다. 사실

16 Vincent de Coorebyter, "Contingence," in F. Noudelmann et G. Philippe (dir.), *Dictionnaire Sartre* (Honoré Champion, 2004), p.107.

17 아래 각주 22 및 35 참조.

내가 나의 발견들을 언어화하지는 않았었다. 하지만 이제는 그것들을 말로 옮겨 놓기가 쉬울 것 같다. 본질적인 것, 그것은 바로 우연성이다. 내 말은, 원래 현존(실존)이란 필연성이 아니라는 것이다. 현존(실존)한다, 그것은 단순히 거기에 있다는 말이다. 존재하는 것들이 나타나서, 서로 만나는 것이지, 결코 우리가 그것들을 **연역**할 수는 없다. (*OR*, 155)

사르트르가 '자유'의 개념과 더불어 자기 작품세계의 열쇠로 간주하고 있는 '우연성'의 개념은 그의 사상에서 가장 독창적인 부분이다. 『구토』라는 소설 형식을 통해서 자신의 사상을 표현하기 전까지 사르트르는 이 우연성 개념을 다듬는 데 거의 십 년 이상의 시간을 보낸다.

사르트르는 자신이 이 우연성의 개념에 대해 생각하게 된 것이 1924년 무렵이었다고 회고한다. 당시 알파벳 순서대로 생각을 정리하여 들고 다니던 수첩("Carnet Midy")에서 우연성 개념에 대한 첫 암시[18]를 찾아볼 수 있다고 회상하면서, 우연성에 대한 생각은 영화관을 나올 때 떠올랐다고 말한다.

나는 영화에서부터 우연성에 대해 생각했지요. 내가 영화를 보고 있으면 그 속에는 우연성이라고는 없는데, 밖으로 나오면 우연성을 발견하곤 했지요. 그러니까 영화들에서 느낀 필연성이 나로 하여금 밖에 나왔을 때 거리에는 필연성이 없구나라는 사실을 느끼게 했어요.[19]

레몽 아롱은 사르트르가 고등사범학교 시절인 1927년경 수업시간에

---

18 현재 『젊은 시절의 글들(Écrits de jeunesse)』에 실려 있는 「미디 수첩」의 자료에서는 사르트르가 언급한 우연성에 관한 부분은 유실된 상태다.

19 Beauvoir, *La cérémonie des adieux*, p. 181.

니체와 관련된 주제를 다루면서 우연성에 관한 자신의 견해를 처음 발표했다고 기억한다. 사르트르의 발표는 '즉자'와 '대자'의 개념을 대립시키면서, 나무나 책상 같은 사물들은 아무것도 의미하지 않고 그냥 이유 없이 여기에 있는 것이라면, 의식은 매 순간 그 맹목적이고 거대한 현실들에 의미를 부여하고 그것들을 부정하고 그것들에 의해서만 존재한다는 요지의 내용이었음을 회상하고 있다.[20] 보부아르의 증언에 따르면, 사르트르는 그들이 처음 만난 1929년 무렵에 이미 그가 "우연성 이론"[21]이라고 이름 붙인 개념에 대한 깊은 성찰을 하고 있었다. 1929년 2월에 『신문학(Les Nouvelles littéraires)』이라는 잡지에 대학생을 대상으로 한 설문조사에 답한 사르트르의 글이 실렸는데 거기에서 이미 사르트르는 '현존(실존)(l'existence)'과 '존재(l'être)'를 대비[22]시키고 인간의 현실은 "존재의 수준까지 올라갈 수 없는 것"[23]이어서 필연성의 개념과는 연결지을 수 없음을

---

20 Raymond Aron, *Mémoires* (Julliard, 1983), p. 36.

21 Simone de Beauvoir, *Mémoires d'une jeune fille rangée* (1958; Gallimard, coll. Folio, 1972), p. 479.

22 우리는 『구토』에서의 'existence'의 번역에 있어서는 '실존' 대신에 '현존'을 제시하는 조광제의 제안에 많은 부분 동의한다(조광제, 「하이데거의 '실존'을 벗어난 사르트르의 '현존'」, 『철학논집』 제23집, 서강대학교 철학연구소, 2010 참조). 그래서 본 논문에서는 기존에 '실존'으로 굳어져 왔던 번역으로 인한 혼동을 줄이기 위해 'existence'와 'exister'를 가능한 한 '현존(실존)'과 '현존(실존)하다'로 함께 표기하여 옮긴다. '현존'과 '실존'의 구분에 대한 논의는 다음 장에서 다룰 것이다.

'être'는 사르트르의 번역과 관련하여 가장 우리말로 옮기기 까다로운 용어이다. 대부분의 경우 '존재' 혹은 '존재하다'로 옮기지만, 『구토』에서의 '존재' 개념과 『존재와 무』 이후의 '존재' 개념 사이에는 의미장의 차이가 있다. 이와 관련하여서는 다음 논문 참조. Maarten van Buuren, "Être et exister: le cas de *La Nausée*" (RELIEF, 2007) (https://www.revue-relief. org/articles/abstract/10.18352/relief.38).

23 "정신의 모순적인 점은, 필연적인 것을 창조하는 것이 일인 인간이, 막상 그 자신은 존재의 수준까지 올라갈 수 없다는 것이다. 마치 남의 미래는 예언하면서도 자신의 미래는 보지 못하는 예언자들처럼 말이다. (…) 기묘하게도 현존(실존)과 존재를 통합하려는 그 결정주의도

피력하고 있다.

1930년 무렵에 기록한 또 다른 수첩("Carnet Dupuis") 속에서는 필연성에 대비되는 개념이 가능성이 아니라 우연성임을 주장하면서, 우연한 것을 다음과 같이 정의하고 있다.

현존(실존)과 존재의 구분. 존재하는 것은 현존(실존)하지 않고, 현존(실존)하는 것은 존재하지 않는다. (…) 유일하게 가능한 양태는 현존(실존)과 존재이다. 그러나 그 둘은 전혀 섞이지 않는다. 따라서 하나의 사물은 필연적이지 않고서도 존재할 수 있는데, 그 말은, 가능함이란 하나의 양태가 아니라 심리적 범주인 이상, 다른 사물들이 가능하다거나 불가능하다는 의미가 아니다. 그게 바로 내가 우연적이라고 부르고자 하는 것이다.[24]

'우연성'에 관해 사르트르가 생각하고 있는 바를 온전히 파악하기에는 매우 거칠고 짧은 메모들이지만, 여기서 우리의 주목을 먼저 끄는 부분은 바로 '존재'와 '현존(실존)'을 "섞일 수 없는" 두 양태로 보고 있는 점이다. 사르트르는 『상상계』에서도 인간의 의식활동을 구분하면서 '지각하기(percevoir)'(현실세계)와 '상상하기(imaginer)'(상상세계)가 결코 동시에 양립할 수 없다고 밝히고 있는데,[25] 이러한 그의 이분법적 논조에 익숙한 우리들도 "존재하는 것은 현존(실존)하지 않고, 현존(실존)하는 것은 존재하지 않

허망한 관념인 것은 마찬가지다. 우리는 우리가 원하는 만큼 자유롭다, 허나 무력하다"(*Les Nouvelles littéraires*, 2 février 1929, p. 10. Beauvoir, *Mémoires d'une jeune fille rangée*, p. 478에서 재인용, 강조 재인용자).

24 J.-P. Sartre, "Le Carnet Dupuis," *OR*, 1684-85.

25 J.-P. Sartre, *L'Imaginaire* (Gallimard, coll. Bibliothèque des Idées, 1940), p. 189 참조. 이하, '*IMr*, 189'처럼 줄임.

는다"는 표현은 사뭇 당황스럽다. 그것은 아마도 일반적인 차원에서 '있음' 혹은 '있는 것'을 의미하는 '존재'라는 용어와, 여기서처럼 '현존(실존)'과 구분할 때 쓰는 '존재'라는 용어의 의미장 사이에 존재하는 차이에서 기인하는 것이리라. 그렇다면 사르트르가 '현존(실존)'과 대비시키고 있는 '존재'의 개념은 무엇이며, 그것은 '필연성/우연성'의 개념과 어떻게 연관되는가? 게다가 그것은 '지각/상상'의 구분과도 관계가 있는가? 이러한 의문은 『구토』의 말미에서 이 작품의 주제곡이라고 할 수 있는 재즈음악 "머지 않은 어느 날(Some of These Days)"에 관한 묘사에서 그 실마리를 찾을 수 있다.

> 이제 그 색소폰 연주부가 흐른다. (…) 영광스러운 하나의 작은 고통 (…) 그 다이아몬드 같은 작은 아픔 (…) <u>그것은 현존(실존)하지 않는다.</u> (…) 그것은 항상 그 어떤 것의 저 너머에, 목소리의 혹은 바이올린의 곡조 저 너머에 있다. 현존(실존)의 두께들과 두께들을 가로질러서, 그것은 가늘고 단단한 그 모습을 드러내 보인다. 그러나 그것을 붙잡으려 하면, 사람들은 현존하는 것들밖에 만나지 못한다. 의미가 제거된 현존들에 부딪칠 뿐이다. 그것은 현존하는 것들 뒤에 있다. 나는 그것을 듣지조차 못한다. 나는 단지 그것을 드러내는 음들과 곡조의 진동만을 들을 뿐이다. 그것은 현존(실존)하지 않는다. 왜냐하면 그것에는 여분의 것이 하나도 없기 때문이다. 그 나머지 모든 것은 그것에 비하면 여분의 것이다. <u>그것은 존재한다.</u> (*OR*, 206. 강조(돋움) 원문, 밑줄 인용자)

로캉탱이 알 수 없는 현기증에 시달릴 때마다 그 구토에 대한 일종의 "해독제"[26]로서 작용하는 재즈음악에 대해 사르트르는 그것이 '현존(실존)'

---

26 Jacques Deguy, La Nausée *de Jean-Paul Sartre* (Gallimard, coll. Foliothèque, 1993), p. 128.

하는 것이 아니라 '존재'한다고 단언한다. "우리의 시간"을 가로지르며 "강철 띠"(OR, 28)와 같은 단단함으로 끝을 향해 어김없이 흘러가는 재즈음악은, 끈적끈적하고 물컹한 현실세계 속에 현존(실존)하는 것이 아니라, 마치 플라톤이 말하는 이데아(관념)의 세계처럼 "그 어떤 것의 저 너머"에 존재한다. 삼각형의 이데아가 한 어린아이가 공책 위에 그려 놓은 삼각형의 모습으로 드러나듯, 재즈음악의 '존재'는 지금 이 순간 카페의 웅성거림 속에서 색소폰 연주에 섞여 흐르는 허스키한 흑인 여가수의 목소리로 '현존(실존)'하는 것일 뿐, 그 배후에 있는 '존재' 자체는 우리가 살고 있는 이 세상과는 전혀 다른, "저 멀리에서 보이지만 결코 가까이 다가갈 수는 없는 다른 세계"(OR, 207)에 속하는 것이다. 다시 말해서 사르트르가 '현존(실존)'과 대비하여 쓰는 '존재'라는 용어는 바로 플라톤적인 관념의 세계이다. 로캉탱이 공원에서 '구토'의 의미를 깨닫는 장면을 다시 살펴보자.

그것은 내 숨을 턱 막히게 했다. 한 번도, 요 며칠 전까지 나는 '현존(실존)한다'는 말이 무슨 뜻인지 깨닫지 못했었다. 나는 다른 사람들, 봄나들이 옷을 입고 바닷가를 산책하는 그들과 똑같았다. 그들처럼 나도 "바다가 푸르다. 저기 위에, 저 하얀 점은 갈매기다"라고 말했지만, 나는 그것이 현존(실존)한다는 것, 그 갈매기가 한 마리의 "현존(실존)하는 갈매기"라는 것을 느끼지 못했다. 평상시에는 현존(실존)이 숨어 있다. (OR, 150)

"바다가 푸르다 (…) 그건 갈매기다"로 옮긴 문장의 원문은 "la mer *est* vert (…) c'*est* une mouette" 등 동사 '*être*'가 'exister' 동사와의 차이를 강조하면서 이탤릭체로 부각되어 있다. 우리는 흔히 주어의 상태(~이다)나 존재(있다)를 나타내기 위해 무심코 이 '*être*' 동사를 사용하고 있지만,

제2부 실제

기껏해야 "바다가 어떤 푸른 사물들 부류에 속한다거나 혹은 푸름이 바다 성질들의 부분을 이룬다"(*OR*, 150)고 생각하는 것이 고작일 뿐 그 바다가 푸름으로 현존(실존)하고 있고 저 위에 보이는 갈매기가 지금 현존(실존)하고 있는 갈매기라는 생각을 못했었다고 로캉탱은 말한다. 우리가 흔히 어떤 사물이 '존재한다(être)'고 말하는 것은 그저 습관적인 언어 차원에서 인간이 붙여 놓은 상투적인 술어일 뿐 그것이 '현존(실존)하고 있음(exister)'에까지 생각이 미치지 못한다. 우리는 그 사물을 손에 넣고 도구로 사용하거나 장식으로 간주하는 데 익숙해 있지, 그것이 우리들 주위에, 우리들 속에 현존(실존)하고 있음을 느끼지 못하고 있었다. 그런데 갑자기 그 현존(실존)이 눈앞에 모습을 드러낸다. 로캉탱이 겪었던 알 수 없는 현기증과 구토의 원인이 바로 거기에 있었다.

> 그런데 웬일인가. 갑자기 그것이 거기에 있었고, 대낮처럼 선명해져 있었다. 현존(실존)이 갑자기 베일을 벗은 것이다. 현존(실존)이 추상적인 범주로서의 비공격적이던 태도를 잃어버렸다. 그것은 사물의 반죽 그 자체였고, 이 나무뿌리는 현존(실존) 속에서 빚어져 있었다. 아니 오히려 뿌리며, 공원의 철책이며, 의자며, 잔디밭의 듬성듬성한 풀이며 하는 그 모든 것이 사라져 버렸다. 사물들의 다양성, 그들의 개체성은 하나의 겉모양, 하나의 겉칠에 불과했다. 그 겉칠이 녹아내렸다. 그러더니 물컹하고 괴물 같은 덩어리들만 무질서하게 남았다, 끔찍하고 외설스러운 나신으로 벌거벗은 채. (*OR*, 151)

나를 포함한 주변의 모든 것이 어떠한 필연이나 인과관계 없이 그저 우연히 현존(실존)할 뿐인 이 현실의 세계, 이 세계에 있는 모든 것들을 관장하고 있는 그 우연성의 발견이 바로 『구토』의 주인공을 통해 사르트르가 전하고자 한 주된 메시지였다. 우리 인간이 몸담고 있는 현실세계는 필연적인 '존재'의 세계와는 전혀 다른 우연적인 '현존(실존)'의 세계이고, 우리가 이제껏 아무 생각 없이 습관적으로 믿고 알고 있던 존재의 세계란 이 현실세계에서는 불가능한 비현실의 세계인 것이다(사르트르가 'existence'와 대비해서 사용하는 'être'라는 용어가 관념적 차원의 '존재'를 지칭하는 것임을 다시 한 번 상기하자!). 그 존재의 세계에서는 인간의 시간과는 다른 시간이 흐르며, 그곳의 공간은 인간이 몸담고 있는 공간과는 다른 방식으로 펼쳐진다.

한 곡의 재즈음악은 첫 소절이 시작되면 종결부까지 "금속성 투명함"(OR, 29)을 지닌 필연성으로 거침없이 내달리면서, 끈적하고 물컹하게 맥없이 번져 있는 우리의 삶의 시간에 거역할 수 없는 엄격한 질서를 부여한다. "내면적인 필연성으로 자기 속에 자신의 죽음을 자랑스럽게 지니는 것이라고는 음악의 곡조밖에는 없다"(OR, 158). 다만 이 음악의 세계는 실제로 존재하지 않는, 우리 인간이 몸담고 있는 실재세계와는 공존할 수 없는 비실재의 세계다. 그래서 어느 순간 이 멜로디의 세계가 나타나면 "현존(실존)의 세계는 사라지고"(OR, 122) 그 음악이 그치면 바로 주변의 실재세계는 "다시 일상의 물컹함을 회복"(OR, 47)한다. 이것은 사르트르가 『상상계』의 마지막 부분에서 강조했던 내용이기도 하다. 베토벤의 7번 교향곡은 "전혀 **시간 속**에 있지 않다. 따라서 그것은 완전히 현실을 벗어난다. (…) 단지—이를테면 본질처럼—시간과 공간의 바깥에 있는 것만이 아니다. 그것은 **실재의** 바깥에, 현존(실존)의 바깥에 있다"(IMr, 244-45). 이 비실재적인 필연의 세계는 우리가 실제로 살아가고 있는 현존(실존) 세계의 우연성에 의해 야기되는 모든 번민과 불행을 잊게 해 주는 마술적인 힘을 지닌다. 그것이 바로 음악의 세계이고, 그림과 조각의 세계이며, 소설의 세계이다.

현실세계 속에서는 그 어떤 것도 제거되지 않고 인과관계나 목적관계도 없이 모든 것이 감당 못 할 수준으로 넘쳐나는 상태라면, 음악이나 소설에 그려지는 '필연성'의 세계 속에는 선택과 제거의 과정이 들어 있다. 『구토』에서 현존(실존)의 참모습은 삶의 시간과 이야기의 시간 사이의 대조를 통해서 뚜렷이 부각되는데, '우연성'으로 이루어진 '삶의 시간'과 '필연성'으로 이루어진 '이야기의 시간'이라는 대립 구조는 여러 가지 보조적인 장치로 구체화된다. 이야기의 시간, 그것은 로캉탱이 추구하던 '모험(aventure)'의 시간이고, 카페에서 듣는 재즈의 선율의 시간이고, 애인 아니가 찾고자 몰두하던 '완벽한 순간(moments parfaits)'의 시간이다.

하지만 선택해야 한다, 살아가든가 아니면 이야기하든가. (*OR*, 48)

이야기한다는 것은 선택과 제거의 과정이 개입하는 것이기에, 이야기된 삶이란 바로 로캉탱이 '모험'이라고 규정하는 삶으로서, 현실 속에서는 불가능한 것이다. 우리가 친구들에게 지금 막 돌아온 여행에서 겪었던 모험담을 이야기한다고 해 보자. 우리는 모험담의 시작점을 잡고 그 결말을 미리 상정한 상태에서 줄거리를 채울 사건들을 취사선택하여 친구들의 흥미를 일깨울 수 있는 방식으로 배열하면서 이야기를 들려줄 것이다. 그때 모험이란 이야기의 끝을 알고서 그 결말을 향하여 사건들이 진행되도록 처음을 시작하는 이야기의 구조를 취하고 있다. 그렇게 '이야기된' 우리의 여행은 실제로 우리가 직접 삶으로 '체험한' 여행과는 다르다. 우리가 여행하는 동안에는 모험이라는 것이 없다. 실제 우리가 살아가는 삶 속에는 이야기를 시작할 때처럼 어떤 시작점이나 끝나는 점이라는 것을 잡을 수 없다. 그저 "이유도 리듬도 없이"(*OR*, 49) 시간에 시간이 더해지고 단조롭게 끊임없이 하루하루가 쌓여 갈 뿐이다. 삶은 모험이 아니다.

내가 생각한 바는 다음과 같다. 가장 평범한 사건이 하나의 모험이 되기 위해서는 우리가 그것을 **이야기하기** 시작해야 하고 또 그것이면 족하다. 그 점이 바로 사람들을 속이는 부분이다. 즉 한 인간이란 언제나 이야기들을 지어내는 자이며, 자신의 이야기들과 타인의 이야기들로 둘러싸여 살고, 자신에게 일어나는 모든 것들을 그 이야기들을 통해서 본다. 그리고 마치 이야기하듯이 자신의 생을 살아가려 한다. (*OR*, 48)

모험의 감정은 바로 재즈음악에서 느낄 수 있는 필연성의 감정이다. 그것은 시작이 있고 끝이 있어서, 그 끝을 향해 필연적인 인과관계로 꽉 짜인 채 한 치의 빈틈도 없이 흐르는 통일된 시간의 감정이다. 『구토』의 구상을 적어 둔 「뒤피 수첩(Carnet Dupuis)」에는 '모험'이 이렇게 메모되어 있다.

> 모험의 정의: 과거에서 현재로, 그리고 미래로의, 이 셋과 그것들의 관계를 동시에 인지하면서 지니게 되는 숙명적 연관관계의 느낌. 시간의 음악적 흐름의 느낌. 예술은 얼마나 모험의 인상을 주는가. 가령 카페에서의 축음기. 그것이 멈추면 우리는 한 세상에서 다른 세상으로, '모험 없는 삶' 속으로 떨어진다.[27]

"금속성 투명함"을 지닌 "강철 리본" 같이 굳건하게 흐르는 재즈음악이나 모험의 시간에 비해, 모험 없는 우리 현존(실존)의 시간은 채우기에는 "너무 넓은 (…) 질펀한 물웅덩이"(*OR*, 27-28)와도 같다. 로캉탱이 실존의 참모습을 발견하는 과정에서 얻게 되는 깨달음 중의 하나는 자신이

---

27 J.-P. Sartre, "Le Carnet Dupuis," *OR*, 1681.

몸담고 살아가고 있는 이 세계가 음악이나 미술이나 소설과 같은 예술의 세계와는 완전히 다른 종류의 것이라는 점이다. 이야기의 시간, 예술 속의 시간은 시작과 끝이 있고 필연성을 띠며 명료한 시간임에 비해, 삶의 시간은 시작도 없고 끝도 없는, 형체를 가늠할 수 없는 우연성의 연속이다. 『구토』는 자신의 삶이 "마치 위인전에서처럼, 즉 마치 이야기의 결말을 이미 알고 있을 때처럼"[28] 전개되기를 바랐던 한 인물이 이제껏 스스로가 소설이나 예술작품 속의 주인공인 양 '관념적 삶'의 착각 속에서 "세상을 잘못 살아왔음"(OR, 206)을 깨닫는 각성의 과정을 그린 작품이다. 그리고 그 각성이란 바로 삶의 시간에 대한 다음과 같은 깨달음이다.

> 나는 주변을 불안한 눈초리로 둘러보았다. 현재, 오직 현재 말고는 아무것도 없었다. 자기의 현재 속에 틀 박혀 있는 가볍고 튼튼한 가구들, 탁자 하나, 침대 하나, 거울 달린 옷장 하나, 그리고 나 자신. 현재의 진짜 본성이 드러나 있었다. 즉 그것은 현존(실존)하고 있는 것이었다. 현재가 아닌 것은 그 어떤 것도 현존(실존)하지 않았다. 과거는 현존(실존)하지 않았다. 전혀. (…) 이제 나는 알았다. 사물들은 나타나 보이는 것이 전부다, 그리고 그것들 뒤에는… 아무것도 없다. (OR, 114)

로캉탱의 각성은 바로 모든 사물은 현재 나타나 보이는 바가 전부이고 그 배후 세계라든지 본질이란 따로 없다는 현상학적 각성이다. 시간

---

28 J.-P. Sartre, *Les Carnets de la drôle de guerre, novembre 1939 - mars 1940* (Gallimard, 1983), pp. 104-05. "그리고 매번 내가 낙담했던 것은 사실이다. 그 이유는 나에게 매 사건이 마치 위인전에서처럼, 다시 말하면 마치 이야기의 결말을 이미 알고 있을 때처럼 닥쳐오기를 내가 바랐었기 때문이다. 내가 『구토』에서 모험에 대해 말하고자 했던 바가 바로 이러한 실망이다. 한마디로 나는 줄곧 삶의 관념에 얽매여 살았었다."

을 필연적인 어떤 것으로 상정하여 그 시간을 끝에서부터 거꾸로 뒤집을 수 있는 듯이 살아왔던 로캉탱은 그 미몽에서 깨어나서 우리의 시간이란 "널찍하고 물렁한 순간순간들"(*OR*, 28)로 이루어져 있음을, 시간 자체도 '우연성'을 벗어나지 못함을 깨달아 간다. 그런 의미에서 장프랑수아루에트(Jean-François Louette)는 『구토』가 사르트르의 초기 철학서인 『자아의 초월성』에서 언급한, "의식적인 우리 삶의 매 순간이 우리에게 무로부터의 창조를 일깨운다"[29]는 "비인칭적 자발성"의 개념을 소설적으로 도입한 작품임을 지적[30]하고 있고, 조르주 풀레(Georges Poulet)는 자신의 『인간적 시간에 관한 연구들』에서 『구토』가 "순간의 직접적인 경험을 그 우연적인 벌거벗음 속에서"[31] 드러내 준 소설이라고 규정하고 있다. 풀레의 저서 제목이 말해 주듯이 사르트르가 발견한 '인간의 시간', 그것은 바로 '순간'의 우연적인 연속이라 할 수 있는 절대적 현재의 시간이다.

3. 문학적 시간과 철학적 시간

사르트르의 시간에 대한 성찰은 곧장 그의 존재론적 형이상학으로 이어진다. 주지하다시피 1933년경 베를린 유학 시절 후설 철학을 접한 사르트르는 『자아의 초월성』에서 후설이 제시한 초월적 자아마저도 투명한 의식 앞에서는 잉여적 불순물일 뿐이라고 주장하며 자신만의 존재론을 완성해 간다. 의식이란 '비인칭적'이고 '익명적'인 투명성이고, 다른 모든

---

29 J.-P. Sartre, *La Transcendannce de l'Ego* (1936; Vrin, 1965), p. 79.

30 Jean-François Louette, *Silences de Sartre* (Presses Universitaires du Mirail, 1995), p. 95.

31 Georges Poulet, *Études sur le temps humain, 3* (1964; Plon, coll. Agora, 1989), p. 39.

대상들처럼 우리가 '자아'라고 이름 붙인 것도 여전히 의식의 대상인 이상 의식의 바깥으로 내던져져야 한다는 것이다. 의식을 철저히 비워 내는 이러한 사르트르의 의식 개념은 그의 대표작 『존재와 무』를 이해하는 열쇠가 된다. 『존재와 무』에서 사르트르는 자신이 정립하고자 하는 철학을 의식의 내용을 비우는 것에서 출발하고, 의식은 마치 수학에서 규정하는 하나의 점과 같이 내부를 지니고 있지 않은 '무(無, néant)'라고 지칭한다. 사르트르는 '의식'에 대해 존재론적으로 접근하면서, 의식이 인간존재의 총체가 아니라 그 인간존재의 "순간적인 핵"[32]이라고 정의한다.

  의식에 대한 이러한 정의는 시간의 관점에서도 사르트르가 베르그손의 '지속' 개념을 반박하는 논거가 된다. 시간은 더 이상 필연적 연쇄가 아니며, 상호 침투하는 다중성이나 운율적인 조직도 지니고 있지 않다. 베르그손이 '지속'의 개념을 통해서 "순간을 제거해"(EN, 181) 버렸다면, 사르트르는 오직 '순간'만이 존재하며, 현재에 붙어서 현재 속에 스며드는 베르그손적인 과거는 한낱 수사적인 표현에 불과하다고 본다. 사르트르가 정의한 의식 속에 과거는 들어설 자리가 없다. 과거는 의식이 바라보는 대상도 아니다. 인간의 의식은 항상 미래로 열려 있다(EN, 186).[33] '대자(對自, Pour-soi)'로서의 의식은 언제나 '무'로서, 즉 '있지 않은' 방식으로 있으면서, 동시에 의식 이외의 모든 것을 있게 만드는 존재이다. 의식의 대상이 되는 세상의 모든 사물들, 즉 '즉자(即自, En-soi)' 존재가 '현재 있는 그대로의 존재'라면, 인간의 의식, 즉 '대자'는 '무'를 자기 안에 포함하고

---

32 J.-P. Sartre, *L'Être et le néant* (1943; Gallimard, coll. Bibliothèque des Idées, 1973), p. 111. 이하, 'EN, 111'처럼 줄임.

33 "과거는 대자(對自)에게 내재되어 있지 않다. 과거는 대자가 어떤 특정한 사물이 아닌 상태임을 스스로 받아들이는 바로 그 순간에 대자의 주위를 감돈다. 과거는 대자의 시선의 대상이 아니다. 자기 자신에게 투명한 이 시선은, 사물을 넘어서, 미래 쪽을 향하고 있다."

있는 존재이며 이 무를 토대로 한 무화작용을 통해 '현재 있는 것으로 아니 있게' 되고 또 '현재 아니 있는 것으로 있게' 된다. 이렇게 규정된 대자존재는 사르트르에게서는 '부정(négation)', '선택', '자유' 등과 동의어이며, 시간적으로는 과거가 아니라 현재이고 항상 미래를 향해 열려 있다. 사르트르에게 있어서 의식으로서의 인간존재, 즉 '대자'는 시간의 방식으로 존재한다.

> 시간의 문제로 다시 돌아가자. 즉자의 무화로서 존재 속에 대자의 돌연한 출현은 즉자로 환원될 수 없는 현존적(실존적) 양태로서 특징지어진다. 대자란, 자기 존재 속에서, 자기인 것으로 있지 않으면서 자기가 아닌 것으로 있는 그러한 존재이다. (…) 대자는 자기인 존재를 벗어남으로써만 있을 수 있고, 즉자 앞에서의 이러한 무의 도피가 시간성을 구성한다. (…) 대자의 '현재' 존재는 자기인 것으로 있지 않음으로서의 그 현존적(실존적) 실재성 속에서 규정된다.[34]

즉자로 굳어지는 것을 경계하며 끊임없이 미래를 향하여 자신을 내던지면서 지금의 상태를 부단히 무화시키는 것이 대자의 속성이고 그것이 대자의 '시간성'을 이룬다. 이러한 대자의 현존적(실존적) 양태는 '자아' 조차도 들어설 여지가 없이 '비인칭적'이며 '우연적'이며 '순간'이나 '현재'의 속성을 닮는다. 사르트르에게 '시간성'이란 "대자의 내적 구조"이고, 대자는 "시간적 형식 하에서만"(EN, 182) 존재할 수 있다.

> 시간성은 자신의 존재로서 있어야 하는 어떤 존재의 내적 구조로서만, 즉 대자의 내적 구조로서만 있다. 대자가 시간성에 대하여 존재론적 우선권을 가

---

34 Sartre, *Les Carnets de la drôle de guerre*, pp. 259-62.

지는 것은 아니다. 오히려 대자가 탈자적으로 대자이어야 하는 한 시간성은 대자의 존재이다. 시간성이 존재하는 것이 아니라, 대자가 현존(실존)하면서 스스로 시간화된다. (*EN*, 182)

『존재와 무』를 심층적으로 검토한 조광제는, 위의 구문에서 사르트르가 시간성에 대해 '존재하다(être)'라는 동사를 쓸 수 없다고 본 점에 주목하여 그가 말하는 'existence'라는 개념이 하이데거적인 의미로서 '실존'이라고 번역해서는 안 되고 '현존'으로 번역되어야 한다고 주장한다.[35] 하이데거 철학에서는 'Existenz'가 '진정으로 존재함'이라는 의미를 담은 '실존'이라는 번역어가 합당하지만, 근본적으로 무한소의 '지금·여기'를 바탕으로 한 후설 존재론을 직접 이어받은 사르트르 철학에서는 'existence'가 '현존'으로 번역되어야 한다는 것이다. 그리고 이때 사르트르가 말하는 '현존'은 이 세계에 존재하는 모든 것들에 대해 적용될 수 있는 것이고, 그 와중에 인간에 대해서도 적용될 수 있는데, 다만 인간의 '현존'은 존재하는 모든 것들의 각 '현존'이 성립하는 데 있어서 근본이 되는 바탕이 되기에 인간과 '관련해서' 이 세계에 존재하는 모든 것들이 현존한다고 할 수 있는 것이다.

결국 모든 것은 우연적인 현존(실존)이다. 나를 포함하여 주변의 사람들도 돌도 나무도 모두 우연한 현존뿐이다. 아무것도 "거기에 있어야 할 최

---

35 조광제, 「하이데거의 '실존'을 벗어난 사르트르의 '현존'」, pp. 141-73. 조광제는 또 다른 글 (조광제, 『존재의 충만, 간극의 현존』, 그린비, 2013)에서도, 사르트르가 말하는 'existence'의 개념이 하이데거적인 의미로서 '실존'이라고 번역되어서는 안 된다고 주장하면서 '현존주의자 사르트르'를 제시한다. '실존주의'냐 '현존주의'냐에 대한 문제는 이 글의 논의를 벗어나는 심층적 연구의 대상이다. 다만 우리는, 아직 하이데거를 모르던 시절의 사르트르가 『구토』 (1938)에서 사용하는 'exister' 혹은 'existence'라는 용어와 하이데거의 영향 속에 집필된 『존재와 무』(1943)에서 사용된 동일한 용어 사이에 다소 개념적 차이가 있을 수 있음을 지적하고 넘어가고자 한다.

소한의 이유도 없이"(OR, 152) 서로에게 있어도 그만 없어도 그만인 여분의 존재로 거기 있을 뿐이다. 여기에 어떤 존재의 필연성을 부여하는 것은 인위적인 삭제와 가감을 통한 인간의 기만적 행위의 결과이다. 사물의 경우에는 현존(실존)함에 대한 인식 없이 그냥 존재해도 아무 문제가 되지 않는다. 사물은 현존(실존)이 곧 존재이다. 하지만 인간의 경우는 다르다. 나는 나의 현존(실존)을 통해서 나의 존재를 만들어 가야 한다. 나의 존재는 내가 죽는 순간에 완성되는 것이고 나의 현존(실존) 속에서는 결코 다다를 수 없는 어떤 것이다. 이 점이 인간의 '죽음'에 대해 사르트르가 하이데거와 생각을 달리하는 지점이기도 하다.[36] 하이데거가 현존재를 '죽음을 향한 존재'로 규정함으로써 죽음을 나의 삶 안으로 끌어들인다면, 사르트르는 죽음 역시 "우연적 사실"(EN, 630)[37]인 이상 원칙적으로 나의 현존의 바깥에 있는 것임을 분명히 한다.

사르트르가 보는 인간의 현존(실존)의 모습은 결코 정당화될 수 없이 언제나 불안하고 애매하고 혼탁하다. 그래서 인간은 "현존(실존)한다는 죄악을 씻어 낼"(OR, 209) 수 있는 다른 세계를 꿈꾼다. "단단하고 순수한 선을 간직하고 있는"(OR, 151) 원과 음악의 세계를, "설명과 이성의 세계"(OR, 153), 혹은 "사람들이 그들의 현존(실존)을 창피해 할 만큼 강철같이 단단하고 아름다운"(OR, 210) 이야기의 세계를. 그래서 『구토』의 주인공은 한 권의 소설을 쓰기로 결심하였고, 그렇게 아직 전쟁을 겪지 않은 젊은 사르트르는 문학을 통한 구원을 꿈꾸고 있었다.

---

36 윤정임, 「『닫힌 방』과 『내기는 끝났다』에 나타난 사후세계 연구」, 『불어불문학연구』 제103집(한국불어불문학회, 2015), pp. 69-97 참조.

37 "이리하여 우리는, 하이데거와 반대로, 죽음이 나의 고유한 가능성이기는커녕, 죽음이란 하나의 우연적 사실(un fait contingent)이라서, 그 자체로 원래 나로부터 벗어나 있고 애초부터 나의 사실성(facticité)에 속한다고 결론 내려야만 한다."

결 론

　지금까지 우리는 사르트르의 『구토』를 시간의 관점에서 크게 세 방향으로 접근하여 살펴보았다. 우선 소설 『구토』 속에 서술된 시간을, 1938년에 출간된 초판본이 1981년에 결정본으로 나오면서 변경된 시간 지표들의 비교를 통해 그 속에서 중첩되고 있는 현실의 시간과 허구의 시간, 그리고 독서의 시간 사이의 연관관계 속에서 따져 보았다. 이어서 작품 『구토』의 주제를 이루고 있는 존재의 우연성 개념을 '모험', '음악'의 테마와 함께 살펴보면서 사르트르에게서의 '존재'와 '현존(실존)'의 개념을 시간과 관련하여 검토했고, 끝으로 『구토』 속에 개진된 시간에 대한 성찰은 결국 『존재와 무』로 대표되는 사르트르의 철학적 사색과 직접 연결되어 있음을 지적하였다. 이제 사르트르의 이러한 시간론은 그의 미학과도 직접적으로 이어짐을 언급하면서 마무리하고자 한다.

　1940년 2월 알사스 지방의 전장에서 기록한 수첩에 사르트르는 자신이 항상 아름다운 여인들과 동행하고자 하는 것이 자신의 외모적 콤플렉스를 감추기 위한 것임을 밝히면서 '아름다움'을 이렇게 정의한다.

　내가 말하는 아름다움이란 단지 순간들의 감각적인 기분 좋음만을 의미하기보다는 차라리 시간 흐름 속에서의 통일성과 필연성이다. 리듬들이, 악절이나 후렴구의 회귀들이 나를 눈물 나게 하고, 주기성의 가장 기초적인 형태들이 나를 감동시킨다. 공간적인 대칭은 별로 내 관심을 못 끌기 때문에, 이런 규칙화된 전개들은 본질적으로 시간적임에 주목한다.[38]

---

38 _Les Carnets de la drôle de guerre_, p. 343.

사르트르는 『구토』에서 로캉탱과 아니가 그랬던 것처럼 자신이 항상 아름다운 사건 속의 주인공이 되고 싶어 했으며, 그 아름다운 사건이란 바로 종국을 향해 장엄하게 전진해 나아가는 하나의 비극작품이나 하나의 음악적 멜로디처럼 씁쓸하지만 웅장한 필연성을 지닌 시간적 흐름을 말하는 것이라고 토로한다. 그리고 자신이 문학 작업을 하고 있는 목적도 이러한 아름다움의 한가운데 하나로 녹아들어서 "인공적으로 결정 작용을 유발하기"[39] 위한 것임을 밝힌다. 그리고 바로 그다음 달인 1940년 3월에 파리에서 출간된 『상상계』에서 사르트르는 비현실의 미학이라 지칭되는 그의 이미지론을 펼친다.

실재하는 것은 결코 아름답지 않다. *(IMr, 245)*

앞서 살펴본 것처럼 사르트르에게 있어서 오직 우연성이 지배하는 인간의 현존(실존)은 결코 아름다울 수 없다. 현실적인 의식으로 살아가는 우리 현존(실존)의 삶은 구역질 나는 역겨움을 유발할 뿐이다. 아름다움은 상상하는 의식에 의해서만 포착되는, "우리의 손이 닿지 않고", "만질 수도 없는"*(IMr, 246)* 미학적 대상을 통해 드러난다. 그 대상들은 언제나 "분리될 수 없는 총체들로, 절대적인 것으로서" 주어지며, 우리들로 하여금 실재하는 세계의 모든 제약으로부터 벗어날 수 있도록 "영원한 '다른 곳'으로서, 영원한 도주로서"*(IMr, 175)* 주어지는 것이다. 인간의 시간이 흐르지 않는 세계, 그 절대의 세계가 『구토』에서 그려진 사르트르 미학의 무대이다.

---

39 *Ibid.*, p. 346.

사르트르의 서사-드라마극
—『알토나의 유폐자들』을 중심으로[*]

장근상

서 론

1959년 장폴 사르트르는 그의 마지막 희곡 『알토나의 유폐자들』을 발표한다. 이 작품으로 그는 이전과 다른 시도를 한다. 그리고 이에 대해 다음과 같이 표현한다. "생소화(distanciation)가 감정이입(assimilation)을 해치지 말고 이 두 작용이 서로 평형을 이루어야 한다."[1] 이를 통해 그는 관객과의 소통에 있어 '생소화'라는 서사적 방법과 '감정이입'이라는 드라마적 방법의 융합을 언급한 것이다. 한편 브레히트의 연극은 파리에서 1954년과 1957년에 공연된 바 있다. 그리고 미셸 콩타(M. Contat)는 플레야드 판 서문에서 사르트르의 이러한 시도를 다음과 같이 풀이한다. "이

---

[*] 이 글은 같은 제목으로 『불어불문학연구』 제104집(2015)에 실린 것이다.

[1] J.-P. Sartre, *Un théâtre de situations* (Gallimard, 1973), p. 305. 이하, 'TS, 305'처럼 줄임. 그리고 'distanciation'을 기존의 '소격효과'나 '거리두기'가 아닌 '생소화'로 바꾸어 옮기는 이유는 이 표현이 일상의 비일상적 재현을 통하여 관객의 감정이입 경향을 애초에 차단하려는 'distanciation'의 본뜻에 더 가깝다고 생각되기 때문임.

『알토나의 유폐자들』에서 관객은 마치 이상한 부족을 상대하듯이 자신을 관찰하게 된다. 하지만 결국 그 부족이 바로 자기 자신이라는 점을 깨닫게 된다. 이렇듯 이 드라마극은 절반은 '생소화', 나머지 절반은 '감정이입'이라는 패를 염두에 두고 있다."[2]

그렇지만 사르트르는 한 번도 브레히트와 직접 조우한 적이 없다. 1930년에 『서푼짜리 오페라』의 공연을 본 경험이 있었지만(TS, 80) 그는 본격적으로는 1954년 7월부터 브레히트의 연극을 접하게 된 것이다. 그럼에도 그 이후 5년 동안 그는 브레히트의 연극을 여러 번의 대담에서 언급한다. 그리고 1959년 마침내 자신의 『알토나의 유폐자들』을 통하여 그는 브레히트 연극과의 결합 가능성을 시험한 것이다.

우선 브레히트의 연극처럼 그의 연극도 부르주아가 주요 관객이다. 그는 첫 소설, 『구토』(1938)에서 이미 부르주아들의 허위의식을 분석하며 부르주아들을 공격한 바 있다. 17세기 중반 프롱드의 난을 통해 여실히 드러났듯이 귀족의 위상이 추락하며 바야흐로 18세기 연극의 중심세력으로 발돋움하게 되는 부르주아 계급은 자신들의 일상사와 관심도 무대 위에서 재현되기를 원했다. 부르주아극은 그러한 시대적 배경에서 독일의 레싱(1729~1781), 프랑스의 디드로(1713~1784)를 중심으로 18세기 중반 유행했으며, 그 이후 드라마극으로 수용된, 비교적 짧은 시기에 걸쳐진 장르이다. 사르트르는 이런 부르주아 관객의 관심을 끌기 위해서 드라마극을 채택한 것으로 생각할 수 있다. 그다음 연극적 환상을 이용해 메시지를 이중화시키는 전략을 택한 것으로 보인다. 하지만 바로 그런 이유로 그의 연극은 새로운 연극적 시도와는 거리가 먼 전통연극에 그친다고 비

---

2 J.-P. Sartre, *Théâtre complet* (Gallimard, coll. Bibliothèque de la Pléiade, 2005), Préface, p. xxxvii. 이하, 'TC, 쪽수'로 줄임.

난을 받기도 한다.

이러한 사르트르에게 1954년 파리를 찾은 베를리너 앙상블의 『억척어멈』 공연과 1957년 브레히트 추모 공연은 새로운 전략을 암시해 준 것으로 보인다. 그리고 『알토나의 유폐자들』의 공연보다 6개월 후에는 "서사극과 드라마극"이라는 제하에 무려 2시간이 넘는 긴 강연을 한다. 그는 주로 150년 전통의 '드라마극'을 분석한다. 물론 브레히트의 '서사극'도 언급한다. 그리고 개인을 사회적 일부로만 바라보는 브레히트 연극의 그 '준(準) 객관성'의 문제도 잊지 않는다. 그럼에도 이 서사극과 협력하여 기존의 드라마극을 대체할 수 있는 주관성의 장르, 즉 서사-드라마극을 새로이 제안하며 강연을 끝낸다(TS, 104-50).

그런데 교수이자 작가이며 연극이론가인 사라자크(J.-P. Sarrazac)는 『꿈의 놀이, 그리고 다른 우화들』(2004)에서 사르트르의 견해와 유사한 이론적, 무대실행적 탐구를 계속하고 있다. 실재의 진실(서사)과 상상력의 진실(드라마) 간의 인위적인 대립을 배제하고 두 진실을 동시에 '서사-드라마적(épico-dramatique)' 카테고리를 통해 접근하자는 것이다. 그는 『드라마의 미래』(1981)에서도 이를 '랩소디(rhapsodie)'라는 개념으로 제시한 바 있는데, 이에 따라 관객의 감정이입 과정(드라마)과 순간적 자각(dénégation)(서사) 간의 교대, 즉 메타연극적 심급을 두드러지게 작품에 도입하는, 예컨대 비나베르(M. Vinaver), 플랑숑(R. Planchon)과 같은 현대 작가들을 이른바 현대판 음유시인(auteur-rhapsode)의 예로 든다.[3]

우리는 이 글에서 1954년 사르트르가 브레히트 연극의 파리 공연에서 찾아낸 '새로운 드라마극'의 가능성이 1959년 그의 마지막 창작극 『알토나의 유폐자들』에서 어떤 형태로 표현되는지 분석해 보고, 그다음 1960

---

3 J.-P. Sarrazac, *L'avenir du drame* (Circé, 1981, 1999 rééd), pp. 21-43.

년 그가 진행한 소르본 강연 내용을 '서사-드라마극' 이론과 관련하여 분석하며, 마지막으로 사라자크의 현재진행형 작업을 사르트르의 이러한 시도와 관련지을 수 있는지, 아울러 사르트르에 대한 사라자크의 평가는 어떠한지를 살펴보려 한다.

1. 사르트르의 드라마극과 브레히트의 서사극: 갈등 대신 모순으로

사르트르가 인터뷰와 강연 등을 통하여 자신의 연극관을 밝힌 시기는 주로 1955년부터 1960년까지이다. 브레히트의 서사극을 자주 거론하였는데 그건 연극 혁신의 가능성과 관련된 내용이었다. 하지만 이미 19세기 말 부르주아의 전성기에 이야기(muthos, 'bel animal')의 죽음은 시작되었다고 1981년 사라자크는 주장한다.[4] 이에 비해 사르트르는 20세기 중반까지 자신을 포함해 프랑스 연극은 여전히 '이야기' 중심의 드라마극을 고수한다고 본다. 이와 관련하여 이오네스코는 아예 연극 자체가 드라마극이라 생각하기도 한다.[5]

사르트르는 집요하게 연극을 서로 충돌하는 인간의 권리에 관한 무대로 보려 한다. 칼데론의 『인생은 꿈이다』(1633)와 같은 바로크 연극을 인

---

4 J.-P. Sarrazac, *Lexique du drame moderne et contemporain* (Circé, 2010), p. 32. 『드라마의 미래』의 제1판이 출간된 건 1981년이고 사라자크는 이때부터 '이야기의 죽음'을 말한다. 그리고 이야기의 다른 이름, 'bel animal'은 일견 'belle âme'과 마찬가지로 다소 희화화된 표현인 듯하지만, 아리스토텔레스를 따라 이야기를 마치 애완동물을 상상하듯이 유기적이고 단일한 생명체(un être vivant un)로 생각하는 의미로 보인다.

5 "연극은 서사적일 수 없다. (…) 왜냐하면 드라마적이기 때문이다." J.-P. Sarrazac, *L'avenir du drame*, p. 193에서 재인용.

용하면서[6] 그는 세대 간의 갈등, 즉 권리의식의 충돌을 드라마극의 핵심으로 제시한다. 이처럼 사르트르는 드라마극의 이야기와 갈등에 여전히 의지하여 감동을 제공하고 메시지를 전달하면서 관객의 반응을 가늠한다. 그런 점에서 볼 때 그에게 드라마극은 일종의 허울이라고 할 수 있다. 연극적 환상과 각성을 유도하기 위한 일종의 운반 수단일 뿐이다. 더욱이나 사르트르가 1955년 『네크라소브』를 무대에 올리며 "난 더 이상 부르주아에게 할 말이 없다"고 단언했는데도 불구하고(TS, 299), 『알토나의 유폐자들』의 경우에 또다시 드라마극을 선택한 것이다. 그렇다면 브레히트의 영향은 사르트르에게 어떠한 의미로 해석될 수 있는지 살펴볼 필요가 있다.

사르트르가 브레히트를 평가하는 첫 번째 이유는 부르주아지가 연극을 사유화한 이래 프랑스 연극은 중세의 연극과 같은 민중극으로 되돌아가지 못하고 있지만 브레히트는 그의 서사극으로 민중극(théâtre populaire) 부활의 가능성을 보인다는 점이다(TS, 73). 민중극이란 우선 관객을 연루시켜야 하는데, 브레히트의 연극은 그의 '사회적 게스투스'로 관객을 효과적으로 '의식화'시킨다.[7] 게스투스, 즉 제스처는 '몸짓'이다. 문장언어가 아닌 몸짓언어이다. 문장언어가 구속이 많고 전달력이 약한 대신 몸짓언어는 효과적이고 직접적인 전달력을 가진다. 따라서 브레히트는 문장보다 몸짓의 강한 호소력을 믿고 드라마극의 문장언어와 다른 '사회적 몸짓'을 선택했다고 볼 수 있다.

그러한 맥락에서 브레히트는 디드로의 '활경(tableau vivant)'과 '팬터마

---

6 "이러한 저의 폭력을 제게 준 이는 바로 아버지이죠. ─보거라. 너의 폭력이 바로 내가 선택한 행동을 정당화하지 않느냐"(TS, 30).

7 이 책에 실린 필자의 「사르트르의 연극미학」, 각주 53(pp. 274-75) 참조.

임'까지 동원한 것으로 보인다.[8] 이러한 브레히트의 연극적 테크닉에 사르트르는 매료된다. 그래서 "민중극이 정치적 연극일 수밖에 없다는 사실을 이해한 유일한 연극이다"라고 격찬한다(TS, 78). 브레히트가 관객 몰입을 위해 취하는 전략은 등장인물이 어떤 선택과 결정으로 그가 처한 상황의 불투명한 신비성을 파악하고 대처해 나가는지 그 과정을 보여 주고 관객의 일종의 '거리를 둔 동참'을 유도하는, 그 나름대로의 민중극 전략이다. 이처럼 브레히트는 부르주아가 주인이었던 19세기의 연극 풍토를 극복하고 모든 관객이 함께 참여하는 민중극의 전통을 복원한다는 점에서 사르트르의 희망에 중요한 열쇠를 제공한다고 볼 수 있다.

두 번째 이유는 브레히트를 아예 프랑스의 연극 전통으로 수용하는 시도도 또한 그는 가능하다고 보기 때문이다. 1956년 브레히트의 죽음 이후 그의 베를리너 앙상블 극단이 1957년 파리를 다시 찾는데, 사르트르는 이때 집중적으로 자신의 의견을 피력한다. 그는 19세기를 부르주아의 시대로 본다(TS, 81). 그리고 19세기 연극도 '무대현실'의 실재성, 즉 '이야기(muthos)의 감동'을 강요한다고 생각한다. 이는 그의 소설 『구토』에서도 '살기'와 '이야기하기'의 대비를 통하여 피력한 견해이다.[9] 그러한 19세기 연극과 다르게 브레히트의 연극은 엘리자베스 시대 연극이나 프랑스 고전주의 연극처럼 인간을 다시 세상과 '진실'에 내려놓으며 무시무시한 괴물을 묘사해 보여 주지만 알고 보면 우리 자신의 모습이라는 것이다. 이를 위해 그가 주로 이용하는, '생소화(distanciation)'나 '소격효과(effet d'éloignement)'라는 기법도 예컨대 라신의 『바자제』의 서문 내용과

---

8 디드로의 'tableau vivant'을 '활경(活景)'으로 옮기는 근거에 대해서는 필자의 위의 글, 각주 54(pp. 275-76) 참고.

9 필자의 논문, 「구토와 부르주아지」, 『불어불문학연구』 제100집(2014).

같다고 주장한다.[10] 왜냐하면 관객은 주인공이 어떤 인물일지라도 그와 동일시하며 갈등이 해소되고 악이 선에 의해 파괴되길 원하는 심리를 가지기 때문이다.

같은 의도에서 사르트르도 그의 괴츠(『악마와 신』)와 프란츠(『알토나의 유폐자들』)를 이웃 나라의 생소한 인물로 설정하여 관객의 동일시 경향을 차단하는 효과를 보려 했던 것이다. "소개하는 인물은 바로 나이다. 하지만 그는 내 힘이 미치지 않는 곳에 있다. 즉 나를 타자로 바라보게 하는데 이는 내가 혼자 생각하면서는 가질 수 없는 객관성을 갖게 한다"(*TS*, 89). 이처럼 고전비극의 중심개념인 '갈등'을 브레히트는 '모순'으로 대체할 뿐인 것이다. 그는 관객을 '사회적 인간'의 관점으로 이동시키고 그 관객의 사회와 시대도 타자의 관점에서 바라보게 한다.

세 번째로는 브레히트가 서사극의 중심에 놓는 이 '모순'을 전혀 우연의 소산으로 보지 않는다는 점이다. 개인의 모순이 아니라 바로 그 사회, 그 시대의 모순으로 파악한다는 바로 그 점이 사르트르에게 중대한 변화를 일깨운 것으로 보인다. 1938년 그의 주인공 로캉탱이나 아니, 그리고 1951년 첫 역사극의 주인공 괴츠가 그들의 모험의 느낌, 최적의 상황, 완벽한 순간, 절대선, 절대악과 같은 개념적 여정에서 보이듯이 개인적인 모험의 테두리를 벗어나지 못한다고 볼 수 있는데, 그렇다면 새로 태어나게 될 그의 주인공은 역사적 시대적 모순의 대변자일 것임이 예상된다. 바로 우리가 분석하게 될 『알토나의 유폐자들』의 주인공이다.

---

10 "내 비극의 주인공들은 다른 시각으로 보여야만 합니다. 평상시 그렇게 가까이서 봤던 것과는 다르게 말입니다. 주인공에 대한 존중심은 우리로부터 그가 멀어지면 멀어질수록 커진다고 말할 수 있습니다. 예컨대 장소를 먼 다른 나라로 설정하면 어떤 의미에서 시간적인 인접성의 느낌도 해소시킬 수도 있습니다"(*TS*, 83).

2. 『알토나의 유폐자들』의 서사적 특징(1959년)

그 주인공의 이름은 프란츠이다. 독일군 장교로 참전하고 고문을 했다는 이력만으로도 사르트르는 그를 역사적이고 시대적인 모순 자체로 만들 수 있었다. 그를 둘러싼 간략한 줄거리는 다음과 같다. 아버지가 소집한 가족회의에 딸 레니와 둘째 아들 베르너, 그리고 베르너의 아내 요안나가 참석한다. 아버지는 베르너에게 기업을 넘긴다는 결정을 통고한다. 이 결정은 요안나를 이용해 3년 전부터 2층에 유폐 중인 첫째아들 프란츠를 칩거에서 빠져나오게 하려는 계략의 일환이다. 왜 프란츠가 스스로 유폐했으며 왜 아버지가 프란츠와 함께 죽으려 하는지는 3년 전 아버지가 혼자 알게 된 프란츠의 비밀 때문이다. 프란츠는 장교로 참전하여 어느 마을에서 적군이 아니고 민간인일 수 있는 포로들도 고문하였다. 그는 그 상황에서 전력의 희생을 최소화하는 데 어쩔 수 없는 선택이었다고 생각했다. 이런 아들의 고문에 대해(그리고 암시적으로 알제리전쟁 당시 자행된 프랑스 군대의 민간인 고문에 대해) 그의 책임자, 아버지가 내린 심판이자 결정은 아들과 그 자신의 동반자살이다.

전쟁이 끝나고 집으로 귀환한 프란츠는 처음부터 자진하여 유폐생활을 시작하지 않았다. 하지만 전범 재판 소식이 매일 라디오에 흐르고, 동시에 미국은 소위 '마셜 플랜'으로 전후 시장 확대를 위해 유럽과 독일의 산업을 진흥시키는데, 이에 독일 경제가 점차 회복하며 아버지의 조선소도 급성장의 조짐을 보이자 프란츠는 그만 2층 자기 방에 스스로를 감금하고 누이동생 레니의 출입만을 허락하고 있는 것이다. 전후 독일이 미국의 원조와 뉘른베르크 재판 결과를 그대로 수용하고 전쟁을 부인하면 전쟁 중에 프란츠가 지휘관으로서 결정한 이타적인 고문은 그 정당성도 함께 부정되고 자신의 삶 전체도 의미가 없어지기 때문이다. 그래서 유폐의 상태로 자신의 결백과 정당성을 후세 인류에게 증언하는 삶을 13년째 이어 오고 있는 것이다.

이 희곡은 명백히 드라마극이다. 그런데 서사적 요소들을 도입할 수 있는 가능성은 어디에서 찾을 수 있을까. 아마도 그건 브레히트의 서사극에도 아리스토텔레스의 '행위'는 여전히 자리하기 때문일 것이다.[11] 이는 스촌디(Szondi)의 제자 레만의 포스트드라마적 시각이다.[12] 바로 이 덕분에 사르트르는 이 희곡이 드라마극이라는 큰 전제 하에 브레히트의 서사적 요소들을 추가할 수 있었을 것이다. 객관적 대상으로 환원될 수 없는 인간의 주관성을 표현하는 데 서사극의 교조적 성격, 즉 준(準) 객관성이 개입하는 것이다. 그래서 청교도 후예로서 프란츠가 내려놓지 못하는 자의식은 그가 죽음에 이르기까지 자신의 이타성이라는 화두와 충돌하고 이 갈등은 행위의 관건을 이루는 것이다.

프란츠의 첫 등장(제1막 2장)은 극중 현재 시점이 아니라 회상 장면의 무대실행으로 이루어진다. 요안나의 호기심을 이용해 아버지는 계획대로 프란츠의 문제를 가족회의에 끌어들인다. 아버지는 13년 전인 1946년의 사건을 3번, 18년 전인 1941년의 사건을 1번, 모두 4번의 사건을 '플래시백' 장면으로 재현하며 프란츠를 등장시키고 극중 대화로 과거를 현재와 교차시킨다. 그래서 현재와 과거의 다른 시점의 인물들이 한 무대에서 대

---

11 이런 시각에서 (짜여진) 이야기(fable, 'bel animal')의 기본을 행위(action)라고 보는 것이다. '무위(inaction)'로는 이야기에 다다를 수 없기 때문이다. 참고로 국내에서 'action'을 '극행동'으로도 옮기기도 하나 아래 3장에서도 보듯이 사르트르는 이 '행위(action)'를 표현주의적 '무위(inaction)'의 성격에 대비시킨다. 이를 감안하여 우리도 '극행동'보다 '행위'로 옮긴다. 만약 action을 '극행동'이라 옮기면 inaction이라는 그 반대 개념을 위한 용어가 마땅치 않기 때문이다(물론 'acte'를 예컨대 '행동'으로 옮기며 구분해야 하기는 하다). 그래서 사르트르는 베케트와 이오네스코의 작품을 비록 같은 드라마극이라도 무위라는 속성 때문에 표현주의적이라고 분류하고, '이야기'와 '행위'가 사라진 드라마극의 예로 들고 있다.

12 Hans-Thies Lehmann, *Le théâtre postdramatique*, tr. P.-H. Ledru (L'Arche, 2002), p. 44.

화하는 일종의 변형된 형태의 '극중극'이기도 하다. 이같이 우리는 사르트르가 서사적 요소의 개입을 명시적으로 언급한 플래시백 장면들을 중심으로 그의 서사-드라마적 모색의 면모를 살펴본다.

1)

지시문에 따르면 우선 처음 두 번의 플래시백에서[13] 1946년을 회상하는 아버지만 프란츠를 볼 수 있다. 하지만 세 번째 플래시백 장면(*SA*, 887-88)은 1941년 프란츠가 18살의 나이로 참전하기 전의 일이고, 네 번째 (891)는 다시 1946년의 짧은 순간으로 레니도 아버지와 함께 비밀경찰과 미군 헌병을 볼 수 있다. 즉 레니, 아버지, 관객만이 프란츠를 보며 시간대를 이동할 수 있지, 요안나와 베르너에게는 직접적 대화 참여가 금지된다. 그래서 아버지는 한 무대에 있는 (13년 전의) 프란츠와 (현재의) 요안나에게 차례로 질문을 할 수도 있고,

> **아버지**　네가 무엇을 안다고? (프란츠의 침묵. 아버지는 요안나에 몸을 돌린다.)
> 　　　　요안나는 그 시기에 신문들을 읽지 않았겠지?
> **요안나**　전혀요. 12살이었어요. (*SA*, 880)

(13년 전의) 프란츠는 (현재의) 시아버지에게 건네는 (현재의) 요안나의 질문에 아버지의 중개 없이 그녀에게 대답하는, 즉 일종의 '발화시점 혼합'에 참여하기 위해 현재로 소환된다.

---

13 J.-P. Sartre, *Les Séquestrés d'Altona* (Gallimard, coll. Bibliothèque de la Pléiade, 2005), pp. 880-82, 884-87. 이하, '*SA*, 880'처럼 줄임.

요안나 그는 뭘 했습니까?

아버지 술을 마셨지.

요안나 무슨 말을 했습니까?

프란츠 (멀고도 기계적인 목소리로) 봉주르. 봉수아르. 위. 농. (881)

이 기법은 물론 이 극의 조정자, 아버지의 상징적 역할을 강조하기 위함일 것이다. 현재는 물론이고 과거에도 그래 왔기 때문이다. 그리고 프란츠는 등장하지만 회상하는 아버지의 등 뒤 어둠 속에 위치하며 대답한다. 단, 아버지와 레니가 그에게 말을 붙여야 할 때는 그들도 프란츠에게 몸을 돌릴 수 있다.

사르트르의 기존 희곡 중에서 이와 같은 회상 장면이 없지 않았다. 『닫힌 방』, 『무덤 없는 주검』, 『더러운 손』에서도 작품 내내 현재는 과거와 교차된다. 하지만 『알토나의 유폐자들』에서는 브레히트의 고유 용어가 등장한다. "회상 장면은 일종의 '물러섬'과 '생소화'를 감안해야 하는데 과격한 장면에서도 과거를 현재와 혼동하게 해서는 안 된다"라고 지시문에 명시한다(881). 이는 소위 '제4의 벽'과 반대되는 기능을 염두에 둔 지시로 보인다. 그래서 프란츠를 '어둠'에 위치시키고 '죽은 자의 눈'을 보이기를 주문하는 것이다. 즉 그로테스크한 요소들의 동원으로 관객의 몰입을 막고 관찰자로서 사건을 대면하게 유도한다.

라디오의 음성도 서사적인 요소들 중의 하나로 볼 수 있다. 그 기능은 정보 제공이지만 그 외에 정보의 객관성과 엄중함도 담보하는 역할도 수행하기 때문이다. 동시에 무대에 그 시대와 외부의 실재성까지 도입한다. 서술의 형태로 스피커의 음성은 관객을 향한다. 관객은 그 덕분에 상황을 즉시 파악한다. 이런 점에서 서술 형태가 대화 형태보다 더 간명하고 효과적이다.

라디오 소리 친애하는 청취자 여러분, 뉴스를 시작하겠습니다. 뉘른베르크 연합군 법정은 다음과 같이 판결하였습니다. 괴링 원수는… (프란츠는 가서 라디오를 끈다. 이동할 때도 그는 어둠 속에 있다.) (881)

매우 짧은 정보이지만 프란츠의 유폐 직전 돌발한 중요한 순간임을 각인하는 데 충분하다. 전범과 판결이라는 단어만으로도 프란츠의 격한 반응을 이끌어 내기 때문이다. 그는 전범에 국한하는 단죄에 동의하지 않고 적을 상대해야 했던 독일 국민 전체의 결백을 변호한다. 유폐 기간 내내 이루어질 프란츠의 독백과 그의 후세 인류를 향한 연설의 내용을 예상하게 한다.

2)

2번째 플래시백 장면에서 아버지와 프란츠의 대립은 우선 칼데론의 『인생은 꿈이다』(1633)와 코르네유의 『희극적 환상』(1636)의 아버지와 아들,[14] 그리고 소포클레스와 아누이의 『안티고네』(1944)에서 이루어지는 삼촌 크레온과 안티고네의 논쟁과 같은 연장선에 있다고 볼 수 있다. 세대 간 갈등이라는 주제는 사르트르의 연극론에서 거의 항상 언급된다(*TS*, 30, 136).

프란츠 (…) 히틀러, 우린 그를 증오했지만 다른 이들은 좋아했어요. 하지만 차이가 어디 있죠? 아버진 그에게 전함을, 저는 그에게 적의 시체

---

14 『희극적 환상』의 아버지는 마술사에게 부탁하여 극중극의 관객이 되고, 20년 만에 아들의 현재 모습을 무대에서 확인한다. 이어서 그는 직접 극중극의 무대 안으로 진입하지만 아들과 곧바로 대립한다. 아버지와 아들은 과거 자신들의 결정이 상대의 탓이라고 서로의 권리를 겨룬다.

들을 제공했지요. 보세요, 그를 존경했다 한들 무엇을 더 할 수 있었을까요?

아버지 그래서? 모든 사람들이 유죄라고?

프란츠 천만에요, 아니죠. 아무도! 승자의 판결을 수용하며 굽실거리는 놈들은 제외하고 말이죠. (*SA*, 882)

아버지와 아들의 대화는 일단 온전하지 않다. 아들의 이러한 주장을 아버지는 전혀 이해하지 못하기 때문이다. 프란츠는 자신이 행한 민간인 고문이라는 치명적인 행위까지 자신이 요구하는 권리의 근거로 삼을 수 없기 때문이다. 하지만 '라디오 음성'의 도입적인 정보 제공과 다르게, 아직 밝혀지지 않은 프란츠의 비밀과 부자 간의 갈등의 원인은 관객이 이야기에 몰입하여 스스로 찾아내고 논증해야 하는 몫이다. 이와 동시에 프란츠의 변모 과정도 관객이 직접 목격하고 심판해야 할 몫이다. 이는 3번째 플래시백 장면에서도 마찬가지이다. 이 장면들이 희곡의 서사적인 부분을 이룬다고 볼 수 있다.

하지만 이 극의 전반적인 성격은 드라마적이다. 앙리 구이에가 드라마극의 키워드로 '죽음'을 제안한다는 점에서 보면 더욱 그렇다. 아버지와 프란츠의 죽음으로 연극은 종지부를 찍기 때문이다. 게다가 아버지가 결정한 이 동반자살은 비장하기도 하다.[15] 미셸 리우르는 구이에의 이 제안에 따라 위고의 『에르나니』, 클로델의 『인질』, 몽테를랑의 『죽은 여왕』 등등을 드라마극의 예로 든다.[16]

그러나 이러한 드라마극에 도입된 서사적 요소는 일단 단편적이고 부

---

15 아래 8)항의 2 인용문이 그 예가 될 수 있다.

16 Henri Gouhier, *Le théâtre et l'existence* (Paris: Aubier, 1952), pp. 69, 76; Michel Lioure, *Le drame de Diderot à Ionesco* (A. Colin, 1973), pp. 8, 187.

분적으로 보인다. 그 이유는 아마도 이 글 처음에서도 인용하였듯이, 베르나르 도르트와의 인터뷰에서 작가 스스로 밝히는 다음의 의도에서 찾을 수 있을 것이다. 프란츠라는 주인공 설정에서부터 기획된 "'생소화'가 '감정이입'을 해치지 말고 서로 평형을 이루어야 한다. 전쟁의 고문자였다는 게 무엇인지를 이해하기 위해 먼저 관객이 문제의 주인공에 동화될 수 있어야 하고, 자신을 스스로 증오할 수 있어야 한다"(TS, 305). 사르트르에게도 이처럼 '생소화'라는 서사적 특징이 도구적이고 부분적인 것이다.

다른 한편 드라마극 자체에 '생소화' 작업이 포함되어 있다고 볼 수도 있다. 드라마극이 절반은 '생소화'에, 나머지 절반은 '감정이입'에 의지한다는 말이다. 예컨대 인류학자가 처음 보는 어느 부족을 관찰하다가 어느 순간 자기의 대상인 그 부족이 자기 자신임을 자각하게 되는 과정과 같다는 의미이다. 그렇게 보면 사르트르는 드라마극의 전반부에 해당하는 '생소'한 상태를 개념화하는 것뿐이라고 볼 수도 있다. 콩타에 따르자면 이는 베케트나 이오네스코처럼 '이야기(fable, bel animal)' 자체를 아예 조롱하거나 폐물로 상대하겠다는 입장과 다르다. 이처럼 사르트르는 아직 이야기에 대한 기대, 즉 '이야기의 의미'와 '이야기의 가지성(可知性)'을 거두지 않는다(TC, xxxvii).

3)

1946년보다 더 결정적인 순간은 1941년이다. 이는 3번째 플래시백인데, 아버지의 전반적 회상이 아니라 그의 '조종'에 따라 프란츠가 호출되는 '서술과 모방의 무대(scène diégétique, mimétique)'로 재현된다. 발단은 게를라흐 집안 소유의 땅에 정부가 유대인 수용소를 건설하겠다는 계획을 아버지가 수용한 사실이다. 그 계획을 거절할 수도 있었는데 왜 수용했는가 하는 바로 그 점이 프란츠의 쟁점인 것이다. 하지만 아버지는 결국 어디엔가 수용소는 지어질 건데 청교도의 부질없는 오만으로 이를 거절한다면 소득 없이 정부 내에서 자신이 소외되기만 할 거라는 논리이다. 2번째 플래시백 장면과 마찬가지로 아버지, 아들의 대립이라는 테마는 계속 전개되고, 과거의 프란츠와 현재의 며느리를 같은 무대와 같은 시간으로 소개하는데, 이러한 '시점 병합'은 일종의 시공간적 '절약'의 효과와 시각적 '다양화'를 염두에 둔 것으로도 볼 수 있다.[17]

> **아버지** 나만 손을 씻는다는 위선적인 기쁨을 원한다고? 새내기 청교도라
> 니.
>
> **프란츠** 아버지가 무서워요. 남들의 고통을 제대로 느끼지 않으시는군요.
> (*SA*, 885)
>
> (…)
>
> **아버지** 내 어린 왕자, 두려워 말거라, 내가 처리하마.
>
> **프란츠** 이번엔 안 될걸요.
>
> **아버지** 이번도 다른 경우처럼. (…) 문제가 나치? 수용소? (생각난 듯) 폴란드
> 인이로군! (일어나 급히 걷는다. 요안나에게) 그건 폴란드인 랍비였어.
> 포로 한 명이 전날 수용소를 탈출했다고, 소장이 우리에게 알려 왔
> 지. (886)
>
> (…)
>
> **아버지** (요안나에게 대화의 어조로) 그(프리츠)는 우리 운전수였는데 진짜 나치

---

17 중세 '원형연극(théâtre en rond)'이 아예 '지옥', '천당', '현세'와 같은 설명적인 플래카드들을 내걸며 여러 배경들을 한 배경으로 몰아 동시에 배열하기도 하였듯이 작가가 이런 장르에서 영감을 얻었을지도 모른다. 참고로 그의 『악마와 신』(1951) 제1막의 배경도 이러한 동시배경이다. "왼쪽에는 대주교 궁의 방, 오른쪽에는 주교관과 성벽이 있다. 지금은 대주교 궁의 방에 조명이 비친다. 무대의 나머지 부분은 어둠에 잠겨 있다."

였지.

프란츠 오늘 아침 알토나 정비소를 간다며 그가 자동차를 몰고 갔어요.
(887)

　우선 '포로수용소'라는 역사적 사실 단 하나가 프란츠와 폴란드인의 '이야기'를 '진실 같게' 한다. 프란츠는 그 포로를 자기 방에 숨겨 주었고 운전수의 밀고(?), 혹은 아버지의 보고(?)를 받은 뒤 나치대원이 방에 들이닥쳐 그의 면전에서 그 폴란드인을 사살했다. 이는 실제로 극 전체 '행위'의 발단이 된다. 물론 이번도 아버지의 일방적 처리 덕분에 프란츠는 군 입대 조건으로 풀려난다. 이렇게 아버지는 프란츠의 일거수일투족을 모두 감시하고 관리해 왔기 때문에 프란츠가 민간인을 고문한 건 유일하게 그 스스로 내린 결정의 의미를 가진다.

4)

　네 번째 플래시백은 단순하다. 헌병 두 명이 말 한 마디 없이 등장하고 퇴장할 뿐이다. 그래서 작가는 무대지시문에 이 네 번째 플래시백의 경우는 언급하지 않는다. 미군의 점령 시기에 레니를 겁탈하려는 미군에게 프란츠가 덤벼들었고 그사이 레니가 병으로 미군의 머리를 내려친 사건이다. 이 경우도 아버지가 일을 무마한다. 이번에는 남미로 떠나기로 하고 비자까지 손에 넣었으나 레니는 프란츠를 설득하였다. 어떻게 설득하였는지는 설명하지 않는데, 그건 설명보다 관객들의 판단을 기다리는 또 다른 문제이기 때문이다. 그래서 아버지는 다만 "레니가 이겼다"라는 표현으로 앞으로 관객이 마주하게 될 '근친상간'이라는 주제를 함축한다. 그러자 레니가 부연한다. "이 집에서는 패자승 게임을 한답니다"(SA, 892). 프란츠는 이후 현재까지 자기 방에 스스로 유폐생활을 하고 있다.

제1막의 나머지 3장과 4장은 프란츠가 등장하지 않는 만큼 전형적인 드라마극으로 되돌아간다. 즉, 아버지는 레니를 설득한다. 자신이 죽기 전에 프란츠를 단 한 번 보는 것으로 충분하다고. 요안나 또한 프란츠의 광기에 대한 피할 수 없는 호기심을 가지게 되고 그런 그녀를 아버지는 조종한다. 이미 레니가 프란츠의 방에 들어가 있으므로 요안나는 다음 날 프란츠를 만나러 가는 걸로 합의하고 아버지는 그녀에게 암호를 제공한다. 그리고 아버지는 며칠간 출타 중일 것이다. 제2막은 레니가 들어와 있는 프란츠의 방이다.

5)

현재의 프란츠가 등장하는 제2막은 지시문이 길고 장황하다. 그의 방과 삶을 처음 지시하기 때문이다. 큰 침대, 그러나 시트나 매트리스가 없다. 부서진 가구더미들, 자잘한 장식품들, 히틀러의 초상화, 굴 껍질 등등, 주로 어둡고 부정적인 기표들이다.[18] 굴 껍질과 샴페인 병들을 제외한다면 강제수용소의 분위기가 되고 프란츠 스스로 유대인들 대신 수용소의 수인이 된 것으로 생각할 수 있다. 벽에는 손으로 쓴 플래카드가 있다. "두려움 금지(Il est défendu d'avoir peur)"(SA, 903).[19] 당연히 관객들의 소외를 의식한 '생소화'의 시도로 볼 수 있다. 이처럼 '감정이입' 가능성을 처

---

18 어지러운 방의 묘사는 지드가 1930년에 출간한 『심판하지 마세요』 제2권에서 작가는 영감을 얻었다고 알려져 있다. 1901년 푸아티에에서 실제로 있었던 사건인데, 아버지의 뜻에 따라 25년간의 유폐생활을 해야 했던 52세의 처녀 멜라니 바스티앵이 누군가의 제보로 풀려난다. 하지만 병원의 깨끗한 침대로 옮겨진 그녀는 자신의 더럽지만 정겨운 거처로 다시 돌아가기를 원했다고 한다. A. Gide, *Ne jugez pas* (Gallimard, 1930, 1957 rééd.), p. 265.

19 루에트(J.-F. Louette)에 의하면 이는 수용소의 플래카드를 연상하게 한다고 한다. "노동이 자유케 하리라(Arbeit macht frei)"(*TC*, 1518). 제4막 3장, 어느 여인과 프란츠가 대화하는 꿈속에 나오는 벽보, "죄인은 바로 당신이다(Les coupables, c'est vous)" 또한 비슷한 효과를 의도한다.

음부터 견제하여 결말에 이르도록 부정과 비판의 시각을 놓치지 않기를 바란다. 하지만 드라마극이므로 당연히 그 특성상 관객을 연루시켜 프란츠에 감정이입하게 할 수밖에 없다. 그럼에도 불구하고, 그와 상반된 브레히트의 '생소화' 기법을 동시에 도입하는 것이다. 특히 부르주아 관객의 혼란이 없을 수 없다. 프란츠는 헛소리 하는 괴물이기도 하고 동시에 우리의 형제이기 때문이다(TC, xxxvii).

6)

　제2막 1장부터 프란츠의 연설이 진행 중이다. 연설의 상대는 "천장(plafond)의 거주민들", 즉 후세의 인류이다. 정부가 전쟁 후 허위보도로 피해자인 국민들을 속인다는 내용인데, 이는 사실 프란츠의 '자기기만'이다. 자신이 행한 민간인 고문까지도 그 선택의 정당함, 자신의 결백을 입증 받으려는 것이다.[20]

　그는 보이지 않는 상대, 그가 살고 있는 시대와 후세의 인류를 상대로 연설을 하고 이를 녹음한다. 스촌디가 일컫는 소위 '서사적 자아'이다. 이 주체는 '서술 가운데 존재하는 작가'와 드라마적 '행위'의 단절을 의미한다.[21] 따라서 이야기는 성찰로 바뀌고, 작가의 시각이 서사적 주체의 매개로, 즉 서술의 형태를 통해 반영된다. "녹음기에 저장된 서술", "후세의 인류"로 지명된 게(crabes), 이것들은 이 드라마의 행위와 동떨어진 세계, 즉 프란츠의 영역에 속한다. 서사적 자아의 표현 영역이다. 하지만 레니는 프란츠가 불러 대는 '천장의 거주민들'은 허위의 증인이고, 즉 허위를 상대하는 허구지만, 그를 사랑하는, 근친상간의 여동생, 레니는 자신이야

---

20 "우리는 무죄를 주장한다"(SA, 903).

21 Sarrazac, *Lexique du drame moderne et contemporain*, p. 74.

말로 진짜 증인임을 강조한다(SA, 912).

7)

    제4막 3장의 요안나에게 프란츠가 보여 주는 어느 여인과의 대화 장면
도 그의 순수 기억의 회상으로 이루어진 것이 아니다. 기억에 꿈들이 뒤
섞인 변덕스런 망상의 장면이고 이를 진실과 뒤섞어 무대화하고 요안나
에게 호소하는 허위의 증언이다(SA, 965).[22] 죄책감을 섞어 일부 추상화하
고 일부 신비화한 '자기기만'의 전형이다.

> **프란츠** (…) 내 삶에 대해 말해 주겠소. 그렇다고 엄청나고 악랄한 행위를
> 기대하지는 마시오. 절대 아니오. 그래도 내 스스로 비난하는 게 뭔
> 지 아시오? 그건 내가 아무런 짓도 하지 않았다는 것이오. 아무것
> 도! 결코! (962)

    일방적으로 그에게 죄책감을 주입하는 악몽만이 아니라 그의 경우를
일반화시키고 다른 군인과 자신을 동일한 입장으로 여기게 혼란으로 마
비시키는 자기연민의 꿈이기도 하다. 그래서 사르트르의 의도에 의문을
가지게 되는 부분이기도 하다. 기억과 꿈, 단순한 조명의 밝기로 구분되
는 무대현실과 '극중극'의 경계가 분명치 않다. 기억이 꿈보다 상위 개념
인지 하위 개념인지도 정의되지 않는다. 하지만 이 극중극은 무대현실과
다른 차원에 있다. '자신의 삶'이라 하였으나 이보다는 이 드라마 전체를
상징하는 '회상이라는 행위로 이루어진 이미지'로 볼 수도 있다.

---

22 "(요안나) 그게 기억이 아니었나요? / (프란츠) 그건 또한 꿈이기도 합니다. 때로는 내가 그녀
    를 데려오기도 하고 때로는 내버리기도 하고 그리고 때로는…"(SA, 965).

게다가 이 대화 장면은 작품 전체에서 브레히트의 존재를 가장 선명하게 떠올리게 하는 부분이기도 하다. 단번에 브레히트에게 사르트르가 건네는 일종의 '눈짓'이라는 생각이 드는데 그건 비단 우리만의 생각이 아니다. 이 부분에 대한 플레야드 판본 주석도 우리와 마찬가지이다. 즉 주석은 『억척어멈』의 엄마가 한 장교와 나누는 대화 장면과 이 여인이 프란츠와 만나는 장면은 유사하다고 본다. 다만, 전쟁의 의미를 이해하지 못한 채 아들을 잃은 '억척어멈'이 이 전선, 저 전선을 옮겨 다니며 전쟁 물자를 팔며 생계를 유지한다면, 부상당한 이 여인은 남동생과 프란츠를 모두 전쟁의 죄인으로 몰아 대는 의식화되고 게다가 호전적인 점이 억척어멈과 다르게 보인다(TC, 1542).

즉, 브레히트에게 개인은 대부분 사회와 역사에 의해 소외된 무력한 피해자, 객관성의 대상, 즉 게스투스의 모델이다. 그에 비해 사르트르는 일개 여인일지라도 전쟁의 의미(혹은 무의미)와 전쟁에 대해 의식화된 주관성의 주체로 소개한다. 사르트르가 브레히트에게서 발견하는 '준객관성'이라는 일종의 '결핍'을 보완하는 시도라고 볼 수 있다. 그러므로 브레히트의 게스투스가 사르트르의 도구 개념이 되려면 주관성과 '합금이 된' 객관성의 모습으로 변형되어야 한다. 자네트 콜롱벨도 같은 지적을 한다. 그녀 역시 브레히트가 연극에 '갈등' 대신 소개하는 '모순'의 역동성에는 찬성하지만, 모순을 (개인이 역사의 산물일 수밖에 없다는 그러한) 시스템의 결과만으로 치부하는 시각에는 한계가 있다고 본다.[23] 이는 브레히트의 게스투스를 겨냥하는 말일 것이다. 그런 의미에서 다시 그 여인을 생각해 보면, 그 여인은 전쟁의 단순한 피해자가 아니다. 작가의 시각으

---

23 Jeannette Colombel, "Le jeu et le je de l'acteur," *Les temps modernes* (Témoin de Sartre), n° 531 à 533, vol. 2 (1990), p. 785.

로는 그녀가 프란츠 대신 그의 내면을 드러내 주는 프란츠의 분신일 수 있다.

> **프란츠** 만약에 당신 동생이 죽을 당시 어느 수용소의 교도관이었다면 당신
> 은 떳떳할 수 있어요?
>
> **여 인** (사납게) 물론이지. 잘 들어 보시오. 만약에 내 동생의 의식에 수천
> 의 주검이 있다 해도, 그리고 그 주검들 중에 나 같은 여자들이 있
> 었다고 해도, (…) 난 그를 자랑스러워 할 거야. (*SA*, 964)

그렇다고 해도 여전히 남는 건, 이 신비화되고 때에 따라 변하는 꿈을 소개하며 요안나에게 오히려 더 혼란을 더해 줄 필요가 있을까, 혹은 브레히트를 의식해 별도로 준비해 둔 장면이라고 하더라도 그 위치로 적합한가 하는 의문이다. 하지만 요안나의 섣부른 판단을 유예하는 장치라든가, 프란츠가 가해자만이 아니라 피해자라는 점을 부각하기 위함이라면 수긍할 수도 있겠다.

그 여인에겐 죽은 자기 동생과 프란츠 모두에게 해 주고 싶은 말이 있다. "이 참극은 너의 작품이다." "(왜냐하면) 너 자신 스스로를 싸우게 놔두었기 때문이다." 그리고 프란츠는 그의 키 높이에 붙어 있는 벽보를 발견한다. "죄인은 바로 당신이다"(*SA*, 964). 즉, 프란츠가 피해자이자 가해자이다. 그리고 참전 이전인 1941년의 사건, 즉 폴란드인 랍비를 숨겨 주었던 '청교도', 즉 '루터의 피해자'인 그가 가해자가 된 것이다(890).

이 "죄인은 바로 당신이다"는 1946년 프란츠가 귀환하여 아버지를 상대로 터트리던, 아래 인용문의 울분보다 많이 원숙해진 내용이다. 지금 1959년에도 여전히 반복하며 변형시키는 꿈이기 때문일 것이다.

프란츠 (…) 그들이 우릴 심판한다면 그들 심판은 누가 합니까? 그들이 우리의 죄상을 말하는 건 그들도 몰래 준비하는 범죄를 합리화하기 위함입니다. 즉 독일 국민의 체계적인 몰살 말입니다. (…) 적 앞에 우리 모두는 결백합니다. 아버지, 저, 괴링과 다른 이들도. (882)

브레히트와의 상관성에도 불구하고 사르트르의 '새로운 드라마극'은 과거를 꿈의 형태로 현재에 소환하면서 자의식의 형태로 주관성의 애매모호한 여운을 강조한다.

8)

끝으로 이 드라마는 '서사적', '드라마적', 그리고 '서정적' 형태의 '잡종 형성'이다. 프란츠의 서사적 연설과 꿈 이야기는 아버지가 조종하는 드라마적 각본에 섞여 있다. 요안나를 꾀어 프란츠를 드디어 만나게 된 아버지는 서정적인 표현으로 그를 설득한다. "나는 구름의 그림자, 한차례 소나기가 지나가면 태양은 내가 살던 자리를 밝혀 줄 거야. 괜찮아, 승자는 패하는 법이거든"(990). 이를 그대로 수용하고 아버지와 함께 '악마의 다리'로 간 프란츠가 남긴 음성 녹음도 못지않다. "이 세기는 좋았을 수 있었어. 인간이 염탐당하지 않았더라면 말이지. 그의 잔인한 오랜 적에 의해서, 그의 파멸을 단언한 육식동물에 의해서, 털 없는 교활한 짐승, 즉 인간에 의해서 말이지"(993).

이처럼 드라마극과 서사극의 요소들이 융합된 작품을 공연한 후, 사르트르는 이 다른 종류의 연극 전통에 대한 자신의 시각을 직접 정리하는 기회를 가진다.

3. 사르트르의 서사-드라마극(1960년)

    1948년 『문학이란 무엇인가』로 자신의 문학론을 정리한 바처럼 사르트르는 1960년 3월 29일 소르본 대학 강연에서 처음으로 연극론의 종합을 시도한다. 한편 1959년 9월 23일에 『알토나의 유폐자들』의 공연이 시작된 바 있다. 다시 말해 그의 마지막 창작극이 공연을 시작한 지 6개월 후에 이루어진 그의 연극관 강연이다. 하지만 공연과 강연은 직접적인 관련성이 적어 보인다.[24] 다만 브레히트를 중심으로는 관련을 지어 볼 수 있다. 한마디로 브레히트의 연극관은 주관성(subjectivité)과 관객의 감정이입과 같은 공유의 관점을 보완하여 수용될 재료로 소개된다. 예컨대 브레히트가 동독 시절, 전체주의 정권 치하의 개인들이 가졌던 내적 모순을 아무리 '생소화' 기법을 통해 무대에 재현했을지라도 그 당시 관객들은 여전히 '공감'하고 '공유(participation)'하지 않을 수 없었지 않은가라고 사르트르는 반문한다. '억척어멈'을 연기한 브레히트의 부인 헬렌 바이겔도 관객들의 눈물을 자아낸 기억이 있듯이, 이를 감안한다면 사르트르는 자신이 구상하는 새로운 연극에서는 '생소화'와 '감정이입'이 서로 방해하지 않아야 한다고 주장하는데, 이는 『알토나의 유폐자들』의 지시문에서 이미 명시한 바 있다. 사르트르는 이런 변형으로 '감동시키고 교화하는' 프랑스 민중극의 전통을 되살리고 그 장점을 최적화할 수 있다고 생각하는 듯하다.

    예컨대 사르트르는 반론, 저항 같은 반응마저도 공연 도중에 '생소화' 보다는 '공모관계(complicité)'에서 나오는 것이라고 본다. 관객이 일단 직접 감동을 받고 동요되어야 그다음 상황에 대한 각자의 새로운 시야가

---

24 *TS*, 117. 단 한 군데 사르트르는 프란츠를 암시하는 듯 '전쟁범죄인'을 거론하기는 한다.

트여지는데, 그는 그것을 "상상적인 의식이 실재를 뚫어 놓기" 때문이라고 표현한다. 이는 또한 그에게 이미지와 대상을 혼동해서는 안 되는 이유가 되기도 한다.[25] 요약하자면 그는 실천(praxis)과 가지성(intelligibilité)에 기초한 실재의 구조(즉 대상)만이 아니라 무의식과 유사한 비실재의 구조(즉 이미지)를 동시에 만들어 내려 한다고 볼 수 있다.

그래서 이 강연에서 사르트르는 연극과 이미지의 관계에 집중하여 설명한다. 다음은 이 부분을 간략하게 요약한 내용이다.

우선 인간은 이미지들, 자신의 이미지들(초상화, 조각상, 사진, 영화, …)에 둘러싸여 살고 있다. 그 이유는 "인간이 그들 자신에게 진정한 대상들이 되지 못하기 때문이다"(TS, 114). 우리는 자기 자신에게 냉정하기 힘들고 일종의 '공유'를 통해 우리 자신을 파악하기 때문이다. 거울을 볼 때, 우리는 우리의 모습을 우선 하나의 대상으로 보게 되지만 그 반영에서 나를 인지해 내면, 그건 대상이 아니고 비로소 이미지가 된다. "그게 이미지라는 건 반영이기 때문이 아니다. 반영이란 대상이기 때문이다. (…) 그게 이미지라는 건 바로 이러한 이미지에 우리가 어떠한 것도 할 수 있는 게 없기 때문이다"(115).

이렇게 생각하면, 연극의 기능도 또한 '행위 중인 이미지(images en actes)'를 우리에게 주는 것이다(118). 그건 차라리 제스처(몸짓언어)의 이미지라 말할 수 있다. 그 자체의 목적이 별도로 없고 다만 아날로공(analogon)의 역할을 하는 행위이다.[26] 예컨대 포도주를 마시는 척하는 제스처라거나 아예 마시는 행위

---

25 Colombel, "Le jeu et le je de l'acteur," p. 786.

26 아날로공은 사르트르의 용어이다. 예컨대 "사르트르가 화가가 그린 그림에서 포착한 '색감이나 정서'를 '상상의식'의 지향성을 작동시켜 어떤 아름다운 '미적 대상'을 떠올린다"고 할 때, 그가 포착한 '색감이나 정서'를 아날로공이라 본다. 이 책에 실린 지영래, 「사르트르의

를 상상해 보면, 그가 실제로 목이 말라 마시는 게 아니라 그 목적을 재현하는 행위에 불과하다.

그렇다면 사르트르는 왜 연극과 이미지에 대해서 길게 설명하는 것일까(*TS*, 113-16)? 그것은 우선 그가 개인과 사회집단이 마찬가지라고 생각하기 때문이다. 그다음 개인이나 사회집단의 목표, 미래에까지 동참하지 않으면 우리는 결코 객관화된 인간이나 집단을 상대할 수 없고, 더 나아가 "인간으로서 인간을 대상으로 생각한다면 인간은 즉시 이미지로 도피하는 셈"이라고 그는 생각하기 때문이다. 그러므로 인간을 재현하는 예술의 기능은 바로 우리가 "진정으로 객관화된 인간이나 집단을 마주하길 기대할 수 없다는" 그런 의미의 '실패(échec)'에서 나온다는 것이다(116-18). 그건 인간들이 서로에게 실재로서의 대상이 될 수 없기 때문이다. 만약 될 수 있다면 예술은 있을 수 없다. 인간은 상대의 정면을 바라볼 수 없기 때문에 이미지를 가지게 되고, 그래서 예술이 존재한다는 것이다. 그리고 이 실패는 이미지들과 인간이 '공유(participation)'라는 특별한 관계에 있기 때문에 생긴다고 본다.

사르트르는 18세기 부르주아 연극 이래 연극의 '행위(action)'는 더 이상 연극에서 언급되지 않는다고 주장하는데, 이는 부르주아극의 특성을 '무위(inaction)'로 보기 때문이다. 조각이 신체의 '형태'를 표현한다면 연극은 신체의 '행위'를 재현한다는 그런 의미에서의 행위이다(119). 그런데 부르주아 연극이 그러한 행위의 연극이 되지 못한 이유는 무엇일까? 사르트르는 그 연극이 부르주아 관객이 원한 대로 그들의 이미지에 불과한 연극이었기 때문이라고 주장한다.

상상력 이론을 통해 본 소설 읽기와 의식의 구조」, p. 228.

결국 그가 연극과 이미지의 관계에 대해 강조하는 이유는 바로 부르주아 연극에서 이미지가 가지는 의미 때문인 것이다. 사르트르에 의하면 부르주아 관객이 행위의 이미지가 아니라 인간 본성의 이미지를 원했는데 그건 결국에 가서는 그 본성을 부정할 수 있기 위함이었다(122). 즉 이야기(fable)의 성격대로 드라마극의 사건은 전개되고 갈등과 정념을 극복하고 주인공은 급격한 동요에 휩싸이고, 변화하는 행위의 주체임을 보여야 한다. 하지만 부르주아극은 그런 상황의 극복이나 성격의 형성과 같은 변모나 행위의 모색은 안중에도 없고 그 자리를 불변의 본성이나 정념으로 채워 묘사하였던 것이다.

　　사르트르는 여기에서 브레히트의 결단을 소개한다. 바로 이러한 부르주아극이 보여 온 '행위의 거부'와 '표현주의 일색'은 브레히트가 새로운 장르의 연극을 구상하게 된 이유가 되었다는 것이다. 관객이 주먹을 쥐고 가슴을 쥐어짜게 하는 장면은 브레히트의 눈에 관객을 광인으로 만드는 연극으로 비쳤고 그는 그 원인으로 부르주아 연극의 특징으로 꼽을 수 있는 지나친 공유, 과다한 이미지, 불충분한 객관성을 지목하였다(125). 사르트르는 이러한 표현주의의 예로 클로델, 베케트, 이오네스코의 몇몇 작품까지 거론한다. 그 이유는 이들 작품이 공통적으로 행위에 반대되는 무위의 페시미즘을 묘사하고, 무위의 표현은 개인의 모든 가능성과 희망을 상실케 하기 때문이다(129). 따라서 사르트르는 이 비관적 연극들을 부르주아극으로 분류한다. 부르주아의 동감과 감동을 이끌어 내기 때문이라고 한다. 다른 한편 『알토나의 유폐자들』에서 그도 관객이 프란츠에게 일정부분 '감정이입'을 할 수 있는 여지가 있어야 한다며 드라마적 전통을 외면하지 않았다. 그래서 후일 누군가에 의해 그의 희곡도 부르주아극으로 간주된다면 그건 바로 부르주아극에 대해 내리는 사르트르의 이러한 정의와 상반되는 시각에서 가능할 것이다. 사르트르의 주장을 요약하자면 행위와 무위의 여부가 부르주아극과 드라마극의 차이이기 때문이다.

그러므로 행위가 과연 연극의 중심에 있다면, 그건 즉 드라마극이고 그 행위가 첫째, 이야기화된 행위이며, 둘째, 드라마 형식에 맞춘 행위라는 말이다. 주인공들이 무엇인가를 원하게 되고 그걸 실현하려고 시도한다면, 그게 바로 행위이다. 당연히 무위는 그 반대의 뜻이다. 중요하다고 생각하는 게 없는, 낙관주의나 염세주의가 무위이다. 그러므로 행위의 연극이라면 그 내부에 행위와 무관한 것은 어떠한 것도 있어서는 안 된다고 사르트르는 생각한다(130).

그런데 드라마극에 행위 이외에도 중심에 있을 수 있는 게 또 있다면 그건 '정념'이라고 할 수 있다. 사랑, 증오, 질투, 욕망 등 주요 감정은 개인의 '권리의식'을 일깨우므로 정념의 핵심은 바로 이 권리의식이라고 요약할 수 있는데, 사르트르는 이것이 그리스 비극에서는 행위의 형태로 나타나고 오늘날에 와서는 '모순'이 이를 대체한다고 본다. 그리고 하나의 모순보다는 개인 내부에 있는 '일련의 모순들'이 극의 행위를 구성할 수 있다는 것이다. 예컨대 오빠의 시신을 안티고네가 고집스럽게 매장하는 그런 단순한 형태의 권리의식이 아니라,[27] 오늘날 행위들은 첫째 모순들에서 나오고, 둘째 그것들을 반영하고, 셋째 그것들에서 새로운 모순들을 만들어 낸다고 설명한다(139).

그는 더 자세하게 모순의 변증법을 설명한다. 한 개인이나 집단이 행동에 나선다면 내부적 모순들이 그 행위의 동기이다. 그리고 그들이 모순에서 벗어나게 되면, 결과적으로 처음의 모순들은 그들이 장차 시도하려는 행위와 행위의 목적에 의미를 부여하게 된다. 다른 한편, 모순들에

---

27 이 책에 실린 필자의 「사르트르의 연극미학」, 각주 48(pp. 270-71) 및 해당 본문 참조. 천병희 옮김, 『소포클레스 비극』(단국대학교 출판부, 1998).

서 벗어나게 되면서 그들은 그 모순들의 의미 또한 밝혀낼 수 있게 된다. 그것이 첫째 요소이고 그다음 요소는 그 모순들에서 태어난 행위 자체가 또한 모순적이게 된다는 것이다. 그건 여러 모순들이 서로 떼어낼 수 없을 정도로 동시에 집요하다는 의미이다.

사르트르는 이에 관해 브레히트의 『갈릴레오 갈릴레이』를 두고 이렇게 설명한다. 귀족 출신 갈릴레오가 밝혀낸 과학적 성과가, 변화에 적대적인 군주들과 교황에 의해 거부당하자, 그는 과학을 진보시킨 자와 동시에 과학적 성과를 부정하는 자가 된다는 것이다(140). 그가 처한 상황에서 유래한 모순을 그는 그대로 떠안는 것이다. 이처럼 브레히트의 희곡들에서 사르트르는 인간이 세상을 변화시키기보다 세상이 인간을 변화시키는 모습을 더 많이 볼 수 있음을 강조한다(141). 이것은 사르트르 자신도 『알토나의 유폐자들』에서 제시한 또 다른 주제라고 할 수 있다. 즉, 인간은 역사를 만들고 역사는 인간을 만든다. 그러므로 연극이 사람들을 어떤 시도에 던져 놓는 것이라면 심리 묘사 대신 그들의 위상과 상황을, 원인과 모순에 따라 설정하는 게 필요하다고 사르트르는 주장한다.

만일 "드라마극이 인간성, 개인주의 그리고 비관주의라는 부르주아 개념을 제외한 의미라면", 아직 우리는 드라마극과 서사극을 구분할 필요는 없다. 둘 다 모든 개인행동의 이중적 양상을 보이는 것이기 때문이다. 브레히트는 이 양상을, 즉 개인을 둘러싼 모순들의 사회적 총체라는 의미에서 '사회적 게스투스'라고 부른다. 가장 대표적인 작품으로 사르트르는 그의 『억척어멈』을 꼽고 "그 엄마는 그 자체로 전쟁이다"라고 정의하는데 그건 상징으로서가 아니라 '살아 있는 모순'이라는 의미에서다(143-44). 바로 이런 의미를 『알토나의 유폐자들』의 제4막 3장에서 프란츠의 꿈속의 어느 여인으로 상징화한 것이다.

하지만 사르트르는 여전히 브레히트의 서사극에서 심각한 결핍을 발견한다. 이는 드라마극과 서사극을 가르는 것이기도 하다. 서사극이 관객의 '공유'를 독려하기보다는 '생소화' 등의 기법을 통해 마르크시즘을 '논증하려는' 시각을 유지하기 때문이다. 물론 사르트르도 인간에게는 시스템들이 있다고 생각한다. 즉, 그 시스템 속에 인간은 사로잡혀 있는데 이 시스템들은 그것들보다는 규모가 더 큰 시스템으로 해석되어야 한다고 그는 생각한다. 예를 들어 현대 자본주의 사회와 같은 시스템을 상정할 수 있다. 이 시야에서 보면 개인은 하나의 '곤충'에 불과하다고 그는 묘사하는데(145), 드라마극의 작가는 자신의 이름으로 자신의 해석을 이야기로 옮기지만, 서사극의 작가는 자신의 이름은 물론 관객 자체도 지운다는 게 사르트르가 발견하는 서사극의 '결핍'인 것이다.

브레히트에 대한 이런 시각에서 사르트르는 마침내 '다른 연극'을 제안한다. 서사적인 것과 드라마적인 것의 차이를 고려하는 연극이다. 물론 드라마극이 첫째 개인주의적 기반에서 나왔고, 둘째 부르주아극에서 유래했다는 중대한 결점이 있는 것은 사실이다. 하지만 (후세 연극인들도 인정하듯이)[28] 드라마극과 서사극 사이에 진정한 대립이 있는 것은 아니므로 새로 태어날 연극은 두 연극 간의 차이를 이해하도록 노력하고 모든 역량을 합하여 부르주아극에 대립하여야 한다고 제안한다(TS, 149).

이 제안을 작가는 이미 『알토나의 유폐자들』을 통해 직접 시도했다고 볼 수 있다. 그리고 2시간 15분에 걸친 이 긴 강연은 6개월 전부터 계속되는 공연과 그에 대한 평가와 상관없이, 작가의 그 당시 '새로운 연극'의 구상을 정리하는 의미가 있다. 그렇다면 사르트르의 이러한 구상이 거의

---

28 드라마극은 '행위'에, 서사극은 '서술'에 기반을 둔다고 해도, 브레히트 연극에서 '행위'가 아예 추방당한 건 아니다. 사건들 자체, 즉 '행위'와 사건들에 대한 시각, 즉 '서술'이 서로 교대하는 경우도 있기 때문이다. Sarrazac, *Lexique du drame moderne et contemporain*, p. 75.

20년 후 장피에르 사라자크가 피력하는 그 나름의 새로운 서사-드라마극에서는 어떠한 평가를 받는지 살펴보기로 한다.

4. 사라자크의 서사-드라마극 미학(1981~2015년)

일단 1981년부터 사라자크는 '랩소디 연극'을 드라마적 순간과 서술적 마디들로 꿰매어진 연극이라고 설정한다. 그리고 1999년 개정판 후기에서 다시 랩소디를 '소설화'와 '서사화'의 교대라고 정의한다. 여기에서 '서술적'이라 함은 서사적임을 의미한다고 볼 수 있다.[29] 그러므로 '랩소디'는 우리의 시각에서 사르트르의 개념에도 접근한다고 볼 수 있다.

사라자크는 디드로의 『사생아』(1757)에서도 드라마(즉 부르주아극)를 소설로 해방시키려는 욕구가 표현된다고 본다. 디드로에게 소설이라는 것은 희곡의 첫 단계이자 재료이자 '전개된 이야기(fable)'이기 때문이다. 디드로가 친구 그림(Grimm)에게 묻는다. "친구여, 누가 이 소설(roman)을 장들(scènes)로 구성할 건가? 누가 이 소설을 막들(actes)로 나눌 건가?"[30] 이를 통해 사라자크가 소설이라 지칭하는 것은 서술, 즉 서사적 부분의 이전 단계를 일컫는다고 볼 수 있다. 이오네스코의 지시문만큼은 아니지만 사르트르가 『알토나의 유폐자들』의 제1막 2장에서 차후의 플래시백 장면을 설명하는 비교적 긴 지시문도 그 자체로 서사적인 의미를 가진다. 지시문 자체가 작품 내에서 작가의 존재를 의미하기 때문이다.

또한 사라자크에 의하면 무대실행 단계에서 관객을 직접 연루시키는

---

29 Sarrazac, *L'avenir du drame*, p. 194.

30 *Ibid.*, p. 37.

'광학(optique)에 대한 질문'도 관객을 객석의 어둠에서 이끌어 내서 그들 자신의 시선에 대한 질문으로 그들을 행위적이게 할 수 있다고 한다. 무대에서 '광학의 질문'을 제안하는 이유는 "환상과 실재, 무대실재와 드라마실재, 객석과 무대뿐만 아니라 자연성(naturalité)과 이야기성(historicité)을 뒤섞으면" 두 대립항이 차별되지 않기 때문이라고 한다.

이같이 "랩소드적 욕구가 연극에 이러한 부정적 작업과 현대성을 내세우긴 해도 그렇다고 모든 드라마적, 무대적 형태를 제거하는 건 절대 아니다."[31] 살펴보면 이는 포스트드라마와 차별화하려는 부분이다. 하지만 21세기 프랑스 연극도 이미 상당부분 후자에 연루되어 있다. 배우는 '인물'이라는 그의 '마스크'를 벗고, 마치 '이야기' 너머에 놓인 듯이 때로는 관객을 직접 상대하기 때문이다.[32]

그럼에도 사라자크는 『알토나의 유폐자들』의 지시문 내용을 다룬 적도, 이 작품을 브레히트와 관련하여 거론한 적도 없다. 그런 이유에서인지 그는 프랑스에 브레히트 연극이 소개된 이후에 두 다른 연극 전통의 접목 작업은 거의 진전을 보지 못했다고 평가한다. 그래서 마치 사르트르를 지목하는 듯이 사라자크는 브레히트 연극을 그대로 모방하는 대신, 차라리 프랑스 연극 전통에 더 부합하는 시도, 극작의 영역을 확장하여 서사화하는 시도가 더 박수를 받아야 한다고 말한다.[33] 사르트르를 브레히트의 연극을 모방하는 데 그친 작가군으로 분류하는지 그 여부에 대한 사라자크의 직접적인 표현은 없다.

다만 그는 『알토나의 유폐자들』의 전반적 성격에 관한 평가는 잊지 않

31 Sarrazac, *Critique du théâtre 2* (Circé, 2015), p. 11.

32 Julie Simon et J.-P. Ryngaert, *Théâtres du XXIe siècle: commencements* (A. Colin, 2012), pp. 9-10.

33 Sarazac, *L'avenir du drame*, p. 38.

는다. 사르트르가 (검열을 의식한 선택인지, 아니면 불씨가 꺼져 가는 비극 장르에 대한 향수였는지) 알제리의 프랑스 장교를 독일의 장교로 둔갑시키는 너무 지나친 '우회(détour)'를 시도한 탓에 원래의 의도는 아쉽게도 표류하게 되었다고 사라자크는 지적한다.[34] 또한 알제리전쟁에서 멀리 위치하면 할수록 작가의 처음 의도에 대해 관객은 그만큼 덜 공모의식을 가진다고 그는 주장한다. 우리는 여기서 사라자크가 이 작품을 사르트르의 의도대로 비극과 역사극의 혼합 형태로 보기보다는 아예 '우회의 극작' 내지 '가정의 (domestique) 비극'으로 분류함을 확인할 수 있다. 게다가 사르트르의 희곡은 "한 그루 나무처럼 과거의 극작법들로 침전된 땅속 깊은 곳으로 뿌리박는다며 매번 그의 노쇠함을 확인하게 됨"에 아쉬움을 표현하기도 한다.[35]

2004년에도 사르트르의 이 마지막 희곡에 대한 그의 평가는 바뀌지 않는다.[36] 시공간에 걸친 '생소화'로 정부의 검열은 피할 수 있었다 하더라도, 이미 이 "사멸한 전통에 속하는 비극"으로는 시사성의 강도가 약화되거나 아예 사라지게 된다고 그는 지적한다. 그래서 사라자크는 이 희곡을 '대체(substitution)의 극작'이라기보다는 차라리 '관례(routine)와 협약 (conventionnelle)의 극작'이라고 명명함이 낫다고 한다. 그리고 그는 이런 시각에서 『알토나의 유폐자들』뿐 아니라 사르트르의 이전 작품들도 모두 '부르주아극'일 수 있다고 몰아세운다. 왜냐하면 이야기의 조종, 즉 일종의 '자동 운전'을 '부르주아극'의 관례적 기능에 내맡기기 때문이라고 한다.[37] 『알토나의 유폐자들』이 차용한 비극의 형태는 시사적 문제를 너무

---

34 *Ibid*. p. 154.

35 *Ibid*.

36 Sarrazac, *Jeux de rêves et autres détours* (Circé, 2004), p. 15.

37 *Ibid*. p. 16.

396   제2부 실제

우회하여 실패한 경우 중 하나로 보는 것이다.

우선 이러한 지적은 우리의 연구와 상반된 평가로 보인다. 하지만 우리의 시각에서는 그의 평가와 분류를 그대로 따르기 힘들다. 왜냐하면 사라자크의 논지에 고려되지 않은 다음의 세 가지 중요한 사항이 있기 때문이다.

첫째로 사르트르의 연극적 시도들이 표적으로 삼은 것도 역시 '부르주아극'이었다는 점이다. 그에게는 부르주아극이 프랑스 '민중극'의 전통을 중단시킨 주범이었기 때문이다. 그러므로 우리는 부르주아극에 대한 두 작가의 정의 자체가 다르다는 점을 염두에 두어야 한다. 그리고 사르트르는 1950년대 중반 프랑스 연극을 두 부류로 나눈다. 민중극(théâtre populaire)과 부르주아극(théâtre bourgeois)이다. 그런데 그 당시 파리 국립 민중극장(TNP)도 그에게는 민중극 복원이라는 사명을 실현하는 것과는 거리가 멀다고 생각되었다(TS, 68-79).[38] 그래서 브레히트의 연극에서 희망을 찾으려 한 것이다.

둘째, 그에게 민중극은 반드시 역사적이어야 한다. 그래서 그가 『알토나의 유폐자들』을 위해 선택한 장르도 역사극인 것이다. 1959년의 시점에서 볼 때 나치와 수용소에 관한 사건들은 이미 역사의 사건으로 분류되었고 사르트르 자신도 이 희곡을 역사극으로 정의하고 있다.[39] 이 점에서도 역시 사르트르와 사라자크의 시각은 심하게 벌어진다. 작가는 역사극으로 구성했고 같은 작품이 후세의 평론가에게는 '가정의 비극'으로 보인다.

---

38 1955년 베르나르 도르트(Dort)와의 대담에서 사르트르는 민중극과 브레히트의 관련성에 대해 설명한다.

39 "역사극은 제가 2편만을 썼죠. 『악마와 선신』과 『알토나의 유폐자들』 말입니다. 그런데 저는 서서히 역사극에 매료되었습니다." 사르트르는 1979년, 즉 그의 죽음 1년 전에 도르트와의 대담에서 이 말을 한다. *Travail théâtral*, n° 32-33 (La Cité, Lausanne, 1980), p. 10.

셋째, 사라자크는 사르트르가 『알토나의 유폐자들』에서 플래시백 기법을 동원해 구성한 회상 장면(scènes-souvenirs)의 시도에 대해서는 일언반구 언급하지 않는다. 사라자크는 프란츠를 둘러싸고 이루어지는 이 작품의 '행위(action)'마저도 '부르주아극'의 무위와 구분하지 않으며 사르트르가 손수 정의한 부르주아극과 드라마극의 분류 기준에도 또한 관심을 두지 않는다. 따라서 두 연극인의 '부르주아극'에 대한 정의 자체가 다르다는 점에는 결국 우리의 판단이 요구된다고 하겠다.

사르트르는 프랑스 연극 전통에서도 브레히트의 연극과의 유사점을 찾을 수 있고, 따라서 후자의 도움으로 18세기 '부르주아극'이 중단시킨 '민중극'을 복원할 수 있다고 믿었다. 그에 비해 사라자크가 사르트르의 연극 대부분을 부르주아극으로 규정함은 단지 가정의 비극이나 역사극과 같이 구태의연한 연극 장르를 형태적 혁신과 시도 없이 사르트르가 그대로 답습하기만 했다고 보기 때문이다. 기존의 부르주아 관객의 이미지 연극을 그대로 따른다고 보는 것이다.

연극이 '행위의 이미지'라고 사르트르가 강연에서 소개한 정의에서도 아마도 사라자크는 마찬가지의 부르주아적 특징을 이끌어 낼지도 모른다. 하지만 사르트르는 그의 활동 전반에 비추어 보면 전문적 연극인이 아니다. 그에게 연극은 소설보다 자신의 정치·사회적 입장을 쉽게, 그리고 광범위하게 부르주아 관객에게 제시하고 해설할 수 있는 수단으로 활용되었던 만큼, 사라자크와 같은 본격적인 연극인에 비해 참여적 비중이 높았던 작가의 다양한 분야에 분산된 관심은 부분적으로 감안되어야 할 점이다.

다른 한편 사라자크는 브레히트가 일종의 '불연속(discontinu) 미학'[40]을

---

40 아마도 브레히트가 디드로를 따라 (시간의 연속성을 유지시키는 장치의 의미를 가지는) '막(acte)'을

프랑스의 연극에 소개하였고, 루카치도 서술적 경향이 현대연극에 부여한 '비인간성'을 고발하였다고 보는데, 이는 모두 '이야기(bel animal)' 모델, 즉 전통적 이야기(fable)의 포기를 예고한 점에서 동일하다고 말한다. 그런데도 여전히 자리를 내놓지 않는 유기적인 이야기 전통에는 현대연극 자체가 '잡종화(hybridation)'의 패러디로 대응한다고 보고 있다.[41]

사라자크는 그가 말하는 연극의 '랩소디화'를 다음과 같은 개념들로 다시 설명한다. 1) 아리스토텔레스의 '이야기'의 거부와 불규칙성이라는 선택, 2) 드라마적, 서사적, 서정적인 풍의 만화경, 3) 비극과 희극의 끊임없는 교대, 4) 연극적 형태와 연극 외적 형태[42]의 조합, 즉 역동적 조립 장면(몽타주) 글쓰기의 모자이크, 5) 스촌디의 '서사적 주어'보다 확장된 서술적이고 질문적인 화자의 음성, 6) 차례로 드라마적, 서사적인 주체의 이중화 등이다. 그래도 사라자크는 여전히 의문을 제기한다. 아리스토텔레스가 남긴 마지막 규제라고 할 수 있는 '행위의 단일성'이 제거되고, 행위가 더 이상 '목적'이 없다면, 행위는 그의 단일성은 어떻게, 왜 유지할까?[43]

이에 그가 내놓는 답은 이렇다. 〈삶의 잡동사니(patchwork)들〉이라는 영화 제목이 시사적이듯이 현대연극도 실제로 삶의 단편들과도 승부를 겨루어야 하는 시대가 되었고, "세상은 행위의 단일성이 명백한 드라마가 아니라 다양한 에피소드들로 이루어진 하나의 서사시이다."[44]

(연속성을 무시하는) '활경(tableau vivant)'으로 대체한 것을 두고 이렇게 표현하는 듯하다.

41 Sarazac, *L'avenir du drame*, p. 42.

42 *Ibid.* p. 198. "소설, 중단편소설, 수필, 서간체 글, 일기, 일상 이야기."

43 *Ibid.* p. 197.

44 *Ibid.* p. 198. 사라자크가 인용하는 윌리엄 제임스의 말이다.

결 론

이 연구의 목표는 『알토나의 유폐자들』을 통한 사르트르의 마지막 시도가 가질 수 있었던 서사-드라마적 가능성을 되짚어 보고 현대연극에서 그의 이 가능성이 어떻게 구현되는가를 보는 데 있다. 하지만 한마디로 그 시도가 사르트르의 의도 그대로는 지속되지 않았다고 볼 수 있다. 이는 브레히트의 연극이 현대연극의 변화에 지속적으로 이정표 역할을 수행할 수 있었던 것과 비교된다고 하겠다. 사르트르의 연극관이 후세에게서 구심력을 획득하지 못했기 때문이다. 오히려 사라자크에 의해 '드라마극'도 아닌 '부르주아극'으로 폄훼되기도 한다. 변함없이 부르주아를 상대로 글을 쓰고 무대를 구상하던 사르트르에게 연극은 그들 관객을 직접 상대하는 최적의 통로였다. 그래서 그들의 관심을 유지할 비극이나 드라마극 형태를 이용한 것이다. 하지만 바로 이 점에 사라자크는 아쉬움을 가진다. 연극이 사르트르의 연극관처럼 철학적 개념이나 정치적 메시지의 전달을 위한 도구적 장르일 적도 있었겠지만, 시야에 이념의 갈등이 사라진 후세의 연극인에게는 연극 그 자체이기도 하기 때문인 것이다.

그럼에도 사르트르의 그 당시로 돌아간다면 우리로서는 첫째, 그의 제안이 그의 연극 활동 막판에 위치하였고 따라서 추후 유사한 시도가 계속되기 힘들었던 점을 꼽지 않을 수 없다. 둘째, 그의 역사극은 그 당시 강한 시사적인 성격이 있었다는 점이다. 그 때문에 자신의 말대로 10년 후면 의미를 상실할 한계 자체가 내재해 있었다. 셋째, 브레히트의 죽음으로 두 작가는 서로 엇갈려 사르트르 일방의 공허한 제안으로 남겨졌다는 점을 들 수 있을 것이다. 물론 그 제안 이후 사르트르 자신의 계속된 시도 또한 이루어지지 않았다. 마지막으로 부르주아가 스스로 혁신을 거부하는 속성을 지니기 때문일 것이다. 절반은 드라마극이라고 해도 나머지 절반은 부르주아의 상대, 즉 브레히트와 같은 공산주의 극작가의 몫이 었기 때문일 것이다.

그럼에도 우리는 20년 뒤 사라자크가 알게 모르게 선배의 마지막 시도를 계승하고 혹은 부활시키고 있다고 본다. 사르트르가 강연을 통해 밝힌 드라마극과 서사극의 협력은 사실 후배 연극인에게 남긴 일종의 숙제일 것이다. 사라자크도 자신의 시도를 사르트르의 제안과 직접 연결시킨 적은 없다. 그리고 평론가의 입장에서 그의 의고적인 극작 형태에 대한 아쉬움을 표현한다. 하지만 자신이 이 같은 사르트르의 시도를 계승하고 있다는 우리의 해석을 굳이 부정할 근거는 부족하다. 게다가 레만을 필두로 한 포스트드라마극의 쇄도에 부르주아의 나라 프랑스도 드라마극의 전통에서 벗어나고 있다.[45] 또한 사라자크가 랩소디 작가로 분류한 비나베르, 플랑숑, 가티(A. Gatti), 뱅상(J.-P. Vincent), 도이치(M. Deutsch) 등등의 작품들도 그렇다.[46] 그렇다면 사르트르가 서사극의 도움을 받아 드라마극을 쇄신하고 부르주아극의 잔재를 제거하려 했던 반세기 전의 시도는 현재 어떠한 의미를 가질 수 있을까?

굳이 연관시킬 필요가 없을 수도 있다. 하지만 프랑스 연극도 1978년 바흐친의 '소설화 개념' 이래 새로운 연극 형태를 시도하고 있지 않은가. 21세기의 현대극에서 중개적 성격을 가진 형태들은 "연극과 소설을 혼합하고, 대화 속에 이야기를 위치시키고, 다언어적, 대화적, 다음(多音)적인 형태의 실험으로 동시대의 실재 현실에 등을 돌리고" 있는 듯하다. "대화를 대비시킨다거나 합창이나 다음적 장치를 이용하고, 작가의 음성을 돌

---

45 Lehmann, *Le théâtre postdramatique*, p. 9. 레만은 서문에서 밝힌다. "이 글은 사라자크, 랭게르(Ryngaert), 도이치(Deutsch) 등등 프랑스 현대극 이론가들의 글에 다소 익숙한 독자들을 위한 글이다."

46 J.-P. Sarrazac, *L'avenir du drame*, p. 41.

출시키기"도 한다.[47]

　이처럼 사르트르가 『알토나의 유폐자들』에서 특히 플래시백 장면을 중심으로 실험한 시도들이 현대연극의 이러한 변화와 전혀 무관하다고 말할 수는 없을 것이다. 연극 전통 전체의 경향을 한 작가의 시도만을 통해 의미를 찾기란 어렵고 한계가 있기 마련이다. 하지만 사르트르가 1950년대 프랑스 연극 전반에 걸친 변화의 필요성을 정의해 주고, 비록 다양하지는 않지만 마지막 작품에서라도 몇 가지 핵심적인 변화를 모색한 것은, 21세기 현대연극이 실험 중인 다양한 형태의 모색과 전혀 무관하지 않다고 하겠다. 그리고 사라자크가 그의 거의 모든 저술에서 잊지 않고 거론하는 '서사극, 드라마극'의 대칭 구도는 아직 사르트르와 그의 연극관이 유효하다는 증거라고 할 수 있겠다.

---

47 Simon et Ryngaert, *Théâtres du XXIe siècle: commencements*, p. 11.

사르트르의 전쟁의 글쓰기와 주변부 인물
—『유예』와 『알토나의 유폐자』를 중심으로[*]

조영훈

1. 서론: 전쟁의 글쓰기와 주변부 인물

본 논문의 목적은 사르트르의 소설작품 『유예』와 희곡작품 『알토나의 유폐자』를 중심으로 전쟁의 글쓰기와 주변부 인물(les personnages marginaux)의 창조성을 살펴보는 데 있다.[1] 1939년 9월 징집된 사르트르가 '야릇한 전쟁(la drôle de guerre)' 기간 동안 집필하기 시작한 『자유의 길』의 제2부에 속하는 『유예』는 뮌헨협정 무렵 유럽의 전쟁 위기 상황을 다루고 있다.[2] 『알토나의 유폐자』는 알제리전쟁 기간 중인 1958년에 집

---

[*] 이 글은 『프랑스학연구』 제59집(2012)에 같은 제목으로 실린 것이다.

[1] 본고가 분석할 주변부 인물은 『유예』에 등장하는 척추병 환자 샤를과 『알토나의 유폐자』에서 폐허 속에 나타나는 불구 여인이다. 사르트르의 작품에는 역설적으로 풍부한 의미를 창조하는 주변부 인물들이 자주 등장하며, 그들은 국적, 성(性), 계급, 세대, 장애 등에 의해 주변부적이다.

[2] 제2차 세계대전을 다루고 있는 『자유의 길』의 제1부 『철들 무렵』은 스페인전쟁을 배경으로

필하기 시작하여 이듬해 9월 초연에 이어 출간되었으며, 제2차 세계대전 때 소련 전선에 참전하였다 귀환한 독일 장교의 이야기이다. 따라서 두 작품은 동일한 전쟁을 다루고 있으나, 대상으로서의 사건과 글쓰기 사이의 시간적 간격에 있어 뚜렷한 차이를 보인다. 『유예』가 '현재' 진행 중인 제2차 세계대전을 기술하고 있다면, 『알토나의 유폐자』는 '과거'의 제2차 세계대전을 반성하고 있다.

전쟁의 글쓰기는 종합적 인식과 직접적 재현이라는 모순을 노정한다. 여기서 우리는 역사적 전쟁의 글쓰기와 '즉각적 허구(la fiction immédiate)'로서의 전쟁의 글쓰기를 구별할 필요가 있다. 다루는 사건과 글쓰기 간에 상당한 시간적 간격을 전제하는 역사적 글쓰기에서는 작가가 원하든 원치 않든 이미 분석되고 종합된 한 시대에 대한 인식이 참조 체계로서 스며 있다. 그러나 작품이 거의 동시대의 사건을 다루는 경우, 작가에게 시대에 대한 통일된 관념이나 일관된 인식이 허용될 수 없다. 더구나 기존 체제와 가치관을 전면적으로 붕괴시키는—동시에 새로운 사회와 가치관을 잉태하는—대규모의 전쟁을 기술하는 『자유의 길』의 경우, 글쓰기 이전에 미리 전제된 시대에 대한 종합적 인식이란 불가능하다. 따라서 즉각적 허구로서의 전쟁의 이야기체에서는 관찰되고 재현된 모든 사건, 행위, 언술은 의미화를 기다리는 가능태의 상태에 머문다.

시대에 대한 어떠한 종합적 인식도 외적 참조 체계도 없이, 우연히 주관적으로 관찰된 사건들과 인물들을 직접적으로 재현하며 한 시대에 어떤 통일된 모습을 부여하는 모순적 글쓰기인 전쟁의 글쓰기는 서술 기법 상에 있어 '영역의 제한(les restrictions de champ)'의 문제, 즉 시점(視點)

하고 있으며, 제3부 『영혼 속의 죽음』은 전쟁의 발발과 프랑스군의 패주 그리고 포로들의 강제 이송을, 미완성으로 남게 된 제4부 『야릇한 우정』은 포로수용소에서의 레지스탕스의 시작을 기술하고 있다. 스페인전쟁과 함께 뮌헨협정의 위기는 제2차 세계대전의 전조였다.

의 문제를 즉각적으로 제기한다. 미셸 레몽(Michel Raimond)도 지적했듯이 "시점의 기법이 가장 활발하게 펼쳐지는 분야가 있다면 그것은 작중인물이 아무것도 인식하지 못한 채 행동해야 하는 대규모 전투에서이다."[3] 사르트르 또한 『자유의 길』을 집필하기 시작했던 병영에서 '야릇한 전쟁'을 파브리스가 체험한 전투에 비교하고 있다.

"이 전쟁은 무척 당황스럽소―여전히 카프카 식으로 그리고 『파름의 승원』의 전투처럼."[4]

사실주의 정신에 충실했던 스탕달처럼 『유예』의 사르트르 또한 일정한 주인공에게 전체적 상황을 조망할 수 있는 특권적 시점을 부여하지 않는다. 『유예』는 시점의 상대적 등가성을 표방하며, 시점의 무한한 분할과 윤회를 통해 '다수 내적 초점화(la focalisation interne multiple)' 기법을 극대화한다.[5] 기존 가치관과 위계질서를 전면적으로 붕괴시키는 전쟁은 작중인물들이 그때까지 지니고 있었던 개별적 변별성들을 무화시킨다. 이리하여, 『유예』의 제1장 "9월 23일 금요일"은 우리에게 '아무나(n'importe

---

3   스탕달의 『파름의 승원』에서 파브리스가 참가하는 워털루전투 장면에 대한 분석에서. Michel Raimond, *La Crise du roman, Des lendemains du naturalisme aux années vingt* (José Corti, 1966), p. 307.

4   시몬 드 보부아르에게 보낸 1939년 9월 16일자 편지에서. *Lettres au Castor et à quelques autres, I, 1926-1939* (Gallimard, 1983), pp. 299-300.

5   아직 평화로운 파리를 배경으로 하고 있는 『철들 무렵』에서 시점은 이동하고 있으나, 주인공 마티외가 아직 주된 초점화자로 등장하고 있다(19차례 중 13차례). 그러나, 국민총동원령이 내려지기도 했던 전쟁의 위기를 다루고 있는 『유예』에서는 어떠한 시점의 독과점도 허용되지 않으며 전 유럽 상황을 재현하기 위해 여러 나라에 흩어져 있는 수많은 인물들을 동원하여 끊임없는 시점의 윤회가 이루어진다. 『유예』는 1938년 9월 23일부터 9월 30일에 이르는 8일간에 따라 분절된 8개의 장에 걸쳐 총 622개의 설화단위로 분할되어 있다.

qui)'로 전락한 마티외를 보여 준다.

> 아무나: 한 남자와 한 여인이 해변에서 서로 마주보고 있다. 전쟁은 여기, 그들 주위에 있었다. 그들에게로 내려와서 그들을 다른 사람들, 다른 모든 사람들과 비슷하게 만들었다.[6]

전쟁의 이야기체에서 인물들의 체계는 무엇보다도 '아무나'의 양상 위에 형성된다. 인물들의 왜소화 현상과 함께 『유예』가 보여 주듯 수많은 주변부 인물들이 출현한다. '아무나'로 환원되고 획일화된 인물들은 쉽게 무리를 형성하는 경향을 보인다. 『자유의 길』 제3부와 제4부에 해당하는 『영혼 속의 죽음』과 『야릇한 우정』은 수용소로 강제 이송되는 포로들의 끝없는 행렬과 군집을 보여 줄 것이다. 전쟁은 인물들의 기존 관계들을 끊어 버리면서 동시에 수많은 새로운 우연한 뜻밖의 만남들을 촉발한다. 인물들의 공간 이동 또한 대규모로 이루어진다. 교통기관에 의한 집단 이동이 빈번하게 나타나며, 많은 인물들은 교통기관에 승선하여 전쟁이라는 '시련으로서의 여행(le voyage-épreuve)'을 통과하며 존재론적 전환을 이룬다.

새로운 사회와 가치관을 잉태하는 전쟁은 주변부 인물들에게 역설적 창조성을 부여한다. 기존 '담론들(les discours)'이 시효소멸된 가운데 주변부 인물들이 텍스트 내에 돌출시키는 '발화들(les paroles)'은 놀라운 의미를 생산한다. 전쟁의 글쓰기는 강요된 획일화 속에서 새로운 독창성을 창조하는 '모순어법(l'oxymoron)'을 불러일으킨다. 가치 체계의 역동적 소용돌

---

6 Sartre, *Le Sursis*, *Œuvres romanesques* (Gallimard, Pléiade, 1981), p. 756; 최석기 옮김, 『자유의 길』 2, 『유예』(고려원, 1991), 39쪽. 이하, '유예, 756/39'처럼 줄여 쓰며, 번역 텍스트는 필요에 따라 수정하였다.

이 속에서 주인공에게서 발화능력을 빼앗으며 동시에 '아무나'의 발화를 도입하는 전쟁의 글쓰기는 작중인물들의 특수한 형태학을 제시한다.

주변부 인물들은 가장 가혹한 시련에 쉽게 노출된다. 자연재해의 경우와 마찬가지로 전쟁이란 재난도 최초의 타격을 '가장 낮은 곳'에 있는 자들에게 가한다. 그들에게는 '유예'가 허용되지 않기 때문이다. 따라서 그들은 대재난의 징후에 훨씬 민감할 수밖에 없으며, 중심부에 속해 있지 않음으로 해서 때때로 그들만이 가질 수 있는 독특한 관점은 그들에게 보상으로서의 특권적 통찰력을 부여하는 것 같다. 본 논문의 제2장은 『유예』의 여러 창조적 주변부 인물들 중, 특히 척추병 환자 샤를의 예를 분석할 것이다. 샤를은 『유예』라는 독특한 서술 양식―즉 무수한 시점의 동원과 설화단위의 미세한 분할, 엄청난 규모와 속도의 지그재그식 시점 이동과 그에 따른 '동시성(le simultanéisme)'―을 보이는 역동적 텍스트를 어떻게 읽어야 할 것인가를 시사하는 '미학적 비전(la vision esthétique)'을 지닌 사르트르의 문학작품 속에 나타난 가장 예술적인 인물이다.

1949년에 『야릇한 우정』을 발표한 후, 10년 만에 사르트르는 극작품 『알토나의 유폐자』를 통해 다시 제2차 세계대전으로 돌아왔다. 그러나 이제 문제가 되는 것은 진행 중인 전쟁의 발견이 아니라 이미 역사적 사건으로 정리되고 분석된 전쟁에 대한 논쟁이다. 즉, 새로운 전쟁관과 세계관의 형성이 아니라 이미 공인된 전쟁관의 시효소멸 내지는 위기가 문제가 된다. 왜냐하면 『알토나의 유폐자』는 '현재'의 알제리전쟁이 '과거'의 제2차 세계대전을 문제 삼는 세기적 이념적 갈등의 무대이기 때문이다. 본 논문의 제3장이 집중적으로 분석할 『알토나의 유폐자』에서 우리는 독일 중위 프란츠가 패전 후 몸을 숨기면서 폴란드와 독일을 통과하여 귀환하던 중 폐허가 된 어느 독일 마을에서 만났다는 하반신이 사라져 버린 불구 여인의 발화에 주목할 것이다.

2. 샤를과『유예』

결핵성 척추병에 걸려 허리에 깁스를 하고 누워있는 샤를은 병상이나 들것 머리맡에 부착된 거울―그는 '제3의 눈(son troisième oeil)'이라 부른다―을 돌리며 땅바닥의 '수평적' 시점만을 활용하여 사람이나 사물을 바라보는 인물이다. 그는 좁은 거울 속에 비치는 이미지들의 묘한 뒤틀림과 움직임을 재미있게 관찰하는 '거울 놀이'를 즐긴다.

> 그는 제3의 눈으로 한 토막의 조그마한 자기 세계(son petit bout de monde)을 바라보았다. 군데군데 적갈색 얼룩이 지고 먼지가 낀 고정된 눈, 그 눈은 언제나 약간씩은 동작들을 일그러지게 했다. 그래서 재미있었다. 동작들은 전전(戰前)의 영화들에서처럼 […]. (유예, 760/45).

거울 놀이는 고정된 거울에 의한 수동적 관찰에 멈추지 않는다. '시야의 제한(la restriction de champ)'을 극복하기 위해 샤를은 거울을 수없이 여러 각도와 방향으로 돌려 사람들의 움직임과 사물들의 형상의 분해된 조각들과 파편들을 다시 조립하면서 대상의 전체 모습을 재구성하는 몽타주의 기초인 'bout-à-bout' 작업을 하고 있다. 더욱 놀라운 점은 이 거울 놀이가 정지 상태의 사물들까지도 전체 면모를 파악하기 위해서는 거울의 움직임을 통한 일련의 분할된 영상들을 운동 상태에 집어넣음으로써 가능하다는 큐비즘적 관점을 보여 준다는 사실이다.

부동성의 저주를 받은 샤를이라는 주변부 인물은 이미 일상적으로―평화로운 시기에서부터―향후 전쟁 속에서 모든 작중인물들이―주인공 마티외와 브뤼네까지도―절망하게 될 시점의 제한을 체험하고 있다. 아니, 오히려 모든 작중인물들이 아직 '유예' 속에서 거짓 '평화'를 즐기고 있을 때에, 이 주변부 인물은 이미 '전쟁' 상태에 있었는지도 모른다. 그의 거울 놀이는 작중인물/독자로 하여금 진행 중인 전쟁의 여러 단면들을 끊임없이 지각하게 하면서 분할된 체험들을 연결하고 재조립하여 시대의 전체 이미지를 어렴풋이나마 재구성하도록 초대한다. 이처럼 마술적 거울 놀이는 현란한 운동과 함께 만화경적인 세계를 펼치는 『유예』의 서법(書法)/독법(讀法)의 기본 단계를 실행하고 있는 셈이다.

샤를의 시점을 통해 서술되는 환자들의 집단 이송 이야기는 매우 '인상주의적(impressionniste)' 방식으로 이 주변부 인물의 수평적 시점이 지닐 수 있는 역설적 특권의 더욱 진전된 형태를 드러낸다. 전쟁의 위협 앞에서 그들은 행선지도 모른 채 마치 화물처럼 기차에 실려 소개된다. 인간 이하의 상태로 전락한 극도의 절망감 속에서 샤를은 놀랍게도 『유예』에서 가장 아름다운 장면을 연출해 낸다. 마치 전쟁 속으로 빨려 들어가듯이 숨 가쁘게 질주하기 시작한 기차의 '옆질(roulis)' 속에서 화물칸에 누워 분노와 절망에 떨고 있던 샤를은 바깥 풍경들과 들판의 여러 사물들의 그림자들이 기차의 내벽에 형성된 빛의 사각형 속에서 연속적으로 투사되고 있다는 사실을 발견하게 되며, 마침내 평소보다 한 차원 더 진일보된 거울 놀이─이제는 거울 자체가 현란한 속도로 이동하고 있다─를 즐기게 된다.

기차는 **어떤 물체**를 따라 지나가고 있었다. 밖에는 딱딱하고 무거운 물체가 햇빛을 받으며 화물차 곁을 빠져나가고 있었다. 희미한 그림자가 처음에는 서서히, 그러더니 점점 빨리, 열어 놓은 문과 마주하고 있는 빛으로 가득 찬 벽면 위에서 달아나고 있었다. <u>영화관의 스크린 같았다.</u> [⋯] 그는 두 팔을 들어서 거울을 구십 도로 회전시켰다. 이제는 거울의 왼쪽 모서리에서 빛나는 직사각형의 단면이 보였다. 그에게는 그것으로 충분했다. 빛나는 그 표면은 살아 있었다. 그것은 온통 풍경이었다. 빛은 때로는 흔들리다가 마치 사라져 버릴 것처럼 희미해졌고, 때로는 굳어지고 얼어붙고 황갈색 물감을 칠해 놓은 듯한 양상을 띠었다. 그리고 가끔은 파도가 비스듬히 흐르고 바람에 이는 물결처럼 온통 전율했다. (유예, 945/265. 강조 원문, 밑줄 인용자)

마치 영화관에서 영화를 감상하는 듯한 모습을 연상시키는 샤를은 이제 '파노라마 비전(la vue panoramique)'까지 획득하고 있다. 그런데 빛의 스크린 속에서 현란하게 움직이고 있는 그림자들은 외부 사물들의 단순한 재현이나 반영이 아니다. 불분명한 이미지들은 형성/해체를 끊임없이 반복하면서, 인접한 이미지들과의 교차 속에서 의미의 유동 상태—의미의 생성/해체—를 보인다. 결국,

그 사물들 중 어떠한 것도 빛의 직사각형 안에 재현되지 않았으며, 그 사물들 중 어느 것 하나를 연상시키는 어떠한 기호조차도, 어떠한 특별한 그림자조차도 없었다. 그것들은 모두 하나의 완벽한 불분명 속에서만 동시에 나타났다. 이처럼 그는 자신의 생각들을 빛의 운동들로 대체할 수 있었다.[7]

빛의 운동의 스크린 앞에서 상상의 나래를 펼치는 샤를처럼 『유예』의 독자들도 이 현란한 텍스트—전 유럽의 '폭발'을 매 순간마다 정지시키는 네거티브 필름들의 연속적 집합을 빠른 속도로 돌리는 것과 같은 텍스트—앞에서 현혹되어 있는 셈이다. 불분명한 그림자들처럼 서로 녹아 어른거리면서 현란한 운동 속에서 춤추는 전쟁의 온갖 이미지들의 유희 속에서 우

---

7 Michel Contat, *Notes et variantes du* Sursis (Pléiade), p. 1996. 앞에 인용한 장면에 해당하는 초고(草稿)의 일부분인 이 구절은 샤를의 빛의 사각형에 나타난 이미지들에 사르트르가 부여하고 있는 성격을 명백히 보여 주고 있다.

리는 각자 나름대로 인접 이미지들과의 교차를 통해 여러 다양한 의미들을 생성/해체해야만 할 것이다. 그리하여 우리의 독서는 하나의 글쓰기가 이미지들의 운동으로 대체한 잠재적 상태의 사고들로 거슬러 올라가야 할 것이다. 그것은 마치 '동굴의 우화(l'allégorie de la Caverne)'에서의 노예의 경우와 비슷하다.[8]

아울러, 어떤 사물들을 지시하는 기호들이 아닌 불분명한 그림자들의 연속 운동으로서의 샤를의 스크린은 언어가 없는—관객에 의해 의미가 창조되어야 할—무성영화를 연상시켜, 관찰되고 재현된 모든 사건, 행위, 언술이 의미화를 기다리는 가능태의 상태에 머물러 있는 『유예』의 텍스트를 독해할 수 있는 구체적 방법을 시사한다. 『유예』의 미세분할 서술단위들은 다양한 몽타주 방식을 보이며, 미시 몽타주 단위들 간에 형성되는 다양한 이종교배는 수많은 테마들을 생성/해체하여 수평적 등위와 수직적 종속을 통한 거시 몽타주 단위로의 팽창을 끊임없이 실현한다.[9] "애매모호성을 보고하기 위해 나는 '큰 화면(le grand écran)'에 도움을 청해야만 했다"고 사르트르가 말하고 있는 『유예』의 창작의 측면도 마찬가지이다.[10] 사르트르 문학작품 속에서 샤를은 출현하고 있는 작품의 핵심적 구

---

8 환자들의 소개 과정에서 우연히 같은 화물차에 실린 카트린에게 샤를이 플라톤의 동굴의 우화에 대해 이야기하는 장면이 있음을 상기하자. "당신은 동굴의 신화를 기억하십니까? [⋯] 그들은 노예들이지요. 한 동굴 속에 묶여 있었습니다. 그들은 벽 위의 그림자들을 보지요" (유예, 951/272-73).

9 졸고, "Le système et l'organisation du montage dans *Les Chemins de la liberté* de Jean-Paul Sartre," 『불어불문학연구』 제31집(1995) 참조.

10 Michel Contat et Michel Rybalka, *Les Ecrits de Sartre, Chronologie, Bibliographie commentée* (Gallimard, 1970), p. 113에서 재인용. 『유예』의 작가를 마치 영화감독(방송 PD)에 비유한 콩타의 다음과 같은 지적은 매우 적절하다. "이러한 영화에의 은유적 참조는 몽타주 기법들로 주의를 이끈다. [⋯] 혼합하고 있는 소설적 재료와의 관계 속에서 사르트르는 공간(여기서는 전 유럽)의 도처에 흩어져 있는 카메라들에 의해 직접적으로 그리고 연속적으로 포착된 영상들을 전송받고 있는 수많은 화면들을 앞에 두고 이 화면에서 저 화면으로 옮겨

조화를 가동시키는 미학적 비전을 지닌 유일한 작중인물이다.

　'아무나'의 역설적 창조성은 샤를이라는 주변부 인물에게 특권적 시점을 부여하는 데 멈추지 않는다. 이 환자에게는 절망이 극치에 달한 바로 그 순간에 존재론적 전환을 이루는 소중한 기회마저 부여된다. 베르크에 있는 요양병원이 국경에서 너무 가까운 나머지 환자들은 간호사도 없이 행선지도 모른 채 기차에 실리며,[11] 이것은 『자유의 길』에서 최초로 나타나는 강제 이송(l'évacuation)이다.[12] 샤를에게는 두 종류의 인간―서 있는 자들과 누워 있는 자들―만이 있을 뿐이다. 한편에는, "서 있는 자들은 언제나 불안하다. 그들은 말하거나 아니면 몸을 계속 움직여야만 하기 때문이다"(유예, 759/43), "그는 혼자서 몸을 씻고 옷을 입고, 가고 싶은 곳에 간다. [...] 왜냐하면 그는 서 있기 때문이다"(761/45), "두 다리로 넘어지지 않게 딱 버티고"(926/242). 다른 편에는, "나, 나는 하나의 물건이니까"(761/46), "발송물에 붙이는 꼬리표 말이오. 위에 아래에, 그리고 취급주의, 조심스럽게 소포를 다루어 주시길 바랍니다. 하나는 내 배 위에 하나는 내 등 뒤에 붙여 주시오"(774/61), "나는 바닥과 같은 높이에 누워 있구나"(944/264), "많은 돌들 중의 하나처럼"(945/265).

　이러한 이유로, 샤를에게 있어서 전쟁은 서 있는 자들의 전쟁이다. "그것은 우리와는 아무런 상관이 없다오. [...] 난 전쟁 따윈 아무래도 좋소"

가면서 모든 영상들 중에서 수상기의 유일한 화면에 전송될 영상을 연속적으로 선택하는 감독과 비슷한 입장에 있다"("Notice sur *Le Sursis*," Pléiade, p. 1967).

11 샤를의 강제 이송 이야기는 이제까지 '서 있는 자들'과의 유일한 통로였던 전담 간호사 자닌과 헤어진 후, 달리는 기차의 화물차 칸 안에서 같은 처지의 카트린을 만나 사랑을 이루나 기차가 잠시 정지한 가운데 무상한 이별을 맞이하는 이야기이기도 하다.

12 마치 생명 유기체가 자신의 안전을 위해 내부에 있는―또는 침입한―이물질을 몸 밖으로 '배설(l'évacuation)'하듯, 전쟁의 소설 사회는 장애인들을 주변부로 추방한다. 그들은 마치 전쟁의 소설 사회의 시민권이 없는 듯하다.

(759/42-43). 그는 다음과 같은 우스운 생각도 한다.

"만약 전쟁이 일어난다면 […] 서 있는 자들은 서 있기에 피곤할 거예요. 그
들은 참호 속에 배를 깔고 누울 거예요. 나는 등을 대고, 그들은 배를 깔고: 우
린 모두 평행하게 되는 겁니다." (760/44)

그러나 『유예』에서 '서 있는 자들'의 전쟁의 참화를 맨 처음 당하는 것
은 '누워 있는 자'들이다. 들것에 실려 역으로 옮겨져 짐짝처럼 화물차 칸
에 실리는 장면은 제1차 세계대전 참전 용사였던 비기에 영감의 장례식
과 몽타주되어 환자들의 '죽음'과 '매장'을 의미한다.

"그럼, 출발하나요?" […] <u>그는 복도에 나와 있었다. 그의 앞에는 사십여 대
의 운반용 침대가 벽을 따라 줄줄이 일렬로 늘어서 있었다.</u> […] 장례 행렬이 출
발했다. "그들이 출발해요." […] <u>운반용 침대의 바퀴가 한 바퀴 돌 때마다 멈춰
가면서 조금씩 조금씩 앞으로 나가고 있었다. 어두침침한 구멍이 저쪽 끝에 있
었다. 간호사들은 들것을 둘씩 밀어 넣고 있었으나 승강기가 하나밖에 없었다.</u>
[…] 영구차가 창 밑을 지나가고 있었다. […] "불쌍한 양반." <u>그는 거기 길게 누
운 채 쉬고 있었다. 사람들은 그의 발을 앞으로 하여 그를 구멍 쪽으로 데려가
고 있었다.</u> […] 그들은 그를 밧줄로 묶어 구멍으로 내려보낼 것이고 […] <u>그들
은 구멍으로 돌진하고 있었다. 4층의 마룻바닥이 그의 머리 위에 있었다. 그
는 밑을 통해서, 수챗구멍으로 이 세상과 작별하고 있었다.</u> (923-25/239-40)[13]

---

13 밑줄 친 부분은 환자들의 행렬, 나머지 부분은 장례식 행렬에 해당된다. 샤를의 소개와 비기
에 영감의 장례식이 몽타주되어 있는 이 에피소드에 제3장 "9월 25일 일요일"에 출현하는
모든 인물들의 이야기가 몽타주되어 인물들의 죽음, 그리고 더 나아가 양차대전 사이의 세
대의 죽음, 그리고 그 세대의 평화에 대한 헛된 희망의 종언을 상징한다.

간호사도 없이 남녀 구별도 없이 한데 섞여 화물칸에 실린 척추병 환자들은 용변의 필요에 저항하다 마침내 굴복하고 인간 이하로 전락하는 자신을 절감한다. 그러나 이 절망의 극치에서 샤를은 우연히 옆자리에 누워 수치심에 떨고 있는 카트린이라는 여인을 위로하고 처음으로 원한에서 벗어나 관대함을 회복하며 그녀에게 사랑을 느끼게 된다. 이리하여 '분뇨담(糞尿譚, la scatologie)'의 이야기는 사르트르 문학작품에서 가장 아름답고 감동적인 사랑의 이야기로 승화된다. 그러나 기차가 한밤중 어느 중간 역에 도착하자 짐꾼들이 각각 따로 들고 가 버리는 바람에 허무하게 헤어지게 된다.

『유예』가 보이는 샤를의 기차 타기에 따른 특권적 체험은 주목받을 만하다. 『자유의 길』에 나타나는 교통기관—기차나 기선—에 의한 '시련으로서의 여행(le voyage-épreuve)'은 전쟁을 체험하는 것을 상징한다. 『유예』에서 교통기관의 승선에 따른 변모가 샤를-카트린처럼 긍정적 방향으로 이루어진 경우는 드물다. 이 점은 카사블랑카 발 마르세이유 행 기선을 타게 된 '건강한' 피에르-모의 변모와 비교해 보면 확연해진다. 피에르-모는 샤를-카트린과 정반대의 방식으로 존재론적 변환을 이룬다. 피에르-모는 지중해를 통과하는 동안—파도 치는 바다를 키질과 옆질을 하며 통과하는 배는 마치 뮌헨협정 무렵의 위기를 통과하는 전 유럽을 환유하고 있다—비참한 전락을 겪지만 마르세유에 도착해서야 서로의 필요에 의해 마지못해 재결합한다. 결국 샤를, 카트린과는 달리 피에르와 모는 아직 '유예'를 즐길 수 있는 것이다. 대신, 샤를의 시련은 뮌헨협정 무렵의 민주 진영의 마지막 저항을 환기한다.[14]

주변부 인물 샤를의 이야기는 『유예』가 보이는 전쟁관의 이해에 필수

---

14 Contat, "Notice sur *Le Sursis*," p. 1969 참조.

불가결한 관점을 제시한다. 어떤 작중인물들에게는, 전쟁의 부재는 문자 그대로 평화의 상태를 의미하지 않는다.

> 그의 머리 위 1미터 70센티의 높이에 전쟁, 혼란, 명예훼손 그리고 애국적 의무가 있었다. 그러나 대지 근처에는(au ras du sol) 전쟁도 평화도 없었다. 인 간 이하, 부패한 인간, 누워 있는 자들의 비참과 치욕만이 있을 뿐이었다."
> (1007/338, 밑줄 인용자)

역설적으로 말해, 이들은 평화 시에도 전쟁과 같은 재난에 이미 처해 있었다 할 수 있다. 이처럼 주변부 인물들은 전쟁의 두 출입구—전쟁에 들어감과 전쟁에서 나옴—에 의한 이중 분절에 독특한 의미를 부여한다. 이러한 점은 『유예』의 다른 주변부 인물인, 생투앙의 노동자 모리스에게 서도 확인되는 바와 같다. 주변부 인물들의 발화는 뮌헨주의자들의 논리 의 환상과 '현상유지(statu quo)' 신화의 기만성을 폭로한다.

3. 불구 여인과 『알토나의 유폐자』

1959년 9월에 초연을 한 『알토나의 유폐자』는 15년여의 간격을 두고 '과거'의 제2차 세계대전으로 되돌아온다.[15] 옛 독일군 중위로서 소련 전

---

15 1958년 2월에 사르트르는 고문(拷問)과 "알제리에서 귀환한 병사가 고수하는 침묵에 의해 내부로부터 와해되는 한 가족에 관한" 희곡 집필 구상을 밝히고 있는데, 『알토나의 유폐자』 는 실제로는 제2차 세계대전과 독일로 이야기가 바뀌었다. "Le théâtre peut-il aborder l' actualité politique? Une 'table ronde' avec Sartre, Butor, Vailland, Adamov," *France-Observateur*, 13 février 1958. Contat & Rybalka, *Les Ecrits de sartre*, pp. 320, 323에서 재인용.

선에서 포로로 잡은 유격대원들과 민간인 농부들에게 고문을 자행하고, 스스로를 자발적으로 유폐하고 미래 30세기의 '게들의 법정(le Tribunal des Crabes)'에서 말살된 독일인들을 변론한다는 환각에 빠져 있는 프란츠란 광인을 보여 주는 이 5막극은 사르트르의 문학작품 중 가장 몽환적이고 가장 난해한 작품이다.[16]

거시적 관점에서, 『알토나의 유폐자』의 난해성은 무엇보다도 '과거'로서의 제2차 세계대전과 '현재'로서의 알제리전쟁의 '대화'에서 비롯된다. 옛 독일 장교의 환각에 의해 재론되고 있는 제2차 세계대전은 알제리에서 자행되고 있는 식민전쟁을 문제 삼는다. 여기에서 우리는 '역할 바꾸기'라는 극적 놀이에 참여하고 있는 셈이다.[17] 이 극적 역할 바꾸기 놀이가 보이는 모순은 프란츠의 비교(祕敎)의 주술과 같은 난해한 언어를 해독할 수 있는 길을 열어 준다. 제2차 세계대전에 대한 프란츠의 비전이 정당하지 못하다면 알제리전쟁도 정당치 못하다. 알제리에서 진행되고 있는 고문이 용납될 수 있다면, 고문을 자행했던 프란츠도 무죄이다. 그리고 1945년의 뉘른베르크 법정의 판결들도 프란츠에 의해 요청되고 있는 '게들의 법정'에 의해 재심되어야 할 것이다.[18]

---

16 콩타는 이 극작품이 "관객이나 독자 그리고 비평가에게까지 제기하는 첫 번째 문제는 이해의 문제이다"라고 말한 바 있다(L'Explication des Séquestrés d'Altona de Jean-Paul Sartre, Lettres Modernes, Archives des Lettres Modernes, 1968, p. 9).

17 사르트르는 이 점에 대해 "우리가 독일인들은 아니지만 [···] 오늘날 알제리인들이 우리 앞에 처해 있는 것과 똑같은 상황 속에 우리는 독일인들 앞에 있었다"라고 말하고 있다(『알토나의 유폐자』에 대한 인터뷰 중 가장 중요한 것으로 여겨지는 브레히트 비평가 Bernard Dort와의 인터뷰에서. "Les Séquestrés d'Altona nous concernent tous," Théâtre Populaire, n° 36, 1959; Un Théâtre de situations, Gallimard, 1973, p. 301).

18 『알토나의 유폐자』의 관객들에게는 소련에서 프란츠처럼 고문을 자행했던 독일이 그 당시 알제리에서의 프랑스를 상기시켰겠지만, 사르트르에게 있어서는 그 역도 중요했다고 여겨진다. 알제리의 일련의 사태들은 그로 하여금 전쟁 중인 독일로 다시 되돌아가 제2차 세계대전에 대한 기존 공식 관념들—『자유의 길』에 어느 정도 반영되었던—을 반성케 하고 있다.

『유예』를 포함하여 『자유의 길』이 전쟁을 인간의 존엄성을 회복하기 위해 명백한 공동 적으로서의 파시즘에 대한/으로부터의 레지스탕스와 해방으로 기술하고 있는 데 반해, 『알토나의 유폐자』가 매우 당혹스러운 방식으로 재해석한 전혀 다른 전쟁을 제시하는 것은 위와 같은 콘텍스트적 맥락에서이다. 반성되고 있는 『자유의 길』이 '흑백의 논리'였다면, 『알토나의 유폐자』를 지배하는 정서는 '애매모호성'이다.[19] 따라서 『알토나의 유폐자』는 『자유의 길』로부터 러셀 재판소(Tribunal Russell)에 이르기까지 변화하고 있었던 사르트르의 전쟁관을 반영하고 있으며, '게들의 법정'은 러셀 재판소를 예고하고 있었던 셈이다.

제2차 세계대전에 대한 여러 통념들의 반성과 대립, 그리고 전복은 전쟁에 대한 온갖 담론들의 불협화음과 다성성(多聲性)을 이끈다. 그리고 이에 따른 카니발적 유희야말로 『알토나의 유폐자』의 핵심적 미학적 특징이다. 그런데 이러한 담론들의 다성성과 카니발적 유희가 텍스트 내에서 펼쳐질 수 있었던 것은 프란츠가 패전 후 귀환하던 중 폐허가 된 어느 독일 마을에서 만났다는 하반신이 사라져 버린 불구 여인의 '발화(la parole)'의 힘에 의해서이다.[20] 제4막 제3장에서 이름조차 없이 단 한 차례 출현

---

19 사르트르는 공연 전 한 인터뷰에서 특별히 주고자 하는 정서에 대한 질문에 "우리 시대의 애매모호성의 감정입니다. 윤리든 정치든 어떤 것도 더 이상 단순치 않아요"라고 답한다 ("Entretien avec Madeleine Chapsal," *L'Express*, 10 septembre 1959; *Un Théâtre de situations*, p. 315). 연이은 또 다른 인터뷰는 『자유의 길』이 미완의 상태로 종결된 연유에 대해 "제4부는 레지스탕스에 대해 [⋯] 당시 선택은 쉬웠습니다. [⋯] 흑백의 논리였죠. 오늘날 [⋯] 상황은 복잡해졌습니다. [⋯] 저는 43년에 위치할 그 소설 속에 오늘날 우리 시대의 애매모호성들을 표현할 수가 없습니다"("Deux heures avec Sartre, entretien avec Robert Kanters," *L'Express*, 17 septembre 1959. Contat & Rybalka, *Les Ecrits de sartre*, p. 221에서 재인용)라고 한다.

20 프란츠가 뉘른베르크 법정에 대해 강한 이의를 제기하는 첫 번째 회상 장면(제1막 제2장)은 사건의 연대기적 순서 상 불구 여인과의 조우(제4막 제3장) 다음에 이루어진 것으로, 불구 여인의 발화의 영향을 받은 것이다. 사르트르는 과거의 전쟁에 대한 반성을 작품의 실질적 시작인 제1막 제2장부터 전격적으로 도입하는 전략을 취함으로써('기다림l'attente'이 주조음인 제1막

할 뿐인 이 주변부 인물은 연합군이 "1미터 75센티의 높이에" 붙인

"죄인은 너희들이다!"[21]

라는 벽보의 의미를 역설적으로 전복시킴으로써 텍스트 내에 전쟁에 대한 온갖 담론들이 분출하는 것을 가능케 한 사르트르 전 문학작품 속에서 가장 악마적인 인물이라 할 수 있다.

여기에서 잠시 불구 여인과의 조우를 환기시킨 배경을 이해할 필요가 있다. 우선, 불구 여인과의 조우에 대한 회상은 조안나와의 사랑을 모색하는 프란츠가 구원에의 집착과 실패의 두려움 사이에서 자기기만이 절정에 달했을 때에 '꿈'—즉, 소망—으로서 요구했던 과거에 해당된다(유폐자, 965-66 참조). 또한 『알토나의 유폐자』는 극적 갈등의 전개에 따라 뉘른베르크 법정의 대체물로서 '상상적' 법정들을 순차적으로 펼친다. '게들의 법정'은 조안나와의 사랑을 통해 구원을 모색하는 제4막 제2장에서부터 와해되며 그 후로는 '내밀한 법정' 또는 '연인의 법정'이라 명명할 수 있는 것으로 대체된다.[22] 프란츠가 폐허가 된 마을에서 불구 여인과 나누

제1장은 'statue quo'를 유지하고 있으며, 제1막 제2장에서부터 비로소 극적 운동이 시작된다) 작품이 던지는 문제의식의 핵심이 전쟁에 대한 담론의 상대적 등가성임을 명백히 하고 있다. 사건의 핵심에서(in medias res) 시작하는 이야기의 서두는 착시법(錯時法, l'anachronie)의 전형적인 예라 할 것이다.

21 Sartre, *Les Séquestrés d'Altona* (Pléiade), p. 964. 분석 텍스트로는 『알토나의 유폐자』의 경우 *Théâtre Complet* (Gallimard, Pléiade, 2005)를 사용하였으며, 인용시 '유폐자, 쪽수'로 한다. 제4막 제3장이 끝날 때까지 집중적인 조명을 받는 이 벽보는 연합군이 Bergen-Belsen의 수용소에서 자행된 잔학행위들을 발견한 후 패전 독일의 도처에 붙인 것이다(Jean-François Louette, "Notice" sur *Les Séquestrés d'Altona*, Pléiade, 2005, p. 1517 참조).

22 "프란츠: 조안나, 저는 그들의 능력을 인정하지 않습니다. 저는 그들에게서 이 사건을 빼앗아 그대에게 줍니다. 저를 심판해 주시오"(유폐자, 959).

는 대화를 조안나로 하여금 듣게 하고 있는 제4막 제3장[23]은 연인의 심판을 요청하는 제4막 제2장의 연속선상에 있다. 제4막 제2장의 결구에서 프란츠는 구원의 실패를 두려워한 나머지 마침내 위증을 하게 되었다.

> **프란츠** 저는 말할 것입니다… 말해야 할 것을, 기탄없이. […] 그러나 무슨 대단한 악랄한 행위들을 했을 것으로 기대하지는 마시오. 오, 아니오! 그런 것조차 없다오. 제가 자책하는 것이 무엇인지 아시오? 아무것도 하지 않았다는 사실이오. (조명이 천천히 낮아진다.) 아무것도! 아무것도! 결코! (유폐자, 962)

그러나 누이인 르니의 폭로가 확실히 예상되고 있어, 프란츠는 자신의 고문 행적을 완전히 감출 수는 없다. 이에 프란츠는 피고인 자신이 직접 위증하는 것을 피하면서 전쟁에서의 고문의 불가피성을 재판관 조안나에게 객관적으로 설득할 수 있는 방법으로 자신의 입장을 변론해줄 제3의 인물을 필요로 하게 된다. 제4막 제3장은 프란츠가 전쟁의 피해를 가장 심대하게 입었으며 패전 독일의 어디에서나 만날 수 있었을 이 '아무나'의 심판을 요청하여 ─ 우리는 '연인의 법정'에서 파생된 이 법정을 '길거리 법정'이라 부를 것이다 ─ 그 불구 여인이 말하는 내용을 자신을 위한 하나의 변론으로서 재판관 조안나에게 듣게 하는 장면으로 해석할 수 있겠다.

검은 옷을 입고 마루판 위에 반쯤 누워 있는 자세로 폐허 속에 유일하게 남아 있는 벽에 등을 기대고 있는 이 여인은 어둠 속에서 프란츠를 부

---

23 조안나는 마치 재판정에서 피고와 변론인의 대화를 듣고 있는 재판관처럼 동일 공간의 어둠 속에 놓여 있는 안락의자에 앉아 두 사람을 지켜보면서 대화를 듣고 있다.

른다. 프란츠가 자기를 찾지 못하자

> **여 인** 너의 눈높이에는 아무도 없다. 땅에 내가 있다. (963)

그런데 그 벽 위에는 "죄인은 너희들이다!"라는 벽보가 붙어 있다. 프란츠가 벽보를 떼어 내려 하자 여인은 저지한다. 여인은 정반대의 관점에 서이지만 벽보의 문구에 동의를 표시하는 것이다.

> **여 인** 결코 충분치 않았다! 강제수용소도 충분치 못했고, 고문자들도 충분치 않았다! [⋯] 패잔병이여, 그대의 명예는 어디에 있느냐? 죄인은 너다! 신은 너의 행동이 아니라, 네가 감히 하지 못한 것, 저질러야 했으나 저지르지 못한 것에 따라 너를 심판할 것이다. (어둠이 조금씩 내린다. 벽보만 보인다. 목소리는 메아리처럼 반복되면서 멀어진다.) 죄인은 너다! 너다! 너다! (벽보가 꺼진다.) (965)

제4막 제3장의 결구에서 언도된 '길거리 법정'의 이 경악스러운 판결은 제4막 제2장의 결구에서 프란츠가 했던 위증과 대비해 볼 때 대단히 역설적이며 매우 극적인 반전 효과를 드러낸다. 무조건 전쟁을 이겨야 할 상황에서 모든 수단은 허용될 수 있으며, 승리에 필요한 만큼 충분한 고문과 같은 비열한 만행을 저지르지 않았다면 오히려 비난받아야 한다는 여인의 견해는 조안나의 심판을 기다리는 프란츠에게는 무죄 내지는 최소 정상 참작의 판결을 이끌어낼 수 있는 탁월한 변론이 될 수도 있을 것이다. 결국 프란츠는 조안나의 '도덕주의'[24]를 만족시키면서도 자신이 원

---

24 콩타는 조안나란 인물을 "도덕주의의 실패(l'échec du moralisme)"로 정의하고 있다(Contat,

하는 판결을 얻기 위해 전쟁의 참혹한 폐허의 한복판에서 전쟁의 피해를 가장 혹독하게 입은 패전 독일 어디에서나 만날 수 있었을 법한 '아무나'의 변론을 통해 조안나를 설득하는 것이 가장 효과적일 것으로 판단하였을 것이다.[25]

비록 조안나의 설득에 실패했다 할지라도, 뉘른베르크 법정과 상상적 대척점을 형성하는 '길거리 법정'을 주도하고 있는 이 주변부 인물의 발화가 갖는 텍스트 내에서의 역동적 의미 생산력은 결코 간과할 수 없다. '땅을 기고 있는(au ras du sol)' 불구 여인의 관점은 "1미터 75센티" 높이의 관점과 극적 대조를 이루면서, 공인된 기존 가치 체계들을 무효화하고 전복시킨다. 만약 고문이 허용될 수 있다면, 따라서 전쟁에 대한 어떠한 태도도 서로 상대적인 가치만을 가지고 있는 것에 불과하다면, 전쟁에 대한 어떠한 담론도 허용될 수 있을 것이다. 이리하여 『알토나의 유폐자』는 '게들의 법정'과 '연인의 법정'에 이어 다시 한 번 '길거리 법정'을 파생시킴으로써, 제2차 세계대전과 전쟁 일반에 대한 기존 담론들의 전복과 참조 체계의 시효소멸, 그리고 그에 따라 불협화음을 일으키며 형성되는 온갖 새로운 관념들의 다성성―제2차 세계대전과 알제리전쟁 그리고 향후 베트남전쟁과의 콘텍스트적 대화에 의한―을 보이는 카니발적 유희를 펼친다.[26]

L'Explication, pp. 44-54). 이 점에 있어 제2막 제5장에서 프란츠가 조안나를 처음 보았을 때 조안나를 직감적으로 "tête étroite et lucide (명석하나 좁은 머리)"로 파악했던 점을 상기하자 (유폐자, 916).

25 폐허 속의 불구 여인이 필요했던 이유를 우리는 제5막 제1장에서 마침내 아버지를 만나 자신의 만행을 자백하면서 프란츠가 하는 다음과 같은 말에서도 확인할 수 있다. "폐허들이 저를 합리화시켜 주었습니다. 약탈된 가옥들, 불구가 된 어린애들이 반가웠습니다. 저는 독일의 죽음에 임종하지 않기 위하여 스스로를 유폐하고 있다고 주장했지요. 그것은 거짓말이었습니다. 저는 우리나라의 죽음을 바랐으며, 우리나라의 부흥의 증인이 되지 않기 위해 스스로를 유폐했던 것입니다"(983).

26 『알토나의 유폐자』가 보이는 뉘른베르크 법정에 대한 상상적 차원의 의문 제기는 차후

『알토나의 유폐자』에 나타난 전쟁의 담론의 다성성의 구체적 면모를 살펴보면, 최고의 음역(le registre aigu)을 점하는 것은 역시 반인륜적 범죄도 감행하는 결단을 촉구하고 최고의 기술에 의한 무조건적인 승리만을 목표로 하는 전쟁공학적 사고를 표방하는 불구 여인의 발화와 그에 따른 텍스트 내의 여러 다양한 반향들이다. 여인의 발화는 알제리전쟁에서의 고문을 고발하기 위한 『알토나의 유폐자』의 콘텍스트적 의도마저 전복하고 있으며[27] 가장 폭력적이고 가장 파괴적인 식인주의에까지 이르고 있다.

> **여 인** 그들은 선신에게 우리가 식인종이라 말한다. 선신은 그들의 말을 듣는다. 왜냐하면 그들이 이겼기 때문이다. 그러나 어느 누구도 나로부터 진정한 식인종은 승리자들이라는 생각을 없앨 수는 없을 것이다. […] 그들이 너희를 이겼다면, 그들이 너희보다 더 많이 파괴했기 때문이다." (964)[28]

1966~67년의 러셀 재판소의 창설로 이어진다. 사르트르에 의하면 러셀 재판소의 역사적 의미는 "베트남에서의 미국의 정책이 45년에 뉘른베르크에서 확립된 전쟁범죄에 대한 국제법에 의해 처벌될 수 있는가?"를 알아보는 데 있다(Sartre, "Le crime," in *Situations VIII, Autour de 68*, Gallimard, 1972, p. 28).

27 『알토나의 유폐자』의 텍스트 구조화에서 불구 여인의 발화가 지니는 핵심적 전략적 위치에도 불구하고, 사르트르의 고문에 대한 단호한 입장은 강조할 필요가 있겠다. 프란츠를 '심판'이나 '경멸'이 아닌 '사랑'으로 대하는 아버지까지도 고문자로서의 프란츠는 '용납하지(accepter)' 않으며(유폐자, 984), 부자는 작품의 결구에서 결국 동반자살을 택한다. 『알토나의 유폐자』에 나타난 정의관은 함무라비 법전에 규정되어 있는 바와 비슷한 탈리오주의에 가깝다. 즉, 아버지가 '후두암'에 걸린 것은 폴란드 랍비 '교살'의 원인 제공자로서, 프란츠가 '게'로 변하는 것은 "인간을 살아 있는 채로 벌레로 변화시키는"(982) 고문 행위자로서의 응보적 벌을 받는 것으로 해석할 수 있다.

28 『알토나의 유폐자』의 제4막 제3장은 1951년과 54년에 파리에서 공연되었던 브레히트의 『억척어멈(Mutter courage und ihre Kinder)』 – '30년 전쟁'에서 '전쟁은 사업이다'라는 신념을 지닌 종군 행상으로 전쟁터에서 자식들을 차례로 잃어 가는 억척어멈 또한 군목, 취사병 등과 대화

패전 후 귀환한 프란츠가 뉘른베르크 법정에서 괴링을 유죄판결한다
는 뉴스를 들으면서 다음과 같은 "말의 홍수(un déluge de mots)"(880)를 쏟
아낼 때 드러나는 견해는 제1차 세계대전의 전후 처리와 제2차 세계대전
의 원인 간의 관련, 히로시마 원폭 투하와 같은 문제가 첨가되어 있지만,
결국 귀환 중 조우한 불구 여인의 영향을 받은 것이다.

> **프란츠** 결단코 아니다! 아무도 (죄가 없다). 승리자의 판결을 수용하는 엎드
> 린 개들 외에는. 아름다운 승리자들! 우리는 그들을 안다. 1918년
> 에도 똑같은 위선적인 미덕을 지닌 똑같은 놈들이었다. […] 그들은
> 역사를 거머쥐었고 우리에게 히틀러를 주었다. […] 재판관들? 그들
> 은 전혀 약탈, 살육, 강간을 저지르지 않았단 말인가? 히로시마 위
> 의 폭탄, 그걸 괴링이 던졌단 말인가? […] 적 앞에서 모든 이들은
> 무죄이다. (882)

프란츠(고문자)와 아버지(밀고자)의 부성애를 통한 화해를 보여 주는 제5
막 제1장에서 프란츠가 폴란드 랍비 은닉 사건 때 느꼈던 너무나 뼈저린
무기력에 대한 강박관념이 잔혹한 고문자로 변신한 원인이었음을 고백하
며 마치 "현재에서 과거를 생생하게" 사는 것처럼 고문의 진상을 회상할
때 나타나는 바와 같은, 열렬한 청교도였던 청소년이 "스몰렌스크의 백

를 나눈다—과 비교될 수 있겠다. 억척어멈이 전쟁의 수동적 수혜자라면 『알토나의 유폐자』
의 불구 여인의 경우 적극적 호전성이 돋보여, 이 두 독일 여인은 매우 다른 이미지를 보여
주는 듯하나, 가장 낮은 곳에서 전쟁을 바라본다는 공통점을 지니고 있다. 민중의 의지와는
무관한 전쟁이 민중에게 가장 심각한 피해를 준다는 점에 대한 인식은 『유예』의 샤를과 억
척어멈에 있어 동일하다. "누가 패배를 해? 저 위에 계신 지체 높은 분들과 밑에 있는 자들
의 승리와 패배란 항상 일치하지는 않는 법이야. […] 우리 천민들은 승리와 패배에 대한 대
가를 톡톡히 치러야 된다는 것이죠"(이원양 옮김, 『억척어멈과 그의 자식들』, 한국브레히트학회 편,
『브레히트선집(3): 희곡』, pp. 47-48).

정(le boucher de Smolensk)"(986)으로 변모하는 장면은 이 극작품에서 가장 참혹하고 끔찍한 장면이다.

> **프란츠** 나는 생자(生者)와 사자(死者)를 선택한다. […]
>
> **아버지** 인생에서 단 한 번, 너는 무기력을 알았다 […]
>
> **프란츠** 그 사건 이후로 권력은 저의 소명이 되었어요. […] 그러나 그날, 그
> (히틀러)가 저를 사로잡았습니다. […] 나는 악을 요청할 것이며 잊지
> 못할 특별한 행위―인간을 '살아 있는 채로' 벌레로 변화시키는―에
> 의해 나의 권력을 드러낼 것이다. […] 권력은 심연이며 나는 그 깊
> 은 밑바닥까지 볼 것이다. 미래의 사자(死者)들을 선택하는 것으론
> 충분치 못하다. 칼로 라이터로 나는 인간계(人間界)를 결정할 것이
> 다. (981-82)[29]

결국 『알토나의 유폐자』 전 텍스트를 통해 일관된 중심 테마는 무엇보다도 프란츠가 환각 상태에서 전쟁 자체를 이미지화하고 있는 '불'의 '카니발'이라 할 수 있다. 제2막 제2장에서 등장하는 불의 카니발 이미지[30]는,

---

29 인간의 존엄성을 누구보다 존중했던 청교도 청소년이 전쟁을 통해 잔혹한 고문자로 변신하는 과정을 보여 주는 『알토나의 유폐자』는 현대사회에서 누구라도 고문행위로부터 자유로울 수 없다는 점과 프란츠(종교)와 아버지(자본)가 보이는 '결탁의 문제(le problème de la collusion)'와도 결부된 서구 부르주아지의 모순이 전쟁이란 현상 속에 깊이 뿌리내리고 있음을 보여 준다. 기존에 공인된 전쟁관의 극단적 전복과 주인공의 성장 과정 상의 참혹한 전도가 상호 조응하고 있는 『알토나의 유폐자』는 사르트르의 세계관과 인간관이 가장 비관적인 모습을 띠고 있는 작품이다.

30 '연인의 법정'의 형성 전, 즉 환각에 사로잡혀 있을 때.

프란츠 집중 포화 […] 장미들 […] 꽃다발(le bouquet) […] 카니발 포격(le coup du Carnaval) […] 뻔뻔한 카니발(un Carnaval impudent)! (914)

결국 제4막 제7장에서 재생하고 있다.[31]

프란츠 화약고 […] 벼락치다 […] 폭발하다 […] 기억할 만한 불꽃놀이의 소용돌이 치는 꽃다발(le bouquet tournoyant d'un feu d'artifice mémorable) […] (971)

불구 여인의 발화가 다성성의 최고 정점을 형성하고 있다면, 차상위에 위치할 만한 담론들은 30세기의 '게들의 법정'에서의 변론 등에 나타나는 것들로서 넓은 역사적 관점에서 20세기와 20세기의 전쟁에 대해 사고하는 담론들일 것이다. 예를 들면,

프란츠 친애하는 청중 여러분, 나의 세기는 바겐세일이었습니다. 인간종의 재고 정리가 고위층에서 결정되었습니다. (903)[32]

20세기 전쟁에 대한 반성은 미래 핵전쟁에 의한 지구 종말론과 변종 인간 또는 신(新) 인류(게들)의 출현을 암시하기도 한다.

---

31 '연인의 법정'의 붕괴 후, 즉 르니가 고문의 진상을 폭로하고 조안나가 모든 것을 알게 되었을 때.

32 루에트(J.-F. Louette)는 『알토나의 유폐자』가 사르트르가 '언어의 유희(les jeux verbaux)'에 가장 공을 들인 작품이라고 지적하며, 상업적 의미와 군사적 의미가 섞여 있고 묵시록적 전망(새로운 노아 홍수)과 대량 살상이 암시되어 있는 이 문장을 그 예로 들고 있다("Notice" sur *Les Séquestrés d'Altona*, p. 1513 참조).

프란츠 야릇하나 증명할 수 없는 느낌! 오늘 저녁 역사는 멈출 것이다. 정
각! 지구의 폭발이 계획되어 있다. 과학자들이 버튼 위에 손가락을
얹고 있다. 영원히 안녕! (잠시 시간.) 그러나 인간종이 살아남을 경
우 그들이 과연 어떻게 될까 알고 싶다. (949)

이처럼 『알토나의 유폐자』는 노아 홍수 신화와 함께 묵시록적 세계관
을 보인다. 이때 '절지동물(Arthropodos)'은 토디(Philip Thody)의 지적처럼
멸종한 '인간(Anthropos)'의 변종을 상기시킨다.[33]

프란츠 게들은 인간들입니다. […] 저는 '여기에 인간이 있다. 나 이후에는
대홍수다. 대홍수 이후에는 게들이다. 당신들이다!'라고 외쳤습니
다. […] 저는 갑각류의 법정에 인간종의 유해를 넘김으로써 그들의
신화적 불운이 극치에 달하게 했습니다. (잠시 시간. 그는 천천히 옆으
로 걷는다.) (959, 강조 원문)[34]

작품의 결구에서 프란츠가 아버지와 함께 동반자살 여행을 떠나면서
조안나에게 남기고 간 선물인 '게들의 법정'에서 녹음한 최후의 변론은 인
간의 태고 시절의 원시동물적 파괴 본능에 의한 전쟁에서부터 미래의 핵

---

33 Philip Thody, *Les Séquestrés d'Altona*, p. 205 (Louette, "Notes" sur *Les Séquestrés d'Altona*, p. 1540 참조).

34 또한 "프란츠: 30세기에? 인간이 한 명이라도 생존해 있다면 박물관에 보관될 것이다… 너
는 그들이 우리들의 신경계를 간직하지 않으리라는 걸 생각할 수 있지? / 르니: 그럼 게들이
되겠네?"(908). 한편, 발코니에 원을 이루면서 우글거리고 있는 게들은 프란츠를 심판하는
또는 독일과 20세기를 위한 프란츠의 변론을 듣고 있는 '역사'의 이미지를 띠고 있다. 또한
게들은 타자의 시선에 사로잡힌 전락한 인간의 은유이기도 하다. 연인의 심판을 통한 구원
의 실패 후, "프란츠: 조안나! (그녀는 그를 쳐다본다.) 그 눈만은! 제발, 그 눈만은! […] (그는 웃음
을 터트리며 네 다리로 선다.)"(978)

전쟁에 의한 종말론에 이르기까지 단편적인 여러 상념들의 잡동사니이다.

> **프란츠** 세기는 만약 인간이 그의 태곳적부터 잔인한 적에 의해, 그의 멸종
> 을 맹세했던 육식종에 의해, 털이 없고 교활한 짐승에 의해, 즉 인
> 간에 의해 감시되지 않았더라면 좋았을 것입니다. [⋯] 우리는 우리
> 이웃들의 내면의 눈동자 속에서 갑자기 그 짐승의 시선을 간파했
> 습니다. 그리하여 우리는 때렸지요. 합법적인 예방적 방어였죠. [⋯]
> 죽어 가는 그의 눈동자 속에서 나는 짐승을, 여전히 살아 있는, 즉
> 나를 보았습니다. (993)[35]

이제는 르니가 프란츠를 대신하여 자신을 유폐하기 위해 프란츠의 방으
로 올라가고, 조안나와 베르네르 또한 퇴장한 후 무대가 텅 빈 상태에서,

> **프란츠** 30세기는 더 이상 대답하지 않습니다. 아마도 우리의 세기 이후로
> 더 이상 세기들이 없을 것입니다. 아마 하나의 폭탄이 뜨거운 빛들
> 의 입김을 내뿜었을 것입니다. 모든 게 죽었을 것입니다. 눈들과 심
> 판관들과 시간까지. 밤. 오, 밤의 법정이여. (993)[36]

전쟁에 대한 여러 단상들—그중 특히 『알토나의 유폐자』와 같은 시기에

---

35 이 녹음된 독백인 최후의 변론은 『알토나의 유폐자』의 리허설 중 사르트르에 의해 즉흥적으
로 쓰여졌다 하나(Louette, "Notice" sur Les Séquestrés d'Altona, p. 1512 참조), 인용된 부분은 원래
초고에서는 제2막 제1장에서 프란츠가 '게들의 법정'에서 변론하는 장면에 있었던 것이 약
간의 수정을 거쳐 결구로 옮겨온 것이다(Contat, Variantes des Séquestrés d'Altona, p. 1537 참조).

36 이리하여 『알토나의 유폐자』가 뉘른베르크 법정에 대응하여 제시하는 상상적 법정은 '게들
의 법정'에서 '연인의 법정'과 '길거리 법정'을 거쳐 마침내 '밤의 법정'—즉, 법정의 소멸—
으로 귀결된다.

집필 중이었던 『변증법적 이성 비판』에서 핵심적인 개념이 될 '실천적 타성태 (le pratico-inerte)'를 상기시키는 바와 같은 것—을 살펴보면,

> **프란츠** 전쟁, 우리가 그것을 하는 게 아니다. 전쟁이 우리를 한다(만든다). (963)[37]

다음과 같은 전쟁에 대한 논쟁들도 펼쳐진다.

> **조안나** 군인은 인간이다.
> **프란츠** 우선 군인이다. (966)
> [⋯]
> **클라제** 그것은 히틀러의 붕괴가 될 것이다.
> **프란츠** 또한 독일의 붕괴도. (968)[38]

---

37 또한 "모든 길들 위에 범죄들이 있다. 미리 만들어진 범죄들이 그들을 범할 죄인들을 기다리고 있을 뿐이다. 진정한 군인은 지나가며 그것들을 감당한다"(966). 전쟁이란 초개인적 현상 앞에서 무력감에서 벗어나 적극적 감내의 의지가 엿보이는 장면으로는 프란츠가 '구름 위의 도덕주의자' 클라제 중위에게 "나는 내 이름을 이 평원 위에 쓴다. 나는 나 혼자서 이 전쟁을 치렀던 것처럼 책임을 질 것이다"(969).

38 그 밖에, 전쟁과 역사에 대해서는 전혀 무지하지만 오빠와의 연대의식 속에서 기성세대에 대한 반항심을 지니고 있는 르니의 기이하지만 일리 있는 전쟁의 책임론을 볼 것 같으면, "오빠의 생각으로는 죄가 있는 사람들과 무고한 사람들이 있었고, 그들은 같은 사람들이 아니라는 거예요. [⋯] 무고한 사람들은 20살 먹은 군인들이었고요, 죄가 있는 사람들은 50살 먹었던, 그들의 아버지들이었어요"(883). 전혀 다른 차원에서 아버지는 전쟁을 자본주의/제국주의적 논리로 해석한다. 프란츠를 가업을 이어받을 '지도자(le chef)'로 육성코자 했으나 실패하는 아버지는 국내외 확대재생산을 위해 전쟁을 필요로 하는 자본의 속성을 꿰뚫고 있으며(886 참조), 나치 독일의 패배 후 미국인들에 협력하여 폰 게를라흐 가(家)를 유럽 제일의 조선회사로 성장시킨다. 그는 패전은 오히려 "신의 섭리에 의한 패배(la défaite pro-videntielle)"였으며, "지는 자가 이기기 놀이(à qui perd gagne)를 즐길 줄 알아야" 한다고 설파한다(987). 또한, 정치권력보다 자본권력이 훨씬 오래갈 수 있다는 사실을 잘 알고 있는 이 명철한 현실주의자는 프란츠에게 양심이나 정의 따윈 집어치우고 가업의 승계에 매진할 것

전쟁에 대한 관념들의 상대적 등가성은 전쟁과 전쟁을 상징하는 권위들을 희화시킨다. 희극적 요소로 등장하는 무대 소품들로는 각성제, 자, 굴 껍질들 그리고 샴페인 병 등을 들 수 있다. 특히 프란츠 방의 황폐함에 대조되고 있는 굴과 샴페인 등의 사치품들은 프란츠의 내부 모순을 물질화시키고 있다.[39] 또한 프란츠가 조가비들을 히틀러의 초상화 위에 폭격하듯이 던지는 행위라든지 조안나가 구두를 벗어 히틀러의 초상화에 던지는 것도 전쟁과 폭력을 상징하는 절대권위를 희화시키는 행위로 볼 수 있다(913, 929). 전범 법정 자체를 희화시키는 대화로는,

> **프란츠** 두 죄인이 있습니다. 그들 둘 다 모두 위반했던 원칙들의 이름으로 한 죄인이 다른 죄인을 단죄합니다. 아버님은 이러한 소극(笑劇, la farce)을 무어라 부르시겠습니까?
>
> **아버지** 정의(la Justice)라 부르겠다. (980)

'초콜릿 훈장들'은 모든 영웅담들을 달콤하나 싸구려에 불과한 가짜들로 비하시키고, 텍스트를 전쟁에 대한 모든 담론들이 '가장'행렬을 통해 자기 과시하는 박람회 축제의 무대로 만들어 버린다.

> **프란츠** 영웅주의, 그거야말로 제일이죠. 그런데 영웅들… 글쎄, 조금씩 다 있지요. 헌병들과 도둑들, 군인들과 민간인들, […] 겁쟁이들과 용기 있는 자들까지도. 마치 박람회 축제(la foire) 같죠. 유일한 공통 특징

을 독려한다(886 참조). 전쟁을 돈벌이의 절호의 기회로 여긴다는 점에서 아버지의 전쟁관은 역설적으로 브레히트의 억척어멈의 견해와―비록 전자가 위에서 내려다 본 관점을, 후자가 낮은 곳에서의 관점을 지니고 있지만―일치한다.

39 제2막 모두의 무대 참조(902-03).

은 훈장들이죠. 저는요, 비겁한 영웅이에요. 그래서 초콜릿으로 만든 훈장들을 차고 있죠 [⋯] 주저하지 말고 드세요. 서랍에 백 개도 넘게 있어요. (922)

텍스트는 자기부정을 통해 모든 언술과 담론들의 신뢰성을 거부하며,[40] 이 모든 화려하고 넘치는 자기과시가 끊임없이 되풀이되어 왔던 '환상극'에 불과하다는 것을 자인한다.

프란츠 너(르니)는 이 희극이 처음 공연되고 있다고 확신하니? (908)

4. 결론 : 서술, 담론과 인물의 상대주의

사르트르의 제2차 세계대전에 대한 전쟁의 글쓰기에 있어 『유예』와 『알토나의 유폐자』는 상호 대조적이면서 상호 보충적인 두 중심을 형성한다. 『유예』에서는 진행으로서의 전쟁이, 『알토나의 유폐자』에서는 회상으로서의 전쟁이 문제가 된다. 즉각적 허구로서의 전쟁의 글쓰기가 미학적 원리로 작용한 『유예』에서 글쓰기 자체가 전쟁관과 세계관의 형성과정 자체를 드러내고 있다면, 기존 참조 체계의 시효소멸의 위기 속에서

---

40 "프란츠: 제가 말한 것 중 어떤 것도 확실한 건 없어요. 제가 고문을 했다는 사실을 빼고요"(983). 작가의 집필 상의 실수인 것처럼 보이는 부분에 대해서는 어떻게 생각해야 할까? 제2막 제3장에서 프란츠가 고문을 명령하는 헤르만 상사가(914) 제2막 제4장에서는 하인리히 상사(915)로 바뀌고 있다. 또한 프란츠 방으로 진입하는 암호가 "quatre, cinq, puis deux fois trois"(897), "cinq, quatre, puis trois fois deux"(925), "cinq, quatre puis deux fois trois"(971)로 일치하지 않는다. 『알토나의 유폐자』는 고문의 진상을 밝히는 드라마라는 사실과, 암호의 염탐에 의해 작품의 극적 운동이 시작되었다는 점을 생각할 때, 과연 그 오류들이 작가의 순수한 단순 실수일까?

『알토나의 유폐자』는 이미 형성된 담론들이 자아내는 극적 갈등을 펼치고 있다.

그러나 이러한 차이에도 불구하고, 이 두 작품은 사르트르의 전쟁의 글쓰기의 여러 특징들을 공동으로 구현하고 있다. 두 작품은 각각 서술의 차원과 이념의 차원에서 전쟁의 글쓰기가 강제하는 영역의 제한을 수행하며, 전쟁의 텍스트화의 사르트르적 원리인 상대주의를 역동적 방식으로 펼쳐 보인다. 『유예』의 설화단위의 분할에 의한 서술의 상대주의에 『알토나의 유폐자』는 사상의 분열에 의한 이념의 상대주의로 대응한다. 두 작품은 각각 서술적 차원과 이념적 차원에서 이질적 요소들의 경쟁과 공존을 허용한다. 이드(Geneviève Idt)는 매우 적절하게 『유예』가 그 테마들과 글쓰기에 있어

> 문학적 양식 위에 카니발의 여러 절차들—즉, 가치들과 위계들과 역할들의 전복, 대립들의 공존, 다성성과 불협화음—을 전치시키는 '카니발화된' 문학에 대해 미하일 바흐친이 부여하고 있는 묘사[41]

에 일치한다고 보았다. 우리는 이러한 '카니발적 형식(la forme carnavalesque)'이 『유예』뿐만 아니라 『알토나의 유폐자』에 있어서도 작품의 핵심적 미학적 특징이라고 생각한다.

『유예』와 『알토나의 유폐자』에서 전쟁의 글쓰기의 상대주의적 원리를 미학화하는 장치는 주변부 인물에 의해 가동되고 있다. 『유예』의 척추병 환자 샤를은 거울 놀이를 통해 대상을 분할하고 다시 재구성하는 큐

---

41 *"Les Chemins de la liberté,* Les toboggans du romanesque," in Michel Sicard (dir.), *Sartre, Obliques,* n° 18-19 (Ed. Borderie, 1979), p. 91.

비스트적 관점을 제시한다. 그가 질주하는 기차 속에서 엄청난 속도로 진행하는 다양한 이미지들의 파노라마적 전개를 즐기는 방식은 엄청난 운동 상태로 진행 중인 전쟁 속에서 무수히 미세분할된 설화단위들을 등위적·종속적으로 몽타주하면서 어떠한 참조 체계도 없이 매 순간 끊임없는 의미화를 실행해야 하는 역동적 독법을 시사한다. 마치 전위 영화를 감상하는 듯한 샤를의 시점은 『유예』에서 가장 예술적인 관점을 형성함으로써 작품의 핵심적 서술 기법인 '다수 내적 초점화' 기법이 텍스트 내에서 자연스럽게 구현되도록 하고 있다. 샤를은 또한 전쟁-운송기관의 승선을 통한 존재론적 전환이라는 특권적 체험까지도 획득하고 있다.[42] 제2차 세계대전과 새로운 식민전쟁 간의 모순을 심하게 앓고 있는 『알토나의 유폐자』에 단 한 차례 등장하는 불구 여인은 전쟁의 다양한 목소리 중 가장 높은—가장 파괴적이고 호전적인—음역[43]에 해당하는 발화행위를 통해 텍스트 내에 뉘른베르크 법정의 공인된 담론을 부정하고 그 대척점을 이루는 담론들을 돌출시킴으로써, 모든 전쟁의 관념들의 분출과 대립, 그리고 카니발적 유희를 가능케 한 주변부 인물이다.

『유예』에서 서술의 상대주의를, 『알토나의 유폐자』에서 담론의 상대주의를 펼치는 사르트르의 전쟁의 글쓰기는 공통적으로 작중인물의 상대주의를 실현한다. 샤를과 불구 여인은 『자유의 길』과 『알토나의 유폐자』에

---

42 『알토나의 유폐자』에서도 프란츠와 아버지가 동반자살을 결심하고서야 운송기관—이번에는 포르쉐 자동차—을 타고 존재론적 전환을 시도하는 모습이 나온다. "프란츠: 아버님은 말씀하시곤 하셨죠. '프란츠야, 단련되어야(t'aguerrir, 전쟁에 익숙해지게 훈련시키다) 한다.' […] 아버님은 가속 페달을 밟으시면서 […] 저는 두려움(la peur)과 기쁨(la joie)으로 미칠 지경이었죠. […] / 아버지: 프란츠야, 속도를 좀 내 보기를 원하니? 너를 단련시켜 줄 텐데(Cela t'aguerrira)" (990).

43 『유예』에서는 뮌헨회담을 앞두고 이루어진 히틀러의 위협적 연설이 가장 높은 음역에 해당된다.

서 출현 빈도수에 있어서 무시할 만한 정도일 뿐만 아니라 '수평적' 관점 밖에 지니지 못한 육체적 특징에도 불구하고—따라서 모든 전쟁의 글쓰기에 내재된 정보의 결핍과 전망의 부재를 가장 심하게 앓고 있음에도 불구하고—작품의 미학화의 핵심적 기능을 담당하고 있다. 샤를은 마티외나 브뤼네만큼 창조적이며, 불구 여인은 자기기만에 빠진 프란츠를 오히려 지배한다. 이 두 인물의 역설적 창조성은 '땅바닥의(au ras du sol)' 관점에서 나오며,[44] '서 있는 자들'의 관점을 전복하고 무력화시킨다. 사르트르의 전쟁의 글쓰기의 '관찰의 영도(le degré zéro de l'observation)'라 할 수 있는 이 수평적 관점은 '1미터 75센티' 높이의 관점을 지닌 텍스트를 서술적 차원에서 그리고 이념적 차원에서 폭발적으로 역동화시킨다.

사르트르의 전쟁의 글쓰기에 나타난 작중인물의 상대주의는 작중인물의 새로운 형태학을 제시한다. 『유예』, 나아가 『자유의 길』 그리고 『알토나의 유폐자』에 이르기까지 텍스트는 사르트르의 전쟁의 글쓰기가 감추고 있는 잉여성(剩餘性)의 문제를 드러내고 있다. 이러한 관점에서 『유예』의 모두에서 주조음(leitmotiv)을 이루고 있을 뿐만 아니라 『알토나의 유폐자』의 모두까지도 지배하고 있는 '기다림(l'attente)'이라는 테마에 주목할 필요가 있다. 『유예』의 제1장은 마티외의 기다림이 주변부 인물 밀랑[45]의 기다림으로 몽타주되는 것으로 시작하여 이윽고 유럽 도처에서 동원된 모든 인물들의 기다림으로 연결되는 모습을 보인다. 모든 이들은—심지어 챔벌레인과 달라디에까지도—고데스베르크에서 벌어지고 있는 히틀러와 챔벌레인의 회담 결과와 히틀러의 연설을 기다리고 있다. 이 '기다

---

44 이 두 주변부 인물들은 『알토나의 유폐자』에서 "땅바닥을 기어 다니는(au ras des champs)" (914) 절지동물의 관점을 구현하고 있다고도 할 수 있다.

45 수데텐 지역의 체코인 교사. 국적에 의한 주변부 인물로서 『유예』에서 최초로 집단적 공격을 받는다.

림'은 뮌헨협정 무렵의 전쟁의 위협 속에서 '현상유지'만을 바라는 민주 진영 및 유럽 전체의 무기력을 드러내고 있다. 『알토나의 유폐자』 또한 폰 게를라흐 가족들의 무기력한 기다림으로 시작한다. '엄한 가장(le pater familias)'인 아버지조차도 후두암으로 자신의 죽음을 기다리며 자신은 회사의 "깃대 꼭대기의 모자(un chapeau au bout d'un mât)"(유폐자, 868)에 불과하다고 고백한다. 도르트(Bernard Dort)는 매우 타당하게 『알토나의 유폐자』에서 "부르주아지의 황혼(le crépuscule des bourgeois)"을 보았다.[46] 이 작품에 숨어 있는 잉여성과 무기력은 카니발의 유희에도 참여하여 가장 행렬의 일원이 되고 있다.

---

46 *"Les Séquestrés d'Altona,"* in *Gazette de Lausanne*, 3 oct. 1959. Louette, "Notice" sur *Les Séquestrés d'Altona*, p. 1511에서 재인용.

강충권은 서울대학교 사범대학 불어교육과와 대학원 불어불문학과를 졸업하고 프랑스 몽펠리에 3대학에서 「사르트르의 『집안의 천치』: 문학비평에서 자기비평으로」로 박사학위를 받았다. 현재 아주대학교 인문대학 불어불문학과 교수로 있다. 저서로 『사르트르의 문학적 세계』(공저), 역서로 『프랑스 혁명의 지적 기원』(공역) 등이 있다.

박정자는 서울대학교 불어불문학과를 졸업하고 동 대학원에서 「비현실의 미학으로의 회귀: *L'Idiot de la famille*를 중심으로」로 박사학위를 받았다. 현재 상명대학교 명예교수이다. 역서로 사르트르의 『지식인이란 무엇인가』, 『변증법적 이성비판』(공역), 『상황』 제5권 등, 저서로 『잉여의 미학』, 『마그리트와 시뮬라크르』, 『시선은 권력이다』, 『눈과 손, 그리고 햅틱』 등이 있다.

변광배는 한국외국어대학교 불어과와 동 대학원을 졸업하고 프랑스 몽펠리에 3대학에서 「장폴 사르트르의 소설과 극작품에 나타난 폭력의 문제」로 박사학위를 받았다. 현재 한국외국어대학교 미네르바교양대학 교수이며, 프랑스인문학연구모임 '시지프'를 이끌고 있다. 저서로 『존재와 무: 자유를 향한 실존적 탐색』, 『제2의 성: 여성학 백과사전』 등, 역서로 『사르트르 평전』, 『변증법적 이성비판』(공역), 『프랑스 인류학의 아버지 마르셀 모스』 등이 있다.

오은하는 서울대학교 불어불문학과와 동 대학원을 졸업하고 프랑스 파리 3대학에서 「장폴 사르트르의 픽션작품 속 여성형상 연구」로 박사학위를 받았다. 현재 인

천대학교 불어불문학과에 재직하고 있다. 논문으로 「사르트르의 실존적 정신분석: 그 미완의 존재윤리」, 「사르트르의 『알토나의 유폐자들』: "하나 더하기 하나는 하나"」 등이 있다.

윤정임은 연세대학교 불어불문학과와 동 대학원을 졸업하고 프랑스 파리 10대학에서 「성 주네, 배우와 순교자: 서문에서 문학비평까지」로 박사학위를 받았다. 현재 중앙대학교 등에서 강의하고 있다. 역서로 사르트르의 『시대의 초상』, 『변증법적 이성비판』(공역), 『사르트르의 상상계』, 장 주네의 『자코메티의 아틀리에』 등이 있다.

이솔은 서강대학교 철학과를 졸업하고 동 대학원에서 「이미지란 무엇인가: 사르트르의 상상력 이론」으로 석사학위를 받았다. 현재 서강대학교 박사과정에 있으며, 현대유럽철학을 연구하는 젊은 연구자들의 모임인 '현대유럽사상연구회'를 주도하고 있다. 역서로 『자아의 초월성』(공역)이 있다.

장근상은 서울대학교 불어불문학과를 졸업하고 프랑스 푸아티에 대학에서 석사, 파리 10대학에서 「장폴 사르트르 희곡의 역사 수용」으로 박사학위를 받았다. 현재 중앙대학교에 재직하고 있다. 저서로 『사르트르의 『구토』 읽기』, 논문으로 「사르트르의 '진실 같음'」, 「『구토』와 '진실 같지 않음'」 등이 있다.

조영훈은 한국외국어대학교 불어과와 동 대학원을 졸업하고 프랑스 파리 8대학에서 「사르트르와 『자유의 길』: 전쟁의 글쓰기의 제 문제」로 문학박사학위를 받았다. 현재 전남대학교 불어불문학과 교수로 재직하고 있다. 역서로 『지식인을 위한 변명』, 논문으로 「사르트르의 주체성의 사실주의」, 「전쟁의 이야기체와 몽타주 기법: 『희망』과 『자유의 길』 연구」 등이 있다.

지영래는 고려대학교 불어불문학과와 동 대학원을 졸업하고 프랑스 스트라스부르 대학에서 「『집안의 천치』와 장폴 사르트르의 상상계의 미학」으로 문학박사학위를 받았다. 현재 고려대학교 불어불문학과 교수로 재직하고 있다. 역서로 『사르트르의 상상력』, 『닫힌 방·악마와 선한 신』 등, 저서로 『집안의 천치: 사르트르의 플로베르론』, 『실존과 참여』(공저) 등이 있다.

L'Esthétique de Jean-Paul Sartre

사르트르의 미학

1판 1쇄 발행_ 2017년 5월 25일

지은이_ 강충권·박정자·변광배·오은하·윤정임·이 솔·장근상·조영훈·지영래
펴낸이_ 안병훈

펴낸곳_ 도서출판 기파랑
등록_ 2004. 12. 27 | 제 300-2004-204호
주소_ 서울시 종로구 대학로8가길 56(동숭동 1-49 동숭빌딩) 301호
전화_ 02-763-8996(편집부) 02-3288-0077(영업마케팅부)
팩스_ 02-763-8936
이메일_ info@guiparang.com
홈페이지_ www.guiparang.com

ISBN_ 978-89-6523-691-7 93100